Jürgen Fleig · Robert Schneider

Erfahrung und Technik in der Produktion

Mit 60 Abbildungen

Springer-Verlag
Berlin Heidelberg New York
London Paris Tokyo
Hong Kong Barcelona Budapest

Jürgen Fleig
Robert Schneider
Fraunhofer-Institut für Systemtechnik
und Innovationsforschung
Breslauer Straße 48
76139 Karlsruhe

ISBN-13: 978-3-642-79611-1   e-ISBN-13: 978-3-642-79610-4
DOI: 10.1007/ 978-3-642-79610-4

Cip-Eintrag beantragt

Satz: Reproduktionsfertige Vorlage der Herausgeber
SPIN: 10493289   62/3020 - 5 4 3 2 1 0 - Gedruckt auf säurefreiem Papier

Vorwort

Die Produktionstechnik ist nur eine der wichtigen Komponenten eines Produktionssystems. Deshalb erfordert ihre Gestaltung immer den Blick auf die Zusammenhänge des Technikeinsatzes mit anderen Komponenten wie Produkt, Belegschaft, Organisation. Das Konzept der rechnerintegrierten Produktion wird vielfach immer noch als rein technisches Konzept zur Produktionsintegration ausgestaltet, wobei übersehen wird, daß nach wie vor der arbeitende Mensch die wichtigen und wesentlichen Leistungen der Informationsgewinnung und -verarbeitung erbringt und mit seinen Fähigkeiten zur Kommunikation und zur Herstellung von Sinnzusammenhängen die letztlich nicht zu ersetzende integrierende "Komponente" des Produktionssystems ist. Seine Fähigkeit zur heuristischen Zielbestimmung dient der Strukturierung komplexer Situationen und ist durch die derzeit verfügbare Technik nicht annähernd nachbildbar. Das "intuitiv optimale Handeln" von "erfahrenen" Fachkräften in zeitkritischen Situationen ist ebenfalls ein bekanntes Phänomen, das auf spezifische und durch Technik nicht ersetzbare informatorische Fähigkeiten des arbeitenden Menschen hinweist. Das Thema der Nutzung solcher menschlicher Fähigkeiten in einer zunehmend durch neue Techniken geprägten Produktion wurde im Ausbau der rechnerintegrierten Produktion bisher zu wenig beachtet.

Deshalb wird ein Konzept benötigt, das zusammen mit neuer Produktionstechnik auch die Möglichkeiten des Menschen nutzt und ihm damit zugleich auch Chancen einräumt. Ein solches Konzept zur computergestützten erfahrungsgeleiteten Arbeit wird hier vorgestellt.

Es wird gezeigt, daß die Nutzung von Erfahrung durch gezielte Produktionsgestaltung von den unmittelbar wertschöpfend Beschäftigten ausgehend zu optimieren ist. Da die vorhandenen betrieblichen Strukturen eher eine Optimierung von "oben nach unten" nahelegen, sind rationale und empirisch fundierte Argumente für diese Forderung zu erbringen, die letztlich ein Plädoyer für die Erhaltung qualifizierter Facharbeit in künftigen Produktionssystemen darstellt. Das Buch soll hier Wege aufzeigen und nachvollziehbare Argumentationen aufbauen. Indem es die Notwendigkeit der Erfahrungsnutzung belegt und aus der Art und Weise, wie Erfahrung in der Praxis entsteht und genutzt wird, konkrete Gestaltungshinweise liefert, kann es wichtige Anregungen zur Technikgestaltung und zur Veränderung der Organisation von Produktionsprozessen beitragen. Dabei handelt es sich nicht um ein weiteres – häufig kurzlebiges – Konzept über das Funktionieren von betrieblichen Abläufen, sondern um die Einbeziehung des lange vernachlässigten Phänomens der Arbeitserfahrung. Das Konzept der erfahrungsgeleiteten Arbeit in der rechnerintegrierten Produktion stellt deshalb keine Alternative zu Konzepten wie CIM oder Gruppenarbeit dar. Es ist vielmehr eine wichtige Ergänzung der Gestaltungsziele und -parameter in einer modernen Produktion, die zu einem hohen Grad sowohl Technik als auch menschliche Qualifikationen und Fähigkeiten nutzt. Die Nutzung von Erfahrung als Produktionsfaktor stellt dabei gleichzeitig ein Element humaner Arbeit dar. Das Buch richtet sich mit dieser Zielsetzung an alle, die sich für Produktionsinnovation interessieren und verantwortlich fühlen:

- Management und betriebliche Interessenvertretungen,
- DV- und Organisationsverantwortliche in den Betrieben,
- Beschäftigte in Konstruktion, Arbeitsplanung und direkter Produktion,
- Mitarbeiter beratender Verbände und wirtschaftsnaher Institutionen,
- Verantwortliche in der Berufsbildung,
- in Innovationsvorhaben eingebundene "Betroffene" und nicht zuletzt
- Entwickler neuer Produktionstechniken.

In diesem Buch finden sich konkrete und empirisch fundierte Gestaltungsanregungen für eine zugleich effiziente und humane Produktion, die sowohl qualifizierte Arbeit wie auch die Nutzung modernster Technik als für die Zukunft wichtige Ressourcen favorisiert. Einige Gestaltungsanforderungen, die in diesem Buch formuliert werden, deuteten sich in der Vergangenheit bereits an; sie erhalten jedoch neue Begründungszusammenhänge und damit gegebenenfalls mehr Gewicht als bisher. Mit anderen Forderungen wird Neuland betreten. Teilweise werden bisher gängige Gestaltungsziele auch kritisch beleuchtet; sie sind eventuell künftig differenzierter zu stellen.

Die Ergebnisse zu den einzelnen Kapiteln entstanden aus der engen Zusammenarbeit folgender Institute (Universität Stuttgart (IAT)): Abschnitt 1 Universität Hamburg und FhG-ISI, Abschnitt 2 GhK-IfA, GITTA, FhG-IPK und FhG-ISI, Abschnitt 3 FhG-IPK, Universität Stuttgart (IAT) und FhG-ISI sowie Abschnitt 4 GhK-IfA, GITTA und FhG-ISI. Die Veröffentlichung des hier vorgelegten Buchs erfolgt im Rahmen des vom Projektträger *"Arbeit und Technik"* aus Mitteln des Bundesministeriums für Forschung und Technologie (BMFT) geförderten Forschungsvorhabens *"Erfahrungswissen im CIM-Umfeld: Grundlegende Untersuchungen zur Sicherung und Förderung von Erfahrungswissen in der betrieblichen Praxis"*. Förderkennzeichen: 01 HH 060

Karlsruhe, im Frühjahr 1995
Die Projektmitarbeiter

Inhaltsverzeichnis

Vorwort V

Projektmitarbeiter IX

**1   Erfahrungsgeleitete Arbeit in der rechnerintegrierten
      Produktion – Widerspruch oder Möglichkeiten?** 1
1.1   Entwicklungslinien rechnerintegrierter Produktion 1
1.2   Das Konzept der erfahrungsgeleiteten Arbeit 6
1.3   Läßt sich erfahrungsgeleitete Arbeit erfolgreich in der
       rechnerintegrierten Produktion verwirklichen? 19
1.4   Praxisbezug und Aufbau des Buches 21

**2   Anforderungen aus der Praxis zur Gestaltung
      erfahrungsgeleiteter Arbeit in der rechnerintegrierten
      Produktion** 27
2.1   Organisatorische Gestaltungsdimensionen 28
2.1.1 Aufgaben- und Arbeitsteilung 28
2.1.2 Kommunikation und Kooperation 36
2.1.3 Zuständigkeit und Verantwortung 44
2.1.4 Räumliche Aspekte 50
2.1.5 Personelle Zuordnung von Arbeitsmitteln 57
2.2   Technische Gestaltungsdimensionen 63
2.2.1 Arbeitsteilung Mensch – Maschine (Automatisierung) 63
2.2.2 DV-Funktionalitäten 69
2.2.3 Benutzungsoberfläche 76
2.2.4 Datenhaltung und Datenzugriff 81
2.3   Prozeß zur Realisierung erfahrungsgeleiteter Arbeit als
       Gestaltungsdimension 87
2.4   Zusammenfassung der Möglichkeiten erfahrungsgeleiteter Arbeit
       an Werkzeugmaschinen unter verschiedenen betrieblichen
       Rahmenbedingungen 90

3   Erfahrungsunterstützende Produktionskonzepte 101

3.1   CeAFIS-Konzept als Basis-Konzept erfahrungsgeleiteter Arbeit
an Werkzeugmaschinen 102

3.1.1 Auftragsdisposition im CeAFIS-Konzept 106

3.1.2 Arbeitsplanung (Bearbeitungsplanung, NC-Programmierung,
Einrichten, Qualitätssicherung, Wartung) im CeAFIS-Konzept 115

3.2   CeAFIS-Konzept und die gesamtbetriebliche Auftragsdisposition 128

3.2.1 Organisatorische und technische Vernetzung unterschiedlicher
Ebenen der Auftragsplanung (vertikale Integration) 128

3.2.2 Organisatorische und technische Vernetzung zwischen
verschiedenen Fertigungsbereichen (horizontale Integration) 136

3.3   CeAFIS-Konzept und die Prozeßkette Produktdefinition –
Teilebearbeitung (Anbindung an CAD/CAP/CAQ) 140

3.3.1 Wiederholteilfertigung, Bauteiländerungen: flexible Produktion 140

3.3.2 Prototypenfertigung, Nullserien: Produktentwicklung 148

**4   Praxisbeispiele zur Realisierung erfahrungsgeleiteter Arbeit
in der rechnerintegrierten Produktion** 151

4.1   Spanende Fertigung (Drehen/Fräsen) eines
Röntgengeräteherstellers 152

4.1.1 Ausgangssituation und Problemanalyse 152

4.1.2 Realisierung erfahrungsgeleiteter Arbeit 159

4.1.3 Ergebnisse (Bewertung) 167

4.2   Mechanische Fertigung (Drehen/Fräsen) eines
Werkzeugmaschinenherstellers 172

4.2.1 Ausgangssituation und Problemanalyse 172

4.2.2 Realisierung erfahrungsgeleiteter Arbeit 178

4.2.3 Ergebnisse (Bewertung) 183

4.3   Fertigungszentrum (Blechbearbeitung: Trennen/Biegen) eines
Herstellers von Büromaschinen und Medizintechnischen Geräten 188

4.3.1 Ausgangssituation und Problemanalyse 188

4.3.2 Realisierung erfahrungsgeleiteter Arbeit 193

4.3.3 Ergebnisse (Bewertung) 197

5   Zusammenfassung und Ausblick 203

5.1   Wesentliche Erkenntnisse zum Konzept erfahrungsgeleiteter
Arbeit 204

5.2   Erfahrungsgeleitete Arbeit und andere Konzepte neuer
Produktions- und Organisationsformen 208

5.3   Eine "Vision" der Fabrik der Zukunft 212

Literaturverzeichnis 217

Sachverzeichnis 223

Projektmitarbeiter

Projektkoordination
Dipl.-Psych., Ing. (grad.) Robert Schneider, FhG-ISI

Beteiligte Institute und Gesellschaften

Fraunhofer-Institut für Systemtechnik und Innovationsforschung, FhG-ISI Karlsruhe
Projektleitung
Dipl.-Psych., Ing. (grad.) Robert Schneider
Projektmitarbeiter
Dipl.-Wirt.-Ing. Jürgen Fleig
Dr. Matthias Klimmer
Dr. Gunter Lay
Dipl.-Verw.-Wiss. Jutta Maier*
Prof. Dr. Franz Pleschak
Dipl.-Sow. Jürgen Wengel

Fraunhofer-Institut für Produktionsanlagen und Konstruktionstechnik – Bereich Planungstechnik, FhG-IPK/PLT Berlin
Projektleitung
Dr.-Ing. Kai Mertins
Projektmitarbeiter
Dipl.-Ing. Martin Carbon
Dipl.-Sow. Peter Heisig

Fraunhofer-Institut für Produktionsanlagen und Konstruktionstechnik – Bereich Konstruktionstechnik, FhG-IPK/K Berlin
Projektleitung
Prof. Dr.-Ing. Frank-Lothar Krause
Projektmitarbeiter
Prof. Dr.-Ing. Hans-Jürgen Germer*

Universität Gesamthochschule Kassel: Institut für Arbeitswissenschaft, GhK-IfA Kassel
Projektleitung
Prof. Dr.-Ing. Hans Martin
Projektmitarbeiter
Dr. Rainer Lehmann*
Dipl.-Ing. Friedrich-Wilhelm Mengedoht
Dr. Gerd Schrick*

Gesellschaft für interdisziplinäre Technikforschung, Technologieberatung und Arbeitsgestaltung mbH, GITTA Berlin
Projektleitung
Dipl.-Psych., Dipl.-Ing. Wolfgang Kötter
Projektmitarbeiter
Dipl.-Ing. Jörg Bahlow
Dipl.-Ing. Hans Gohde
Dr. Beate Kleinow
Dipl.-Ing. Gerhard Kullmann
Dipl.-Ing. Herbert Schmidt*

Universität Stuttgart: Institut für Arbeitswissenschaft und Technologiemanagement, IAT Stuttgart
Projektleitung
Prof. Dr.-Ing. Peter Kern
Projektmitarbeiter
Dipl.-Ing. Michael Erzberger*
Dipl.-Ing. Peter Rundel*
Dipl.-Ing. Michael Thines*

Universität Hamburg: Institut für Arbeits-, Betriebs- und Umweltpsychologie, Hamburg
Projektleitung
Prof. Dr. Harald Witt
Projektmitarbeiter
Dipl.-Psych. Ursula Carus
Dipl.-Psych. Detlef Nogala*
Dipl.-Psych. Hartmut Schulze

* Mitarbeiter sind 1994 nicht mehr an der angegebenen Institution

1 Erfahrungsgeleitete Arbeit in der rechnerintegrierten Produktion – Widerspruch oder Möglichkeiten?

Das vorliegende Buch beschäftigt sich mit der Veränderung industrieller Produktion am Beispiel der metallverarbeitenden Investitionsgüterindustrie. In diesem Industriezweig wurde in den letzten Jahren die Anwendung der Computertechnik in allen Bereichen der Produktion vorangetrieben. Seit einiger Zeit stehen zudem organisatorische Innovationen hin zu "fraktalen" und "schlanken" Strukturen im Zentrum des Interesses. Zu beiden Entwicklungen kann die Nutzung des Erfahrungspotentials Anregungen zur Verknüpfung geben. Dieses Potential stellt eine wesentliche Ressource zur effizienten Beherrschung der Produktion und zur ständigen Anpassung an die Möglichkeiten und Erfordernisse des Marktes dar. Zunächst werden die technikorientierten Entwicklungen hin zur rechnerintegrierten Produktion beschrieben und daran anschließend die Besonderheiten der Nutzung von Erfahrungen. Die Frage, ob und wie sich beide Sichtweisen verbinden lassen, leitet zu der Vorstellung der Praxisergebnisse über.

1.1 Entwicklungslinien rechnerintegrierter Produktion

Die Entwicklung und Anwendung rechnerintegrierter Produktion in der Bundesrepublik Deutschland orientiert sich an den verschiedenen Konzepten des "Computer Integrated Manufacturing" (CIM). Eine verbreitete Definition stammt vom Ausschuß für Wirtschaftliche Fertigung e.V. und stellt die Integration der wichtigen Teilaufgaben einer Produktion über die Vernetzung der in diesen Bereichen eingesetzten und genutzten computertechnischen Komponenten in den Vordergrund [AWF 1985:10]. Als Komponenten werden genannt

- CAD (Computer Aided Design): Einsatz des Computers zur grafisch-interaktiven Unterstützung der Entwicklungs- und Konstruktionsaufgaben.
- CAP (Computer Aided Planning): Einsatz des Computers zur Unterstützung der Arbeitsplanung; teilweise Bezeichnung auch für NC-Programmiersysteme.

- CAM (Computer Aided Manufacturing): Computerunterstützung zur technischen Steuerung und Überwachung der Betriebsmittel bei der Herstellung der Objekte im Fertigungsprozeß.
- CAQ (Computer Aided Quality Assurance): Die Unterstützung der Qualitätssicherungsaufgaben (Planung und Durchführung) durch Computereinsatz.
- PPS (Produktionsplanungs- und -steuerungssystem): Computerunterstützung für die organisatorische Planung, Steuerung und Überwachung der Produktionsabläufe von der Angebotsbearbeitung bis zum Versand: Produktionsprogrammplanung, Mengenplanung (Materialwirtschaft), Zeitwirtschaft, Kalkulation, Termin- und Kapazitätsplanung sowie Auftragsüberwachung; hierher gehören auch Systeme, die unter der Bezeichnung Leitstand die werkstattnahe Feinplanung und -steuerung unterstützen sollen.

Unterschieden werden zwei "Integrationsblöcke". Ein Block, mit CAD/CAM bezeichnet, enthält "CA-Systeme", die eher produktdefinierende und technologische Aufgaben unterstützen. Der andere Block faßt unter dem Etikett PPS Systeme zur Unterstützung der auftragsdispositiven Aufgaben zusammen (vgl. Abbildung 1.1). Als Beschreibungsansatz ebenfalls weit verbreitet ist das von Scheer skizzierte Y-Modell [vgl. Scheer 1987:3], das die unterschiedlichen "Integrationsblöcke" als Prozeßketten darstellt, die mit zunehmender Nähe zu den in der Fertigung und Montage erfolgenden direkten wertschöpfenden Produktionsaufgaben immer enger miteinander verflochten sind.

Die Nutzung und Integration von Computeranwendungen in allen Bereichen der Produktion ist nach einer Phase der Entwicklung von Systemen, die sich an diesen Definitionen orientierten, in vollem Ausbau begriffen. Computergesteuerte Werkzeugmaschinen (CNC-Maschinen) waren zum Beispiel bereits 1987 in nahezu allen Maschinenbauunternehmen mit mehr als 1000 Beschäftigten im Einsatz und auch bei den kleineren Betrieben dieser Branche deutete sich zu diesem Zeitpunkt, nach einer rasanten Zunahme innerhalb eines Zeitraumes von nur 10 Jahren, bereits eine Sättigung der Diffusionskurve (Erstanwendungskurve) auf hohem Niveau an [vgl. Hauptmanns/Saurwein/Dye 1992:70]. Künftig wird vermutlich bis zu einem gewissen Grad ein (weiterer) Ersatz konventioneller Maschinen durch die CNC-Technik in den Betrieben stattfinden.

Parallel zu dieser Entwicklung fand und findet der Einzug und Ausbau der Computerunterstützung in produktionsnahen Diensten wie Konstruktion und Produktionsplanung und -steuerung statt. Bereits 1988, zu Beginn der CIM-Fördermaßnahmen des Bundesministeriums für Forschung und Technologie (BMFT), hatten etwa 50 % der fertigungstechnischen Ausrüster CAD-Systeme im Einsatz, etwa 40 % nutzten NC-Programmiersysteme und PPS-Systeme [vgl. Lay/Wengel 1994:43]. Die Entwicklung der Nutzung von CIM-Integrationen ist einer Zusammenstellung verschiedener empirischer Untersuchungen durch das Fraunhofer-Institut für Systemtechnik und Innovationsforschung zu entnehmen [Lay/Wengel 1994:46]. Sie zeigt für die wichtigen Integrationslinien einen Anstieg der Nutzerquoten von knapp 5 % der Betriebe im Jahre 1986 auf 18 % bei CAD/CAM, CAD/CAP und 24 % bei CAP/PPS im Jahr 1990.

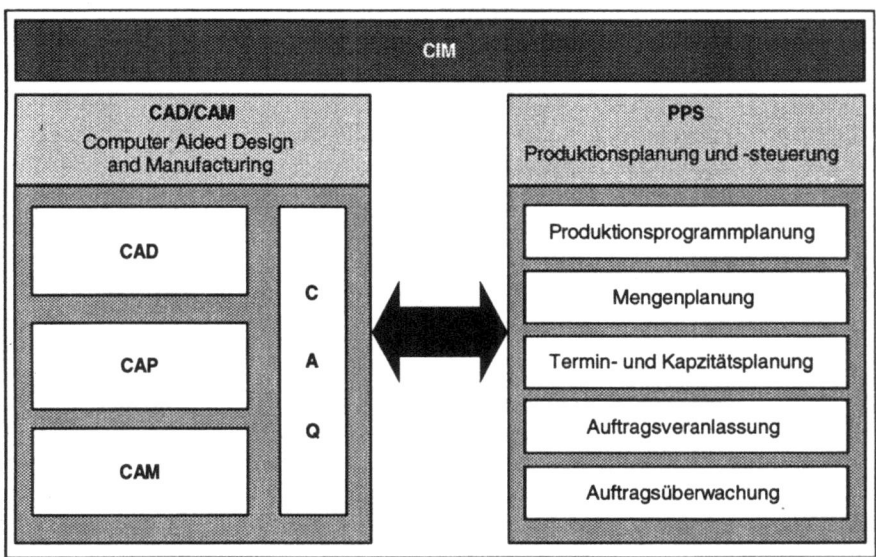

Abb. 1.1. Computer Integrated Manufacturing – CIM [nach: AWF 1985:10]

Dies zeigt, daß der Ausbau der rechnerintegrierten Fertigung in den Unternehmen in vollem Gange ist, wenn auch das Thema CIM in der aktuellen Diskussion der Fachzeitschriften und Tagungen zu neuen Produktionskonzepten inzwischen bereits von neuen Themen wie der "schlanken Produktion" oder der "Fraktalen Fabrik" abgelöst wurde. Die generelle Zielsetzung des CIM-Konzeptes, eine mehr auf die Marktbedürfnisse gerichtete Produktionsflexibilisierung durch Integration der Computeranwendungen zu erreichen, ist nach wie vor für die gegenwärtigen Marktentwicklungen gültig und wichtig. Der lange Zeit verbreitete Glaube, daß die notwendige Flexibilität allein durch die in der Computertechnik liegenden Möglichkeiten erreicht werden könne, ist jedoch kaum mehr anzutreffen. Auch eine flexible technische Verknüpfung technischer Teilsysteme stellt meist eine Reduktion von Flexibilität gegenüber konventionell 'über den Menschen' verbundenen Systemen dar. Die Flexibilisierung durch Einsatz von Funktionen, die eine Reduzierung der Hierarchieebenen anzielen, zum Beispiel durch computerunterstützt detailliertes Planen und Steuern auf den oberen Hierarchieebenen, hat nicht annähernd die erhofften Erfolge gezeigt. Die mit CIM versuchte Reduzierung der Hierarchieebenen durch Zentralisierung von Funktionen hat vermutlich maßgeblich zur Enttäuschung einiger mit CIM verbundener Erwartungen geführt, da damit das Erfahrungspotential der Werkstattebene nicht genutzt wurde. Von der

Wirksamkeit dieses klassischen CIM-Trends muß jedoch weiterhin ausgegangen werden.

Das Potential, das die Computertechnik zur Unterstützung der Produktionsarbeit bietet, kann zwar zur Reduzierung der Arbeitsteilung beitragen. Dies wurde bereits frühzeitig als Rationalisierungspotential des klassischen CIM-Konzepts angesehen [vgl. Scheer 1987]. Dieses Konzept liefert jedoch keine Hinweise zu der Frage, wie die Aufgaben neu zu verteilen sind. Es werden allerdings Beispiele gegeben, die eher auf eine Ausweitung der Aufgaben fern der direkten Produktherstellung abzielen. Beispielsweise wird die Möglichkeit erläutert, bereits im Prozeß der Konstruktion das Vorhandensein bestimmter Werkzeuge zu überprüfen und dies entsprechend zu berücksichtigen [vgl. Scheer 1987]. Daß die nach dem klassischen CIM-Konzept erfolgenden Integrationen mit einer Tendenz zur Zentralisierung einhergehen, belegt das Ergebnis einer Untersuchung zur CAD/NC-Integration. Von 115 beobachteten Fällen der Erzeugung von Steuerprogrammen für CNC-Werkzeugmaschinen auf CAD-Datenbasis waren nur 4 % so gestaltet, daß die Facharbeiter in der Fertigung auf die CAD-Daten zugreifen konnten. In weiteren 9 % der Fälle programmierten die Facharbeiter immerhin noch die Werkzeugwege und die bearbeitungstechnologischen Werte. In allen anderen Fällen war die rechnerintegrierte Programmerstellung die Aufgabe der Programmierspezialisten und Beschäftigten im Konstruktionsbereich [vgl. Hoß/Lay/Schneider 1991:25].

Solche bis zu einem gewissen Grad durchaus sinnvollen Ausweitungen im zentralen Bereich werden für eine flexible Produktion dann zur Gefahr, wenn sie die Planung durch die Beschäftigten im späteren Arbeitsprozeß ersetzen. Dies äußert sich in der Symptomatik, daß eine zunehmende Genauigkeit der Vorausplanung durch zunehmend starre Rahmenbedingungen erkauft wird, zu denen die Verfügbarkeit ganz bestimmter Betriebsmittel und – über das Festlegen der Bearbeitungsstrategie – sogar das Verhalten der in der Fertigung Beschäftigten gehört. Mit diesem Modell werden zudem in zentralen Bereichen Verantwortlichkeiten für Prozesse erzeugt, auf die dort im Grunde gar nicht mehr ausreichend regulierend eingewirkt werden kann.

Dennoch lassen sich in der Realisierung von CIM vor allem Trends zur Zentralisierung beobachten. Mit NC-Programmiersystemen wird beispielsweise die Funktion der grafischen Simulation des Bearbeitungsvorgangs angeboten. Damit kann der spätere reale Prozeß vorweggenommen werden, was eine gewisse Entkopplung der Regulierung dieses Prozesses vom engen zeitlichen Rahmen des realen Prozesses gestattet. Die Simulation wird zwar immer eine eingeschränkte Realität abbilden, eignet sich aber dennoch dazu, größere Teilprozesse als bisher mit größerer Sicherheit vorauszuplanen und vor die Ausführung zu ziehen. Diese Möglichkeit kann nun den Facharbeitern, die den realen Prozeß in der Werkzeugmaschine steuern, zur Planungsunterstützung zur Verfügung gestellt werden. Anstatt dieser "dezentralen" Verwendung wird der Programmiervorgang jedoch in wesentlich größerem Umfang als bisher vom Maschinenarbeitsplatz weg in zentrale

Bereiche verlagert. Das Angebot von Simulationsfunktionen für den dezentralen Bereich setzte jedenfalls deutlich verzögert ein. Die ruhige Umgebung des Büros für die komplexe Planungsaufgabe ist eines der Argumente für diesen Trend zur Zentralisierung. Die "Wirtschaftlichkeit" ist ein weiteres, allerdings oft wenig stichhaltiges, Argument. Eine entsprechende Studie, die eine Bewertung unter verschiedenen Rahmenbedingungen vornimmt, weist bei flexibler Fertigung Vorteile der dezentralen Lösung aus [Lay et al. 1984].

Die Unterstützung der Fertigungssteuerung mit Leitstand-Konzepten, die den im Wertschöpfungsprozeß stehenden Beschäftigten für die Aufgabe der Feinsteuerung der Produktion fast ausschließlich die Rolle von "Betriebsdatenlieferanten" zuweisen, kann ebenfalls als Zentralisierungswirkung des klassischen CIM-Konzepts betrachtet werden. Hier ist erwiesen, daß die in der Erfahrung der Werkstatt liegenden Ressourcen ebenfalls nicht optimal genutzt werden. Da der Regulationsaufwand mit der zunehmenden Anzahl zu berücksichtigender Einflußgrößen in der Feinplanung exponentiell ansteigt, ist in einem zentralen Leitstand-Konzept die Grenze des wirtschaftlich vertretbaren Aufwands bezüglich der Menge der zu erfassenden und zeitaktuell zu verarbeitenden Daten schnell erreicht.

Als Vorteil der Rechnerintegration nach dem CIM-Konzept wird auch die Möglichkeit der "redundanzfreien Datenhaltung" genannt. Neben dem Zentralisierungstrend bilden die darauf abzielenden Aktivitäten eine weitere Gefahrenquelle klassischer CIM-Lösungen. Die Reduzierung von Redundanz bringt Einbußen in der "Fehlerrobustheit" des Produktionssystems mit sich. Redundanzfreiheit ist nur in einem geschlossenen System möglich. Eine Produktion stellt jedoch grundsätzlich ein offenes sozio-technisches System dar. Hier deutet sich an, daß das klassische CIM-Konzept zwar auf die Gestaltung der gesamten Produktion abzielt, jedoch wichtige Produktionselemente und -merkmale ausklammert. Eine einseitige Orientierung der Produktionsinnovationen am CIM-Konzept ist demnach äußerst riskant.

Vor diesem Hintergrund verwundert es nicht, daß die CIM-Euphorie der 80er Jahre mittlerweile einer breiten Ernüchterung Platz gemacht hat. Die Gleichsetzung von CIM und wettbewerbsfähiger Produktion ist einer weitaus realistischeren Einschätzung, was mit CIM möglich und nicht möglich ist, gewichen. Nach dieser "Entmythisierung" von CIM werden trotzdem die unter diesem Schlagwort gemeinten und skizzierten Basistrends in den 90er Jahren noch immer weitergeführt − allein die Erwartungen wurden in den Betrieben deutlich reduziert. Dazu hat eine nicht geringe Zahl von "CIM-Ruinen" beigetragen, von denen in der Literatur immer wieder Beispiele geschildert werden [vgl. Rommel et al. 1993:135f.; Weißbach et al. 1994:13ff.], deren Dunkelziffer aber doch höher liegen dürfte. In der jetzt teilweise einsetzenden Phase der Ablösung der ersten Generation der CIM-Bausteine kann die Erweiterung des Blickwinkels auf organisatorische Aspekte deshalb nur von Vorteil sein.

1.2 Das Konzept der erfahrungsgeleiteten Arbeit

Die Entwicklung des Konzepts der erfahrungsgeleiteten Arbeit begann in der zweiten Hälfte der 80er Jahre. Böhle/Milkau [1988] und Böhle [1989] beschrieben die Bedeutung der komplexen sinnlichen Wahrnehmung sowie einer emotionalen Beziehung zum Arbeitsgegenstand für die Beherrschung von Bearbeitungsprozessen. Am Beispiel der Arbeit mit CNC-Werkzeugmaschinen wiesen sie die Wirksamkeit des erfahrungsgeleiteten Arbeitshandelns nach. In einer 1989 abgeschlossenen ersten Studie zum Thema "Computergestützte erfahrungsgeleitete Arbeit" (CeA) wurde deutlich, daß die beobachtbaren Entwicklungen der Computernutzung in der Produktion zu einer Beeinträchtigung dieser wichtigen Handlungsform führen könnte [vgl. Martin/Rose 1992]:

- Der zunehmenden Kapselung der Werkzeugmaschinen standen beispielsweise keine technischen Entwicklungen gegenüber, die den Verlust an sinnlicher Wahrnehmbarkeit des Bearbeitungsprozesses ausgleichen konnten. Inzwischen wurden Anstöße zur Entwicklung technischer Komponeten gegeben, die solche Nachteile der Kapselung auszugleichen vermögen [vgl. Martin/Rose 1994].

- Der Trend zur rechnerintegrierten Produktion berücksichtigte vorwiegend technische Erfordernisse und ignorierte (weitestgehend) diejenigen Informationen und Informationsquellen, die einer Computerverarbeitung nicht zugänglich sind. Zudem orientierten sich die Vorstellungen zur Umorganisation nur an technischen Erfordernissen und ließen wichtige subjektive Kategorien, wie beispielsweise Stimmigkeit von Verantwortung und Kompetenz, außer acht. Dies war der Anstoß zur Entwicklung des hier vorgestellten Konzepts einer gleichzeitigen Nutzung sowohl der Produktionserfahrung als auch moderner Technik im größeren Produktionszusammenhang.

Erfahrungsgeleitete Anpassungen und Eingriffe sind zur Regulation der Produktion notwendig, insbesondere wenn äußere Einflüsse wie schwankende Nachfrage oder kundenspezifische Produktanforderungen kurzfristige und schwer vorausplanbare Veränderungen der Produktionssituationen erfordern. Solche äußeren Einflüsse sind kennzeichnend für die derzeitige Marktentwicklung und erklären die Zunahme der Bedeutung einer auf Flexibilität ausgerichteten Produktion. Hinzu kommt, daß in einem industriellen Produktionssystem aufgrund seiner hohen Komplexität eine exakte Vorausplanung schon wegen der kaskadenartigen Fernwirkungen selbst kleinerer Fehler und Störungen unmöglich bzw. wirtschaftlich nicht vertretbar ist. Der Produktionsprozeß ist damit auf ständige regulierende Eingriffe des Menschen angewiesen.

Der Mensch "funktioniert" hierbei nicht nur als "Regulationselement", sondern erbringt im Konzept der erfahrungsgeleiteten Arbeit weitere Leistungen. Er kann durch autonome Aktionen auch auf die Zwecksetzungen des Produktionssystems verändernd einwirken und durch sein Handeln im Produktionssystem Erkenntnisse und Erfahrungen gewinnen.

Die arbeitspsychologische Handlungstheorie und tätigkeitsorientierte arbeitspsychologische Konzepte befassen sich seit Anfang der 70er Jahre zunehmend mit den Fragen der Auslösung und Steuerung der Tätigkeit und der Vermittlungsfunktion der Tätigkeit zwischen dem Subjekt und seiner objektiven Umwelt. Handlungstheoretisch wird eine hierarchisch-sequentielle Struktur der Handlungsregulation begründet, deren Vollständigkeit notwendig auf sowohl planende als auch ausführende und kontrollierende Elemente angewiesen ist. Das so dargestellte Arbeitshandeln folgt im Grunde dem Ideal einer rationalen Handlung, die entlang einer Zielehierarchie geplant und ausgeführt wird. Der Prototyp hierfür ist die Handlungsregulationstheorie, wie sie von Hacker [1973] und Volpert [1974; 1980] formuliert und im Laufe der Jahre modifiziert und erweitert wurde. Diese Theorie bildet eine wichtige Grundlage im Konzept der erfahrungsgeleiteten Arbeit. Als weitere Grundlage wird die Leontjew'sche [1977] Beschreibung der Arbeitstätigkeit als vermittelndes Element zwischen Person und Umwelt herangezogen[1]. In der Auflösung einer deutlichen Abgrenzung zwischen Person und Umwelt wird der Zusammenhang von Arbeitsgestaltung und Organisationsgestaltung sichtbar. Für die Gestaltung erfahrungsgeleiteter Arbeit in der Produktion ist dies von entscheidender Bedeutung. Darüber hinaus werden durch die von Leontjew beschriebenen Austauschprozesse Erklärungen für Phänomene wie Motivation und Sinngebung möglich. Arbeitstätigkeit wird in Ihren (subjektivierenden) Rückwirkungen auf die Person darstellbar. Es wird deutlich, daß nicht nur zum Verständnis der Produktionswirklichkeit, sondern auch zu ihrer Gestaltung Begrifflichkeiten wie Intuition, Ahnung und Gefühl beachtet werden müssen. Begrifflichkeiten der Subjektivität und Körperlichkeit also, die in der rationalen Welt der Technik eher "anrüchig", für die Beschreibung menschlicher Arbeit im allgemeinen und des erfahrungsgeleiteten Handlungsmodus' im besonderen jedoch unumgänglich sind [vgl. Witt 1994][2]. Die auf diesen Theorien und Erkenntnissen aufbauenden Modellvorstellungen erfahrungsgeleiteter Arbeit sind im folgenden skizziert[3].

---

[1] Einen knappen Überblick über die verschiedenen Modelle geben zum Beispiel Frieling/Sonntag [1987].

[2] Zur Bedeutung körperlicher Aktivität als Quelle der Erfahrung wird von Volpert [1990] unter anderem auch auf die philosophische Vorstellung Heideggers verwiesen. Er appelliert an Arbeitsgestalter Arbeitsaufgaben zu schaffen, die "vielfältige körperliche Aktivitäten" erfordern [Volpert 1990:31]. Eher "handfeste" Hinweise liefert die empirische Gedächtnisforschung. So weist Engelkamp [1990] einen "Gedächtniseffekt" der Motorik nach.

[3] Die folgenden Ausführungen zu den Grundlagen und Modellvorstellungen erfahrungsgeleiteter Arbeit stützen sich weitgehend auf die Darstellung bei Carus/Nogala/Schulze [1992b] und Schulze/Carus [1994].

Grundlagen erfahrungsgeleiteter Arbeit

In der erfahrungsgeleiteten Arbeit werden unterschiedliche Wissensquellen genutzt. Theoretisches Fachwissen ebenso wie Erfahrungswissen. Beim *Erfahrungswissen* handelt es sich um einen eigenständigen Wissensmodus [Böhle/Milkau 1988]. Es stellt eine Wissensart dar, die auf praktischer und konkreter Erfahrung beruht. Im Unterschied zum auf viele verschiedene Situationen anwendbaren theoretischen Fachwissen ist dieses Wissen an ganz bestimmte Situationen gebunden. Es umfaßt außerdem bewußt oder unbewußt genutzte Erinnerungen an die mit diesen Situationen verknüpften Körperempfindungen. Eine wesentliche Leistung erfahrungsgeleiteter Arbeit besteht darin, daß dieses Wissen samt den entsprechenden Empfindungen in ähnlichen Situationen aktiviert und auf diese übertragen wird. Die Ähnlichkeit wird somit direkt im Arbeitshandeln sowohl rational-analytisch "hergestellt" als auch gefühlsbasiert-intuitiv über komplexe assoziative Verknüpfungen von Wahrnehmungen (Zusammenhangswahrnehmung) "erlebt" bzw. "erfahren".

Diese *Zusammenhangswahrnehmung* ist ein grundlegendes Element erfahrungsgeleiteter Arbeit. Die Ähnlichkeit einer aktuellen Situation mit einer vorangegangenen oder zum aktuellen Zeitpunkt erwarteten wird über eine assoziative und potentiell alle Informationsquellen und -kanäle nutzende Wahrnehmung und Bewertung der Situation, bzw. ihrer Veränderung, hergestellt. Informationsquellen sind sowohl die gegenständliche als auch begriffliche Umgebung, Wissen wie auch Gefühle. Informationskanäle sind die für die Umgebung zuständigen Sinnesmodi (Sehen, Hören, etc.) ebenso wie die Wahrnehmung von "inneren" Gefühlen, Befindlichkeiten und Stimmungen. Es findet eine zum großen Teil gefühlsgeleitete, intuitive Bewertung der aktuellen Situation auf der Grundlage eines Vergleichs mit vorangegangenen Situationen statt. In diesen Vergleich spielt ebenfalls der zum aktuellen Zeitpunkt *erwartete* (antizipierte) Situationszustand, evtl. mit einem davon abweichenden als gewollt antizipierten Zustand, hinein. Das assoziative Verknüpfen von "Bildern", einzelnen Sinneswahrnehmungen, Gefühlen, Wissensinhalten und Handlungsmustern erlaubt verblüffende Kombinationen, was ein hohes Maß an Flexibilität bei der "Bestimmung" ähnlicher Situationen und der "Verwendung" von Erfahrung ermöglicht.

Die intuitive Verarbeitung vielfältiger Einzelwahrnehmungen erlaubt in zeitkritischen Situationen, die ein analytisch-rationales Vorgehen nicht gestatten, eine Prozeßbeherrschung. Die unbewußt erfolgende Umsetzung der Wahrnehmung der Situation in Gefühle (ein Geräuschmuster hört sich "gut" oder "schlecht" an, eine Situation sieht "gut" oder "schlecht" aus) ermöglicht eine effiziente Überwachung und Beeinflussung eines Produktionsprozesses.

Das Ergebnis einer Untersuchung von Konrad [1992] zu Strategien der Störungsbeseitigung kann als Beleg für die Wirksamkeit der Zusammenhangswahrnehmung angeführt werden: Experten nutzten danach vor allem "Symptommuster", "direkte Sinneseindrücke" und "historische Informationen", Berufsanfänger hingegen gehen eher nach den Mustern "Minimaler Aufwand" und "Nutzung von Unterlagen" vor.

Es ergibt sich eine sehr flexible und rasche Übertragung von Erfahrungswissen auf neue Situationen, womit allerdings auch Risiken in Kauf genommen werden müssen. In dieser Doppelwirkung wird klar, daß erfahrungsgeleitete Arbeit auf einen ständigen *Abgleich von Effizienz und Risiko* und auf eine *innere Bereitschaft zur Verantwortungsübernahme* angewiesen ist. Diese Leistungen der Beschäftigten bilden weitere grundlegende Elemente erfahrungsgeleiteter Arbeit. Voraussetzung für diese Leistungen ist eine Beteiligung am Prozeß der Erneuerung übergeordneter Kategorien der Arbeit, wie Zweck und Sinn einer Produktion, aus denen die für den Risikoabgleich erforderlichen Informationen abgeleitet werden können.

Das für die Erledigung einer vorgegebenen Arbeitsaufgabe nötige Erfahrungswissen ist somit neben theoretischem Fachwissen zwar eine wesentliche aber keine hinreichende Informationsgrundlage der Beschäftigten in einer Produktion, in der unter Zeitdruck, im aktuellen Handeln, auf Störungen eines Prozesses intuitiv richtig reagiert werden muß. Weitere Grundlagen sind ein Wissen um den Zweck der Arbeitsaufgaben für die gesamte Produktion und um den Zweck des Produktionssystems als Ganzes.

Als Quellen der Zwecksetzung und -erneuerung kommen im wesentlichen direkte und unmittelbare Kontakte mit im selben Prozeß bzw. Produktionssystem beschäftigten Personen in Betracht[4]. Aber auch Informationen dazu wie das Produktionssystem "von außen" gesehen wird, sind hierbei relevant.

Wie kommt es nun zum Erwerb von Erfahrung? Die Wahrnehmung des Resultats einer Aktion (wobei auch "beteiligtes Zusehen" eine Aktion darstellt) führt zum Neuerwerb, zur Modifikation oder zu einer Verfestigung von Erfahrungswissen. Erfahrungsnutzung und Erfahrungsaufbau sind somit voneinander abhängig. Erfahrungsaufbau setzt eine gewisse "spontane" Variabilität und Transformation der Situation zu einem neuen Zustand voraus, der aber in hinreichender Ähnlichkeit zum schon erlebten stehen muß. Dieser "neue" Zustand macht, wenn er auf äußere Einflüsse zurückzuführen ist, eine *reaktive* Anpassung des Handlungsmusters erforderlich und stellt in dieser Hinsicht eine "Barriere" für die Zielerreichung dar. Die bisher beschriebene Leistung erfahrungsgeleiteter Arbeit besteht in einem effizienten und risikoangepaßten Überwinden dieser Barrieren. Erfahrungsmodifikation kann jedoch auch durch Verändern des eigenen Verhaltens in einer sonst, den objektiven Merkmalen nach, konstanten Situation erreicht werden. Die Be-

---

4 Die über die Arbeit vermittelten Beziehungen stellen einen wesentlichen Anteil der für den individuellen Sinnbezug wichtigen "sozialen und gesellschaftlichen Eingebundenheit" dar; zu diesem Prinzip und zu den Konsequenzen für die Arbeits- und Organisationsgestaltung vgl. auch Volpert [1990:34ff.].

deutung dieses "explorativen (entdeckenden) Verhaltens" für Lernprozesse ist in der pädagogischen Psychologie seit langem bekannt [vgl. unter anderem Bruner 1966]. Sind diese Verhaltensänderungen zweckbestimmt, stellen sie eine *aktive* Erfahrungsnutzung und damit eine wichtige Innovationsquelle dar. Auch diese Leistung erfahrungsgeleiteter Arbeit gewinnt somit an Gewicht, wenn sie sich in einen größeren Zusammenhang des Produktionsprozesses einordnet und damit Austauschprozesse mit anderen Personen umfaßt. Ein *dialogisch-explorativer* Handlungsmodus kann deshalb als weiteres an die arbeitende Person gebundenes Element erfahrungsgeleiteter Arbeit verstanden werden.

Vor diesem Hintergrund wird verständlich, daß sich ein großer Teil des Arbeitshandelns von Experten einer logischen Erklärung und einer Beschreibung mit algorithmischen und auch heuristischen "Regeln" entzieht[5]. Zur Beschreibung und Erklärung des Handelns werden Begriffe wie *"Intuition"*, *"Erfahrung"* und (Fingerspitzen-)*"Gefühl"* erforderlich, wohinter sich die unbewußt genutzen Wahrnehmungen, Wissensinhalte, Einstellungen, Motive und Handlungsmuster verbergen. Es wird ebenfalls verständlich, weshalb ein eher statischer Begriff wie Wissen zur Erklärung der an eine handelnde Person gebundenen Prozesse der Erfahrungsnutzung und des Erfahrungserwerbs nicht ausreichend ist. Die Nutzung unbewußter Wissensquellen, der Prozeßcharakter der Erfahrungsaktualisierung und der durch das "Sich selbst erleben" in der Arbeitssituation vermittelte Körperbezug der Wahrnehmungen verhindern die vollständige Übertragung und Übermittlung von Erfahrung an andere Personen, insbesondere mit ausschließlich sprachlichen und schriftlichen Lehrmethoden. Wegen des starken Situationsbezugs und der Bedeutung von Körperempfindungen sind selbst die dem Bewußtsein zugänglichen Anteile des Erfahrungswissens nur unvollständig an andere Personen vermittelbar. Erfahrungen müssen deshalb in letzter Konsequenz von jedem selbst "gemacht" werden.

Erfahrungsgeleitete Arbeit beruht auf Wissensinhalten und Handlungsmustern, die dem Arbeitenden zum Teil nur intuitiv und in der konkreten Situation, im Arbeitshandeln, zugänglich sind. Sie sind zu wesentlichen Teilen unveräußerbar an eine Person gebunden. Folgende Elemente sind für erfahrungsgeleitete Arbeit grundlegend: Zusammenhangswahrnehmung, Ausgleich von Effizienz und Risiko intuitiven und explorativen Handelns, intrinsische Motivation zur Verantwortungsübernahme und dialogisch-exploratives Arbeitshandeln.

Die Beeinflussung dieser Elemente auf der Ebene der Arbeitsgestaltung erfolgt durch Maßnahmen, die auf ganzheitliche Arbeitstätigkeiten zielen mit den Bestandteilen:

---

[5] Damit sind auch Grenzen für die Möglichkeiten zum Einsatz sogenannter "Expertensysteme" markiert.

- Planen (Ziel differenzieren, Vorgehen entwerfen, entscheiden, antizipieren),
- "Operieren/Ausführen" (kognitive und sensumotorische Operationen und Aktionen),
- Bewerten (Merkmale wahrnehmen und interpretieren, Zusammenhänge wahrnehmen/erkennen und auf antizipierten Zustand rückkoppeln) und
- Teilnahme am Prozeß der Erneuerung des Zwecks der Aufgaben und demjenigen des Produktionssystems.

Welche (weiteren) Konsequenzen ergeben sich aus diesen "personalen" Elementen jedoch nun für die "organisatorische Einbettung" erfahrungsgeleiteter Arbeit in das Produktionssystem? Zur Beantwortung dieser Frage sollen zunächst die mit diesen Elementen korrespondierenden grundlegenden "systemischen" Elemente erfahrungsgeleiteter Arbeit beschrieben werden. Dazu wird von der arbeitspsychologischen Handlungs- und Tätigkeitstheorie auf eine systemtheoretische Betrachtungsweise gewechselt und eine Verknüpfung zwischen beiden Betrachtungsweisen hergestellt. Das verwendete Systemmodell soll dabei vor allem auch die Unterschiede zwischen einer technikzentrierten und einer sozio-technischen Sichtweise der Produktion verdeutlichen.

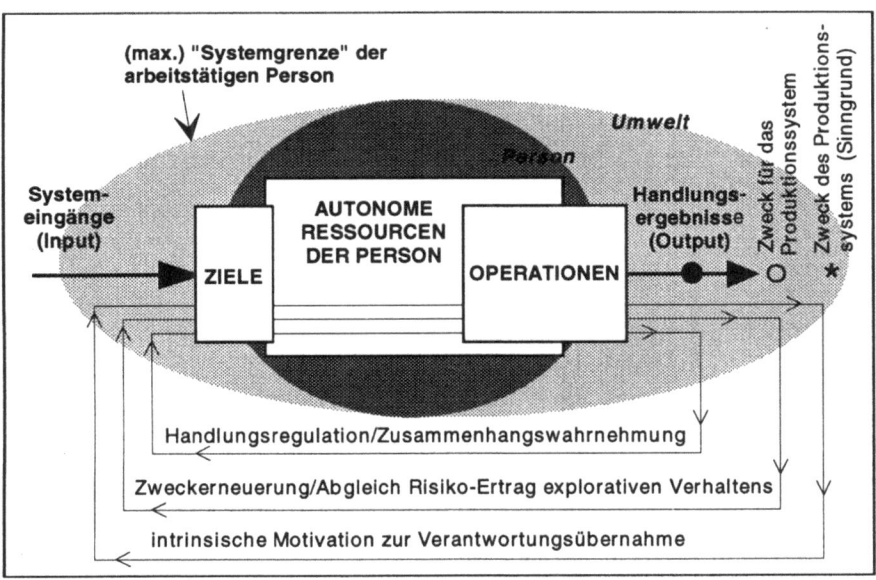

Abb. 1.2. Systemmodell der für erfahrungsgeleitete Arbeit wesentlichen feed back-Prozesse

Voraussetzung für dialogisch-exploratives Handeln ist ein *individueller Handlungs- und Entscheidungsspielraum* der es erlaubt, ein "bewährtes" Vorgehen auf neue Situationen zu übertragen oder es gegebenenfalls spontan zu modifizieren. In einer industriellen Produktion ist die Gestaltung dieses individuellen Spielraums nicht von der Frage der Arbeitsteilung, den Kommunikationsmöglichkeiten, der Verfügbarkeit von Arbeitsmitteln etc. zu trennen. Der individuelle Handlungsspielraum ist somit, wird er mit der Möglichkeit dialogisch-explorativen Verhaltens in Verbindung gebracht, ein "systemisches" Element erfahrungsgeleiteter Arbeit. Als weitere Elemente sind *"feed back-Prozesse"* zu nennen. Das hier zur Anwendung kommende feed back-Prinzip darf allerdings nicht mit dem in der Regelungstechnik verwendeten verwechselt werden, das für exakt definierte Prozesse in geschlossenen Systemen gilt. Auf die arbeitsteilige Produktion insgesamt wie auch auf eine einzelne arbeitstätige Person ist, in diesem Zusammenhang, ein sozio-technisches Systemmodell anzuwenden. Die Systemgrenze ist hier prinzipiell offen und variabel. Die Übergänge zwischen den zu einzelnen Personen gehörenden Ressourcen und denjenigen der Umwelt der Personen sind fließend. Die Darstellung der für erfahrungsgeleitete Arbeit wichtigen feed back-Prozesse in Abbildung 1.2 erfolgt in Anlehnung an das von Marks [1991] skizzierte Systemmodell. Es umfaßt neben handlungsregulatorischen "Rückkopplungen" auch solche zur Zweckbestimmung und zur Herstellung des Sinnzusammenhangs.

Auf der operativen Ebene wird die aktuell wahrgenommene Situation mit einer "erinnerten" oder antizipierten verglichen und in Verhaltenskorrekturen umgesetzt. Die Zweckbestimmung erfolgt eher dialogisch in Aushandlungsprozessen. Der Zweck (oder Existenzgrund des Systems) stellt sich über zweiseitige "Kontrakte" [vgl. Marks 1991] dar. Diese können beispielsweise Vereinbarungen über Qualität und Verwendungszusammenhang des Arbeitsergebnisses zwischen dem Arbeitshandelnden und seiner Umwelt (Kollegen und Vorgesetzte als "Kunden" des Arbeitsergebnisses und als Lieferanten von Arbeitsmitteln bis hin zu externen Kunden und Lieferanten) betreffen. Je weiter der Zweckbezug über die einzelne Arbeitsaufgabe hinaus gespannt wird, umso mehr kann sich ein gesellschaftlich relevanter Sinnzusammenhang erschließen, der eine aus Interesse an der Sache, aus eigenem Antrieb entstehende (intrinsische) Verantwortungsbereitschaft unterstützt.

Zusammenfassend kann im Hinblick auf die Erfahrungsnutzung in einem Produktionssystem festgestellt werden:

Die für erfahrungsgeleitete Arbeit wichtigen "systemischen" Elemente sind die jeweiligen individuellen, für ein dialogisch-exploratives Handeln nötigen Handlungsspielräume sowie feed back-Prozesse, die sowohl auf eine Optimierung der Zusammenhangswahrnehmung ausgerichtet als auch geeignet sind, Informationen über Zweck und Sinn der Arbeit zu liefern.

Hypothesen zur Gestaltung erfahrungsgeleiteter Arbeit
Im folgenden werden aus dem skizzierten theoretischen Konzept hypothetische
Gestaltungsforderungen für eine erfahrungsgeleitete rechnerintegrierte Produktion
hergeleitet. Dazu wird von der Frage ausgegangen, welche Konsequenzen sich
nun aus den dargestellten Grundlagen für eine bewußte Gestaltung der Produktion
nach den Prinzipien erfahrungsgeleiteter Arbeit ergeben. Da Erfahrungswissen
und noch mehr die Nutzung von Erfahrung untrennbar an Personen gebunden
sind, muß die Rolle der Rechnerunterstützung deutlich anders definiert werden als
im klassischen CIM-Konzept. Es kann nicht genügen, nur die computertechnisch
"zugänglichen" Informationen als integrierende Komponente eines Produktionsprozesses zu nutzen und das Produktionssystem alleine daraufhin zu optimieren.
Die Gestaltung der computertechnischen Unterstützung muß im Gegenteil primär
auf eine breite Nutzung der Produktionsressource Erfahrung ausgerichtet werden,
da nur hierin die Quelle einer ständigen selbstgesteuerten Erneuerung des Produktionssystems gegeben ist. Zusätzlich erschließt sich damit ein auf andere
Weise nicht zugängliches Flexibilitätspotential. Diese Umorientierung schließt
computertechnische Integrationen nicht aus, stellt aber ergänzende Anforderungen
an deren Gestaltung und organisatorische Einpassung. Es sind deshalb zunächst
die organisatorischen Gestaltungsmöglichkeiten aufzuzeigen, die für die Arbeitstätigkeit einer Person relevant sind, dann die der technischen Arbeitsmittel. Diese
Reihenfolge soll auch die höhere Priorität der Organisationsgestaltung deutlich
machen, die im weiteren Sinne die Techniknutzung mit beinhaltet. Die im folgenden vorgestellten Gestaltungsdimensionen sind geeignet, die Gestaltungsziele
"Handlungsspielraum" und "feed back" umfassend entsprechend den erläuterten
grundlegenden Elementen erfahrungsgeleiteter Arbeit zu konkretisieren.

(1) Arbeitsteilung
Die Frage nach der Gestaltung des für erfahrungsgeleitete Arbeit nötigen Handlungsspielraums stellt sich im Zusammenhang mit der aufgrund der Vielfalt und
Menge der Aufgaben einer industriellen Produktion zwangsläufigen *Arbeitsteilung*. Wie ist diese zu gestalten, um das Erfahrungspotential zu entwickeln und zu
nutzen? Zunächst scheint es vorteilhaft, die schnelle und effiziente Zusammenhangswahrnehmung direkt im wertschöpfenden Prozeß zu nutzen und deshalb
möglichst viele Prozesse dezentral zu kontrollieren. Andererseits ergeben sich jedoch Grenzen für die Beschäftigten aus einer zunehmenden Belastung, wenn das
Informationsangebot und der Verantwortungsbereich ein für den Einzelnen über-
schaubares Maß überschreiten. Für erfahrungsgeleitete Arbeit ist jedoch ein Mi-
nimum an Handlungsspielraum unterschritten, wenn Langeweile und Monotonie
ein für das Lernen zu niedriges Aktivierungsniveau und Gleichgültigkeit fehlende
Motivation ("innere Kündigung") signalisieren. Der Umfang der zu beherrschenden Situationsvariation findet von daher nach beiden Seiten hin Grenzen, die in
"Aushandlungsprozessen" gefunden und immer wieder modifiziert werden müssen.

Die zur Beherrschung von häufig auftretenden operativen Aufgaben nötigen "feed
back"-Informationen sollten durch bewußt gestaltete Arbeitsteilung aus dem Ar-

beitshandeln direkt bereitstehen und damit exploratives Handeln und die Zusammenhangswahrnehmung unterstützen. Ungünstige Arbeitsteilung ist dann gegeben, wenn dadurch inhaltlich aufeinander bezogene planende, ausführende und kontrollierende Bestandteile von Aufgaben zerschnitten werden. Eine Regulation der Zielerreichung ist dann erschwert. Die zur Prozeßbeherrschung nötigen Informationen können nicht über eine in die Handlung eingebettete intuitive Wahrnehmungsverarbeitung gewonnen werden, wenn die zusammengehörenden Aufgabenbestandteile verschiedenen Personen zugeordnet sind. Fehlt gleichzeitig die Möglichkeit zu dialogischen Austauschprozessen über direkte Kommunikation und Kooperation, kann nur eine auf die verbleibenden indirekten Informationsmöglichkeiten eingeschränkte Regulation erfolgen.

(2) Kommunikation und Kooperation
Der Zweck einer Aufgabe und die Veränderung des Zwecks erschließen sich in der arbeitsteiligen industriellen Produktion vermutlich weitgehend aus der Einordnung der Arbeit in einen größeren Gesamtzusammenhang und damit vor allem über *Kommunikations- und Kooperationsbeziehungen*. Neben der Möglichkeit zu Beziehungen, die der Gewährleistung der Aufgabenerfüllung dienen, sollten deshalb auch solche zur Zweckbestimmung gegeben sein. Dazu sollten Kontakte über die engen Arbeitsbereiche hinaus, die zwar mit der eigenen Arbeit zusammenhängen, zur operativen Bewältigung der Aufgabe aber "nicht unbedingt nötig" sind, möglich sein. Erfahrungsgeleitete Arbeit ist in einer flexiblen Produktion auf Dauer nur dann aufrecht zu erhalten, wenn sich die eigene Tätigkeit in einen größeren Zusammenhang einordnen läßt. Insbesondere das Innovationspotential eines Betriebes wird durch die Nutzung der über Kommunikationsprozesse erworbenen Erfahrungen gestärkt.

Eine Partizipation an Produktionsinnovationen, an der Veränderung der Art und Weise der Leistungserstellung des Produktionssystems, ist für erfahrungsgeleitete Arbeit unumgänglich. In ihr finden implizit die wesentlichen Aushandlungsprozesse über den Zweck der einzelnen Aufgaben statt, der als Informationsgrundlage über die Angemessenheit explorativen Verhaltens dienen kann. Für die meisten der in einer industriellen Produktion beschäftigten Personen stellt eine derartige Zweckerneuerung nur eine Nebenaufgabe dar. Gerade deshalb ist zu empfehlen, entsprechende Aktivitäten zumindest durch eine geeignete "Belohnungs- und Lobkultur" zu fördern. Damit wird anerkannt, daß die über den einzelnen Arbeitsplatz hinausgehende Erfahrungsnutzung eine sehr persönliche Leistung jedes einzelnen Beschäftigten ist.

Der Arbeitsbereich einer Person ist somit umfassender als der Arbeitsplatz und ist die kleinste vollständige Einheit des sozio-technischen Systems der Produktion. Die potentielle Flexibilität der Bereichsgrenzen (vgl. Abbildung 1.2) stellt eine wesentliche Flexibilitätskomponente dar und erlaubt eine sehr schnelle Anpassung an veränderliche Situationen, wenn geeignete Bedingungen dies unterstützen. Da eine Veränderung der Bereichsgrenzen einer Person immer auch die Bereichsgrenzen der Arbeitskollegen mit betrifft, sind hierzu Aushandlungsprozesse notwendig. Da Grenzveränderungen nicht nur Sachinformation, sondern auch Verständnis und Einverständnis erfordern, sind *direkte Kontakte* mit ihren Möglichkeiten, außer Sprachinformationen auch Mimik und Gestik und damit "Metabotschaften" auszutauschen, äußerst wichtig. Zwischen Personen, die sich gut "kennen", kann im *direkten* Kontakt eine Aushandlung beispielsweise durch einen kurzen Blickkontakt erfolgreich sein.

(3) Zuständigkeit und Verantwortung
Erfahrungsnutzung und -erwerb stellen aufgrund ihres explorativen und intuitiven Charakters immer auch ein Risiko für den Betrieb und die handelnde Person dar. Erst die Konsequenz eines Handelns in einer neuen Situation zeigt, ob das Ziel, die Entscheidung, die Aktion angemessen war. Die Unvermeidbarkeit des Risikos für den Erfahrungserwerb wie auch für die Erfahrungsnutzung bedeutet, daß der *Handlungsspielraum* von den Vorgesetzten wie auch von den kooperierenden Kollegen "gewährt" und die damit verbundene *Verantwortung* von der betreffenden Person "akzeptiert" werden muß. Ein unangemessener oder nicht als Verpflichtung empfundener Handlungsspielraum stellt einen Unsicherheitsfaktor im Produktionsprozeß dar. Für die arbeitende Person bedeutet *die Bereitschaft, Verantwortung für ein intuitives Handeln zu übernehmen*, ein Risiko zu tragen. Diese Bereitschaft sollte möglichst durch intrinsische Motive getragen sein. Für eine Unterstützung erfahrungsgeleiteter Arbeit ist es danach nötig, Bedingungen zu schaffen, die eine emotionale Beteiligung am Gegenstand der Arbeit durch die Einordnung der eigenen Arbeit in einen größeren Sinnzusammenhang stärken. Geeignet hierzu scheinen Handlungsspielräume zu sein, die eine Partizipation an der Zweckerneuerung erlauben. Dazu sind Aktivitäten erforderlich, die eine Verortung des Betriebs im gesellschaftlichen Umfeld fördern und bewußt machen, also nach außen gerichtet sind[6].

(4) Räumliche Nähe
Die räumliche Gestaltung ist für erfahrungsgeleitete Arbeit besonders wichtig im Hinblick auf die Bedeutung der assoziativ funktionierenden Zusammenhangswahrnehmung und für die Verfügbarkeit der für dialogisch-exploratives Handeln nötigen Ressourcen. Die räumliche Zuordnung von Arbeitsmitteln (Werkzeuge, Meßzeuge, Material) muß die Nutzung der direkten sinnlichen Wahrnehmung unterstützen. Objekte, die im Arbeitshandeln situationsangepaßt in Beziehung zueinander zu setzen sind, sollten gleichzeitig "im Zugriff" der Sinnesorgane angeordnet sein. Die räumliche Nähe zu Kooperationspartnern eröffnet die Möglichkeit zu spontanen direkten Kontakten und Aushandlungsprozessen und stellt deshalb die wohl wichtigste "Ressource" sowohl für Regulationen als auch für Innovationen dar.

---

6 Kontakte mit Kunden und Lieferanten, aber auch Betriebsfeste mit externen Gästen und Tage der offenen Tür erhalten von daher eine besondere Bedeutung.

(5) Persönliche Zuordnung von Arbeitsmitteln
Die erfahrungsgeleite Beherrschung komplexer Bearbeitungsprozesse setzt ein intuitives Trennen prozeßbedingter Situationsvariationen von anderen Einflüssen voraus. Insbesondere bei der Verwendung komplexer Arbeitsmittel ist eine Transparenz des Zustands des Arbeitsmittels deshalb wichtig. Die *Zuordnung des Arbeitsmittels zu einer einzigen Person* fördert diese Transparenz. Dieser Vorteil einer individuellen Zuordnung kann durch geeignete Maßnahmen auch bei Zuordnung zu mehreren Personen angenähert werden (Vereinbarungen der Kollegen; Absprachen bei Schichtübergabe, hohe Kommunikations- und Kooperationsdichte durch Gruppenarbeitskonzepte etc.).

Die mit einem Arbeitsmittel erworbenen Erfahrungen können andererseits auf ähnliche Arbeitsmittel übertragen werden. Eine Einbuße an Schnelligkeit und Sicherheit und eine Zunahme der durch das Arbeitsmittel gebundenen Aufmerksamkeit, die damit für den Gegenstand der Arbeit verloren geht, sind bei Mehrfachzuordnung jedoch unvermeidlich und sind dem Flexibilitätsgewinn entgegenzustellen.

(6) Arbeitsteilung zwischen Mensch und Maschine (Automatisierung)
Der Anwendung des Begriffs *"Arbeitsteilung"* auf *Mensch und Maschine* soll bewußt machen, daß zur Automatisierung von Produktionsprozesse eingesetzte Produktionstechnik zunehmend ihren "Werkzeugcharakter" verloren hat. Die Automatisierung stellt einen höheren Grad der Technisierung als eine Mechanisierung dar. Mit der Informationstechnik können nun auch kostengünstig relativ komplexe Vorgänge und damit große Abschnitte eines Produktionsprozesses automatisiert werden. Damit können zudem "komplette" Handlungssequenzen auf Maschinen (Automaten) übertragen werden, was potentiell einer Einschränkung des für erfahrungsgeleitete Arbeit bedeutsamen Handlungsspielraums gleichkommt. Eine Überwachung der automatisierten Prozesse, die auch sporadische Eingriffe auf diese automatisierten Abschnitte vorsieht, sollte deshalb auf Erfahrungen mit dem entsprechenden Prozeß auf einem nicht automatisierten Niveau aufbauen. Die bisher im Arbeitshandeln gegebene Zergliederung des Produktionsprozesses in viele aufeinanderfolgende planende, operative und kontrollierende Handlungsbestandteile wird mit der Automatisierung durch wenige Schritte ersetzt. Die Anzahl der handlungsregulatorischen Eingriffspunkte in den Produktionsabschnitt wird reduziert. Allerdings ist damit gleichzeitig die Chance gegeben, größere Prozeßabschnitte zu kontrollieren. Ein Beispiel dazu ist, wenn das Steuerprogramm einer CNC-Werkzeugmaschine für ein komplexes Bauteil komplett mit Hilfe eines NC-Programmiersystems erstellt wird. Der gesamte Planungsprozeß wird hier zusammengefaßt und vor die dann weitgehend automatisiert ablaufende Bearbeitung gezogen. Ob derart neugestalte Prozeßregulationen jedoch noch soweit der hierarchisch-sequentiellen Struktur der Handlungsregulation entsprechen, daß eine optimale Erfahrungsnutzung erfolgt, scheint bei den derzeit eingesetzten NC-Programmierlogiken zweifelhaft [vgl. Bolte 1993].

Automatisierung behindert somit potentiell immer Erfahrungsgewinn und -nutzung im automatisierten Prozeßabschnitt. Die handlungsregulatorische Beherrschung der mit der Automatisierung entstehenden größeren Prozeßabschnitte wird behindet, wenn die Art der Automatisierung lediglich einer technischen Rationalität entspricht und auf die Handlungsstruktur der Beschäftigten keine Rücksicht nimmt.

(7) Computertechnische Funktionalitäten
Der unmittelbaren sinnlichen Wahrnehmung kommen konventionelle Hilfsmittel oft mehr entgegen. Der Einfluß einer Computerfunktionalität auf die Gestaltung des Arbeitsplatzes ist zu beachten. Es ist zu klären, ob durch die Umgestaltung auch Informationsquellen beseitigt werden, die den menschlichen Sinnen direkt zugänglich sind oder ob die Möglichkeit zur Kommunikation mit Arbeitskollegen reduziert oder behindert wird. Um die wirklich wichtigen Informationen zur Prozeßbeherrschung nicht durch zu viele mit geringem oder "fragwürdigem" Zusatzwert zu verdecken, sollte auch die absolute Menge des Funktionsangebots in der Bewertung eine Rolle spielen.
DV-Funktionalitäten können und sollten auch bewußt zur Erweiterung des Handlungsspielraums und zur Ergänzung des zur Steuerung und Regulation eines Prozesses genutzten Informationsangebots konzipiert werden.

(8) Benutzungsoberfläche computertechnischer Systeme
Eine Beeinträchtigung der Transparenz von Produktionsprozessen ist in der rechnerintegrierten Produktion grundsätzlich immer dann gegeben, wenn die rechnerinternen Abläufe, die in einen Arbeitsprozeß eingebettet sind, nicht (mehr) über die Sinne wahrnehmbar sind. Eine softwareergonomische Forderung aus dem Konzept erfahrungsgeleitete Arbeit ist somit, den Wahrnehmungsverlust in diesen "blinden" Abschnitten durch geeignete Maßnahmen zu kompensieren. Eine Möglichkeit hierzu sind eventuell multimediale "Äußerungen" des Systems über dessen aktuellen Zustand, verbunden mit entsprechenden Eingriffsmöglichkeiten. Die *"Überschaubarkeit"* muß jedoch gewährleistet bleiben. Eine ausreichende Stabilität der Prozesse, zum Beispiel durch eine bewußte Einschränkung der Flexibilität der Automatisierung (!), kann die Anzahl nötiger "Systemäußerungen" reduzieren und eine *eindeutige* erfahrungsbasierte Interpretation erleichtern. Die Eindeutigkeit kann auch durch Konstanz der Ausgabeart und des Ausgabeorts unterstützt werden.

Da erfahrungsgeleitete Arbeit zwar an Individuen gebunden ist, jedoch auch kooperative Tätigkeiten beinhaltet und durch sie gefördert wird (dialogisch-explorative Aushandlungsprozesse), sollten solche Tätigkeiten auch gezielt durch technische Hilfen unterstützt werden. Die Benutzungsoberfläche der technischen Systeme muß dazu für kooperativ zu erledigende Aufgaben auch bewußt auf die jeweiligen kooperierenden Gruppen zugeschnitten sein.

(9) Datenhaltung und Datenzugriff
Ein wichtiges Merkmal einer rechnervernetzten Produktion ist, daß der individuelle Datenzugriff auf ausgewählte Informationen entfernter Produktionsabschnitte ausgeweitet werden kann. Die damit mögliche Herstellung größerer feed back-Schleifen kann nicht nur zu einer effizienteren Abstimmung mit den anderen Teilsystemen genutzt werden, sondern auch zur Überprüfung und Modifizierung des Zwecks der eigenen Aufgaben in diesem übergeordneten Rahmen. Gerade in einer flexiblen Produktion, die häufig neuartige Produkte und Prozesse hervorbringt, muß auch von einer Veränderung der Zweckbestimmung der eigenen Arbeit wie auch der Arbeitsergebnisse ausgegangen werden. Der Zugriff auf Informationen, die im eigentlichen Sinne nicht zur operativen Aufgabenbewältigung nötig sind, aber zur Herstellung des Verwendungszusammenhangs beitragen können, eröffnet die Möglichkeit, das eigene Handeln oder auch die eigene Aufgabe risikoangepaßt explorativ zu verändern.

grundlegende Elemente erfahrungsgeleiteter Arbeit Produktionssystem ↳ Person	Gestaltungsdimensionen								
	Arbeitsteilung	Kommunikation/ Kooperation	Zuständigkeit/ Verantwortung	räumliche Aspekte	persönliche Zuordnung von Arbeitsmitteln	Automatisierung	DV-Funktionalitäten	Benutzungsoberfläche	Datenhaltung/ Datenzugriff
individueller Handlungsspielraum ↳ dialogisch-explorativer Handlungsmodus	X	X	X	X	X	X	X	X	X
feed back über die Operation ↳ Zusammenhangswahrnehmung	X			X	X	X	X	X	
feed back über den Zweck ↳ Abgleich Risiko und Ertrag im explorativen Verhalten		X							X
feed back über den Sinn ↳ intrinsische Motivation zur Verantwortungsübernahme	X	X							

Abb. 1.3. Übersicht zur Beeinflußbarkeit personaler und systemischer Elemente erfahrungsgeleiteter Arbeit über gestaltbare Dimensionen der Produktion

Die Betonung muß allerdings auf der gezielten Auswahl solcher indirekt genutzter Informationen liegen. Sie muß im Einverständnis und "Verständnis" aller erfolgen, die diese Informationen erzeugen, modifizieren und nutzen. Geeignete organisatorische "Spielregeln" müssen es erlauben, die Zugriffsnotwendigkeiten und -rechte von Zeit zu Zeit zu überprüfen und einer eventuell veränderten Situation anzupassen. Informationen sollten in jedem Fall auch dergestalt sein, daß sie direkte persönliche Kontakte nicht ersetzen sondern anregen.

Zwischen den "personalen Elementen" egA und generellen Elementen des Produktionssystems bestehen Verbindungen. Eine Gestaltung egA bedeutet eine gezielte Gestaltung dieser Elemente. Die Ausführungen in diesem Abschnitt verweisen auf die Bedeutung verschiedener organisatorischer und technischer Dimensionen der Produktion für die Gestaltung erfahrungsgeleiteter Arbeit.

Der für den dialogisch-explorativen Handlungsmodus wichtige individuelle Handlungsspielraum wird in allen genannten Dimensionen beeinflußt und – was für die bewußte Gestaltung entscheidend ist – kann dadurch gezielt beeinflußt werden. Der Einfluß auf andere Elemente erfolgsgeleiteter Arbeit ist dagegen jeweils in der Gestaltung ganz bestimmter Dimensionen gegeben (vgl. Abbildung 1.3).

1.3 Läßt sich erfahrungsgeleitete Arbeit erfolgreich in der rechnerintegrierten Produktion verwirklichen?

In den vorangehenden Abschnitten wurden die wesentlichen Elemente zweier ganz unterschiedlicher "Konzepte", CIM und erfahrungsgeleitete Arbeit, skizziert. Hier geht es nun darum zu klären, ob und gegebenenfalls wie sich beide Konzepte zusammenführen lassen. In seiner klassischen, eher technisch orientierten, Ausprägung bietet das CIM-Konzept für wichtige Forderungen aus dem Konzept erfahrungsgeleitete Arbeit keine Anknüpfungspunkte. Als Beispiel sei auf die nicht auf technische Systeme übertragbaren Informationsressourcen erfahrungsgeleiteter Arbeit verwiesen. Andererseits führt das CIM-Konzept die Notwendigkeit vor Augen, das Produktionssystem als Ganzes zu gestalten. Es entspricht in diesem Punkt dem Anspruch des beschriebenen Konzepts erfahrungsgeleiteter Arbeit, Arbeitsgestaltung im Zusammenhang mit Organisationsgestaltung zu sehen.

Dennoch muß festgestellt werden, daß CIM in der "klassischen", auf eine technische Betrachtungsweise verengten, Konzeption eine deutliche Gefährdung der Erfahrungsnutzung darstellt. Diese Betrachtungsweise ist jedoch in nicht wenigen Betrieben vermutlich nach wie vor vorzufinden.

Andererseits haben die Ausführungen zur erfahrungsgeleiteten Arbeit deutlich gemacht, daß es sich hierbei um ein technisch-organisatorisches Konzept handeln muß, in dem die Arbeitstätigkeit als vermittelndes Element zwischen Mensch und Umwelt wirksam ist. Technik ganz allgemein, also auch rechnerintegrierte Produktionslösungen, sind somit ein untrennbarer Bestandteil erfahrungsgeleiteter Arbeit in einer modernen industriellen Produktion. Erfahrungsgeleitete Arbeit und die Entwicklung zu einer rechnerintegrierten Produktion schließen sich somit prinzipiell nicht aus. Das CIM-Konzept muß hierzu jedoch in wesentlichen Punkten revidiert werden. Es muß der Nutzung der an den Menschen gebundenen Produktionsressourcen untergeordnet sein. Eine Behinderung der Erfahrungsnutzung muß vermieden werden. Die Ziele einer Rechnerintegration sind auf die aktive Unterstützung der Erfahrungsnutzung auszuweiten.

Das Konzept der erfahrungsgeleiteten Arbeit muß deshalb sowohl die Anwender von Produktionstechnik, vor allem aber auch die Technikentwickler ansprechen. Wie die Gestaltung in der Realität der Betriebe konkret auszusehen hat, muß deshalb empirisch fundiert beantwortet werden. Den Praktikern werden damit Argumente und Beispiele vorgestellt, die Ihnen verantwortliches Handeln ermöglichen.

Die zu dieser empirischen Fundierung vorgenommenen Untersuchungen richteten sich auf folgende Fragen:

(1) Lassen sich die Hypothesen zu den Effekten und zur Gestaltung erfahrungsgeleiteter Arbeit empirisch fundieren?
Dazu gilt es, die Wirkungen der Erfahrungsnutzung im Produktionsbetrieb nachzuweisen und Einschränkungen und Behinderungen der Erfahrungsnutzung zu identifizieren, insbesondere die im Produktionssystem feststellbaren (objektiven) Wirkungen einer Verbesserung wirtschaftlich relevanter Merkmale als auch die Rückwirkungen auf die Person (Erfahrungserneuerung). Die Ergebnisse sollen zum einen dazu genutzt werden können, gezielte Veränderungen mit empirischer Begründung und nicht nur aufgrund theoretischer Überlegungen einleiten zu können, zum anderen um diese Belege für die wissenschaftliche Diskussion zur Verfügung zu stellen.

(2) Wie müssen rechnerintegrierte Strukturen konkret aussehen, die sowohl die Möglichkeiten der neuen Technik als auch Erfahrung nutzen? Ist die vorhandene Technik geeignet, solche Strukturen zu schaffen, oder sind Anpassungen oder gar Neuentwicklungen erforderlich?
Hierzu muß über die Auswertung betrieblicher Anwendungsfälle ein Sollkonzept erfahrungsunterstützender technischer Systeme im organisatorischen Kontext entwickelt werden, das als eine Art Pflichtenheft sowohl für Anwenderfirmen, insbesondere aber auch für Technikentwickler richtungsweisend ist.

(3) Sind erfahrungsförderliche technisch-organisatorische Strukturen tatsächlich herstellbar? Wenn in der Praxis solche Strukturen vorgefunden werden, inwieweit sind sie dann an bestimmte, unveränderbare Rahmenbedingungen geknüpft?

Ziel der hierzu durchgeführten Untersuchungen ist der Nachweis, daß die Gestaltungsforderungen durch gezielte Veränderungsprozesse in den Unternehmen umgesetzt werden können und erfahrungsgeleitetes Arbeiten unterstützt wird. Indikatoren dazu sind die Veränderungen der Arbeitstätigkeiten und die mit den geänderten Strukturen auftretenden Verbesserung qualitativer Wirtschaftlichkeitsaspekte und quantitativer Wirtschaftlichkeitskenngrößen.

1.4 Praxisbezug und Aufbau des Buches

Methodik, Vorgehensweise und Untersuchungsbereich
Zur analytischen Ermittlung der Praxisanforderungen wurden zunächst Gestaltungs- und Wirtschaftlichkeitsthesen aus dem im ersten Abschnitt vorgestellten Konzept der erfahrungsgeleiteten Arbeit im Umfeld rechnerintegrierter Produktion abgeleitet. Diese wurden von einem Projektteam in der Praxis von 12 Unternehmen überprüft.

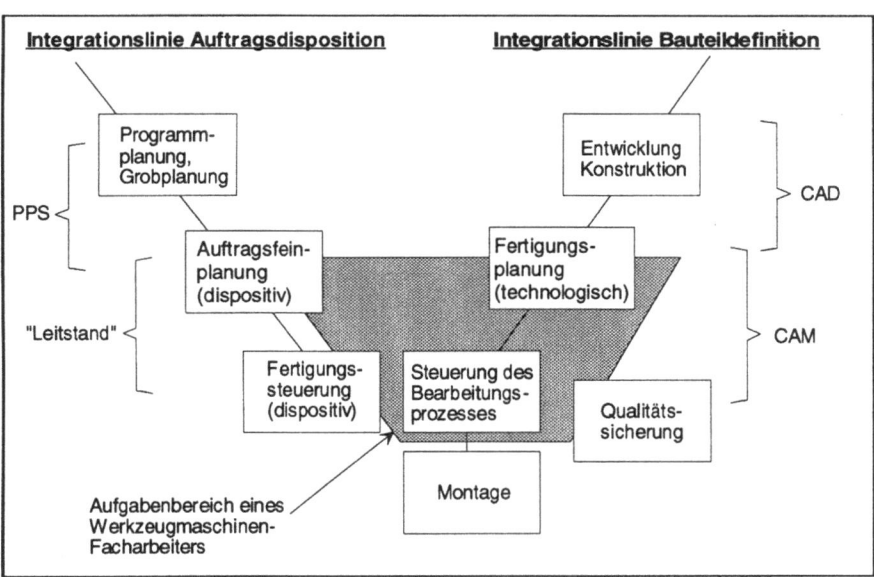

Abb. 1.4. Facharbeit an Werkzeugmaschinen als Schnittpunkt der untersuchten CIM-Integrationslinien

Um aus einem Vergleich der Abläufe in verschiedenen konkreten Produktionsprozessen Hinweise zum Einfluß von (nicht gestaltbaren) Rahmenbedingungen wie

Größe des Betriebs, Produktspektrum und Fertigungsart erhalten zu können, wurden gezielt unterschiedliche Unternehmen, sowohl der alten wie der neuen Bundesländer, berücksichtigt.

Aus demselben Grund fand eine Einschränkung des Untersuchungsbereichs in diesen Unternehmen statt, die jedoch dem Ziel der Analyse ganzheitlicher Produktionsprozesse angepaßt vorgenommen wurde. So konzentrierten sich die Untersuchungen jeweils auf die beiden wichtigen CIM-Integrationslinien CAD/CAM (bauteildefinierende Integrationslinie) und PPS/"Leitstand" (auftragsdispositive Integrationslinie), in deren "Schnittpunkt" sich die Arbeitsplätze an CNC-Werkzeugmaschinen befinden (Abbildung 1.4). Eine weitere Einschränkung ergab sich in der Konzentration auf die Bearbeitungsverfahren Trennen (Blechbearbeitung) und Spanen (Drehen, Fräsen).

Merkmal / Betrieb	Betriebsgröße Anzahl der Beschäftigten	Produktspektrum	Fertigungsart/ Auftragsauslösungsart	Untersuchungsbereich in der Werkstatt
A	4.100	Büromaschinen, Medizintechnik	Kleinserien in Auftragsfertigung	Blechverarbeitung
B	1.600	Textilmaschinen	Kleinserien in Auftragsfertigung	Blechverarbeitung
C	120	Kabelkanäle, Waschanlagen	Serienfertigung, Lohnaufträge	Blechverarbeitung
D	520	Zahnradschleifmaschinen	Kleinserien in Auftragsfertigung, Lohnaufträge	Drehen/Fräsen Blechverarbeitung
E	800	Schwermaschinen (Blech, Biegen)	Einzel-/Kleinserienfertigung, Lohnaufträge	Drehen/Fräsen Blechverarbeitung
F	600	Sägemaschinen	Einmal-/Serienfertigung, nach Kundenauftrag	Drehen/Fräsen
G	500	Pumpen	Serien in Auftragsfertigung	Drehen/Fräsen
H	400	Möbel, Unterrichtsmittel	Kleinserien auf Lager und nach Kundenauftrag	Drehen/Fräsen
I	4.700	Pharma- und Medizintechnik	Kleinserien	Drehen/Fräsen
J	260	Röntgenprüfgeräte	Einmal-/Serienfertigung nach Kundenauftrag	Drehen/Fräsen
K	850	Schlösser	Massenfertigung	Drehen/Fräsen
L	280	Nahrungsmittelmaschinen	Kleinserien in Auftragsfertigung	Drehen/Fräsen

Abb. 1.5. Charakteristik der untersuchten Betriebe und Prozeßketten

Da in zwei der 12 Betriebe sowohl der Zerspanungsbereich als auch die Blechbearbeitung betrachtet wurden, umfaßte dieser im Jahre 1991 durchgeführte Untersuchungsabschnitt 14 dispositive und 14 technologische Prozeßketten.

Das Projektteam setzte sich jeweils interdisziplinär aus Ingenieuren, Wirtschaftswissenschaftlern, Arbeitswissenschaftlern und Arbeitspsychologen sowie aus den betrieblichen Experten der jeweils untersuchten Unternehmen zusammen. Insgesamt wurden hierbei etwa 100 mehrstündige Einzel- und Gruppengespräche zur Erfahrungsnutzung und zur Entwicklung der rechnerintegrierten Produktion geführt mit

- Vertretern der Betriebsleitung (16 Gespräche mit Fertigungsleitern, Organisations- und DV-Leitern und Geschäftsführern) und
- Vertretern der Mitarbeiter (10 Gespräche mit Betriebsräten).

Der Rest der Gespräche verteilte sich auf

- Experten im direkten Werkzeugmaschinenbereich (26 Gespräche mit Werkzeugmaschinenfacharbeitern und 11 Gespräche mit Meistern),
- Experten im vorbereitenden Bereich der technologischen Prozeßkette CNC/ CAD (19 Gespräche mit fertigungsnahen Technologieplanern und NC-Programmierern sowie 12 Gespräche mit Konstrukteuren) und
- Experten zur dispositiven Prozeßkette, der Planung und Steuerung des Auftragsdurchlaufs durch den Betrieb (10 Gespräche mit Disponenten und Fertigungssteuerern der Arbeitsvorbereitungsbereiche und 4 Gespräche mit Leitern der Arbeitsvorbereitung).

Die Gespräche oder Teile der Gespräche fanden jeweils direkt im Arbeitsbereich der betrieblichen Experten statt.

In einem weiteren Vorgehensabschnitt wurden allgemeingültige organisatorisch-technische Sollkonzepte entwickelt, die eine grundlegende Orientierung für Gestaltungen bieten. Gleichzeitig wurden technische (Weiter-)Entwicklungen der unterschiedlichen CIM-Komponenten beobachtet und mit den Sollkonzepten abgeglichen. In den Punkten, in denen die Umsetzung der beschriebenen Sollkonzepte an Defizite im Angebot technischer CIM-Komponenten stößt, erhalten diese den Charakter von technischen Pflichtenheften. Zur Entwicklung der Sollkonzepte wurden sowohl die aus dem theoretischen Konzept erfahrungsgleiteter Arbeit ermittelten und empirisch überprüften Gestaltungsanforderungen verwendet, als auch die nun nach und nach anfallenden Erfahrungen aus der parallel stattfindenden Phase der pilothaften Realisierung dieser Sollkonzepte in Modellbetrieben.

Die Entwicklung der Sollkonzepte fand somit schrittweise und zum großen Teil zeitlich parallel zu den Realisierungen der Konzepte in drei Modellbetrieben statt. In zwei Betrieben wurde jeweils ein Zerspanungsbereich, im dritten der Blechbearbeitungsbereich nach den Zielen erfahrungsgeleiteter Arbeit umstrukturiert. Die

Realisierungen waren begleitet von ergänzenden Analysen der Praxisanforderungen, die einerseits wiederum der Weiterentwicklung der allgemeinen Sollkonzeptionen dienten, als auch andererseits in die konkreten Gestaltungskonzeptionen der Betriebe einflossen. Die Zielrichtung und die eingesetzten Methoden zur Bewertung der Gestaltungskonzepte waren:

- Weiterentwicklung des Konzepts erfahrungsgeleiteter Arbeit durch teilnehmende (arbeitspsychologische) Beobachtungen und Interviews im Werkzeugmaschinenbereich sowie den vor- und nachgelagerten Bereichen durch das Institut für Arbeits-, Betriebs- und Umweltpsychologie der Universität Hamburg,

- Überprüfung von angestrebten Veränderungen der Arbeitstätigkeiten durch Anwendung der standardisierten arbeitsanalytischen Methode VERA [vgl. Volpert et al. 1983] und durch qualitative, beteiligungsorientierte Analysen durch die Gesellschaft für interdisziplinäre Technikforschung, Technologieberatung und Arbeitsgestaltung (GITTA), Berlin,

- Überprüfung der angestrebten Veränderungen der Arbeitstätigkeiten und Bewertung der Erfahrungsnutzung an Werkzeugmaschinenarbeitsplätzen durch qualitative, beteiligungsorientierte Analysen durch das Institut für Arbeitswissenschaft der Gesamthochschule Kassel,

- Bewertung wirtschaftlicher Aspekte der neuen organisatorisch-technischen Produktionsstrukturen im gesamtbetrieblichen Zusammenhang mit einer Bewertungsmethodik, die neben quantitativen auch qualitative Kenngrößen, neben operationalen auch strategische Nutzenaspekte umfaßte, durch das Fraunhofer- Institut für Systemtechnik und Innovationsforschung (ISI), Karlsruhe,

- Überprüfung der "Tauglichkeit" vorhandener Produktionstechnik und Entwicklung von computertechnischen Funktionsmustern zur Realisierung der Sollkonzepte durch das Fraunhofer-Institut für Produktionsanlagen und Konstruktionstechnik (IPK), Berlin, sowie durch das Institut für Arbeitswissenschaft und Technologiemanagement (IAT) der Universität Stuttgart.

Aufbau des Buches
Nachdem in Abschnitt 1 die Entwicklungslinien von CIM und der theoretische Hintergrund erfahrungsgeleiteter Arbeit dargestellt wurden, sind die zu den oben genannten Fragestellungen und Untersuchungszielen erarbeiteten Ergebnisse in der folgenden Weise zusammengestellt:

📕   Abschnitt 2 behandelt die Praxisanforderungen. Hier finden sich vor allem für die Praktiker der Bereiche Konstruktion, Arbeitsplanung, Disposition und Werkzeugmaschinenfertigung in den Produktionsbetrieben Gestaltungsanregungen und Begründungszusammenhänge für die Forderungen.

📖   Abschnitt 3 entwickelt ein, in Teilen in der Praxis bereits erprobtes allgemeines organisatorisch-technisches Ziel- und Vorgehensszenario (Sollkonzept) für die Gestaltung und Erreichung erfahrungsgeleiteter Arbeit. Es bietet Hinweise, die sowohl von Produktionsunternehmen, vor allem zur Gestaltung der organisatorischen Einbettung von Facharbeiterarbeitsplätzen im Bereich der CNC-Werkzeugmaschinenfertigung, als auch von Technikentwicklern im Sinne von Pflichtenheften genutzt werden können. Als Technikentwickler sind hier nicht nur Universitätsinstitute der Produktionstechnik angesprochen, sondern vor allem auch *Hersteller von Produktionsplanungs- und -steuerungssystemen, Leitständen und BDE-Systemen*. Die zur Verwirklichung dieser Konzepte nötigen technischen Systeme sind nach dem Stand der Technik bereits teilweise realisierbar, aber dennoch nicht am Markt vorhanden. Ursache hierfür mag sein, daß ihre Entwicklung anders als bisher üblich nicht einem durchgängig objektivierten Funktionsmodell, sondern durch Ausdifferenzierung der Forderungen durch Facharbeiter im konkreten betrieblichen Kontext, unter Berücksichtigung konventioneller Techniken, organisatorischer Wirkungszusammenhänge und individuell-subjektiver Anforderungsmuster, erfolgen muß.

📖   Abschnitt 4 gibt Beispiele der Gestaltung erfahrungsgeleiteter Arbeit in drei unterschiedlichen Fertigungssituationen konkreter Betriebe. Die Produktionspraktiker dieser Unternehmen haben das Konzept der erfahrungsgeleiteten Arbeit zusammen mit dem Team der institutionellen Partner entwickelt und in den Jahren 1991 bis 1994 in ausgewählten Bereichen in die Realität umgesetzt. Hier werden die *Möglichkeiten der Gestaltung unter derzeitigen Bedingungen* gezeigt. Es wird deutlich, daß erfahrungsgeleitete Arbeit als ergänzendes Konzept zur rechnerintegrierten Fertigung die "klassischen" Herangehensweisen und Zielvorstellungen entscheidend verändern kann. Zudem werden Zusammenhänge mit anderen Gestaltungskonzepten wie zum Beispiel Gruppenarbeit sichtbar, die durch Gestaltungsforderungen aus erfahrungsgeleiteter Arbeit heraus neue Begründungen finden sowie modifiziert und ergänzt werden. Der betrieblichen Realität entsprechend entstanden diese neuen Fertigungsstrukturen nicht "auf der grünen Wiese". Die Gestaltung und Umsetzung erfahrungsgeleiteter Arbeit knüpfte an einen sich in den Betrieben bereits mehr oder weniger ausgeprägten Prozeß zur Realisierung der rechnerintegrierten Produktion an. Die Zielrichtungen dieser Prozesse wurden zunächst mit den im Abschnitt zwei beschriebenen Forderungen konfrontiert und in einem Prozeß der Beteiligung der betriebliche Experten in den Modellunternehmen auf die konkrete Fertigungssituation übertragen, modifiziert, ergänzt und realisiert.

📖   Der letzte Abschnitt 5 stellt nochmals die neuen Anforderungen zusammen und ordnet sie in die gegenwärtigen Produktionstechnik-Trends ein. Dabei werden Anregungen für die arbeitswissenschaftliche Forschung ebenso wie für Technikentwickler und Produktionspraktiker zur Übertragung der Ergebnisse auch in andere Zusammenhänge vermittelt.

2 Anforderungen aus der Praxis zur Gestaltung erfahrungsgeleiteter Arbeit in der rechnerintegrierten Produktion

Erfahrungsförderliche Arbeitsstrukturen sind zunächst Ausdruck der jeweiligen Gestaltung der Organisationsstruktur, der damit verbundenen technischen Hilfsmittel für die Mitarbeiter und der personalen Entwicklungsmaßnahmen. Um wichtige Gestaltungselemente für erfahrungsförderliches Arbeiten herauszuarbeiten, sollen im ersten Schritt durch eingehende, betriebliche Falluntersuchungen bestimmende Einflußfaktoren und Rahmenbedingungen für die Bildung und Nutzung von Erfahrungswissen analysiert werden. Diese Analyse soll Grundlage für die Ableitung von *Gestaltungsanforderungen* erfahrungsförderliche Arbeitsstrukturen sein. Abbildung 2.1 zeigt die *Gestaltungsfelder* auf, in denen strukturelle und technische Gestaltungsmaßnahmen wirksam werden.

Die Ableitung von Gestaltungsanforderungen aus den empirischen Befunden soll nach folgendem Schema geschehen: Im ersten Schritt werden derzeitige *Entwicklungstendenzen* aufgezeigt, die den Trend in rechnerintegrierten Produktionsstrukturen markieren; dabei werden auch *betriebswirtschaftliche Wirkungen und Nebenwirkungen* verdeutlicht. Vor dem Hintergrund der Grundlagen-Aussagen zu Erfahrungswissen und erfahrungsgeleiteter Arbeit (aus Abschnitt 1) wird aus den Entwicklungsrichtungen eine für die empirische Analyse frageleitende *These* formuliert. Die Ergebnisse der Analysen werden als *empirische Befunde* dargestellt. Daraus werden die wesentlichen organisatorischen und technischen *Gestaltungsanforderungen* aus der Praxis abgeleitet. Schließlich werden die *Ergebnisse* und wesentlichen neuen Erkenntnisse herausgestellt.

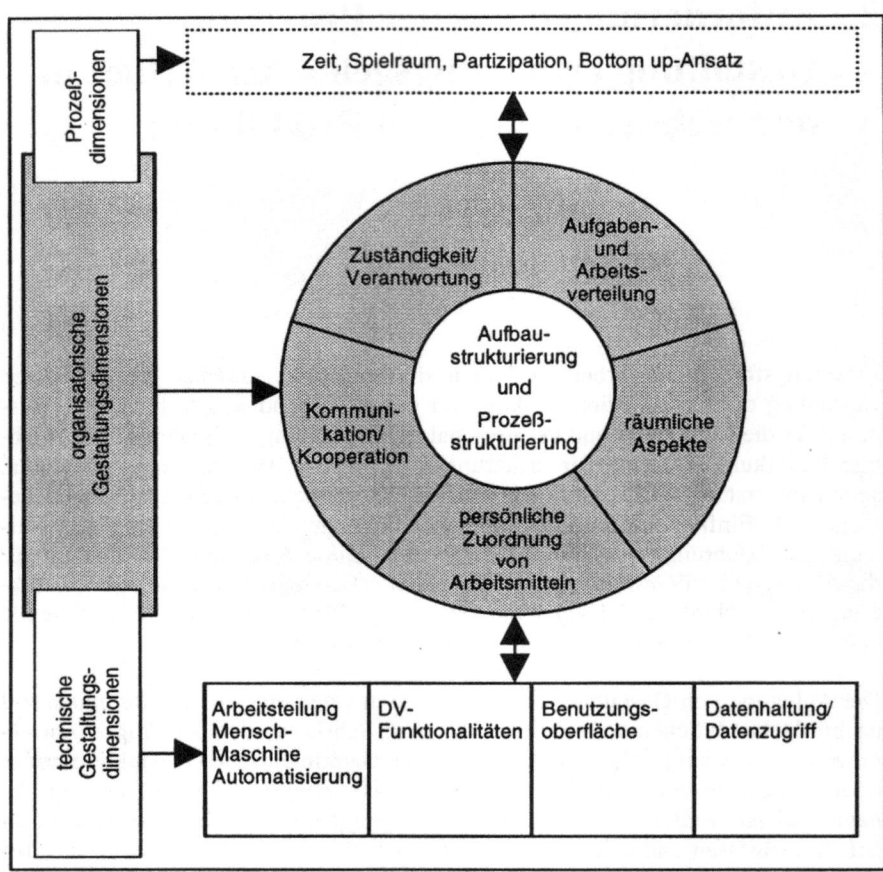

Abb. 2.1. Gestaltungs- und Entwicklungfeld

2.1 Organisatorische Gestaltungsdimensionen

2.1.1 Aufgaben- und Arbeitsteilung

Entwicklungstendenzen
Der Trend zur (DV-)technischen Funktionsintegration [Scheer 1987:75ff.] kann dazu führen, daß einzelne Aufgaben zerlegt werden und insbesondere planende Tätigkeiten aus der Werkstatt herausgelöst und einer zentralen Stelle, der Arbeitsvorbereitung oder Auftragsleitstelle, zugeordnet werden [vgl. Seltz/Hildebrandt 1989:53ff.; Becker 1992:195; 290]. Diese Stelle soll sich in diesem Fall durch die ihr zugeordneten technischen Hilfsmittel auf die planenden Arbeitsinhalte spezialisieren. Den Facharbeitern in der Werkstatt würden in diesem Fall vermehrt aus-

führende Tätigkeiten zugeordnet werden. Damit nähmen die Variabilität von Tätigkeiten und die Ganzheitlichkeit von Aufgaben für den einzelnen Mitarbeiter in der Fertigung ab. Dies könnte bedeuten, daß Erfahrungen aus dem Fertigungskontext nicht mehr in die Planung und Kontrolle einfließen können (vgl. Abbildung 2.2). Die Facharbeiter könnten ihr Erfahrungswissen aus ausführenden Tätigkeiten nicht mehr mit planenden oder kontrollierenden Tätigkeiten verknüpfen und verlören die entsprechenden Erfahrungen. Im einzelnen können folgende Trends zur zunehmenden Aufgaben- und Arbeitsteilung und daraus entstehender Formen von Spezialisierung beobachtet werden[7]:

- Die Feinplanung und Werkstattsteuerung wird durch den Einsatz von PPS-Systemen und Leitständen einer zentralen Arbeitsvorbereitung zugeordnet.
- Die NC-Programmierung wird zunehmend von spezialisierten NC-Programmierern übernommen.
- Konstruktive und fertigungstechnische Merkmale (Bemaßung etc.) sollen in der Konstruktion festgelegt werden.
- Das Vorbereiten und Einrichten von Maschinen (Material, Arbeitsmittel holen, reinigen etc.) wird teilweise von Einrichtern übernommen, während der Maschinenführer ausschließlich mit der Prozeßdurchführung betraut ist.
- Wichtige Tätigkeiten der Qualitätskontrolle der hergestellten Teile erfolgen in der Abteilung Qualitätssicherung.
- Die Instandhaltung und Instandsetzung der Maschinen wird von einer spezialisierten Abteilung durchgeführt.

Diese Spezialisierung leitet sich aus dem Ziel ab, die fertigungs- und informationstechnischen Anlagen möglichst optimal auszunutzen. Dabei würden aber zusätzliche (oder zumindest neue oder andere) organisatorische Schnittstellen und räumliche Distanzen geschaffen. Sie führten dazu, daß sich der Aufwand für Beschaffung und Weitergabe von Informationen erhöhte, daß "geistige Rüstzeiten" entstünden und schließlich Plan- und Durchlaufzeiten länger würden. Ohne Spezialisierung könnten spezifische Informationen bei einer engen Verbindung von planenden, ausführenden und kontrollierenden Arbeitsinhalten (in einer Person) schnell und effizient miteinander verknüpft werden: zeitliche Abstände zwischen Planen und Ausführen würden kleiner, Soll-Ist-Differenzen würden geringer und überflüssige Planungsergebnisse durch "Doppelarbeit" würden vermieden.

---

[7] Repräsentative Ergebnisse einer Panelstudie zur funktionalen Aufgabenverteilung zwischen Werkstatt und "produktionsnahen Diensten" (was meist nur organisatorisch aber nicht unbedingt räumlich oder personal gemeint ist) im deutschen Maschinenbau finden sich in Ostendorf/Seitz [1992:79ff.]. Gensior [1989:120f.] zeigt Beispiele für die Elektroindustrie auf. Das Beispiel der Aufgabe NC-Programmierung zeigt, daß sich die Lage für unterschiedliche Fertigungsbereiche, Branchen und Betriebsgrößenklassen ganz unterschiedlich darstellt [vgl. Lay/Wengel 1994:201; Ostendorf/Seitz 1992:83ff.].

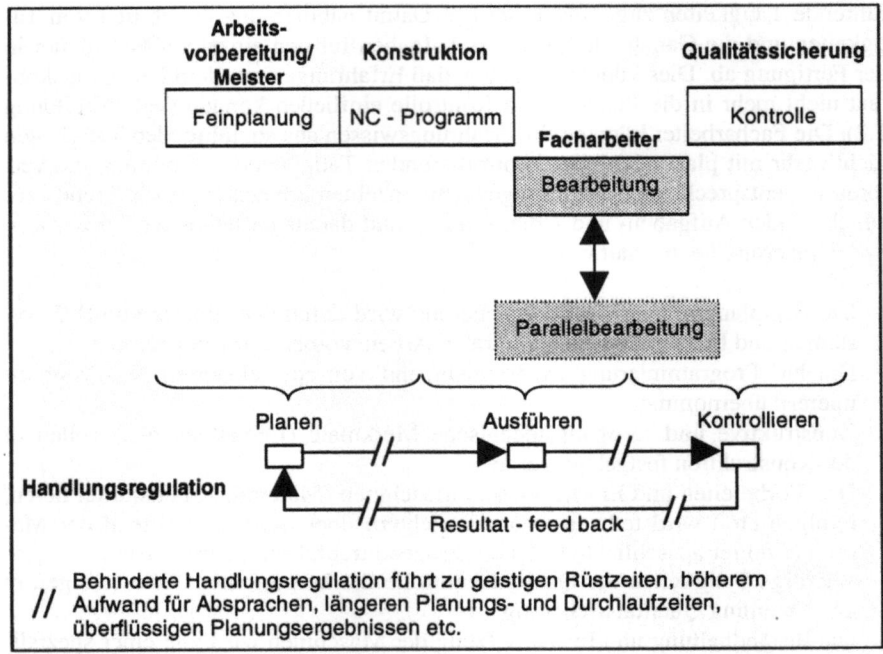

Abb. 2.2. Behinderte Handlungsregulation durch falsche Aufgabenintegration

Der in den letzten Jahren zunehmende Trend hin zur Gruppenarbeit in der Werkstatt wirkt den oben dargestellten Entwicklungen nur teilweise und nur unter bestimmten Voraussetzungen entgegen: Wenn die Gruppenarbeit lediglich auf die beschriebenen CIM-Trends "aufgepfropft" wird, dann entsteht eine rein "ausführende" Gruppenaufgabe mit allen negativen Konsequenzen für das Erfahrungswissen in der Werkstatt. Bleiben die Planungsaufgaben und Entscheidungsspielräume in der Gruppe auf einen "Gruppensprecher" (mit mehr oder minder ausgeprägter Vorarbeiterfunktion) beschränkt, dann wird das Erfahrungswissen der übrigen Gruppenmitglieder nicht oder nur zu einem kleinen Teil genutzt und gefördert.

Auch diese, mit dem Gruppenarbeitsgedanken eigentlich unvereinbaren Formen der Arbeitsteilung werden wiederum häufig mit dem Ziel einer optimalen Auslastung fertigungs- und informationstechnischer Anlagen begründet. Gruppenarbeit bringt also nur dann Vorteile für erfahrungsgeleitete Arbeit in der Werkstatt, wenn einerseits die Gruppenaufgaben auf eine enge Verbindung von planenden, ausführenden und kontrollierenden Elementen abzielen und wenn andererseits diese Verbindung innerhalb der Gruppe für alle Gruppenmitglieder erfahrbar ist.

These 1
Ein enger Zusammenhang von planenden, ausführenden und kontrollierenden Aufgabenbestandteilen in einer Person unterstützt erfahrungsgeleitete Arbeit. Die Spannweite der aus solchen Bestandteilen zusammengesetzten Gesamtaufgabe und die Variabilität von Tätigkeiten im Produktionsprozeß hat Einfluß auf die für erfahrungsgeleitete Arbeit erforderliche Zusammenhangswahrnehmung von Produkt und Produktion und auf den Handlungsspielraum.
Gruppenarbeit kann eine geeignete Organisationform sein, um erfahrungsgeleitete Arbeit zu unterstützen, aber nur dann, wenn der Zusammenhang von planenden, ausführenden und kontrollierenden Aufgabenbestandteilen sowohl für die Gruppe insgesamt als auch für jedes einzelne Gruppenmitglied gegeben ist.
Bei erfahrungsgeleiteter Arbeit können eine höhere Flexibilität, kürzere Durchlaufzeiten oder Kosteneinsparungen durch weniger Doppelarbeit realisiert werden.

Empirische Befunde
Die Untersuchungen in den analysierten Betrieben zeigen, daß eine Trennung von planenden, ausführenden und kontrollierenden Tätigkeiten tatsächlich zu einem Verlust an erfahrungsgeleiteter Arbeit führt.

Feinplanung der Werkstattaufträge
In den Fällen, wo die Feinplanung der Werkstattaufträge nur durch einen zentralen Planer und/oder durch den Meister erfolgt, zeigt sich, daß die Facharbeiter keine Kenntnis über Termine, Dringlichkeit etc. haben. Sie nehmen die Vorgaben (zum Teil mit Unverständnis) hin, bauen dabei Unmut auf und sind demotiviert. Die Einstufung eines Werkstattauftrags zum Eilauftrag schränkt den planerischen Entscheidungsspielraum besonders ein.

In anderen Fällen erhalten die Facharbeiter bewußt die Möglichkeit, aus einem Pool von Werkstattaufträgen denjenigen auszuwählen, der nach Rüstzustand, Materialart, Werkzeugverfügbarkeit oder eigener Befindlichkeit als nächster für die Bearbeitung geeignet erscheint. Diese Facharbeiter werden von ihrem Werkstattführungspersonal (Meister) oft als "erfahren" oder "gut" bezeichnet. Sie erkennen die Terminsituation und wissen, wie lange ein Auftrag bereits liegt und welche Dringlichkeit für ihn besteht.

Der Entscheidungsspielraum wird zum Beispiel dazu genutzt, Rüstzeiten zu verringern. Wenn notwendige Arbeitsmittel (teure Spezialwerkzeuge) nicht verfügbar sind, können alternative Werkstattaufträge vorgezogen werden, so daß keine Maschinenstillstände entstehen. Der (Fein-)Planungsaufwand in der zentralen Arbeitsvorbereitung wird verringert. Die Durchlaufzeit der Werkstattaufträge wird durch die Möglichkeit der Feinplanung durch Facharbeiter vor Ort um bis zu 30 % reduziert.

Günstige Auswirkungen auf die Zusammenhangswahrnehmung und die Herausbildung bzw. Weiterentwicklung erfahrungsgeleiteter Arbeit hat auch die *gemeinsame*, für einen Tag bis zu einer Woche vorausschauende Feinplanung eins größeren Pools von Werkstattaufträgen in einer hinreichend kleinen Arbeitsgruppe ("Fertigungsinsel"), da hierdurch für die einzelnen Facharbeiter ein insgesamt größerer Entscheidungsspielraum und in effizienter Form umfangreichere, feed backrelevante Informationen entstehen als bei ausschließlich bilateralen und aus der aktuellen Situation entstehenden Kooperationen. In diesem Fall können situative Optima im Zusammenwirken der Einzelarbeitsplätze leichter erreicht werden, so z.B. durch Zuordnung besonders komplizierter Arbeitsgänge zu einem erfahrenen Spezialisten oder durch Umplanung von Arbeitsgängen im Hinblick auf den Rüstzustand an Folgemaschinen.

NC-Programmierung
NC-Programme werden in vielen Fällen von einer zentralen Stelle durch einen "spezialisierten" NC-Programmierer erstellt. Zum Teil werden diese Programme an der Maschine vor Ort (gemeinsam mit dem NC-Programmierer) eingefahren und gegebenenfalls korrigiert und optimiert. Beim Testen des NC-Programms wird zum Beispiel die Vorschubgeschwindigkeit verändert, weil das Material in Schwingungen versetzt wird etc. Dabei zeigt sich, daß die NC-Programme umso "besser" (wenige Fehler im NC-Programm, kurze Bearbeitungszyklen, wenige Aufspannwechsel etc.) sind, je mehr "praktische" Erfahrung ein NC-Programmierer mit der Fertigung hat. Sie waren vor ihrer Programmiertätigkeit oft selbst mehrere Jahre als Facharbeiter tätig. Aber auch ein ehemaliger Facharbeiter kann als NC-Programmierer den Bezug zur Fertigung und zu neuen Technologien, Materialien etc. nach einigen Jahren verlieren. Daneben gibt es aber "theoretische" NC-Programmierer oder Technologen, deren praktische Kenntnisse fast nur auf sporadischen Kooperationen mit Arbeitern an den Maschinen basieren.

> Sie haben zwar das Wissen, "wie das alles funktioniert, aber oft kommt das Programm und das Stück ist nicht zu bearbeiten"[8].

Einige Facharbeiter erstellen das NC-Programm selbst. Planen, Entscheiden und Ausführen stehen in engem Zusammenhang. Beim NC-Programmieren an der Maschine zeigt sich, ob bestimmte technische Anforderungen (Genauigkeiten, Toleranzen etc.) nur sehr schwer zu erfüllen sind. Durch die Kenntnis über die Verwendung eines Teils im Produktzusammenhang kann der Facharbeiter abschätzen, ob die Anforderungen wirklich erfüllt werden müssen oder ob er sie im Einzelfall nach Absprache mit der Konstruktion (oder Montage) umgehen kann.

---

[8]   Alle mit Anführungszeichen markierten Aussagen stammen von Facharbeitern oder anderen Mitarbeitern der untersuchten Betriebe und sind während der persönlichen Gespräche in den Fallanalysen wörtlich protokolliert worden.

"Wie wird das Teil gebaut, wie geht man ran, welcher Ablauf wird gewählt, welche Werkzeuge, welche Toleranzen müssen eingehalten werden; dann wird das Programm erstellt".

Die Trennung der NC-Programmierung von der Teilebearbeitung führt dazu, daß die (erstmalige) Programmerstellung in der zentralen Programmierabteilung aufgrund der dort verfügbaren DV-technischen Programmiertools oft schneller erfolgen kann und daß die Maschinen damit während der Programmierung nicht still stehen. Demgegenüber verlängert sich die Zeit bis zur endgültigen Programmfertigstellung: es sind häufige Absprachen zwischen NC-Programmierer und Maschinenführer notwendig (das ist insbesondere dann kritisch, wenn eine weite räumliche Trennung besteht), zum Teil müssen Programme an der Maschine getestet, optimiert, korrigiert und an den NC-Programmierer zurückgespielt werden. Solche Abstimmungsprozesse sind oft sehr langwierig und aufwendig.

Eine weitere Teilaufgabe der technischen Ablaufplanung ist das fertigungsgerechte Bemaßen, das bereits in der Konstruktion erfolgen soll. Die endgültige Festlegung der benötigten Werte wird durch den Fertigungskontext spezifiziert und kann daher erst in der Werkstatt bestimmt werden, weil sie von der konkreten, gewählten Maschine, von der gewählten Fertigungsstrategie und anderen Umfeldparametern (Materialgüte, Temperatur, Werkzeugverfügbarkeit etc.) abhängen. In vielen Fällen sind die Konstrukteure angehalten, die Zeichnungen nicht aus funktionsorientierter Sicht, sondern aus fertigungsorientierter Sicht zu bemaßen. In der Werkstatt stellen sich diese Maße dann aber teilweise als "falsch" heraus. Nach Meinung einiger Facharbeiter fehlt den Konstrukteuren die entsprechende "Erfahrung". Anderen Facharbeitern ist bewußt, daß einzelne Bemaßungen offen bleiben und erst in der Werkstatt, aus dem Fertigungskontext heraus, festgelegt werden müssen.

Wenn die Werkzeugvoreinstellung durch den Facharbeiter erfolgt, kann er situative Gegebenheiten sinnlich wahrnehmen und miteinander vergleichen (Werkzeugpositionen, Werkzeugverschleiß). Wo die Werkzeugvoreinstellung von anderer, spezialisierter Stelle erfolgt, verliert der Facharbeiter das Vertrauen und fühlt sich unsicher: er "kratzt trotzdem an".

Qualitätskontrolle
Der Umfang der kontrollierenden Tätigkeiten direkt an der CNC-Maschine variiert in Abhängigkeit von der Qualifikation der Facharbeiter, von der organisatorischen Zuordnung und von den verfügbaren technischen Meßwerkzeugen und Möglichkeiten. Die Rückmeldung von nachgelagerten Arbeitsgängen einer Teilefamilie kann wesentlich zur direkten Qualitätsverbesserung im Prozeß, zur Erkennung systematischer Fehler und zur Zweckerkennung und damit zu Verbesserungen des technologischen Ablaufs beitragen. Einige Qualitätsprüfmaße sind von den Umfeldbedingungen und von der jeweiligen Materialgüte abhängig (Biegen), oder ihre Genauigkeitsanforderungen ergeben sich aus dem Verwendungszusam-

menhang im Produkt. Facharbeiter, die darüber informiert sind oder sich diese Informationen (teilweise ohne Befugnis) holen, setzen diese Erkenntnisse im Bearbeitungsprozeß um. Durch die Kontrolle vor Ort können die Veränderungen der Maße sofort festgestellt werden, und es können Gegenmaßnahmen ergriffen werden (Kühlung, andere Aufspannmaterialien zur Dämpfung von Schwingungen). Darüber hinaus können die Facharbeiter dadurch einschätzen, ob und wie sie ihre Maschine für "extreme" Bearbeitungen nutzen können. Durch die Verlagerung der Qualitätskontrolle in die Fertigung können die Aufwendungen für eine eigene Qualitätssicherungsabteilung stark verringert werden.

Gestaltungsanforderungen
Die skizzierten empirischen Befunde legen nahe, daß der Facharbeiter nicht nur ausführende Aufgaben übernehmen soll, sondern auch planende und kontrollierende Tätigkeiten. Deshalb müssen folgende organisatorischen Gestaltungsanforderungen umgesetzt und durch angepaßte technische Hilfsmittel ergänzt werden, um die positiven Potentiale der Facharbeitererfahrungen für das Unternehmen nutzbar zu machen:

☐ Der Facharbeiter muß die Möglichkeit haben, aus einem Pool von Werkstattaufträgen einen nach Rüstzustand, Materialart, Befindlichkeit, Umfeldsituation etc. geeigneten auszusuchen, der als nächstes bearbeitet werden soll. Dabei benötigt er auch Informationen über die vorgegebenen Termine und Dringlichkeiten eines Werkstattauftrags.

☐ Eilaufträge sollten nur in wirklichen Ausnahmesituationen vorgegeben werden, um den Entscheidungsspielraum für die Feinplanung nicht unnötig einzuschränken, zumindest nicht dauerhaft. Der Facharbeiter muß sehen können oder vom Disponenten erfahren, warum ein Auftrag zum Eilauftrag wird: Endtermin drängt, wichtiger Kunde etc.

☐ Der Facharbeiter muß die Möglichkeit haben, NC-Programme selbst zu erstellen, zu prüfen, zu korrigieren und zu optimieren (gegebenenfalls neben einer zentralen NC-Programmierung). Diese Möglichkeit sollte direkt an der Maschine gegeben sein, zumindest an einem maschinennahen Programmierplatz. Dabei sollten dieselben technischen Funktionalitäten des NC-Programmierens (Macro-Definition, Editiermöglichkeiten, Benutzungsoberfläche) in der Werkstatt genutzt werden können. Die Änderungen des NC-Programms durch den Facharbeiter sollten (im allgemeinen ohne Prüfung) akzepiert werden (gegebenenfalls sollte es möglich sein, die Änderungen durch den Facharbeiter zu markieren oder das Programm zu duplizieren und zu ändern). Der Facharbeiter muß eigene NC-Programmverwaltungsrechte haben.

☐ Wenn eine Arbeitsteilung zwischen zentraler NC-Programmierung (Erstellung) und Facharbeiter (Testen, Optimieren) besteht, sollte die räumliche Entfernung zwischen beiden Stellen möglichst klein und die Kooperation zwischen beiden möglichst groß sein.

☐ Die Ergänzung der Bemaßung von Teilen um fertigungsspezifische Werte muß in der Werkstatt erfolgen. Eine fertigungsgerechte Konstruktion kann insoweit erfolgen, als dadurch nicht Größen (Maße und Toleranzen) determiniert werden, die sich in der Fertigung als falsch oder ungeeignet erweisen und den Handlungsspielraum dort unnötig einschränken.

☐ Der Facharbeiter sollte die Werkzeugvoreinstellung selbst vornehmen. Dafür notwendige Geräte und die Werkzeuge sollten in seinem Verantwortungsbereich liegen.

☐ Der Facharbeiter muß die Möglichkeit haben, die von ihm hergestellte Qualität selbst zu überwachen, Maße und Oberfläche mit geeigneten Meßwerkzeugen zu prüfen. Wenn dies aus technischen Gründen nicht möglich ist (aufwendige Meßmaschinen, eigene klimatisierte Meßräume sind notwendig), sollte er an geeigneter Stelle entsprechend Meßwerkzeuge benutzen dürfen, oder es sollten von der Prüfstelle zumindest Rückmeldungen über die Qualität an den Facharbeiter erfolgen. Der Facharbeiter muß die Möglichkeit haben, die Qualitätsanforderungen aus dem Verwendungszusammenhang zu erkennen: wofür sind bestimmte Teilefunktionen im Produkt, welche Genauigkeit wird in der Montage gefordert. Diese Informationen kann er sich selbst holen (Gang in die Montage), oder er erhält sie am Arbeitsplatz (Zusammenbauzeichnung).

☐ Der Konstrukteur muß (mit der Werkstatt gemeinsam) bestimmte Informationen bewußt offen lassen, deren genaue Spezifikation sich erst im Kontext der Fertigung ergeben kann. In der gleichen Weise muß auch der Disponent der Werkstatt bzw. dem Facharbeiter (gemeinsam) bestimmte Spielräume für die Feinplanung belassen, die für die situative Feinoptimierung notwendig sind.

☐ Wenn durch interne Aufgabenverteilung, Entgeltregelung, Qualifizierung und Gruppenentwicklung dafür Sorge getragen ist, daß der Aufgabenzusammenhang auch für jedes einzelne Gruppenmitglied erfahrbar bleibt, können die genannten Anforderungen auch auf Gruppenarbeit übertragen werden.

Aus den genannten Anforderungen an die Organisation der "Aufgabenverteilung" können spezifische Forderungen an die DV-Technik abgeleitet werden, die den Facharbeiter gegebenenfalls bei seiner Aufgabenerfüllung unterstützt:

☐ Der Facharbeiter erhält mit jedem Werkstattauftrag Informationen über den vorgesehenen spätesten Endtermin, den er einhalten muß, über Prioritäten, über vor- und nachgelagerte Bearbeitungsschritte und über die Verwendung des Teils (Endprodukt, gegebenenfalls Kunde).

☐ Für eine einfache, komfortable und schnelle NC-Programmierung bzw. -Optimierung braucht der Facharbeiter ein NC-Programmiersystem, das seiner Bearbeitungslogik folgt.

☐ Innerhalb des NC-Programms muß er vorgegebene oder noch nicht spezifizierte Maße und Werte ändern oder eingeben können. Auch eine CAD/NC-Schnittstelle muß diese Möglichkeit vorsehen.

☐ Der Facharbeiter muß an seinem Arbeitsplatz Informationen haben, die ihm anzeigen, an welchen Mitarbeiter er sich in Problemfällen wenden kann: Bei Qualitäts-/Meßproblemen an einen Mitarbeiter aus der Abteilung Qualitätssicherung, bei Fertigungsproblemen an einen Mitarbeiter aus der Konstruktion oder bei Toleranzen an einen Mitarbeiter aus der Montage.

Folgerungen und Ergebnisse
Die Annahmen, die dem "klassischen CIM-Trend" zugrunde liegen, werden durch
die empirischen Befunde in Frage gestellt: Nicht die Trennung von Tätigkeiten
und ihre Zuordnung zu entsprechenden Spezialisten durch (technisch unterstützte)
Zusammenführung gleichartiger Aufgaben birgt Rationalisierungspotentiale, sondern die umfassende Nutzung der Erfahrung derjenigen Personen, die unmittelbar
am Produktionsprozeß teilhaben. Damit werden die Erkenntnisse zur überlegenen
Wirtschaftlichkeit humaner und qualifikationsförderlicher Arbeitsplätze auch
durch die Untersuchungen zur Bildung und Nutzung von Erfahrungswissen gestützt.

Eine neue wichtige Erkenntnis erbrachten die Analysen im Themenkomplex "fertigungsgerechtes Konstruieren und Bemaßen": Bislang wird das fertigungsgerechte Bemaßen sehr oft als Tätigkeit angesehen, die der Konstrukteur leisten muß.
Tatsächlich kann er dies aber nicht erfüllen, er muß sich zumindest mit Mitarbeitern aus der Fertigung auseinandersetzen und abstimmen. Gegebenenfalls können
die entsprechenden Informationen auch erst in der Fertigung ermittelt und festgelegt werden. Zur Schließung des erfahrungsförderlichen "Kreises" Planen – Ausführen – Kontrollieren ist die fertigungsgerechte Bemaßung in die Verantwortung
des Werkstattpersonals zu übertragen.

Oft sind es qualifikatorische Mängel oder technische Restriktionen (schlechte NC-
Programmiermöglichkeiten an der Maschine etc.), die den Wunsch zur Aufgabenintegration beschränken. Deshalb ist eine wesentliche Gestaltungsanforderung,
daß die organisatorischen Regelungen und die technischen Funktionen optional
sind und daß die Anwendung der Funktionen vom Facharbeiter und von den Kollegen in der Funktionskette selbst spezifiziert und ausgefüllt werden können.

2.1.2 Kommunikation und Kooperation

Entwicklungstendenzen
In rechnerintegrierten Produktionsstrukturen läuft die Tendenz häufig darauf hinaus, die informelle Kommunikation und Kooperation durch von der DV-Technik
vorgegebene Abläufe zu ersetzen [vgl. Dangelmaier/Anderl 1992:44ff.]. Die Prozesse des Informationsaustauschs und der Zusammenarbeit zwischen verschiedenen Stellen werden formalisiert, kooperative Aufgaben werden "aufgelöst" und
einzelnen Stellen zugewiesen, die mit DV-Unterstützung befähigt sein sollen,
diese Aufgaben komplett (integriert) zu erfüllen [vgl. Nieder 1994] (vgl. auch
These 1).

Die DV-technischen Komponenten sind oft so gestaltet, daß kaum horizontale[9] Kommunikation und Kooperation unterstützt wird, statt dessen werden eher vertikale[10] Informationskanäle verstärkt. Kommunikation darf nur über hierarchische Vorgesetzte gehen. Informationen werden als Soll-Daten von planenden Stellen oder Vorgesetzten (Unternehmensleitung, Vertrieb, Auftragsleitstelle, Arbeitsvorbereitung, Konstruktion) vorgegeben und an ausführende Stellen (Werkstatt, Facharbeiter) übermittelt. Umgekehrt müssen die ausführenden Stellen die Erfüllung oder Nicht-Erfüllung der Plandaten zurückmelden, um weitere Planungen zu ermöglichen und Fertigung, Montage und andere Funktionsbereiche in der logistischen Kette zu koordinieren[11]. Diese sehr stark durch die funktionalen Möglichkeiten der Technik bestimmten Trends zum Informationsaustausch und damit zur Kommunikation und Kooperation im Unternehmen können dazu führen, daß die folgenden betrieblichen Potentiale immer weniger zum Tragen kommen:

- Informelle und direkte Kommunikation auf horizontaler Ebene ist sehr flexibel, durch sie wird die Produkt- und Produktionsflexibilität entsprechend erhöht (Mitarbeiter scheuen sich oft vor einer Informationsweitergabe an Vorgesetzte).
- Wenn, insbesondere bei kooperativ zu beherrschenden Prozessen, soweit wie möglich darauf verzichtet wird, direkte, informelle Kommunikation und Kooperation durch DV-Technik zu ersetzen, verringert sich die technische Komplexität und der damit verbundene DV-Aufwand (Kosten der Informationstechnik) entsprechend.
- Eine einseitige Optimierung vertikaler Prozeßketten zu Lasten horizontaler Prozesse entlang der Wertschöpfungskette wird vermieden. Dies gilt insbesondere für direkte teile- bzw. produktbezogene Kooperation in der Werkstatt, wie sie etwa für die Gruppenarbeit in komplettbearbeitungsfähigen Fertigungsinseln charakteristisch ist.

Wenn sich in diesen Bereichen negative, behindernde Wirkungen einstellen, könnte dies bedeuten, daß die weitreichenden Möglichkeiten zum *Erfahrungsaustausch* mit Kollegen verloren gehen. Wenn die formale und informelle Absprache mit Kollegen und Vorgesetzten – auch aus anderen Bereichen – fehlt, erhält der Facharbeiter keine Rückkopplungen darüber, woraus bestimmte Anforderungen an seine Arbeit resultieren (zum Beispiel Termine, Dringlichkeiten, geforderte

---

[9] Mit horizontaler Kommunikation und Kooperation wird die Zusammenarbeit und der Informationsaustausch zwischen Beschäftigten derselben Hierarchieebene bezeichnet.

[10] Mit vertikaler Kommunikation und Kooperation wird die Zusammenarbeit und der Informationsaustausch zwischen Beschäftigten unterschiedlicher Hierarchieebenen bezeichnet.

[11] Damit ist deutlich, daß als "hierarchische Vorgesetzte" keineswegs (nur) die disziplinarischen Vorgesetzten anzusehen sind, sondern allgemein alle Personen, die implizit Entscheidungen zur Art und Weise der Aufgabenerfüllung anderer Personen treffen, ohne sich mit diesen abstimmen zu müssen.

Genauigkeiten) oder welche Auswirkungen seine Entscheidungen und Handlungen in nachfolgenden Bereichen hat (zum Beispiel Verspätungen, Ausschuß). Es fehlen Planungs-, Kontroll- und Zweckinformationen zur Bildung des Erfahrungswissens.

These 2
Informelle und direkte Kommunikation fördern erfahrungsgeleitete Arbeit. Kommunikation wird durch gering ausgeprägte autoritäre Hierarchiebeziehungen gefördert. Kooperative Aufgabenerfüllung ermöglicht erfahrungsgeleitete Arbeit.
Der DV-technische Aufwand kann reduziert werden, wenn informelle und direkte Kommunikations- und Kooperationsbeziehungen genutzt werden. Diese Beziehungen besitzen ein höheres Maß an Flexibilität und Informationsgehalt.

Empirische Befunde
Die Untersuchungen in den Betrieben haben gezeigt, daß die direkte Kommunikation mit Personen aus den Funktionsbereichen Arbeitsvorbereitung, Qualitätssicherung oder Konstruktion dem Facharbeiter die Möglichkeit gibt, seine eigenen Aufgaben in einen größeren Zusammenhang zu stellen. Er erkennt die Bedeutung seiner Arbeit. Er beschafft sich damit auch die Informationen, die für seine Entscheidungen und sein Arbeitshandeln wichtig sind. Die Kommunikation mit Kollegen schafft planerische Freiräume, oder es werden individuelle Erfahrungen weitergegeben.

Im einzelnen zeigen sich die folgenden Beispiele für Kommunikations- und Kooperationsbeziehungen des Facharbeiters zu Meister, Arbeitsvorbereitung, NC-Programmierung, Qualitätskontrolle, Konstruktion, Montage und nicht zuletzt zu Kollegen und ihre jeweilige Bedeutung für erfahrungsgleitete Arbeit:

Meisterwerkstatt
Einen großen Einfluß auf die Bildung von Kommunikations- und Kooperationsstrukturen der Facharbeiter zu anderen Stellen hat der Meister durch die ihm zugeschriebene Rolle des Werkstattvorgesetzten oder "Werkstattmanagers". Wo der Meister aufgrund der organisatorischen Regelungen oder wegen seiner ausgeprägten Persönlichkeit eine zentrale Position als Ansprechpartner für andere Bereiche einnimmt, ist er auch der wesentliche Ansprechpartner für die Facharbeiter. Er macht die Feinplanung (eventuell gemeinsam mit der Arbeitsvorbereitung) und gibt dem Facharbeiter die genaue Auftragsreihenfolge vor. Dieser hat dann keine eigenen Informationen über Termine und Dringlichkeit und damit kaum Entscheidungsspielraum. Auch die Vorgabezeiten für neue Teile werden vom Meister geprüft und mit der Arbeitsvorbereitung abgeklärt. Die technischen Aspekte eines Auftrags, fertigungstechnische Probleme, unvollständige Zeichnungen, fehlende Maße, Qualitätsanforderungen, werden vom Meister mit der Konstruktion und der

Qualitätssicherung abgestimmt. Insbesondere die Wartung und Instandsetzung der Maschinen erfolgt immer über den Meister.

Aber: Nicht in jedem Betrieb, in dem der Meister eine wichtige Rolle einnimmt, muß deshalb der Entscheidungs- und Handlungsspielraum der Facharbeiter klein sein. Teilweise kann der Facharbeiter eigene Kommunikations- und Kooperationsbeziehungen zu anderen Funktionsbereichen entwickeln. Dies kann formell bestimmt sein, oder es werden informelle Beziehungen gepflegt. Die Facharbeiter holen sich dann benötigte Informationen, oder sie stimmen sich mit den betroffenen Stellen ab. Beispielsweise kann der Facharbeiter zur Teilekontrolle in die Qualitätssicherung oder Montage gehen und sich absprechen. Dabei erkennt er den Verwendungszusammenhang, die Bedeutung der Qualitätsanforderungen, bezieht dies auf seine Bearbeitungsstrategie und auf die NC-Programmierung.

> "Wenn Probleme auftauchen, z.B. das Maß kann nicht gehalten werden, ... dann kümmere ich mich darum, gehe in die Montage und spreche mit dem Monteur".
>
> "... Da geh' ich dann auch direkt zur Kontrolle, das läuft nicht über den Meister, offiziell müßte ich den Meister noch einschalten, aber weil wir uns alle persönlich kennen ...".

Absprachen mit der Arbeitsvorbereitung
Bei schwierigen oder neuen Teilen kommt der Arbeitsplaner in die Fertigung und bespricht sich mit dem Facharbeiter über Bearbeitungsabläufe etc. Er kann die technischen, vom Auftrag bzw. Teil bestimmten Anforderungen mit den Möglichkeiten der Arbeitsmittel, Maschine, Werkzeuge, Aufspannungen, und den Bearbeitungsstrategien vergleichen und aufeinander abstimmen. Dabei werden auch Vorgaben für Bearbeitungszeiten besprochen. Wenn diese von der Arbeitsplanung ohne Absprache vorgegeben werden, kommt es zu Unmut und Unverständnis bei den Facharbeitern, auch wenn diese nur zur Kalkulation und nicht (mehr) zur Lohnermittlung herangezogen werden. Bei Neuteilen sind die Vorgabezeiten oft unrealistisch, sie berücksichtigen nicht die Situation in der Fertigung (Rüstzustand, Werkzeugverfügbarkeit, Komplexität der Teile etc.).

Die Reihenfolgeplanung der Werkstattaufträge wird bei "kooperativer Aufgabenteilung" von den Facharbeitern in Absprache mit der Arbeitsvorbereitung gemacht. Sie erhalten von der Arbeitsvorbereitung einen Pool von Aufträgen und werden über Termine oder Dringlichkeit informiert. Die Arbeitsvorbereitung klärt, ob diese Vorgaben machbar sind.

> "Meistens machen wir das hier zusammen, ... das und das können wir zusammenlegen und dann geht das auch".

Diese kooperative Feinplanung kann sich mit der Einführung eines zentralen Leitstands (bei der Arbeitsvorbereitung) verschlechtern. Es werden feste Reihenfolgen vorgegeben, die die Facharbeiter (teilweise resignierend) hinnehmen. Daß dann oft und aufwendig umgerüstet werden muß, wird zwangsweise akzeptiert, obwohl gerade dabei große Einsparmöglichkeiten bestünden. Die Facharbeiter fühlen sich in ihrer eigenen Arbeitsplanung dann sehr eingeschränkt, wenn aus ihnen unbekannten Gründen Eilaufträge zu bearbeiten sind (die teilweise vor der Montage wieder lange Liegezeiten haben). Dies führt zu Streß, zu Motivationsverlust und zur Resignation. Sie sehen kaum eine Möglichkeit, gerade in einer solchen "Ausnahmesituation" ihre Erfahrungen zur Verbesserung einzubringen.

"Also kommt er an, stellt's mir hin und schreibt 'eilt' drauf. Da bleibt mir doch nichts anderes übrig".

Absprachen mit Konstruktion
Die meisten Abstimmungen mit der Konstruktion erfolgen über den Meister oder über den (zentralen) NC-Programmierer, aber es gibt Ausnahmen: Ein Versuch, kommunikative, direkte Abstimmungen über Meister und Konstruktionsleitung zu formalisieren, hat sich als ineffektiv herausgestellt: Der zeitliche Aufwand ist stark angestiegen und viele Informationen gingen durch den fehlenden direkten Kontakt verloren. Inzwischen können Facharbeiter bei größeren Problemen (zum Beispiel technisch nur sehr aufwendig machbar, fehlende, vom Facharbeiter nicht selbst zu bestimmende Maße) sich wieder direkt an den Konstrukteur wenden. Auf diese Weise werden Maschinenstillstandszeiten während des Neuanlaufs von Produkten deutlich reduziert. Probleme werden schnell und flexibel gelöst.

In einigen Fällen wenden sich die Konstrukteure vor Entwicklung eines Bauteils an die Fertigung, zum Teil direkt an die Facharbeiter, sie "sehen sich die Situation vor Ort an". Eine Möglichkeit, diese Kommunikationsbeziehung zu pflegen sind sogenannte "Meckerzettel", die die Facharbeiter an die Konstruktion geben können. Sie erhalten dann aber oft keine Rückmeldung über die Umsetzung der Vorschläge und Kritikpunkte. Beim Biegen von Blechteilen kann sich die mangelhafte Kommunikation zwischen Fertigung und Konstruktion als sehr nachteilig erweisen. Sie gibt für das Stanzen von Teilen, das vor dem Biegen erfolgt, Maße vor, die die Dehnung beim Biegen nicht korrekt berücksichtigen. Teilweise führt dies zu sehr hohen Ausschußraten beim Biegen, wenn dies beim NC-Programmieren nicht korrigiert wird. Auch kommt es vor, daß die Konstruktion Biegewerkzeuge einplant, die in der Fertigung nicht vorhanden sind. Dieses Wissen liegt nur in der Werkstatt, meist beim Facharbeiter vor, der seine Planung und Bearbeitung darauf einstellen kann und seine Kenntnisse über Biegewerte in den Bearbeitungsprozeß einbringen kann.

Absprache mit NC-Programmierung
Das Erstellen, Testen, Korrigieren und Optimieren eines NC-Programms erfolgt bei zentraler NC-Programmierung in vielen Fällen, bei schwierigen und neuen Teilen, in Abstimmung (gegebenenfalls unter Vorlage eines Programmausdrucks) zwischen NC-Programmierer und Facharbeiter an der CNC-Maschine. Der Wert

einer genauen Maschinenkenntnis für das Programmieren kommt nach Schätzung eines NC-Programmierers in "rund einem Drittel Arbeitsersparnis" zum Ausdruck. Auch das Einfahren erfolgt oft in Anwesenheit des NC-Programmierers.

> Der Programmierer "bekommt den Auftrag von der Konstruktion und kommt dann zu uns runter. Er ist ja praktisch Theoretiker. Man berät sich gegenseitig".

Absprachen mit Kollegen
Sehr häufig finden (informelle) Absprachen mit Kollegen an anderen CNC-Maschinen statt. Man berät sich über die Verteilung von Werkstattaufträgen auf die Arbeitsplätze, wägt (vorgegebene) Dringlichkeiten ab mit Rüstzustand und Aufspannsituation. Die Facharbeiter planen und entscheiden selbständig, vor allem dann, wenn situative Verbesserungsmöglichkeiten erkennbar sind oder wenn Termindruck herrscht.

> "Da wird untereinander schon mal getauscht. Es wird eben geschoben, schon allein der Zeit wegen. ... Das geht dann viel schneller, allein wenn man die Rüstzeit betrachtet".

Mit den Kollegen wird gegebenenfalls auch die Arbeitsgangfolge besprochen. Der Facharbeiter erkennt, daß ein Schleifarbeitsgang zwischen einzelnen Arbeitsvorgängen notwendig ist. Dann spricht er sich mit dem Schleifer ab, sie klären ihre Belastungssituation und stimmen ihre Reihenfolgen aufeinander ab. Eine ähnliche, enge technische Zusammenarbeit gibt es zwischen Stanzen und Biegen bei der Blechteileverarbeitung: Die Festlegung der Maße beim Stanzen hängt von den späteren Dehnungen beim Biegen ab. Stanzer und Bieger müssen ihre Bearbeitungsstrategien (Auswahl der Biegewerkzeuge, Anzahl der Biegevorgänge) aufeinander abstimmen (evtl. in gemeinsamer Abstimmung mit NC-Programmierer und Konstruktion).

Solch eine technische Zusammenarbeit zwischen Facharbeiter-Kollegen kann es auch geben, wenn Aufspannskizzen, teilweise mit Fotos von Neuteilen gemacht werden und Informationen dazugeschrieben werden, auf die der Kollege bei einem Wiederholauftrag zugreifen kann. Diese festgehaltenen Informationen werden durch persönliche, direkte und (teilweise) informelle Besprechungen mit Kollegen ergänzt. Im Vorbeigehen, durch direktes Ansprechen, in der Pause oder bei Schichtübergabe bilden sich spontan Gruppen ("Pulks"), wo die angesprochenen Themen geklärt werden.

> "Das sind so kleine Unterstützungen, die er mir gegeben hat, weil er die Teile vorher schon 'mal gemacht hatte und ich sie vorher noch nicht gesehen hatte".

Ein Hindernis für diese direkten, informellen Absprachen und für eine kooperative Aufgabenerfüllung sind räumlich große Entfernungen oder starre Regelungen, die

Absprachen nur über unmittelbare Vorgesetzte erlauben (vgl. Abbildung 2.3). Dies schreckt die Facharbeiter ab, sich die notwendigen Informationen einzuholen, Mitarbeiter aus anderen Bereichen kommen seltener in die Fertigung, um Probleme zu vermeiden oder zu klären. Dann werden Vorgaben einfach hingenommen, die Facharbeiter versuchen, sich auf ihre Art zu helfen und wenden sich nur an ihren Meister. Dann wird mehrfach und aufwendig gerüstet oder NC-Programme werden stillschweigend (und bei Wiederholteilen immer wieder) korrigiert.

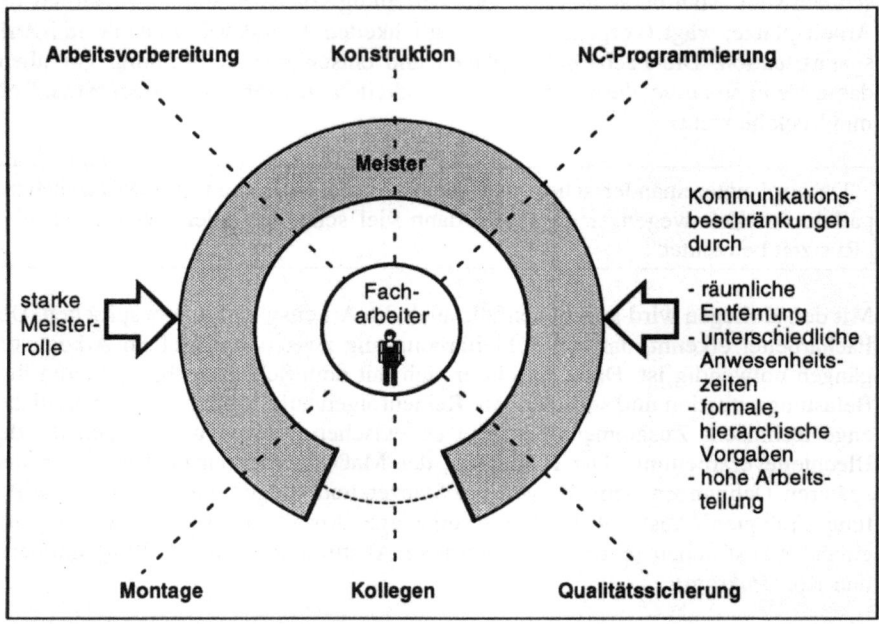

Abb. 2.3. Mögliche Hemmnisfaktoren für Kommunikation und Kooperation

Gestaltungsanforderungen
Kommunikation als eine (direkte, persönliche) Form des Informationsaustauschs ist eine wesentliche Funktion für ein Unternehmen und für die Erfahrungsbildung bei den Arbeitskräften. Die Facharbeiter praktizieren heute noch in hohem Maße direkte Kommunikation; die gilt es zu bewahren. Insbesondere kooperative Aufgaben können nur durch enge Abstimmung, also häufige und intensive Kommunikation erfüllt werden. Im einzelnen können deshalb folgende organisatorischen und technischen Anforderungen formuliert werden:

☐ Informelle und direkte Kommunikation zwischen Facharbeitern und der Arbeitsvorbereitung, der NC-Programmierung (sofern zentral organisiert), der

Konstruktion, der Qualitätssicherung und der Montage muß organisatorisch und formell abgesichert (nicht unbedingt geregelt) sein. Auch die informelle, vertikale Kommunikation mit dem (vorgesetzten) Meister darf nicht beeinträchtigt werden.

❏ Das spontane Zusammentreffen von Facharbeitern als Kollegen, die ihre gleichartigen Aufgaben untereinander verteilen können, sollte gefördert werden ("Pulks"). Dafür müssen zeitliche Freiräume geschaffen werden (Zeit zum Absprechen), und örtliche Gegebenheiten müssen angepaßt sein (Lärmschutz, Platz an der Maschine, gemeinsam Sitzen um einen DV-Bildschirm). Falls die Facharbeiter zusammenhängende Aufgaben, z.B. aufeinanderfolgende Bearbeitungsschritte an einem Produkt oder einer Teilefamilie haben, bietet sich die Einführung von Gruppenarbeit (mit einem Gruppenraum und gesicherten Gruppenzeiten zur Förderung der gruppeninternen Kommunikation und Kooperation) an.

❏ Auch informelle Kommunikation zwischen in entfernten Bereichen Beschäftigten (Facharbeiter, Arbeitsvorbereitung, Konstruktion, Qualitätssicherung, Montage) sollte akzeptiert werden. Die sich hier herausbildenden Beziehungsgeflechte (Clans) sind für die Zweckerneuerung wichtig. Freiräume sollten dafür geschaffen werden, indem die Mitarbeiter zum Beispiel ihren Arbeitsplatz verlassen dürfen und Kommunikationswege nicht an hierarchische, aufbauorganisatorische Regelungen (Kommunikation nur über Vorgesetzte) gebunden sind.

❏ Insbesondere die Feinplanung der Termine und der Bearbeitungszeiten, sowie die (ungünstige zentrale) NC-Programmierung müssen als kooperative Aufgaben der Abstimmung zwischen den Planungsebenen der Arbeitsvorbereitung und den Facharbeitern oder der (zentralen) NC-Programmierung und den Facharbeitern mit entsprechenden Kommunikationsbeziehungen eingerichtet werden. Das heißt, hier müssen Wege ganz besonders kurz sein, die Mitarbeiter müssen bei Bedarf ihren Arbeitsplatz verlassen und sich mit den Betroffenen direkt absprechen und abstimmen können.

❏ Kooperation zwischen den verschiedenen Planungsebenen darf nicht mit Anordnen und Rückmelden verwechselt werden (= vertikale Kommunikation). Alle Kooperationen sind als Abstimmungsprozesse (= horizontale Kommunikation) zu gestalten.

DV-Technik oder Kommunikationstechnik darf die informellen und direkten Kommunikationsstrukturen nicht aufheben, sondern soll sie im Gegenteil unterstützen. Deshalb muß Technik folgende Anforderungen erfüllen:

❏ Fernkommunikation über Computer-Netze und internes e-mail muß nicht so komfortabel sein, daß ein "Gang in den anderen Bereich" überflüssig wird (sofern die räumliche Distanz nicht unüberwindbar ist). Die technischen Möglichkeiten sollten zur Intensivierung und Ausweitung direkter Kooperationen dienen.

❏ Programme sollten gemeinsam und gleichzeitig genutzt werden können: zum Beispiel zur Erstellung eines NC-Programms sollte von der Maschine des Facharbeiters, von einem werkstattnahen Programmierplatz (im Meisterbüro) oder (bei zentraler Programmierung) von einer zentralen Stelle dasselbe NC-Programm zu bearbeiten sein. Hardware, insbesondere Bildschirme müssen eine gemeinsame Nutzung zulassen, gemeinsam sitzt oder steht man an einem Bildschirm und plant etc.

❏ Bei Erstellung oder Korrektur eines NC-Programms durch den Facharbeiter muß ein Ausdruck (auch eines Programmteils) möglich sein, um das Programm, die Korrekturen mit dem Meister, einem Programmierer, einem Konstrukteur oder Kontrolleur zu besprechen.

❏ Die Abstimmung zwischen Facharbeiter-Kollegen und mit der Arbeitsvorbereitung über Auftragsverteilung oder Bearbeitungsreihenfolgen kann DV-unterstützt erfolgen: Gemeinsam informiert man sich über Dringlichkeiten, Termine, berechnet Rüst- und Bearbeitungszeiten und vergleicht Auslastungssituationen der verschiedenen Maschinen.

❏ Technische Informationen, die auch für andere Personenkreise von Bedeutung sein können, können gespeichert werden: Biegewerte für NC-Programmierer, Biegewerkzeuge für Konstrukteure, Aufspannskizzen mit Fotografien bei Neuteilen etc. Mit diesen Informationen gehen Facharbeiter gezielter und besser vorbereitet in Gespräche hinein.

Folgerungen und Ergebnisse

Obwohl die Bemühungen zur Realisierung der rechnerintegrierten Produktion ausdrücklich die Verbesserung der Information zum Ziel haben, stützen sie sich zum größten Teil auf eine computergestützte Informatisierung der Mitarbeiter. Dabei liegen die größten Potentiale, Informationen schnell, umfassend und gezielt zwischen Menschen als Entscheidungsträgern (von der Geschäftsleitung bis zum Facharbeiter) auszutauschen, im direkten persönlichen Gespräch. Daß Informatisierung des Betriebs, Nutzung der Ressource Information nicht (allein) darin besteht, Daten weiterzugeben oder sich zu beschaffen und die Interpretation dann allein (gelassen) selbst zu bewerkstelligen, sondern in der Sprache (und dem damit verschränkten Handeln) der Menschen untereinander, wurde weder in der CIM-Diskussion noch in der bisherigen Diskussionen um eine Humanisierung des Arbeitslebens ausreichend thematisiert. Nur langsam erkennt man den Unterschied zwischen Datenaustausch und Kommunikation, es geht nicht nur um "wertfreie" Information, sondern um die Interpretation.

2.1.3 Zuständigkeit und Verantwortung

Entwicklungstendenzen

Mit den Maßnahmen zur Spezialisierung in der Erfüllung von Aufgaben kann es zu einer veränderten Arbeitsteilung kommen (vgl. These 1), indem planende und ausführende Tätigkeiten voneinander getrennt und eigenständigen Stellen zugeordnet werden. Eine (veränderte) Aufteilung von Aufgaben und Tätigkeiten erfordert, daß auch die *Zuständigkeit* und die *Verantwortung* (*Befugnis* und *Kompetenz*) den Arbeitsinhalten entsprechen. Diese Kongruenz wird in vielen CIM-Konzepten nicht erreicht, da die DV-technischen Hilfsmittel diese organisatorische

Anforderung nicht abdecken können. Beispiele dafür sind die Zuordnung der Feinplanung zur Arbeitsvorbereitung und der Terminverantwortung zur Werkstatt oder die Zuordnung der NC-Programmierung zur technischen Arbeitsvorbereitung und der Qualitätsverantwortung zum Facharbeiter. Damit kann sich neben dem Tätigkeitsspielraum auch der Entscheidungsspielraum der Facharbeiter in der Werkstatt verringern [vgl. Fröhlich/Hild 1992:357ff.], und die Kontrolle kann sich vergrößern [vgl. Seltz/Hildebrandt 1989:48f.; 53f.; Freriks/Hauptmanns/Schmid 1992:132ff.]. Der Aufgabenbereich muß sich von einem Konzept der Tätigkeiten herleiten, also Aufgaben der Zweckerneuerung mit umfassen (vgl. Abschnitt 1.2).

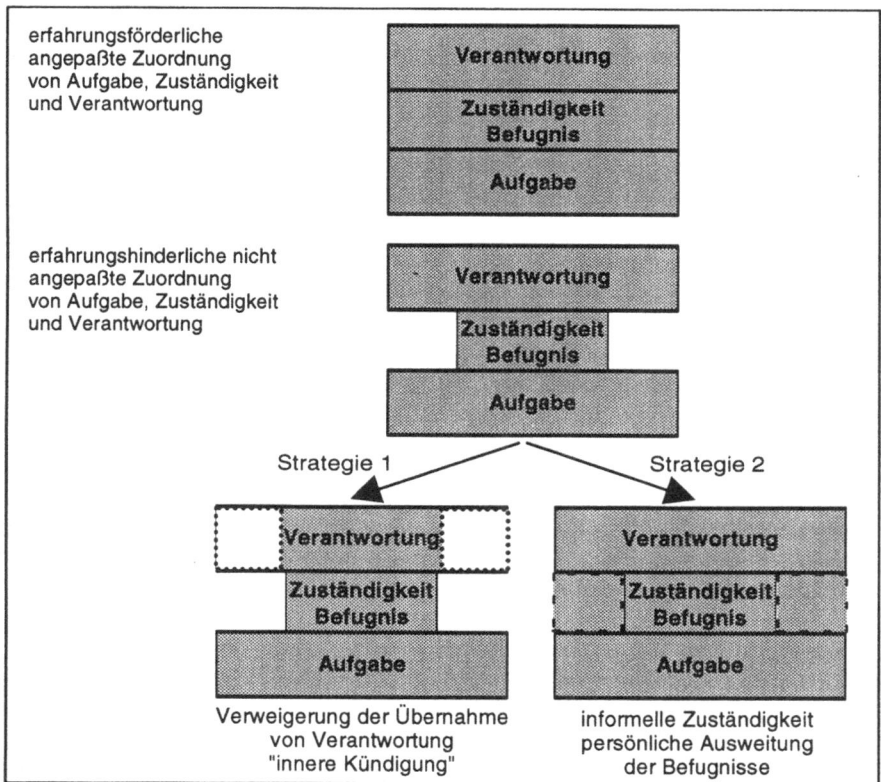

Abb. 2.4. Persönliche Strategien bei einer Differenz von Zuständigkeit und Verantwortung

Dies führt im Betriebsalltag tendenziell zu erheblichen Reibungsverlusten: Wenn die zentrale Auftragsleitstelle für die Feinplanung die reale Situation in der Fertigung nicht adäquat berücksichtigen kann, kann es zu Engpässen, zu Terminverzug kommen, und es kann eine große Zahl von Eilaufträgen entstehen. Die sogenannten "Terminjäger" müssen dann dafür sorgen, daß die zentralen Vorgaben "irgendwie" erfüllt werden. Im Fall der NC-Programmierung korrigieren Facharbeiter zentral erstellte Programme oder schreiben sie sogar neu (zum Teil in Überschreitung ihrer Befugnisse). Dies kann zur Folge haben: Verantwortung wird dort wahrgenommen, wo die nötigen Zuständigkeiten und Befugnisse dies sichern. Wo dies nicht der Fall ist, weiten sich die Mitarbeiter ihren Zuständigkeitsbereich selbst aus, und es kommt zu Doppelarbeit; oder Verantwortung wird zurückgewiesen, und es kommt zur "inneren Kündigung" (vgl. Abbildung 2.4).

Das könnte für die Nutzung von Erfahrungswissen bedeuten, daß der Facharbeiter seine Kompetenzen nicht einbringen kann, seine Erfahrungen werden nicht genutzt. Damit könnte auch die (neue) Bildung, die Aktualisierung von Erfahrungswissen behindert werden. Die Verknüpfung der Aufgaben mit den dafür notwendigen Kompetenzen könnte vom Facharbeiter nicht mehr hergestellt werden, so daß eine Lücke im "Erfahrungszyklus" entstehen kann.

These 3
Für erfahrungsgeleitete Arbeit ist es notwendig, daß die Aufgaben durch die Gewährung der entsprechenden Zuständigkeit, der Befugnis und Kompetenz auch verantwortet werden können.
Wenn Aufgabe, Zuständigkeit und Verantwortung aufeinander abgestimmt sind, können Entscheidungen dort gefällt werden, wo die notwendigen Informationen vorhanden sind und wo die Auswirkungen auftreten; das verkürzt Planungs- und Durchlaufzeiten und verringert Doppelarbeit.

Empirische Befunde
Die Analysen in den Betrieben machen deutlich, daß in den Fällen, wo Aufgabe, Zuständigkeit und Verantwortung nicht aufeinander abgestimmt sind, die Bildung und Nutzung von Erfahrungswissen erschwert wird. Wo sich die Facharbeiter notwendige Kompetenzen aneignen, umgehen sie diese Beschränkungen und setzen ihre Erfahrungen ein. Im einzelnen lassen sich folgende Beispiele dafür anführen:

Zuständigkeit und Verantwortung für die Feinplanung der Werkstattaufträge
Die Feinplanung der Werkstattaufträge erfolgt in einigen Fällen durch eine zentrale Auftragsleitstelle (in Abstimmung mit den Meistern) in anderen Fällen durch den Meister (in Abstimmung mit Meistern aus anderen Bereichen und mit Freiräumen für die Facharbeiter).

Wenn der Facharbeiter eigene Entscheidungsfreiheit über die Belegung und die Reihenfolgebildung hat, nutzt er diese, um innerhalb der Rahmenbedingungen wie Termin- oder Dringlichkeitsanforderungen einerseits, Belastungssituation und Rüstzustand der Maschine andererseits eine situativ "optimale" Reihenfolge der Werkstattaufträge im bereitliegenden Auftragspool zu bilden.

> "Der Planungshorizont geht meistens so bis zu einem Monat. Da können natürlich immer noch Aufträge zwischendurch dazu kommen, aber in der Zeit kann ich selbst entscheiden. Das spart auf alle Fälle viel Zeit, wenn man zum Beispiel runde Teile drauf hat mit Backenfutterspannung, und man weiß, da sind noch 20 Posten drin, da mache ich natürlich erst die".

In den meisten Fällen ist der Entscheidungsspielraum für die Feinplanung aber sehr begrenzt. Die Auftragsleitstelle oder der Meister bestimmen die Reihenfolge. Damit sinkt für den Facharbeiter die Motivation, das erkannte Potential zur Verbesserung der Abläufe zu nutzen. Es wird keine Verantwortung für die Termineinhaltung und Auslastung übernommen.

> "Der wird dafür bezahlt. Er kriegt von vorne gesagt: Hier das und das brauche ich. Wenn er's jetzt nicht schnell genug macht, dann kann er antanzen. Da bleibt mir doch nichts andres übrig, als nächste Arbeit das dann zu machen. Wenn der mir sagt, daß ich das machen soll, dann mach' ich das".

Dieser Mangel an Zuständigkeit wird jedoch nicht immer resignativ hingenommen. In einigen Fällen eignen sich die Facharbeiter die Zuständigkeit ohne formelle Absprachen mit Vorgesetzten an. Zum Beispiel tauscht ein Fräser bestimmte Aufträge mit seinem Kollegen, der an einer gleichen Maschine arbeitet, aus, um Rüstzeiten zu sparen.

> "Einen Spielraum haben wir dabei nicht, daß wir mehrere Arbeiten liegen haben und gucken, welches Teil jetzt als nächstes von der Aufspannung auf die Maschine paßt. Das wäre schön. Da kämpfen wir schon jahrelang drum, ... weil das ja auch Kosten sind, eine Serie von 100 Stück dreimal auseinander zu reißen. Aber das läuft nicht".
>
> "... da wird es eben geschoben, allein schon der Zeit wegen, weil das dann viel schneller geht, ist ja unser Geld".

Wie der formell zugebilligte oder informell mögliche Entscheidungsspielraum zur Auftragsfeinplanung von den Facharbeitern genutzt werden kann, hängt in besonderem Maße von den Informationen über anstehende Werkstattaufträge und damit verbundene Termine und Dringlichkeiten ab. Die Interpretation von Sollterminen und die Abwägung mit dem jeweiligen Rüstzustand kann nur dann adäquat erfolgen, wenn Zusammenhänge erkannt werden können und eine "Vorausschaumöglichkeit" besteht.

> "Das selber abzustimmen haben wir nicht die Kompetenz, weil uns die Dringlichkeit der Teile nicht bekannt ist".

Zuständigkeit und Verantwortung bei der NC-Programmierung
In den Fällen, in denen die NC-Programme an einer zentralen Stelle erstellt werden, zeigt sich, daß erst die Facharbeiter an der Maschine – aufgrund ihrer Erfahrungen mit der Maschine – entscheidende Mängel der Programme erkennen, die dazu führen können, daß die geforderte Qualität nicht eingehalten werden kann (Oberfläche nicht in Ordnung wegen zu hoher Vorschubgeschwindigkeit etc.) oder die Maschine und Werkzeuge zu sehr beansprucht werden (Schwingungen, Pfeifen etc.). Für eine Verbesserung der Programme sind die Facharbeiter aber formell oft nicht wirklich zuständig. Trotzdem verzichten die Facharbeiter auf eine Korrektur oder Optimierung an der Maschine nur bei massiver Behinderung durch organisatorische Vorschriften oder eingeschränkte technische Programmiermöglichkeiten. Dabei kommt es auch zu unnötigen Doppelarbeiten. Zentral erstellte NC-Programme werden verworfen und an der Maschine neu gemacht.

> "Das steht alles fest und so soll man normalerweise auch arbeiten, aber wenn ich da sehe, da soll ich ein 200er Loch bearbeiten und der gibt mir dann eine kleine Bohrstange vor, dann weiß ich vorher, daß das piept und rattert, und es kommt nichts raus. Also mach ich eine stabile Bohrstange rein".
>
> "Ich habe das Programm geändert ... da das alles so nicht ging. Die NC-Programmierung hat mich aufgefordert, alles wieder zurückzuändern, da das Programm gut sei. Nachher haben wir das Programm gemeinsam abgefahren. Anschließend war das Programm so, wie ich es anfangs programmiert hatte".

Der Facharbeiter hat bei einer zentralen NC-Programmerstellung in der Regel keine Möglichkeit mehr, die geänderten Programme für eventuell künftige Verwendungen unabhängig von den Entscheidungen der zentralen Programmierstelle abzuspeichern. In einigen Fällen werden so über Jahre hinweg für Wiederholteile dieselben Änderungen jedes Mal wieder vorgenommen.

Zuständigkeit und Verantwortung bei der Qualitätskontrolle
Vom Facharbeiter wird verlangt, daß er "Qualität produziert" (Qualitätsverantwortung). Aber er erhält weder die notwendige Planungskompetenz noch alle für die Kontrolle der Teile notwendigen Prüfmöglichkeiten (Informationen und Meßmittel) zugeordnet. Auch in diesen Fällen muß er seinen Zuständigkeitsbereich auf den "Gang in die Qualitätskontrolle" ausdehnen.

> "An der Maschine haben wir nichts. Das haben die in der Kontrolle. Wir haben nur die klassischen Prüfmittel. Ich bin natürlich für die Maßhaltigkeit zuständig ... Und das muß ich dann auch selber einschätzen, wann ich die anfordere ... Da gehe ich dann auch direkt zur Kontrolle, das läuft nicht über den Meister, offiziell müßte ich den Meister noch einschalten, aber weil wir uns alle persönlich kennen ...".

Gestaltungsanforderungen

Um überflüssige Reibungen, Mehrfacharbeit oder "innere Kündigung" zu verhindern, um die informellen, von den Facharbeitern übernommenen Kompetenzen (Zuständigkeiten, Befugnisse und der Einsatz des dafür notwendigen Wissens und der Erfahrung) zur Verbesserung der Teilprozesse zu nutzen, müssen Zuständigkeit und Verantwortung dort zugeordnet werden, wo sie wahrgenommen werden können und müssen, oder es müssen Freiräume bestehen, um informelle Zuständigkeit wahrnehmen zu können. Als organisatorische und technische Anforderungen lassen sich dafür nennen:

❏ In einem Organisationsentwicklungsprozeß muß eine Kongruenz der Aufgaben, der Zuständigkeit und der Verantwortung für den Facharbeiter wie auch die anderen Beschäftigten herausgebildet werden. Das heißt: Alle Aufgaben und Entscheidungen, die an anderen Stellen ausgeführt werden und die den für die Aufgaben des Facharbeiters notwendigen Verantwortungsbereich einschränken, müssen ermittelt werden. Die Aufgaben, die notwendigen Zuständigkeiten und die Verantwortung müssen soweit als möglich direkt an den Wertschöpfungsprozeß herangebracht werden. Sie müssen gegebenenfalls an den Facharbeiter delegiert werden, oder sie müssen als kooperative Aufgaben ausgestaltet werden, wobei der Facharbeiter "seine" Entscheidungskompetenz in den Abstimmungsprozeß mit anderen Stellen einbringen kann und muß. Das so formell oder informell gebildete "Team" muß geeignete Spielregeln zur situationsangemessenen internen Verantwortungsverteilung entwickeln (können).
❏ Wenn der Facharbeiter eine weitergehende Zuständigkeit bekommt und Verantwortung übernehmen muß, muß sich das positiv auf seine Entlohnung niederschlagen.
❏ Der Grad der Verlagerung von Zuständigkeit und Verantwortung hängt auch von der individuellen, durch die Qualifikation bestimmten Kompetenz des Facharbeiters ab. Wenn der Facharbeiter Zuständigkeit und Verantwortung übernehmen soll, muß er dafür qualifiziert sein oder qualifiziert werden.

Dabei benötigt der Facharbeiter auch (DV-)technische Hilfsmittel, die ihm die für Entscheidungen notwendigen Informationen vermitteln und die es ihm erlauben, die mit der Zuständigkeit verbundenen Aufgaben auch zu erfüllen:

❏ Der Facharbeiter benötigt Informationen über Werkstattaufträge für die Feinplanung: Solltermine, Prioritäten, Kapazitätsauslastung der eigenen Maschine und der Maschinen im "eigenen" Werkstattbereich (der Maschinen der Kollegen, um eventuell tauschen oder schieben zu können), voraussichtliche Bearbeitungsdauer etc.
❏ Um die Qualitätsanforderungen einschätzen zu können und um daraus die Vorgehensweise abzuleiten, benötigt der Facharbeiter Informationen über Maße, Oberflächengüten und über den Verwendungszusammenhang der Teile (Zusammenbauzeichnung).

❑ Die geänderten Programme muß er, bei Bedarf in einem eigenen Bereich, abspeichern, verwalten und wieder aufrufen können. Dabei darf das von einem (zentralen) NC-Programmierer erstellte Programm nicht automatisch überschrieben werden. Es müssen für jedes Teil mehrere (individuelle) NC-Programme (dezentral) verwaltet werden können, so daß der Facharbeiter (und eventuell ein NC-Programmierer) auf das gewünschte und der Situation angepaßte Programm zurückgreifen können.

Folgerungen und Ergebnisse
Die Diskussionen zur Arbeitsteilung, die von CIM-Konzepten ausgelöste zunehmende Trennung von planenden und ausführenden Tätigkeiten und auch die aus Aspekten der Qualifikationssicherung eingeforderte Aufgabenintegration, berücksichtigen bzw. unterstützen in ihrer Argumentation kaum, daß zur Aufgabenverteilung auch eine angemessene Zuordnung von Zuständigkeit und Verantwortung (Befugnis und Kompetenz) gehört. Die vorliegenden Untersuchungen, wie Erfahrungswissen in der Fertigung gebildet und eingesetzt wird, bzw. wie Lücken, Reibungen und Ineffizienzen entstehen, wenn entsprechendes Wissen nicht vor Ort umgesetzt werden kann oder darf, zeigen auf, daß es auch Disparitäten und Inkongruenz von Aufgabe, Zuständigkeit und Verantwortung geben kann, die "geregelt" werden müssen, sollen sie nicht zu negativen Konsequenzen für das Unternehmen führen. Damit gewinnt die Forderung nach ganzheitlichen Arbeitsvollzügen einen neuen Begründungszusammenhang.

2.1.4 Räumliche Aspekte

Entwicklungstendenzen
Zur Erfüllung seiner Aufgaben muß der Facharbeiter verschiedene Arbeitsmittel handhaben und verwenden. Mit der Umsetzung von rechnerintegrierten Produktionskonzepten wird wegen der damit verbundenen Kapitalintensivierung die Tendenz verstärkt, daß immer mehr Arbeitsmittel (Maschinen, Werkzeuge, Vorrichtungen, Geräte, Computer, Informationsträger etc.) aus dem unmittelbaren und alleinigen Zugriffs- und Verfügungsbereich des Facharbeiters herausgelöst werden und an einer dafür vorgesehenen Stelle zentralisiert werden:

- Die Hilfsmittel zur NC-Programmierung und zur Werkzeugvoreinstellung können von der Maschine weggenommen und an zentraler Stelle eingerichtet werden, wo sie dann auch in vielen Fällen von einer (auf die damit verbundene Arbeitsaufgabe spezialisierten) Person bedient werden.
- Informationen können über ein DV-Terminal oder über Arbeitsunterlagen im Meisterbüro zentralisiert werden. Informelle Informationsflüsse zwischen verschiedenen Abteilungen (Fertigung, Montage, Qualitätssicherung oder Konstruktion) sind dann (teilweise aufgrund der räumlichen Trennung) nicht (mehr) möglich.

Diese Tendenz wird durch eine entsprechende Gestaltung des Betriebs- und des Hallenlayouts verstärkt: Ehemalige Mischstrukturen, in denen Maschinen, Lager, Montageplätze, Arbeitsplätze für Planung und Vorbereitung räumlich (relativ) nah zusammen und für den Einzelnen überschaubar waren, werden nun entflochten und räumlich zentralisiert. Dadurch wird sich der direkte Bezug des Facharbeiters zu den Gegenständen, Arbeitsmitteln und Personen, aus denen heraus Erfahrungswissen gebildet wird, verringern. Die direkte sinnliche Wahrnehmung, die für die Bildung und Nutzung von Erfahrungswissen erforderlich ist, ist nicht mehr ausreichend gewährleistet. Und schließlich könnten wesentliche (betriebswirtschaftliche) Vorteile der Mischstrukturen verloren gehen:

- Durch räumlich nahe Zuordnung können komplexe Situationen direkt überblickt und Konsequenzen kontrolliert werden. Es sind keine aufwendigen Simulationen oder umständliche Informationsweitergabe oder -beschaffung notwendig.
- Spontane Zugänglichkeit von Arbeitsmitteln ermöglicht eine flexible Nutzung von Zeit- und Kapazitätsressourcen im Arbeitsablauf.

Aber: Dezentrale Technik macht zum Teil höhere Investitionen am Arbeitsplatz erforderlich, eine zeitlich hohe Auslastung von Arbeitsmitteln kann nicht unbedingt garantiert werden.

These 4
Die räumlich nahe Zuordnung von Arbeitsmitteln zu einem Arbeitsplatz hat positive Einflüsse auf erfahrungsgeleitete Arbeit. Eine am Arbeitsplatz konzentrierte Anordnung ermöglicht den spontanen Zugang zu tätigkeitsrelevanten Arbeitsmitteln im direkten Kontakt zum Aufgabenzusammenhang und unterstützt darüber hinaus die sinnliche Wahrnehmung.
Als Folge wird die unmittelbare Flexibilität in der Werkstatt erhöht. Der Aufwand zur indirekten, technischen Vermittlung von Informationen bleibt beschränkt. Andererseits verursacht redundante Technik zunächst höhere Kosten.

Empirische Befunde
Die Beobachtungen und Gespräche in den untersuchten Betrieben machten deutlich: Für erfahrungsgeleitete Arbeit ist der direkte Zugang zu allen Arbeitsmitteln, die für eine Aufgabe oder Tätigkeit benötigt werden, innerhalb des in der jeweiligen Situation möglichen direkten Wahrnehmungsfeldes erforderlich (vgl. Abbildung 2.5). Dieser Zugang kann nur teilweise durch DV-Informationen über zeitlich oder räumlich entfernt liegende Sachverhalte ersetzt werden (technisch unterstützte Ausdehnung des Wahrnehmungsfelds). Die räumliche Zuordnung der Arbeitsmittel hat auf der Betriebs- und der Arbeitsplatzebene Einfluß auf erfahrungsgeleitete Arbeit.

Räumliche Anordnung der Betriebsbereiche, der Werkstattbereiche und der Maschinen

Die unterschiedlichen Planungsbereiche (Konstruktion, NC-Programmierung, Arbeitsvorbereitung) und Produktionsbereiche (Lager, Fertigung, Montage, Qualitätssicherung) sind in den meisten Fällen voneinander getrennt. Die Wege zwischen den Betriebsbereichen sind teilweise sehr weit. Je einfacher (in kurzer Zeit) ein anderer Bereich aber zu erreichen ist, desto häufiger werden die Wege gegangen, um Informationen einzuholen und sich abzusprechen.

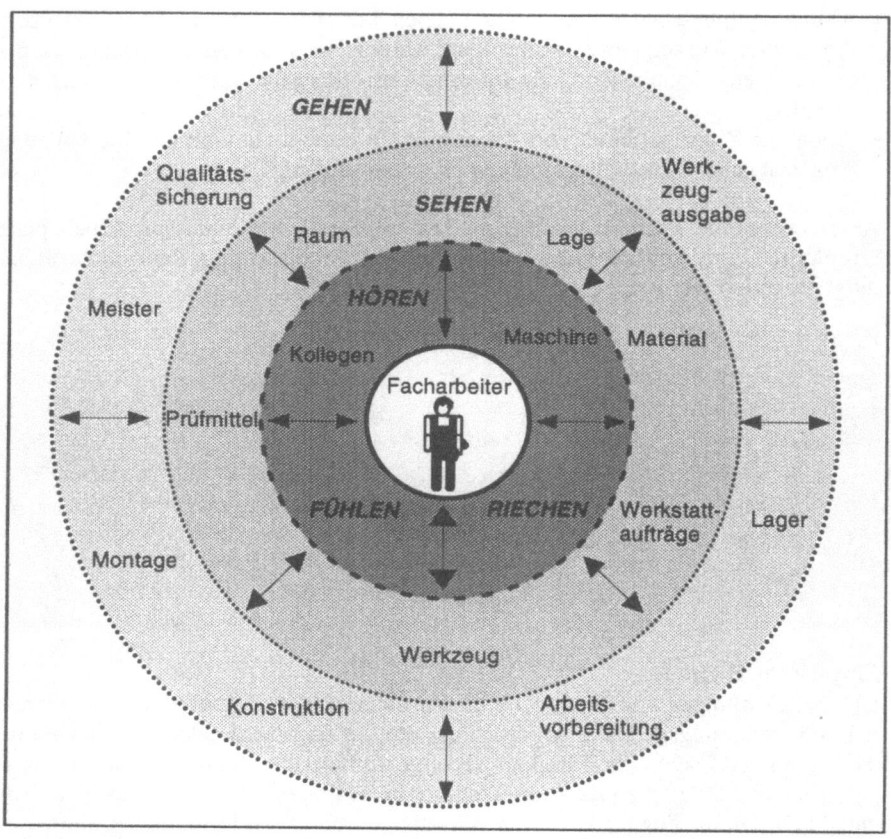

Abb. 2.5. Räumliche Umgebung des Facharbeiters (Arbeitsplatz- und Tätigkeitsbereich)

In einigen Fällen sind die Maschinen so aufgestellt, daß die Auftragsbelegung, der Rüstzustand oder die Aufspannung beim "Nachbar" unmittelbar eingesehen werden kann. Die Facharbeiter sprechen sich dann oft direkt über die Auftragszuteilung ab. Durch die Nähe anderer Funktionsbereiche und die räumliche Konzentration der Arbeitsmittel kann der Facharbeiter schnell Informationen mit eigenem Wissen verknüpfen, er "hört" (zumindest grob) den Bearbeitungsprozeß in der Maschine, "wirft einen Blick" auf anstehende Aufträge und den Prozeß des Kollegen, während er Werkzeuge auf Verschleiß prüft. Allerdings darf es dabei nicht zu unübersichtlich werden.

> "Mir wird das langsam zu eng. Jetzt habe ich das Werkzeugvoreinstellgerät, den Spitzenbock und alles so um mich herum stehen und zusätzlich die Schränke".

Zuordnung von Arbeitsmitteln und Informationen zum Maschinenarbeitsplatz
Werkzeuge werden in einer zentralen Werkzeugausgabe geholt, die räumlich nicht weit entfernt ist: "30 Meter in der gleichen Halle", sie liegen an der Maschine bereit oder: "Die suchen wir uns zusammen". Vorrichtungen und Geräte sind zum Teil am Arbeitsplatz verfügbar, zum Teil müssen sie für einzelne Aufgaben besorgt werden. Der Facharbeiter kann das Wissen um oder die unmittelbare Verfügbarkeit von Arbeitsmitteln an seinem Arbeitsplatz direkt in seine Entscheidungs- und Handlungsprozesse einbauen. Dagegen geschehen solche Verschränkungen dann nicht, wenn die Betriebsmittel aufgrund räumlicher Distanzen oder formeller Regelungen für ihn nicht erreichbar sind.

> "Wir haben nur die klassischen Prüfmittel ... Und wenn wir einmal eine Oberfläche machen müssen, die ein bißchen genauer sein soll, dann gehen wir eben zur Kontrolle und holen uns das Meßgerät".

Wenn der Facharbeiter in der Werkstatt selbst programmiert, kann er dies entweder in einem dafür eingerichteten Programmierraum mit NC-Programmierplatz oder direkt an der Maschine. Einerseits ist der Programmierraum dazu geeignet "in Ruhe" ein NC-Programm zu erstellen, andererseits fehlt dabei der unmittelbare Kontakt zur Maschine und zum Bearbeitungsprozeß. Meist hängt es von der technologischen und geometrischen Komplexität der Teile oder von den Aufspannmöglichkeiten im Bearbeitungsraum der Maschine ab, wo programmiert wird. Gerade in schwierigen Situationen ziehen Facharbeiter die Programmierung an der Maschine vor, weil eine bessere Einsicht in die Aufspannung und die Werkzeugmaschine möglich ist (vgl. Abbildung 2.6).

Sehr wichtig beim Einrichten der Maschine und beim Einfahren des NC-Programms ist die Möglichkeit, ein NC-Programm direkt an der Maschine korrigieren oder optimieren zu können. Komplexe oder neue Teile werden schrittweise abgefahren, der Facharbeiter beobachtet die Werkzeugwege im Maschinenraum und greift bei Bedarf direkt in das NC-Programm ein und ändert Geometrie- oder Technologiewerte (vgl. Abbildung 2.6). Auch wenn ein Programmierarbeitsplatz im Meisterbüro (keine zu große Entfernung) vorhanden ist, auch wenn Simulationsmöglichkeiten gegeben sind, wird (wenn technisch möglich) an der Maschine korrigiert und optimiert.

> "Wir haben auf dem Halter 12 Plätze und manchmal steht sich da was im Wege, was die da oben nicht sehen können ... Kleine Sachen ändert man dann, auch Werte, weil wir auch verschiedene Materialien haben und wenn jetzt der Span nicht richtig kommt ...".

Materialien und Teile werden an den Arbeitsplatz transportiert. Teilweise werden sie in einem Lagerbereich (Regalsystem) direkt bei den Maschinen bereit gestellt. Die Facharbeiter haben dann einen direkten Sichtkontakt zu diesem Regalsystem.

> "Da schau' ich im vorbeigehen, was an Aufträgen schon länger daliegt und was erst heute hingelegt wurde".

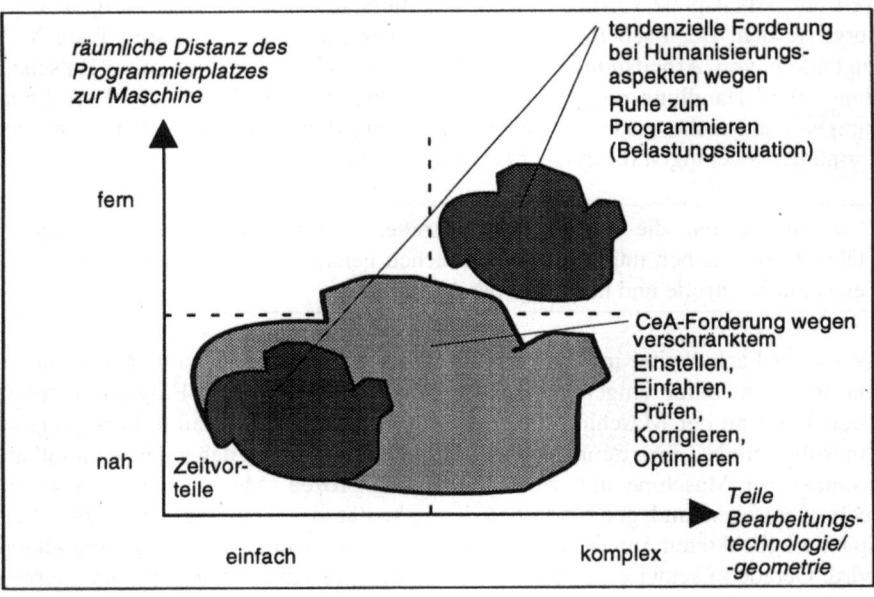

Abb. 2.6. Räumliche Nähe zur Maschine beim Programmieren, Korrigieren und Optimieren von NC-Programmen

Oft sind die Distanzen zu anderen Funktionsbereichen (Arbeitsvorbereitung, Konstruktion, Qualitätssicherung und Montage) relativ groß: Meist sind dies dann einige Minuten Wegzeit, in einem Fall muß ein Bahngleis überquert werden. Dann wenden sich die Facharbeiter an ihren Meister, er ist die zentrale Ansprechperson – und entscheidet. Nur teilweise besorgen sich die Facharbeiter ihre Informationen selbst. Sie gehen dann zur Qualitätssicherung oder zur Montage, sehr selten auch zur Konstruktion. Es hängt von der Entfernung, der jeweiligen Arbeitsaufgabe oder von den informellen Möglichkeiten (wenn der Arbeitsplatz verlassen werden darf) ab, ob und wie oft fehlende Informationen durch den Gang in den entsprechenden Bereich eingeholt werden. DV-Terminals als Informationssysteme im Meisterbüro werden von den Facharbeitern nur sehr selten genutzt.

> Die Montage ist "relativ weit. Das überlegt man sich dann schon. Die Maschinen wollen ja auch ausgelastet sein ... Dann gehen wir zum Konstrukteur, und der wird sich darum kümmern".
>
> "Das ist so eine Sache. Wegen der Toleranzen kann ich nicht durch die Weltgeschichte galoppieren".

Die räumliche Nähe von Arbeitsmitteln ermöglicht ihre Mehrfachnutzung. Zeitliche Freiräume im Bearbeitungsprozeß können flexibel genutzt werden, um den Handlungsspielraum um weitere, auch höherwertige Tätigkeiten zu erweitern. Die zeitlichen Freiräume werden zum Beispiel zur Vorbereitung von nachfolgenden Aufträgen verwendet: Zeichnung ansehen, Einrichteblatt prüfen. Dabei ist eine direkte (implizite) Wahrnehmung aller parallelen Prozesse (oder einzelner Prozeßfaktoren wie Geräusche, Vorschub von Stangenmaterial) unbedingt erforderlich, um die notwendige Sicherheit zu gewährleisten.

> "Ich habe drei Maschinen und teile mir das so ein, daß zwei Maschinen laufen und die dritte rüste ich. Wenn genügend Aufträge da sind, sortiere ich sie mir vorher so, wie es am besten paßt ... Dann arbeite ich nebenbei noch an einer konventionellen Drehmaschine ... Das mache ich in eigener Regie".

Gestaltungsanforderungen

Damit der Facharbeiter die Aufgaben erfüllen kann, die ihm jeweils übertragen werden, muß er alle dafür notwendigen Arbeitsmittel möglichst nahe an seinem Arbeitsplatz, das ist der Maschinenarbeitsplatz, haben. Nähe meint, daß er sie möglichst einfach von seinem Arbeitsplatz aus sehen oder (Maschinen) hören kann. Unvollständige oder fehlende Informationen sollen für den Facharbeiter von seinem Arbeitsplatz aus erreichbar sein. Dabei dürfen die Beschaffungswege nicht zu lang sein. Diese allgemeinen Anforderungen können wie folgt spezifiziert werden:

☐ Der Facharbeiter sollte an seiner Maschine die (im allgemeinen) von ihm benötigten Arbeitsmittel: Werkzeuge, Werkzeugvoreinstellgeräte, Vorrichtungen, Meß- und Prüfgeräte haben. Von mehreren Personen gemeinsam genutzte Geräte sollten vom Arbeitsplatz aus zu sehen sein oder sehr leicht (im Vorbeigehen) erreichbar sein.

☐ Dabei muß darauf geachtet werden, daß die Anordnung der Arbeitsmittel dem Facharbeiter nicht den Überblick nimmt. Er muß die vielen Arbeitsmittel jederzeit überschauen können, und der Sichtkontakt zu Kollegen und deren Maschinen oder zu gemeinsam genutzten Arbeitsmitteln sollte möglich sein. Dies gilt insbesondere bei Gruppenarbeit, weil sonst der Aufgabenzusammenhang aus dem Blick gerät, das heißt, die Zusammenhangswahrnehmung, Kommunikation und Kooperation in der Gruppe beeinträchtigt wird, was wiederum negative Konsequenzen für Motivation und Gruppenzusammenhalt nach sich zieht.

❑ Das Material oder die Teile für die anstehenden Werkstattaufträge sollten sichtbar an der jeweiligen Maschine oder in einem Werkstattlager (Regalsystem) bereit liegen. Die Facharbeiter können sich so einen direkten Eindruck von Auftragsmenge (Stückzahlen) und Material bilden. Im Fall von Gruppenarbeit in Fertigungsinseln sollte die gemeinsame Auftragsfeinplanung der Gruppe sowohl durch einen gemeinsamen "Bahnhof" (Regalsystem etc.) für Rohteile als auch durch eine hinreichend große Plantafel zur Darstellung der anstehenden Aufträge und ihres Abarbeitungsstandes unterstützt werden. Ein mit umfangreichen Funktionen ausgestatteter elektronischer Leitstand ist demgegenüber in den meisten Fällen kein gruppengerechtes Arbeitsmittel, weil er meist nur von ein oder zwei Gruppenmitgliedern voll beherrscht wird, so daß eine Dispositionshierarchie in der Gruppe entsteht.

❑ Die Wege zu anderen Funktionsbereichen wie Qualitätssicherung und Montage sollten nicht zu lang und schon allein dadurch unüberwindlich sein. Bei Bedarf müssen die Facharbeiter die Möglichkeit haben, direkt zum Prüfer oder Monteur zu gehen.

❑ Der Facharbeiter muß die Möglichkeit haben, direkt an der Maschine ein NC-Programm zu erstellen, zu korrigieren und zu optimieren. Gleichzeitig sollte er dabei andere Informationsquellen einsehen können, die für ihn beim Abfahren der Programme von Bedeutung sind: Zeichnungen mit Qualitätsmaßen, Aufspannskizzen etc.

❑ Unregelmäßige, aus dem jeweiligen Arbeitsprozeß entstehende Freiräume können durch die weitere Zuordnung von Arbeitsmitteln genutzt werden, um folgende Aufträge vorzubereiten oder sich einen Überblick über technische Anforderungen zu verschaffen.

Die Arbeitsmittel oder Informationen, die sich nicht im unmittelbaren Wahrnehmungs- und Verfügungsbereich des Facharbeiters befinden, können nur sehr bedingt durch DV-Technik abgebildet oder ersetzt werden. In jedem Fall sollte die DV-Hardware direkt bei der Maschine sein. Dann können die Informationen (über weitere kommende Aufträge, Zusammenbau-Zeichnungen, Einrichteblätter etc.) mit den direkten Informationen aus dem Arbeitsumfeld direkt verglichen werden.

❑ DV-Technik darf am Arbeitsplatz nicht stören. Ob für mehrere DV-Anwendungen (NC-Programmierung, Zeichnung ansehen, Einrichteblätter anlegen) nur ein Ein-/Ausgabegerät verwendet werden sollte oder mehrere, ist noch näher zu erforschen. Eventuell spielt die Konstanz der räumlichen Lokalisation von Informationsquellen eine wichtige Rolle in der Zusammenhangswahrnehmung. Je nach Art der Information kann dies dafür sprechen, mehrere oder auch nur ein DV-Gerät zu verwenden.

❏ DV-Informationen sollten nur aus den Bereichen zur Verfügung gestellt werden, die aus zeitlichen Gründen oder räumlichen Gründen nicht direkt zu vermitteln sind.

❏ NC-Programmsysteme an der Maschine müssen so ausgerichtet sein, daß einfache Änderungen zur Feineinstellung von Geometrie- und Technologiewerten schnell einzugeben sind. Ein NC-Programmiersystem im Meisterbüro mit Simulationsfunktion genügt nicht (kann aber zur Unterstützung eingesetzt werden).

Folgerungen und Ergebnisse
Anforderungen zur ergonomischen Gestaltung des Arbeitsbereichs betonen, daß aufgrund einzelner Belastungsmomente (Lärm), bestimmte Aufgabenlemente vom Arbeitsplatz zu trennen und in einen ruhigen Bereich (Meisterbüro, Programmierraum) zu verlegen sind. Wie die hier dargestellten Untersuchungen zeigen, ist gerade bei der Erstellung und Überprüfung von komplexen NC-Programmen der unmittelbare "Kontakt zur Maschine" aber erforderlich. Gleichzeitig sollte der Arbeitsplatz überschaubar bleiben, er sollte nicht von Arbeitsmitteln zugestellt sein. Dies kann die Bildung und Nutzung von Erfahrungswissen behindern, wenn der unmittelbare (Sicht-)Kontakt zu anderen Arbeitsmitteln (Maschinen) für die unmittelbare Wahrnehmung erforderlich ist. Auch die pauschale Forderung: Der Facharbeiter muß seinen Arbeitsplatz verlassen dürfen und in andere Bereiche gehen dürfen, greift zu kurz. Das wesentliche Kriterium ist die Entfernung zu anderen Bereichen oder Hindernisse auf dem Weg dorthin (am "Chefbüro" vorbei). Dabei muß der Facharbeiter auch vorinformiert sein, um gezielte Fragen zu stellen oder Informationen einholen zu können.

2.1.5 Personelle Zuordnung von Arbeitsmitteln

Entwicklungstendenzen
Um den Nutzungsgrad von Investitionsgütern (Maschinen, Computer-Technik) zu verbessern, werden Betriebs- und Anwesenheitszeiten zunehmend entkoppelt (z.B. durch Schichtarbeit) [vgl. Groß 1992:268ff.], Arbeitsmittel gemeinsam von mehreren Personen zeitversetzt benutzt oder Arbeitsmittel aus dem Verfügungsbereich des Facharbeiters herausgenommen und einer zentralen Stelle zugeordnet (vgl. auch These 1). Einige Formen der Arbeitsorganisation, wie zum Beispiel Gruppenarbeit, können dazu führen, daß die "klassische" Bindung des Menschen an seine Arbeitsmittel aufgelöst wird. Ziele dabei sind eine Steigerung der Flexibilität von Mensch und Arbeitsmittel und die Erhöhung des Nutzungsgrades.

Die Auflösung der engen Beziehung von Mensch und Arbeitsmittel kann aber zur Folge haben, daß Reibungen zwischen Personen entstehen, wenn Arbeitsmittel gewechselt werden, mit den Folgen sinkende Motivation, erhöhte Fehlzeiten und Rückgang der Arbeitsproduktivität. Dadurch können individuelles Know-how von Facharbeitern über die technischen Leistungsreserven einer Maschine verloren gehen und der Nutzungs- oder Leistungsgrad sinken. Zudem sind zusätzliche zeitliche Aufwendungen notwendig, wenn sich die Mitarbeiter immer wieder neu in gemeinsam benutzte Produktionsmittel eindenken müssen, weil diese von Kollegen verändert wurden.

Durch die Auflösung der persönlichen Bindungen zu Arbeitsmitteln kann sich das vertraute Umgehen der Facharbeiter mit "ihren" Gegenständen verschlechtern. Erfahrungswissen bildet sich zunächst *in Bezug auf* ein bzw. im *Umgang mit* einem Objekt. Diese enge Bindung ist für erfahrungsgeleitetes Arbeiten wichtig. Daneben werden Erfahrungen auch durch den Umgang mit "fremden" Arbeitsmitteln übertragen und erweitert (vgl. Abbildung 2.7).

These 5

Einerseits ist eine individuelle Zuordnung von Arbeitsmitteln und eine Konsistenz dieser Arbeitsmittel notwendig, um erfahrungsgeleitete Arbeit zu ermöglichen (objekbezogener Aspekt von Erfahrungswissen).
Andererseits erfordert und erlaubt der dialogisch-explorative Charakter von erfahrungsgeleiteter Arbeit einen Wechsel und die Variation von Arbeitsmitteln in beschränktem Maß (transformatorischer Aspekt von Erfahrungswissen).
Durch die persönliche Zuordnung von Arbeitsmitteln sind die Facharbeiter im Umgang mit ihnen sehr vertraut, die "Einlernkosten" sind gering, die Kapazitätsnutzung ist sehr hoch. Durch den Austausch von Informationen über die Arbeitsmittel und durch Nutzungsregelungen können auch bei verteilter Nutzung die Vorteile einer persönlichen Zuordnung angenähert werden.

Empirische Befunde
Die Ergebnisse der Betriebsuntersuchungen zeigen: Erfahrungswissen über ein technisches Arbeitsmittel wird bevorzugt im direkten Umgang mit einem eigenen, nur einer Person zugeordneten Arbeitsmittel (z.B. Maschinen oder Computer-Geräte) gebildet und vor allem auch dann genutzt. Ist diese Einpersonenzuordnung aufgelöst, ist die Nutzung des *objektspezifischen Erfahrungswissens* erheblich eingeschränkt. Daneben sind Facharbeiter aber auch bereit, andere Arbeitsmittel im aktiven, gewollten Zugang zu nutzen, um *transformatorisches Erfahrungswissen* zu bilden und mit Kollegen zu teilen – um Erfahrungswissen aus ihrem Arbeitsbereich nach außen oder von außen in den eigenen Arbeitsbereich zu übertragen (vgl. Abbildung 2.7). Absprachen und Regelungen (z.B. gezielte direkte Absprachen bei Schichtwechsel: "Schichtübergabe") bei verteilter Nutzung sind dabei hilfreich. Voraussetzung dafür ist, daß die damit verbundenen Einschränkungen im Arbeitshandeln auch formell durch vorgesetzte Stellen akzeptiert werden. Wichtig ist, daß die Facharbeiter die "Spielregeln" für die gemeinsame Nutzung von Arbeitsmitteln selbst mit entwickeln.

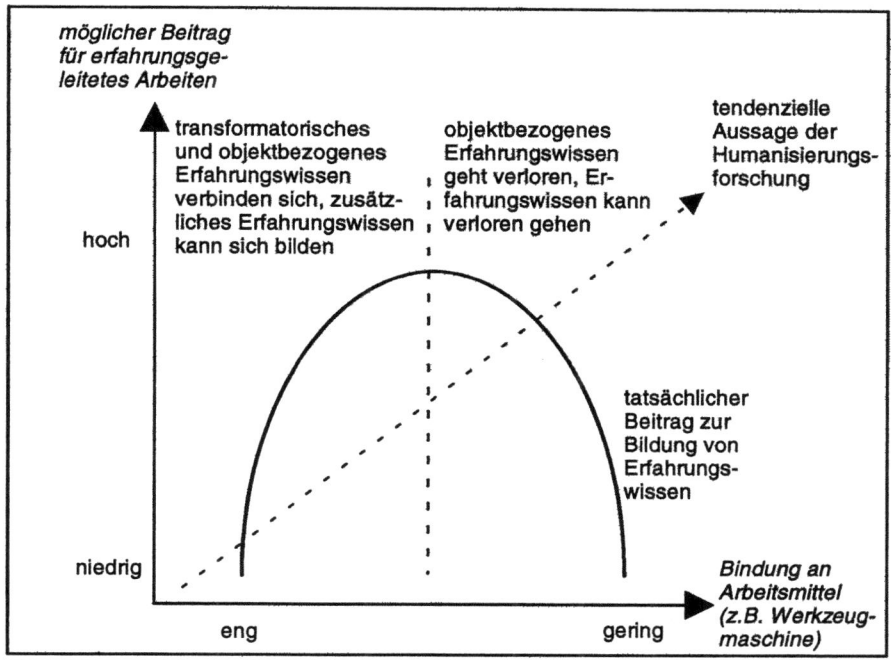

Abb. 2.7. Bindung an persönliche Arbeitsmittel und Beitrag zur Bildung und Nutzung von Erfahrungswissen

Persönliche Zuordnung der Maschine(n) und anderer konventioneller Arbeitsmittel

Die Maschine (bei Mehrmaschinenbedienung können dies auch mehrere Maschinen sein) markiert den unmittelbaren Arbeitsplatz eines Facharbeiters, sie ist sein primäres Arbeitsmittel. Die persönliche Zuordnung einer Maschine zu einem Facharbeiter wird aufgelöst bei Schichtarbeit, rollierender Nutzung oder Gruppenarbeit oder bei Urlaubs- und Krankheitsvertretung. Dann verändert eine andere Person gleichberechtigt den Zustand der Maschine. Dadurch können vorher gebildete Gedächtnisverknüpfungen aufgelöst werden, oder der eigene Entscheidungs- und Handlungsspielraum wird durch die Entscheidungen und Handlungen des Kollegen eingeschränkt. Dies kann im Einzelfall Konflikte schaffen. Die Konflikte können gelöst werden, wenn ein Vertrauensverhältnis in der gemeinsamen Nutzung der Arbeitsmittel aufgebaut wird.

"Da macht man morgens die Tür auf und weiß nicht, wo man hinkommt".

Bei Schichtbetrieb achtet jeder darauf "... daß der da ordentlich mit umgeht. Wir sind jetzt so verblieben, daß wir beide mit unseren Arbeitsmitteln arbeiten".

> "Vertrauen muß sein, wenn mein Kollege Spätschicht hat und ich in der Frühschicht anfange einzurichten, dann muß er sich darauf verlassen können, daß alles richtig ist. Er muß nicht mehr nachmessen".

Die Facharbeiter sprechen sich bei Schichtübergabe ab, um den Kollegen über die aktuelle Situation aufzuklären. Wenn diese Absprachen nicht stattfinden (können), stellen sich die Facharbeiter in ihrem Handeln darauf ein. Man verzichtet auf eine bessere, gemeinsam akzeptierte Lösungsmöglichkeit mit Konsequenzen für die nächste Schicht, um sich langwierige Erklärungen oder Notizen zu ersparen (zum Beispiel werden Werkzeugeinsätze aufwendig ausgewechselt damit ihre Position im Werkzeugmagazin mit den Vorgaben der Arbeitsvorbereitung übereinstimmt, obwohl nicht selten eine einfache temporäre Änderung im NC-Programm genügen würde).

> "Wenn jetzt die Maschine übergeben wird, da werden Absprachen gemacht, je nachdem, wenn irgendwo Komplikationen aufgetreten sind, dann erklärt man ihnen, was sie da machen können".

Dieselben Werkzeuge, Werkzeugvoreinstellgeräte, Prüfmittel oder Einrichteblätter und Aufspannskizzen werden in vielen Fällen von mehreren Facharbeitern genutzt. Auch dabei können sie persönliche Bindungen zu den Betriebsmitteln aufbauen, so daß die gemeinsame Nutzung zu Reibungen und Problemen führt. Teilweise werden für diese Konflikte selbst Lösungen und Umgangsregeln entwickelt, die an neue Kollegen weitervermittelt werden.

> "Ich habe alle Werkzeuge am Platz und ein Werkzeugvoreinstellgerät habe ich auch. ... Das wird auch nur von mir genutzt. Wir arbeiten in zwei Schichten und der Kollege wird zur Zeit noch von mir in diesem Bereich angelernt".
>
> "Keiner macht den Pfusch von anderen weg".

Gemeinsame Nutzung von DV-Arbeitsmitteln
Die Facharbeiter nutzen die ihnen vertraute NC-Steuerung an "ihrer" Maschine zum Erstellen, Korrigieren oder Optimieren der NC-Programme. Daneben werden auch DV-Terminals oder Computer zur NC-Programmierung in der Werkstatt verwendet. Diese DV-Hardware steht meist im Meisterbüro und wird vom Meister und teilweise von mehreren Facharbeitern genutzt, die selbst programmieren. Auch in diesen Fällen treten ähnliche Probleme auf, wie bei der gemeinsamen Nutzung von Maschinen: Wenn ein Kollege Parameter des Programms ändert, ist es für eine andere Person schwierig, die Änderungen zu erkennen; er muß sich jedes Mal mit den Einstellungen neu zurecht finden.

Übertragung von Erfahrungswissen auf "fremde" Arbeitsmittel
Wenn Facharbeiter nicht nur "eine persönliche" Maschine nutzen, kann Erfahrungswissen auch von einem Arbeitsmittel auf ein anderes übertragen werden.

Auch bei Mehrmaschinenbedienung oder bei der Möglichkeit, neben der CNC-Maschine eine konventionelle Dreh- oder Fräsmaschine zu bedienen, kann der persönliche Erfahrungshorizont ausgeweitet werden, das individuelle Wissen erweitert sich durch die "neuartige" Situation des Arbeitens an einer anderen Maschine. In einem Beispielbetrieb kann die Leistung einer CNC-Werkzeugmaschine von einem Kollegen bei Krankheits- oder Urlaubsvertretung, also bei großen zeitlichen Abständen, nur zu etwa 70 % genutzt werden. Das zeigt zweierlei:

- Zum einen kann der vertretende Facharbeiter sein Erfahrungswissen aus seinem Erfahrungsbereich (seiner Maschine) auf die Maschine des Kollegen (zum Teil) übertragen, er kann sein Erfahrungswissen auch bei großen zeitlichen Abständen der Nutzung transformieren.
- Andererseits kann er die Maschine nur mit 70 % Leistung nutzen. Die restlichen 30 % sind die Leistungsreserven, die entweder durch häufigeren Wechsel, so daß sich ein Trainingseffekt einstellt oder durch objektbezogenes Erfahrungswissen (des eigentlichen Maschinenführers) genutzt werden können.

Facharbeiter haben Erfahrungen sowohl mit CNC-Maschinen als auch mit konventionellen Maschinen gesammelt. Objektbezogene und transformatorische Aspekte von Erfahrungswissen ergänzen sich so, daß zum Teil flexibel entschieden wird, welche Teile (Losgröße, technische Komplexität, Qualitätsanforderungen) auf welchen Maschinen besser gefertigt werden können.

> Arbeitsplätze werden schon mal gewechselt "bei Krankheit, Urlaub, wenn was Dringendes anliegt. Manchmal einmal im Jahr, manchmal öfter. Dann dauern die Sachen etwas länger, weil man ja nicht immer dabei ist".
>
> "Ich habe das konventionelle Wissen behalten und die Steuerung dazugelernt und dann versucht, das zusammenzubringen. Man muß da lernen und umdenken".

Gestaltungsanforderungen
Um die persönliche Identifikation des Facharbeiters mit benötigten Arbeitsmitteln zu bewahren bzw. zu fördern, um den verantwortlichen Umgang zu begünstigen und um "Eindenkzeiten" in den veränderten Zustand eines Arbeitsmittels zu senken, ist eine persönliche Zuordnung von Arbeitsmitteln zu einem Facharbeiter notwendig. Für die Nutzung eines Arbeitsmittels durch mehrere Personen muß genügend Zeit und (informeller) Freiraum vorhanden sein, um eigene Abstimmungs- und Absprachespielregeln zu entwickeln. Dies ist auch dann notwendig, wenn ein Facharbeiter "fremde" Arbeitsmittel verwendet, um seine Qualifikation und sein Erfahrungswissen zu verbessern (bei Vertretung). Im einzelnen bedeutet dies:

❒ Bei der Schichtübergabe muß (bezahlte) Zeit vorgesehen werden, damit Facharbeiterkollegen wichtige Informationen direkt austauschen können.

❏ Verändert ein Facharbeiter durch die Nutzung eines Betriebsmittels dessen Zustand und kann dies Auswirkungen auf die Nutzung durch einen Kollegen haben, dann sollte am Betriebsmittel ein Vermerk angebracht werden: Ein genutztes Werkzeug kann farblich markiert werden oder an einem besonderen Ort abgelegt werden etc.

❏ Betriebsmittel, die regelmäßig von mehreren Personen verwendet werden, müssen so hinterlassen werden, wie es die von den Facharbeitern selbst entwickelten Spielregeln vorsehen: Gereinigt, geschliffen, auf Null zurückgestellt etc.

❏ Eine rollierende Aufgabenverteilung und daraus resultierend die rollierende Arbeitsmittelnutzung (insbesondere bei Gruppenarbeit) müssen in einem Prozeß von allen Betroffenen gelernt werden: Die Facharbeiter oder Gruppenmitglieder müssen sich abstimmen, sie müssen die Arbeitsweise des anderen lernen, sie müssen Teamfähigkeit und Sozialkompetenz entwickeln. Für diese Lernprozesse muß ausreichend Zeit (und Anleitung und Moderation) bereit gestellt werden.

❏ Bei Einzelfacharbeit kann ein zeitweises Wechseln der Arbeitsmittel (Urlaub, Krankheit, Qualifikationsverbesserung) in der Form erfolgen, daß für eine definierte Zeit gemeinsam gearbeitet wird und die Kollegen ihre jeweiligen Arbeitsstile kennenlernen.

❏ Die Ausweitung der Qualifikation eines Facharbeiters durch rollierendes Arbeiten oder zeitlichen Wechsel des Arbeitsplatzes sollte honoriert werden.

Die Gestaltung der (DV-)Technik kann die gemeinsame Nutzung von Arbeitsmitteln unterstützen. Dazu sollte die Technik folgende Merkmale aufweisen:

❏ Änderungen an einem technischen System dürfen nur nach Absprache mit dem Anwender erfolgen. Dazu gehören zum Beispiel: Vorrichtungen an eine Maschine bauen, neue Programmiersystem-Version an der Maschine aufspielen, neue oder genauere Prüfmittel anwenden.

❏ Gemeinsam genutzte DV-Arbeitsmittel müssen konsistenzgesichert sein. Veränderte Daten sollten am Ausgabemedium (Bildschirm) hervorgehoben sein (unter Umständen nur für diejenigen Nutzer, die die Kenntnisnahme der Änderung noch nicht "quittiert" haben), Funktionalitäten, Menüs etc. müssen stabil sein.

❏ Definierte Funktionen (welche dies sind, müssen die Anwender bestimmen können) müssen "einzufrieren" sein, das heißt nur ein Anwender mit Passwort kann damit zusammenhängende Änderungen vornehmen oder damit (weiter-) arbeiten.

❏ Bei veränderbaren Parametern eines Programms oder einer Datei (für Zeichnungen, Aufspannskizzen etc.) müssen Notizen zu hinterlegen sein: mit Texteingabe, Spracheingabe und Bildeingabe.

❏ Bei Änderungen muß es möglich sein, daß der Ändernde seinen Namen hinterlegt, um Nachfragen zu ermöglichen. Dies muß eine optionale oder durch Gruppenpaßwort geschützte Funktion sein, um eine zu weitgehende soziale Kontrolle und Überwachung zu verhindern.

Folgerungen und Ergebnisse

Für erfahrungsgeleitete Arbeit ist zunächst die direkte und persönliche Zuordnung von Arbeitsmitteln zu einem Facharbeiter sehr wichtig. Diese Forderung steht der Tendenz der Nutzung von Arbeitsmitteln durch mehrere Personen diametral entgegen. Davon sind nicht nur "CIM-geprägte" Arbeitsstrukturen betroffen, auch die Konzepte der "job rotation" oder einige Ausprägungen der Gruppenarbeit sind dieser Forderung entgegengesetzt. Sie erschweren die Bildung und Nutzung der gegenstandsbezogenen Komponente von Erfahrungswissen. Diese neue Anforderung, die sich in den Betriebsanalysen gezeigt hat, muß bei der Umsetzung von Gruppenarbeit berücksichtigt werden. Daneben gibt es eine transformatorische Komponente von Erfahrungswissen. Diese Art bildet sich, wenn ein (partieller oder zeitlich beschränkter) Wechsel in der Nutzung von Arbeitsmitteln stattfindet. Das heißt, der Facharbeiter muß auch über seinen Arbeitsplatz hinaussehen können, um in anderen Bereichen übertragbares Erfahrungswissen zu bilden oder um anderen Bereichen seine Erfahrungen zur Verfügung zu stellen.

2.2 Technische Gestaltungsdimensionen

2.2.1 Arbeitsteilung Mensch – Maschine (Automatisierung)

Entwicklungstendenzen

Mit der Umsetzung der rechnerintegrierten Produktion und der damit verbundenen Einführung von Computer-Technik werden häufig verschiedene betriebliche Funktionen und Abläufe automatisiert [vgl. Schulz/Bölzing 1989:45ff.; 60ff.; 73ff.; 87ff.; Gensior 1989:108ff.; Hauptmanns/Saurwein/Dye 1992:57ff. oder Lay/Wengel 1994:30f.]. Im einzelnen kann dies zum Beispiel bedeuten:

- Statt konventioneller Werkzeugmaschinen werden numerisch gesteuerte (CNC-)Werkzeugmaschinen eingesetzt.
- Manuelle planende oder dispositive Tätigkeiten (in der Konstruktion oder Produktionsplanung und -steuerung) werden durch Computer mit entsprechenden (CAD- oder PPS-)Softwaresystemen automatisch ausgeführt. Die jeweiligen Abläufe werden dazu in Algorithmen übertragen und vom Computer, nicht vom Menschen gesteuert. Manuelle Planungsmittel wie Zeichnungstisch oder Hängeregistraturen verschwinden zugunsten von Computern und Bildschirmen. Zwar sind die vom Computer verarbeiteten Algorithmen leicht veränderbar ("flexible Automatisierung"), doch insgesamt deutlich "starrer" als menschliches Planen, Steuern und Kontrollieren.
- Das Wissen von Personen wird in Datenbanken und Expertensysteme übertragen, wo sie von anderen DV-Systemen oder anderen Personen abgerufen und verarbeitet werden können.
- Individuelle oder lokale Datenbestände werden in einer Datenbank zentralisiert, um Redundanzen zu vermeiden.

Diese Entwicklungen können dazu führen, daß manuelle Routinetätigkeiten, die bislang nach formell vorgegebenen, aber nicht technischen Programmen bzw. Algorithmen ablaufen, von technischen Systemen übernommen werden. Dadurch werden Personen von immer gleichen, zeitlich aufwendigen Tätigkeiten enthoben, es bilden sich zeitliche Freiräume. Gleichwohl können diesem Vorteil der Automatisierung auch Risiken gegenüberstehen:

- Die von automatisierten Prozessen erzeugten Wirkungen oder Informationen sind faktisch nicht überprüfbar, weil keine Transparenz darüber besteht, wo die (Fern-)Wirkungen bei (komplex) vernetzten Systemen auftreten. Dies gilt auch dann, wenn die formale Kompetenz gegeben ist. Diese Intransparenz über (Fern-)Wirkungen kann dazu führen, daß der Facharbeiter Ursache-Handlungs-Wirkungs-Zusammenhänge nicht mehr überblickt und deshalb keine Erfahrungen darüber bilden bzw. nutzen kann. Damit können auch Fehlerquellen kaum noch entdeckt werden, die Ursachen für Störungen bleiben verdeckt, es werden nur "Symptome" beseitigt.
- Automatisierung kann erfahrungsgeleitete Arbeit bezüglich impliziter Informationsgewinnung und -verarbeitung nicht, bezüglich expliziter Informationsgewinnung und -verarbeitung nur teilweise nachbilden. Sie ist dann gegenüber erfahrungsgeleiteter Arbeit oft mit einem hohen Aufwand an Technik verbunden. Das bedeutet meist eine Erhöhung des Fixkostenanteils und bedingt weitere Aufwendungen zur Kontrolle und Optimierung der technischen Prozesse durch den Menschen. Eine starre Automatisierung von Abläufen kann die Flexibilität verringern.
- Automatisierung schränkt die Nutzung von Erfahrungswissen auf die Überwachung automatischer Abläufe und die Bewertung automatisiert erzeugter Informationen ein. Erfahrungswissen über die automatisierten Aufgaben ist somit einerseits nötig, kann sich andererseits jedoch nicht aktualisieren. Bei Veränderungen der betrieblichen Situation führt dies zu Prozessen, bei denen die automatischen, nicht oder sehr schwer änderbaren Systeme die notwendigen Funktionen nicht mehr erfüllen. Dadurch entstehen schwer kalkulierbare Risiken, die anfänglichen Produktivitätsvorteilen entgegenstehen.

These 6

Der Verzicht auf eine (Voll-)Automatisierung von betrieblichen Abläufen erhöht die Transparenz über Entscheidungs- und Handlungsspielräume bezüglich der automatisierten Aufgaben und fördert damit erfahrungsgeleitete Arbeit.

Die (Teil-)Automatisierung einzelner Tätigkeiten entlastet von Routinetätigkeiten und schafft Zeitressourcen zur Bildung von Erfahrungswissen über weitere Produktionszusammenhänge.

Ein geringer Automatisierungsgrad ist mit geringeren Investitionen und geringeren (fixen) Kosten verbunden. Die Störanfälligkeit der Systeme nimmt ab, Ursachen für Fehler sind in einfachen, wenig automatisierten Systemen besser nachzuvollziehen und zu entdecken.

Empirische Befunde
In den untersuchten Betrieben sind sowohl Einschränkungen als auch Unterstützungen von erfahrungsgeleiteter Arbeit durch Automation zu beobachten. *Einschränkungen* ergeben sich, wenn die Entscheidungsfindung selbst oder komplexe, immer wieder variierende Abläufe automatisiert werden (CAD-Datenübergabe, Reihenfolgeplanung). Eine teilweise *Unterstützung* bietet die Automation, wenn Routinetätigkeiten wegfallen, die als Belastung empfunden werden.

CAD-Datenübergabe und automatische Generierung von NC-Programmen
In einigen Fällen werden aus den in der Konstruktion mit Hilfe eines CAD-Systems entwickelten Zeichnungen automatisch NC-Programme generiert und an die CNC-Maschine übertragen. Ein Technologieprozessor berechnet dabei die für das NC-Programm notwendigen technologischen Parameter. Sehr oft müssen diese NC-Programme dann vor Ort korrigiert werden, da viele in der Werkstatt wichtige Einflußfaktoren nicht berücksichtigt sind: zum Beispiel Temperatur, technische Maschinenleistung, Materialverhalten. Gerade dabei kommt es in einem hohen Maße auf das vorliegende Erfahrungswissen der Facharbeiter an. Automatisierte Prozesse und Ergebnisse be- oder verhindern (einfache) Lösungen für schwierige, sich ständig ändernde Probleme, die Handlungsmöglichkeiten der Facharbeiter (wie auch die der Konstrukteure) sind beschränkt. Sie versuchen sich, so gut es geht, selbst zu helfen (mit dem – noch – vorhandenen Erfahrungswissen).

> "Diese Daten beziehen sich auf den Idealzustand ... Sehen Sie mal, wie hoch das hier ist ... Instabilität, das Teil wird in Schwingung versetzt. Da kann ich natürlich keine Vorschübe oder Schnittgeschwindigkeiten laut Tabelle fahren".
>
> "Es gibt Tabellen, aber die benutze ich nicht, meistens stimmen die nicht".
>
> "Bei dieser Wärme zur Zeit geht die Maschine sogar aus ... Wir machen die Türen und den Schaltschrank auf".

Leitstand oder Werkstattsteuerungssystem für die Reihenfolgeplanung
Die Bestimmung der Maschinenbelegung und die Festlegung der Reihenfolge von Werkstattaufträgen hängen von sehr vielen Faktoren ab: Material, Aufspannsituation, Verfügbarkeit von zusätzlichen Geräten, Leistungsfähigkeit der Maschine etc. Sie stehen im Spannungsfeld von Termineinhaltung und möglichst kurzen Rüstzeiten. Diese Kriterien sind den DV-Systemen meist genauso wenig bekannt wie die Verfügbarkeit oder der Zustand anderer, für den Bearbeitungsprozeß notwendiger Betriebsmittel (Werkzeuge, Vorrichtungen, Meßgeräte, Material) oder die personelle Situation. Deshalb wird die Feinplanungsfunktion von Leitständen sehr oft gar nicht genutzt, oder die Facharbeiter (oft in Abstimmung mit dem Meister) bestimmen die Maschinenbelegung in kooperativer Weise selbst und bilden eigene Reihenfolgen. Wo die Vorgaben des Leitstands umgesetzt werden müssen, reagieren die (betroffenen) Facharbeiter mit Unverständnis oder resignieren.

> "Der Facharbeiter hat ja immer mehrere Aufträge an der Maschine liegen, bei denen er die Reihenfolge selbst festlegt. Nur so lassen sich die Rüstzeiten optimieren".
>
> "Der Leitstand wurde vor eineinhalb Jahren wieder abgeschafft. Dieser hat terminlich genau vorgegeben, welche Arbeiten wann und wie durchgeführt werden. Er ist gescheitert".
>
> "Teilweise ging in der Abfolge der nächste Auftrag nicht, da zufällig an zwei Maschinen dasselbe Werkzeug benötigt wurde. Die Rüstzeiten stiegen mit Einführung des Leitstands um ca. 20 Prozent an".

Konventionelle Werkzeugmaschine
Für einfache und halbkomplexe Teile, die nur einmalig in kleiner Stückzahl hergestellt werden, ist das Erstellen eines NC-Programms oft sehr aufwendig, sie werden deshalb auf konventionellen Maschinen gefertigt, wenn solche verfügbar sind. Die automatische CNC-Werkzeugmaschine und die Notwendigkeit, den Automatismus zu "bedienen" sind von Nachteil. Die Arbeit an konventionellen Maschinen ermöglicht die direkte Wahrnehmung von technischen Prozessen, es kommt auf die notwendige Prozeßbeherrschung der Bearbeitung schwieriger Teile an.

> "Hier gibt es das Programm, und dann läuft der Vorgang ab, ohne daß ich weiß, was vorgeht ... Sie sehen nicht, wenn der Span nicht bricht oder der Schnittdruck zu hoch ist".
>
> "Man hat keinen Datenspeicher, bei dem man was bis auf den tausendstel Millimeter machen kann. Man muß das manuell machen".
>
> "... um die Kräfte kennenzulernen, die auf das Teil oder das Werkzeug wirken ... Für mich war das sehr wichtig, das konventionelle Drehen und Fräsen. Das kriegt man an den CNC-Maschinen überhaupt nicht mit".

Entlastung von und durch Routinetätigkeiten
In einigen Fällen sind Tätigkeiten automatisiert, die notwendig sind, um Daten oder Informationen so aufzubereiten, daß sie von einem Automatismus (weiter-) verarbeitet werden können. Dazu gehören zum Beispiel das Prüfen der Geschlossenheit von Konturzügen oder von doppelten Linien bei CAD/NC-Kopplung oder das Erkennen von Übertragungsfehlern bei einer CAD/CAM-Kopplung anhand des Geräuschs und des Bildschirmflackermusters. Diese Aufgaben tragen nichts zu erfahrungsgeleiteter Arbeit bei, sie benötigen Zeit, in der sich ein Facharbeiter nicht mit seinen anderen, erfahrungsförderlichen Aufgaben befassen kann. Sie werden als lästig und demotivierend empfunden. Teilweise werden Routinetätigkeiten aber auch als vorteilhaft empfunden, man ist nicht der Anstrengung von ständig neuen Herausforderungen ausgesetzt, oder man ist "nebenher" für Ereignisse aus der nächsten Umgebung offen.

Die Zeitressourcen, die durch die Automatisierung von Routineabläufen an CNC-Maschinen entstehen, werden zum Teil zur Bildung und Nutzung von Erfahrungswissen genutzt (Vorausschau auf kommende Aufträge, Planen eines NC-Programms und einer Aufspannung, Abstimmung mit anderen Bereichen über technische Produktanforderungen etc.). Zum Teil werden diese Zeitressourcen "auf Druck von oben" aber auch für Tätigkeiten genutzt, die nichts zu erfahrungsgeleiteter Arbeit beitragen: Einfache Bohraufträge an Ständerbohrmaschinen neben der Fräsbearbeitung, Entgraten etc. Andererseits sind Routinetätigkeiten, bei denen sich der Facharbeiter "geistig" auch etwas "erholen" kann, notwendig, um die Belastungen durch ständig neue Anforderungen und Herausforderungen abzubauen und um Mischtätigkeiten zu ermöglichen. Unter Beachtung dieses Belastungsaspekts sind allerdings in die Handlungsstruktur der Hauptaufgabe integrierte Routineaufgaben den genannten Ersatztätigkeiten vorzuziehen. Insofern ist es ein Unterschied, ob selbstgefertigte Teile zu entgraten sind oder solche, die von anderen Arbeitsplätzen herstammen.

Gestaltungsanforderungen
Die Automatisierung von Abläufen und Tätigkeiten, die meist ein Resultat von CIM-Konzepten sind, kann dazu führen, daß Routinetätigkeiten, schon zuvor streng standardisierte Vorgänge, für die Facharbeiter entfallen und daß sie dadurch Freiräume erhalten für erfahrungsförderliche Aufgaben. Dabei muß aber gesichert sein, daß nicht solche Abläufe und Aufgabeninhalte (voll-)automatisiert werden, die für die Bildung und die Nutzung von Erfahrungswissen sehr wichtig sind. Deshalb gelten folgende Anforderungen:

☐ Im Rahmen einer Tätigkeitsanalyse kann festgestellt werden, welche Routine- und standardisierten Tätigkeiten ein Facharbeiter ausführt. Es ist zu prüfen, ob diese – und nur diese – Tätigkeiten automatisiert werden können: Zum Beispiel das manuelle Eingeben von Auftragsdaten in mehrere verschiedene DV-Systeme.
☐ Dabei muß beachtet werden, daß die Automatisierung nicht andere, neue Routinetätigkeiten schafft, die den Facharbeiter belasten: Zum Beispiel das "Abhören" oder visuelle Prüfen der Datenübertragung bei einer CAD/NC-Kopplung.
☐ Förderlich ist eine Mischstruktur aus CNC- und konventionellen Werkzeugmaschinen oder der Einsatz von CNC-Maschinen, die mit manuellen Bedienelementen ausgerüstet sind.
☐ Für alle anderen Tätigkeiten muß geprüft werden, inwiefern bereits automatisierte Abläufe die Bildung und Nutzung von Erfahrungswissen behindern. Teilweise sollte optional auf den automatischen Ablauf verzichtet werden, wenn die Einstufung einer automatisierten, standardisierten Tätigkeit als Routinetätigkeit sehr stark vom Erfahrungshintergrund des Beschäftigten abhängig ist.
☐ Alle automatisierten Prozesse müssen für den oder die Anwender transparent und (im Prinzip) nachvollziehbar sein. Es soll klar sein, wie es zu einzelnen Ergebnissen kommt und welche Programme und Algorithmen ablaufen.

❏ Automatisierte Prozesse müssen flexibel sein, damit sie an andere Situationen angepaßt werden können. Sie müssen leicht änderbar sein.

Die letzten drei Anforderungen lassen sich als technische Anforderungen an DV-Systeme noch etwas genauer fassen:

❏ Unterbrechen von Automatismen bedeutet: Der Anwender kann (bei Bedarf) den Ablauf des Algorithmus mitverfolgen, der Bildschirm (oder andere Ausgabemedien) zeigen im Ablauf Zwischenergebnisse, Parameterwerte, Variablengrößen so an, daß der Anwender sie interpretieren kann. Er kann den Algorithmus jederzeit unterbrechen, sich für alternative Daten, Parameter, Variablen oder Teilabläufe entscheiden und den Prozeß entsprechend regulieren und korrigieren.

❏ Möglichkeiten hierzu sind: Bereitstellen verschiedener Automatisierungsgrade, abfordern bewußter Ergebnisbewertungen, abfordern von Auswahlentscheidungen, bereitstellen von Informationen, die den automatisierten Prozeß selbst bewertbar (transparent) machen.

❏ So darf ein Technologieprozessor keine für ein NC-Programm endgültigen, einfachen Technologiewerte liefern, sondern er muß dem Anwender mehrere Ergebnisse zur Auswahl anbieten, so daß sich dieser in Abhängigkeit von der gegebenen Situation den passenden Wert aussuchen kann (oder muß). Der Benutzer kann bei Bedarf Ergebnisse über einen Editor ändern.

❏ Ein Leitstand für die Feinplanung soll nur Termine berechnen können (Rückwärts-, Vorwärtsterminierung) und Informationen anzeigen. Die Belegung und genaue Reihenfolgebildung muß manuell (eventuell auch am Leitstand) auf dezentraler Ebene durch die Facharbeiter (in Absprache mit dem Meister) erfolgen.

❏ Wenn Daten in DV-Systemen verwaltet werden sollen, muß die Anlage und Pflege möglichst einfach sein. Es müssen individuelle Einträge und Anmerkungen möglich sein, der Facharbeiter darf durch das System in seiner "Eingabefreiheit" nicht eingeschränkt sein. Expertensysteme sind für die geforderte einfache und transparente Anwendung ungeeignet.

DV-Technik kann zum Beispiel in folgenden Bereichen von Routinetätigkeiten entlasten:

❏ Vorabselektion NC-relevanter Geometrie, etwa durch das automatisierte Ablegen verschiedener Linienarten auf verschiedenen CAD-Layern (-Ebenen), soweit keine vertieften Kenntnisse spezifischer Fertigungssituationen damit verbunden sind.

❏ Automatisiertes Bereinigen unsauberer CAD-Datenstrukturen (doppelte Linien, nicht geschlossene Linienzüge).

❏ Automatischer Abgleich nicht maßstäblich gezeichneter Geometrien mit der dazugehörigen Bemaßung.

Auf Automatisierung sollte in bestimmten Fällen verzichtet werden, insbesondere dann wenn kooperative Aufgaben davon betroffen sind oder wenn ein noch nicht ausgereifter Technikstand "Resttätigkeiten" beläßt oder erzeugt, die belastungsintensiv sind.

Folgerungen und Ergebnisse

Eines der wichtigen Ergebnisse der Untersuchungen zur erfahrungsgeleiteten Arbeit ist, daß die (Voll-)Automatisierung betrieblicher oder technischer Prozesse nicht nur aus den Anforderungen zur Verbesserung der Humansituation kritisch zu betrachten ist. Sie führt zu Intransparenz und Komplexität, so daß die Prozesse für Verbesserungen – gerade durch das Einbringen von Erfahrungen – verschlossen bleiben. Automatische Systeme besitzen nicht die "Flexibilität der Köpfe"[12]. Störungen und ihre Ursachen sind mit weitreichenden, kaum noch nachvollziehbaren (Fern-)Wirkungen verbunden. Hier zeigt sich der "betriebswirtschaftliche Wert" des Erfahrungswissens in besonderer Weise, und es werden lange bekannte Anforderungen zur Verbesserung der Humansituation aus einem neuen Begründungszusammenhang heraus unterstützt.

Gleichzeitig deutet sich aus den dargestellten Ergebnissen auch einen Widerspruch zu gängigen Forderungen zur Verbesserung der Humankriterien an. Danach ist ein bestimmtes Maß an Routinetätigkeiten für den einzelnen Mitarbeiter durchaus sinnvoll und notwendig, um die ("geistigen") Belastungen in Grenzen zu halten. Diese Routinetätigkeiten tragen damit indirekt zur Bildung und Nutzung von Erfahrungswissen bei. Temporär ist das Arbeiten bei einem niedrigeren Automatisierungsgrad auch in diesem Sinn für die Bildung von Erfahrungswissen sinnvoll.

2.2.2 DV-Funktionalitäten

Entwicklungstendenzen

Die Funktionalitäten von DV-Systemen werden immer umfangreicher und immer komplexer. Dies führt zu einer größeren Leistungsfähigkeit, kann aber auch zur Folge haben, daß die Informationsbeschaffung, -verarbeitung, -weitergabe und -speicherung zunehmend intransparent werden. Für viele Mitarbeiter sind damit die Möglichkeiten und die Abläufe in den DV-Systemen kaum noch überschaubar und deshalb kaum noch anzuwenden [vgl. Strickert 1993:12ff.]. Für die Facharbeiter in der Werkstatt kann dies bedeuten:

---

12 "Fähigkeiten und Einsatzbereitschaft unserer Mitarbeiter werden immer wichtiger für den Erfolg des Unternehmens", schreibt der Präsident des VDMA im Oktober '90 an seine Mitgliedsfirmen, "denn Geld hat keine Ideen und Maschinen entwickeln kein Engagement" [zitiert nach Willi 1991:196].

- Originäre Informationsmöglichkeiten werden durch DV-Funktionalitäten zurückgedrängt, sie werden durch DV-vermittelte Daten ersetzt; Simulationsmöglichkeiten zur Abbildung von Prozessen werden nicht ergänzend, sondern ersetzend angewendet.
- Aufgaben, die bisher kooperativ, durch persönliche Abstimmung von mehreren Personen ausgeführt werden (zum Beispiel Feinplanung), werden zerlegt, durch DV-Funktionalitäten konzentriert und einzelnen (zentralen) Stellen zugeordnet.
- Die Möglichkeiten und Funktionen in ihren Wirkungen sind nicht mehr überschaubar.
- DV-Funktionalitäten werden meist von zentralen Stellen für andere Anwendergruppen vorbestimmt und das Rahmenkonzept wird als "top down" Soll-/Zielkonzept festgeschrieben.

Damit kann die Bildung von Erfahrungswissen im Umgang mit Informationen, mit ihrer Beschaffung, mit ihrer Interpretation und mit den möglichen, kognitiven Verknüpfungen zu einem "Erfahrungsschatz" erschwert werden. Die Information, die ohne DV-Systeme in einen situativen Kontext eingebettet war, ist im DV-System ein abstraktes Datum, dessen Entstehen und (Weiter-)Verarbeitung intransparent sind und das deshalb weder zur Bildung von Erfahrungen beiträgt, noch durch eigene Erfahrungen "angereichert" wird. Weiterentwicklungen kommen von außen, Anpassungen erfolgen reaktiv.

Die Abbildung von betrieblichen Abläufen und Aufgaben in DV-Funktionen setzt voraus, daß die Abläufe und Aufgaben zuvor sehr streng standardisiert werden (Programmierbarkeit eines Ablaufs und einer Aufgabe). Damit gehen mögliche Flexibilitäten verloren. Mit der Zahl und Komplexität der Abläufe und Aufgaben, die durch DV-Technik abgebildet werden sollen, steigt der Aufwand für Hardware und Software. Bisherige Entwicklungen deuten an:

- Die Möglichkeiten des Zugangs zu originären Informationsquellen und der direkten Kommunikation werden nicht genutzt. Das erhöht den notwendigen DV-Technik-Einsatz (und die damit verbundenen Kosten), wenn der meist viel höhere Informationsgehalt originärer Informationen (mehrere Sinneskanäle werden genutzt) auch nur annähernd abgebildet werden soll.
- Von anderen Stellen oder Personen (zentrale DV-Abteilung, Systemspezialisten) definierte oder ausgewählte Funktionen verringern die Bedeutung der DV-Technik als Werkzeug und ermöglichen oft keine problemadäquate Nutzung des Technikpotentials durch die Anwender.

These 7
Die Bereitstellung von Funktionen über das Hilfsmittel Datenverarbeitung ist für den CNC-Facharbeiter dann erfahrungsförderlich, wenn

- **sie originäre Informations- bzw. Verarbeitungsmöglichkeiten ergänzen, aber nicht ersetzen,**
- **sie Aufgaben, die von mehreren Personen gemeinsam ausgeführt werden und für die es (teilweise) keine formellen Regelungen gibt unterstützen, aber nicht ersetzen und**
- **sie modular kombinierbar sind und deshalb durch den oder die Anwender aus einem vorgegebenen Funktionspool schrittweise bis zu einem als Optimum empfundenen Grad ausgewählt werden können.**

Die erfahrungsförderliche Gestaltung von DV-Funktionalitäten verbessert oder gewährleistet erst den effektiven und effizienten Einsatz der Systeme. Die angebotenen Funktionen werden auch genutzt, das Hilfsmittel DV-Technik wird nur in dem Maße eingesetzt, wie der Nutzen unter Berücksichtigung von Beeinträchtigungen die Anschaffungsaufwendungen tatsächlich übersteigt.

Empirische Befunde
Die Ergebnisse und Erkenntnisse aus den Fallanalysen machen deutlich: Wenn DV-Funktionen originäre Informationsmöglichkeiten oder direkte, persönliche Kommunikation ersetzen, verlieren die Facharbeiter den Zugang zu wichtigen Informationen und Kenntnisse über die Bedeutung von Information. Die Facharbeiter sind am Prozeß der Entwicklung oder Auswahl von DV-Systemen nicht (oder sehr selten) beteiligt. DV-Funktionen sind nicht an ihre spezifischen Anforderungen angepaßt oder behindern sie in ihrer Flexibilität. Wo eine DV-Unterstützung sinnvoll wäre, wird sie nicht geboten.

Nutzung von nicht angepaßten DV-Funktionen
DV-Systeme, die von Facharbeitern genutzt werden sollen, sind in vielen Fällen zu umständlich, zu kompliziert, oder sie decken nicht alle Anforderungen ab. Ein Beispiel dafür ist die NC-Programmierung (sofern diese vom Facharbeiter an der Maschine oder maschinennah ausgeführt wird).

> "Das NC-Programmsystem ist zu kompliziert und nicht werkstattgerecht ... Die Grafik müßte Optionen bieten, Schrupp- oder Bohrzyklen einzusetzen, aber dann bräucht ich ja die Grafik nicht".

Neue werkstattorientierte Programmiersysteme (WOP-Systeme) unterstützen den Programmierprozeß mit grafisch-interaktiven Funktionen. Dabei ist die Geometriedefinition von der Technologiedefinition in vielen Systemen funktional und im Ablauf getrennt. In der Praxis ist bei einigen Bearbeitungsverfahren die zu definierende Geometrie aber sehr stark mit der Bearbeitungstechnologie verknüpft.

Eine "Entkopplung" führt zu einer unerwünschten Veränderung der Programmierlogik bei der Programmierung der Werkzeugwege und der Bearbeitungstechnologie.

> "Die Vorschübe im Programm jetzt zu verändern ist noch einfach, weil die in den Hauptsätzen stehen, die mit Doppelpunkten gekennzeichnet sind, und da steht dann meistens der Vorschub und die Drehzahl drin".

Bei komplexen Aufspannsituationen oder Bauteilgeometrien spiegelt eine DV-technische Simulation nur eine sehr eingeschränkte Realität der Einfahrsituation wieder. Die (wirtschaftlich vertretbaren) technischen Möglichkeiten sind beschränkt, der Facharbeiter nutzt weiterhin konventionelle Verfahren, zum Beispiel das schrittweise Abfahren des Programms, wobei Werkzeugwege etc. genau beobachtet werden.

Für die Feinplanung der Werkstattaufträge haben die Facharbeiter keine wesentliche DV-Unterstützung. Ein PPS-Terminal im Meisterbüro liefert nur sehr grobe Daten (Termine), die für die Feinplanung durch die Facharbeiter schlecht erreichbar und zudem nicht ausreichend sind. Nicht zuletzt deshalb werden die PPS-Funktionen zur Feinplanung (wenn überhaupt vorhanden oder formell möglich) von den Facharbeitern nicht genutzt.

DV-Funktionen behindern die Flexibilität
In einigen Betrieben wird ein Leitstand (beim Meister oder in der zentralen Arbeitsvorbereitung) für die Feinplanung eingesetzt. Dies führt dazu, daß konventionelle Möglichkeiten zur Feinplanung durch die Facharbeiter eingeschränkt oder abgeschafft werden. Werkstattaufträge liegen nicht mehr in einem Auftragsregal nahe dem Maschinenarbeitsplatz bereit und können nicht mehr durch die Facharbeiter frei ausgewählt werden. Statt dessen "wählt" der Leitstand die Aufträge aus, die dann sehr kurzfristig in starrer Reihenfolge an der Maschine bearbeitet werden müssen.

In einem Fall läuft der gesamte Materialfluß in der mechanischen Fertigung zwingend über ein automatisiertes Hochregallagersystem. Jeder Auftrag muß in das Lagerverwaltungssystem eingegeben werden, und eine dazugehörende Kiste muß in das Hochregal eingelagert und ausgelagert werden. Das Ablagesystem ist "chaotisch" (der Rechner sucht sich die freien Lagerplätze selbst ohne Rücksicht auf die Zuordnung zu bestimmten Maschinen(-gruppen)). Für die Beschäftigten an den Maschinen ist keinerlei Transparenz mehr vorhanden darüber, wieviele Aufträge zur Bearbeitung anstehen und in welcher Reihenfolge sie eingeplant sind. Und auch nicht darüber, welcher Art die kommenden Aufträge sind, da der Facharbeiter sie nicht sehen kann. Inzwischen werden viele Werkstattaufträge direkt an einer Maschine bereit gestellt, damit der Facharbeiter in die Kisten "hineinsehen" kann und sich auf kommende Aufträge einstellen kann. Dennoch müssen auch in diesem Fall leere Kisten in das Hochregal eingelagert werden, damit das DV-System die Aufträge verwalten kann. Damit wurden zum einen die sinnlichen Wahrnehmungsmöglichkeiten für die Facharbeiter verbessert, er kann die Rohteileart, die Materialart und den Auftragsumfang sehen, beurteilen und bessere Entscheidungen treffen. Andererseits ist eine großes Maß an Doppelarbeit erforderlich, wenn leere Kisten ein- und ausgelagert werden.

Wenn die NC-Programme zentral, fern von der Maschine erstellt werden, kann mit Hilfe von Simulationsfunktionen das NC-Programm getestet werden. Werkzeugwege werden am Bildschirm verfolgt, und das Programm wird auf Kollision geprüft. Dies führt dazu, daß tatsächlich weniger fehlerhafte Programme von der zentralen Programmierung an die Maschine kommen. Es hat aber auch zur Folge, daß die NC-Programmierer sehr viel weniger an die Maschine gehen, um mit dem Facharbeiter mögliche Probleme zu besprechen. Die Möglichkeiten der Programmoptimierung durch die direkte Kommunikation zwischen Facharbeiter und NC-Programmierer gehen verloren. Teilweise werden Programmierfunktionen nur an einer zentralen Programmierstelle zur Verfügung gestellt, an der Maschine fehlen die Funktionalitäten. Deshalb können dort keine oder nur sehr wenige Korrekturen gemacht werden.

> "Sobald komplexere Programme zu erstellen sind, ... geben wir die Sachen in die AV. Hier fehlt eine geeignete Programmunterstützung. Mit geeigneten Systemen kann man auch solche Sachen an die Maschine verlegen".

Fehlende DV-Unterstützung für die Facharbeiter
Obwohl die Entscheidungen und Handlungsweisen der Facharbeiter am besten durch originäre Informationen bestimmt werden, kann der dadurch bestimmte "Erfahrungshorizont" des Facharbeiters durch seinen eigenen Anforderungen angepaßte DV-Funktionen ausgedehnt werden (vgl. Abbildung 2.8). Dabei können die besonderen Stärken der DV-Technik genutzt werden: Schnelles Suchen, leichtes Ändern von Daten, Übertragung von Informationen, schnelle Berechnungen durchführen etc.

Eine Befragung oder Beobachtung der Facharbeiter und der Arbeitsabläufe zeigt, daß eine DV-Unterstützung durch entsprechende Funktionen zum Beispiel bei der Feinplanung durch ein Planungsinstrument (mit Vorausschau auf kommende Aufträge), bei der Einrichteblatterstellung und -verwaltung, bei Teilezeichnungen oder bei Zusammenbauzeichnungen denkbar ist.

> "... wenn man Ausschuß gemacht hat, guckt man schon mal nach, aber bei der Fülle der Teile ist das nicht möglich. Sinnvoll wäre das schon, denn wenn einem ein Fehler unterläuft, wäre das schon gut zu wissen, ob man das jetzt so lassen kann oder nicht. Manchmal kommt nur ein Kabel durch die Bohrung, die man vielleicht um einen Millimeter versetzt hat".

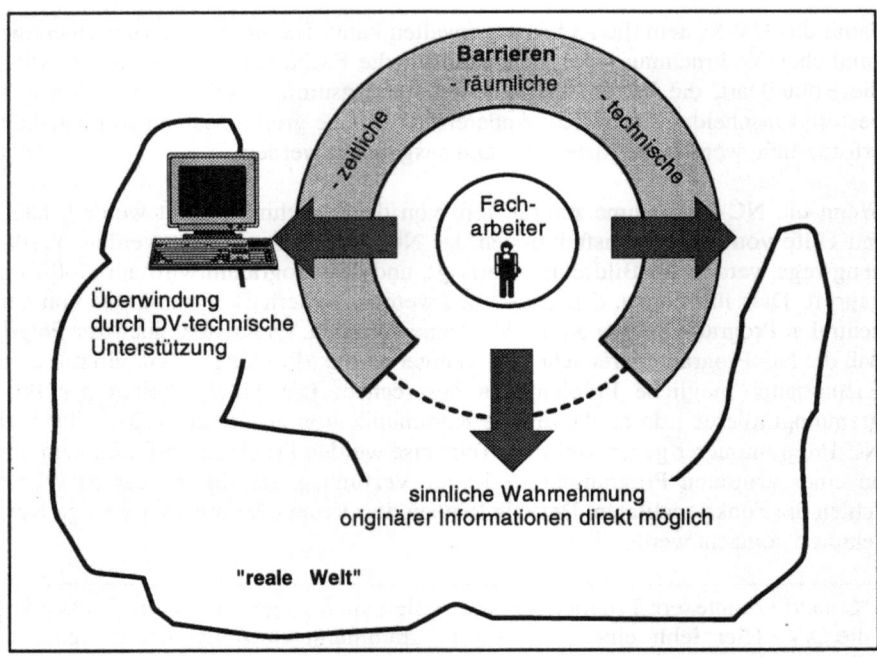

Abb. 2.8. Erschließung der "realen Welt" durch DV-Unterstützung

Dabei werden bereits konventionelle Medien (Papier und Stift) eingesetzt, die durchaus DV-Lösungen vorgezogen werden können, um sich wichtige Informationen "aufzuheben" oder um sie an andere weiterzugeben. Diese "klassischen" Informationsmedien schränken die Flexibilität und Kreativität der Facharbeiter nicht ein, sie haben dadurch mehr Möglichkeiten, Informationen abzulegen und sich später wieder an sie zu erinnern ("kognitive Landkarten").

> "Ich finde es so übersichtlicher, da kann ich mal einen Vermerk machen, einen Bleistiftstrich. Sie sehen hier Zeichnungen, auf denen ich einiges notiert habe ... das geht auf dem Bildschirm alles nicht".

Gestaltungsanforderungen
Ausgangspunkt der Gestaltungsanforderungen an DV-Funktionalitäten sind die Anforderungen, die im Rahmen der bisher behandelten Thesen formuliert wurden. Die DV-Funktionen müssen diese (organisatorischen) Anforderungen unterstützen, und sie sind auf sie abzustimmen:

❑ Die Anwender bestimmen, gegebenenfalls in Abstimmung mit anderen betroffenen Bereichen, den eigenen "DV-Bedarf", der auf ihre eigene Bearbeitungslogik abgestimmt ist, so daß sie bei der Erfüllung ihrer Aufgaben und Tätigkeiten unterstützt werden, nicht daß sie von ihnen enthoben werden. Die DV-Funktionen müssen in die individuellen Arbeitsabläufe des Facharbeiters integriert werden.

❒ DV-Funktionen dürfen die Möglichkeiten zur originären, direkten Informationsgewinnung nicht einschränken. Für die eingesetzte Software gilt es zu prüfen, ob die Nutzung neuer Basistechnologien wie Multimedia (und später evtl. virtuelle Realität) bisher verborgene Prozesse für die sinnliche Wahrnehmung zugänglich machen kann.

❒ Kooperative Aufgaben sind DV-technisch so zu unterstützen, daß der kooperative Charakter (gegenseitige Abstimmung) nicht verloren geht. DV-Funktionalitäten müssen bei kooperativen Aufgaben entweder gemeinsam genutzt werden können oder (bevorzugt) die informelle (möglichst direkte face-to-face) Kooperation verbessern und anregen.

❒ Der Facharbeiter muß als Anwender der DV-Technik sehr eng in den Prozeß der DV-Entwicklung oder -Auswahl einbezogen werden. Er selbst muß seine individuellen Anforderungen spezifizieren, auf die alle DV-Funktionalitäten in seinem Bereich abgestimmt werden müssen. DV-Komponenten für die rechnerintegrierte Produktion müssen von einem Prozeßmodell ausgehen, das in ein offenes Systemmodell der Produktion integriert ist. Der Mensch, das Produkt, die Organisation und Produktionstechnik, der Markt und die Gesellschaft bilden die wichtigen Elemente dieses Modells. Die Softwareentwicklung muß dazu aufgabenorientierte und tätigkeitsorientierte Methoden anwenden.

In jedem Einzelfall muß analysiert werden, wo und wie eine DV-Unterstützung möglich ist, ohne erfahrungsgeleitete Arbeit einzuschränken. Hier können nur "allgemeine Anforderungen an die DV-Technik" angeführt werden:

❒ Alle DV-Funktionen oder -Programme müssen soweit wie möglich modular aufgebaut sein. Es sollten keine (komplexen, die Anforderungen übersteigenden oder nicht treffenden) "Komplettsysteme" eingesetzt werden.

❒ Die einzelnen Module müssen sich "leicht" zusammenbinden lassen. Jede Stelle oder Person muß selbst definieren können, welche Module sie benötigt. Das "Zusammenspiel" der Module muß gewährleistet sein.

❒ Die Module müssen leicht auf veränderte Anwenderanforderungen und auf neue Einsatzbedingungen anzupassen sein.

❒ Die DV-Funktionen müssen transparent sein, das heißt der Anwender muß erkennen können, was in welcher Form bearbeitet, berechnet wird (vgl. These 6 Automatisierung).

Beispiele:

❒ Die DV-Funktion "NC-Programmierung" muß so gestaltet sein, daß ein NC-Programm sowohl an der Maschine, als auch an einem ruhigen Ort in der Werkstatt erstellt, korrigiert und optimiert werden kann. Dabei müssen Geometriedaten und Technologiedaten gemeinsam und in beliebiger Reihenfolge bearbeitet werden können.

❑ Die Simulation der NC-Programme muß an der Maschine möglich sein. Das Gerät muß so angebracht sein, daß die Simulation auch beim Einfahren des ersten Teils mit dem realen Ablauf verglichen werden kann.

❑ Ein Dispositionsmodul muß kommende Werkstattaufträge, die noch nicht im maschinennahen Auftragsregal liegen, ankündigen und als Information anzeigen. Der Vorschauhorizont muß von den Facharbeitern und der ("betroffenen") Arbeitsvorbereitung gemeinsam bestimmt werden. Störungsankündigungen können auch so angezeigt werden: "Terminproblem: Vor der Einplanung mit Herrn Meier rücksprechen".

Folgerungen und Ergebnisse
Die empirischen Befunde zeigen, daß die außer der CNC-Steuerung vorhandenen (wenigen) DV-Funktionen, die von Facharbeitern genutzt werden, entweder an ihren Anforderungen "vorbeigehen" oder erfahrungsgeleitete Arbeit be- oder verhindern. Trotzdem kann daraus nicht der Schluß gezogen werden, daß eine DV-Unterstützung der Facharbeiter nicht sinnvoll ist. Im Gegenteil: Der Facharbeiter kann die individuellen und kooperativen Aufgaben, die er in erfahrungsförderlichen Organisationsstrukturen übernehmen soll, oft besser erfüllen, wenn er durch DV-Technik unterstützt wird, weil damit die Möglichkeit besteht, zeitliche, räumliche und technische Barrieren zu überwinden, schnell und selbstbestimmt Informationen zu beschaffen, zu verarbeiten und weiterzugeben. Wie er dabei unterstützt wird, muß er in hohem Maß mit bestimmen können. Entsprechende "Partizipationswerkzeuge und Methoden" müssen dringend (weiter-)entwickelt werden. Die genannten allgemeinen Anforderungen an Softwarefunktionen zielen auf eine Optimierung des Handlungsspielraums der Beschäftigten und auf eine Unterstützung von feed back-Prozessen in der Arbeitstätigkeit. Als Konsequenz für die Beschäftigten resultieren daraus eine verbesserte Zusammenhangswahrnehmung, eine Unterstützung dialogisch-explorativen Handelns und Informationen, die einen Risiko-Ertragsabgleich dieses Handelns verbessern. Die Konsequenz für den Betrieb sind Effizienz und Effektivität in der Störungsbeseitigung sowie Innovationsanstöße am Arbeitsplatz und für die Gesamtorganisation.

2.2.3 Benutzungsoberfläche

Entwicklungstendenzen
Die Hersteller von DV-Komponenten sind zunehmend bemüht, ergonomische Gesichtspunkte bei ihren Produkten (Hardware und Software) zu berücksichtigen, insbesondere wird dem *Dialogsystem* oder der *Benutzerschnittstelle* besondere Bedeutung zugemessen (Menüsteuerung, Fenstertechnik, Funktionen der Bildschirmoberfläche, Mausbedienung etc.; einen synoptischen Überblick über CNC-Steuerungen geben zum Beispiel Martin et al. [1991:53ff.]). Dabei werden jedoch nicht selten sehr abstrakte Symbole und Zeichen verwendet, die dem Anwender (teilweise) nur bedingt geläufig sind, er ist immer noch sehr viel mehr "Betroffener" als "Beteiligter" am Prozeß der "anwendungsfreundlichen" Benutzungsoberfläche. Gerade die rasante Entwicklung der hard- und softwaretechnischen Mög-

lichkeiten hat dazu geführt, daß inzwischen eine Vielzahl von DV-Oberflächen existiert. In den Betrieben werden verschiedene DV-Komponenten eingesetzt, von denen (fast) jede eine andere, zum Teil ähnliche, im Detail aber doch unterschiedliche DV-Oberfläche hat. Die Hersteller konkurrieren über "ihre" eigene DV-Oberfläche, die zu anderen nicht unbedingt kompatibel ist, und der Anwender muß sich an jede "gewöhnen".

Die Bemühungen der Hard- und Software-Hersteller konzentrieren sich auf die "klassischen" Eingabe- und Ausgabemedien: Tastatur, (in Ansätzen) Maus, Bildschirm, Drucker. Nur im Konstruktionsbereich werden weitere Ein- und Ausgabegeräte verwendet. Weitergehende Ansätze, die andere menschliche Sinne mit einbeziehen wie Hören, Sprechen, Tasten, sind in Multimedia-Konzepten angedacht, aber nur zu einem sehr geringen Teil realisiert. Im Produktionsbereich, insbesondere am Facharbeiterarbeitsplatz werden sie wahrscheinlich in absehbarer Zeit über CIM-Komponenten keinen Eingang finden. Erfahrungswissen bildet sich aber gerade durch die Kombination unterschiedlicher Sinneseindrücke und Wahrnehmungsarten. Deshalb könnten die Möglichkeiten zur Bildung und Nutzung von Erfahrungswissen beschränkt sein (oder bleiben), insbesondere wenn eine zunehmende Zahl von Informationen nur noch über den Bildschirm vermittelt wird.

Wenn in einem betrieblichen Bereich unterschiedliche Benutzungsoberflächen eingesetzt werden, wenn die Ein-/Ausgabemöglichkeiten beschränkt oder wenig komfortabel sind, kann dies für den Anwender bedeuten: Aufwendiges Umdenken, "geistige Rüstzeiten", wenn zwischen verschiedenen Systemen gewechselt werden muß (dies gilt auch bei Versionswechsel für eine Anwendungssoftware) oder geringe Akzeptanz der Systeme, die im Verbund eingesetzt werden, da sie das Arbeiten eher erschweren als erleichtern. Damit fällt es dem Facharbeiter sehr schwer, seine Erfahrungen vor dem situativen Kontext einzuordnen, die Bildung und die Reaktivierung von Erfahrungswissen bleibt beschränkt, weil das passende Bild der Situation (auf dem Bildschirm) fehlt oder verwechselt wird.

These 8
Die DV-Benutzungsoberfläche ist dann für erfahrungsgleitete Arbeit förderlich, wenn:

- neben visuellen auch andere Wahrnehmungsarten und Sinne des Menschen angesprochen werden (Ton, Sprache, Tastsinn),
- die Informationsdarstellung sich sehr stark an originäre Informationsvermittlungen anlehnt,
- nicht viele unterschiedliche oder nur ähnliche DV-Oberflächen beherrscht werden müssen und
- die Nutzer in die Gestaltung der DV-Oberfläche mit einbezogen werden.

Daneben sind die ergonomischen Anforderungen an Hard- und Softwaretechnik auch für erfahrungsgeleitete Arbeit sehr wichtig.
Gute, benutzergerechte DV-Oberflächen verbessern den effektiven und effizienten Einsatz der DV-Systeme. Die Gefahren einer fehlerhaften Benutzung

und daraus resultierenden fehlerhaften Ergebnissen sind geringer. Die (Um-)
Lernzeiten sind geringer.

Empirische Befunde

Wie die Untersuchungen in den Betrieben zeigen, sind die in den Unternehmen
eingesetzten DV-technischen Benutzungsoberflächen sehr unterschiedlich. Keine
setzt sich explizit mit der Abbildung originärer Informationen auseinander. Wenn
eine Person mit mehreren dieser DV-Oberflächen konfrontiert ist, wird die Konzentration sehr stark und einseitig gebunden, so daß durch diese Tätigkeit der
"Systembedienung" weniger zeitliche Ressourcen verfügbar sind und die entschei-
dungs- und handlungsbezogenen Freiräume für erfahrungsgeleitete Arbeit eingeschränkt werden. Systeme, die umständlich zu bedienen sind oder die Informationen sehr unübersichtlich darstellen, werden von Facharbeitern kaum oder nur sehr
resigniert genutzt. In keinem Fall haben die Facharbeiter Einfluß auf die Gestaltung der DV-Oberfläche, es werden nur Tastatur und Bildschirm als Ein- und
Ausgabemedium benutzt (kein Ton oder Sprache).

DV-Oberflächen bei der NC-Programmierung
Die NC-Programmiersysteme, die von Facharbeitern für die NC-Programmerstellung, die Korrektur, die Optimierung oder die Verwaltung eingesetzt werden, un-
terscheiden sich nicht nur zwischen verschiedenen Herstellern, sondern auch zwischen den Programmversionen desselben Herstellers. Die Funktionen, die
Menüführungen, die Tastaturbelegungen differieren zum Teil nur minimal, was
den Umgang mit den Systemen aber noch mehr erschwert. Beim Wechseln muß
der Facharbeiter sich neu in ein anderes System eindenken. Das an einem System
eingeübte Wissen kann nicht übertragen werden, oder es wird "versehentlich"
übertragen, so daß Fehler entstehen können. Die dadurch notwendige Konzentration wird als Belastung empfunden, die Motivation, mit den Systemen zu arbeiten,
sinkt.

Der Umgang mit einer grafischen Benutzungsoberfläche ist oft sehr umständlich,
oder die Informationen werden nicht so angezeigt wie gewünscht. Bei anderen Systemen ist die Befehlseingabe über Tastatur sehr umständlich, die Befehlssprachen
sind verschlüsselt. Die Darstellung der NC-Programmsätze variiert sehr stark:
Teilweise können nur einzelne Ausschnitte eines NC-Programms angezeigt werden oder nur eine einzige Programmzeile auf einem kleinen Display. Auch "einfache" ergonomischen Gesichtspunkte werden nicht beachtet: Zum Beispiel kann
durch den ungünstigen Lichteinfall am NC-Programmierbildschirm dieser nicht
gelesen und genutzt werden.

Die NC-Programmiersysteme können dem individuell bestimmten Wissensstand
des Anwenders nicht angepaßt werden. Als "ungeübter" Programmierer ist meist
eine einfache Programmierweise gefordert, die nicht unbedingt schnell zu bedienen sein muß. Für einen geübten Programmierer müssen die Befehle schnell und
ohne Umwege einzugeben sein. Beispiel dafür ist der Einsatz einer grafischen Benutzungsoberfläche, die als Rückschritt gegenüber der Satzeingabe oder anderen

grafischen Benutzungsoberflächen empfunden wird. Der Aufwand zur Eingabe
von Technologie-Daten ist zu groß und Fehlerkorrekturen sind zu umständlich.
Eine Programmdokumentation fehlt in den Steuerungen, deshalb werden nicht nur
die Lochstreifen der Programme archiviert, sondern auch ein Programmlisting mit
Randbemerkungen oder -skizzen.

DV-Nutzung für Einrichtearbeitsblätter
In wenigen Betrieben war die Möglichkeit gegeben, daß die Facharbeiter Einrich-
tedaten, Einstell- oder Aufspanndaten in einem Datenverarbeitungssystem im
Meisterbüro eingeben, ablegen und wieder aufrufen konnten. Wenn Systeme vorhanden waren, wurden diese von den Facharbeitern kaum genutzt. Ursachen dafür
sind: Umständliche Menüführung, wenig übersichtliche Masken, umständliches
Handling (Funktionsaufruf, "Springen" in Masken), wichtige Informationen können nicht abgelegt werden, Abbildungen über Aufspannskizzen können nicht eingegeben werden. Hinzu kommt die Tatsache, daß das DV-System im Meisterbüro
nicht direkt verfügbar ist oder von Kollegen besetzt ist. Deshalb werden konventionelle Methoden bevorzugt. Einrichteblätter werden auf Papier erstellt (und direkt am Maschinenarbeitsplatz abgelegt), dabei werden handschriftlich kurze Notizen, Anmerkungen oder schnelle Skizzen der Aufspannsituation angefügt (die
Papieraufzeichnungen können allerdings leichter verschmutzen, Kopien sind teilweise nicht vollständig, Unterlagen damit nicht lesbar). Andere Informationen
werden auch direkt von Person zu Person weitergegeben. Die "richtige" Nutzung
des DV-Systems für die Einrichteblattverwaltung würde den Facharbeiter in seinen Handlungsmöglichkeiten einschränken. Gerade in komplexen Situationen, bei
schwierigen Aufspannungen, bindet der Umgang mit der DV-Technik die Konzentration des Facharbeiters an die indirekte Tätigkeit, Daten einzugeben, statt
gezielt Informationen weiterzugeben.

Nutzung eines PPS-Terminals
In einigen Betrieben steht im Meisterbüro ein PPS-Terminal zur Verfügung, um
Informationen abzurufen über Termine für Werkstattaufträge, über Lagerbestände,
über Stücklisten etc. Die "Bedienung" des PPS-Systems ist so umständlich, daß
die Facharbeiter diese Möglichkeit nicht nutzen (in den meisten Fällen sollen sie
das auch nicht): Der Menübaum ist sehr komplex, die Masken sind sehr
"verwirrend", die ausgedruckten Listen sind sehr unübersichtlich, beinhalten nicht
alle benötigten Informationen und sind schwer interpretierbar. Die Facharbeiter
erhalten deshalb ihre Informationen über den Meister, dann aber meist als Anweisung. Dabei wird der Entscheidungs- und Handlungsspielraum der Facharbeiter
sehr oft eingeschränkt.

Gestaltungsanforderungen
Die Facharbeiter nutzen bislang DV-Technik (direkt am eigenen Arbeitsplatz) nur
sehr begrenzt, sie setzen nur NC-Programmiersysteme ein (und dies nur teilweise).
Deshalb können konkrete Anforderungen an DV-Benutzungsoberflächen nur für
NC-Programmiersysteme genannt werden. Weitergehende Anforderungen an an-
dere DV-Systeme sind eng verknüpft mit den allgemeinen (DV-)technischen An-

forderungen, die bei den vorangehenden Thesen bereits dargestellt sind. Hier sollen für (noch nicht existierende) DV-Systeme allgemeine Anforderungen genannt werden:

☐ Der Einsatz von DV-Benutzungsoberflächen sollte nicht nur neuesten technischen Möglichkeiten folgen (Fenstertechnik, Grafik, Mausbedienung), viel wichtiger ist, daß die unterschiedlichen Systeme dieselbe Benutzungsoberfläche haben. Der Einsatz neuer Versionen von Software sollte aufeinander abgestimmt sein.

☐ Der Einsatz von DV-Technik am Maschinenarbeitsplatz des Facharbeiters muß sich an ergonomischen Gesichtspunkten orientieren. Dabei müssen auch die in den vorigen Thesen formulierten Gestaltungsanforderungen beachtet werden. Der DV-Einsatz muß mit den beschränkten Möglichkeiten inmitten der Maschinen und anderer Arbeitsmittel (Tische, Schränke, Versorgungseinrichtungen) abgestimmt werden. Zum Beispiel in Bezug auf: Lärm, Lichteinfall, Position. Dabei dürfen Blickkontakte nicht behindert werden, die DV-Informationen müssen mit originären Informationen zu verknüpfen sein: Zum Beispiel Blick in den Maschinenraum und Ablauf des NC-Programms.

☐ DV-Benutzungsoberflächen sollten so konzipiert sein, daß der Anwender erkennen kann, welche automatischen Abläufe wann erfolgen. Das System sollte anzeigen, wann und wie lange es "arbeitet", es sollte Zwischenergebnisse anzeigen (vgl. These 6 Automatisierung).

☐ Der Anwender sollte sich seine DV-Oberfläche selbst gestalten können (evtl. als Vorgabe beschrieben), er sollte sich Symbole (Icons) und die Bildschirmaufteilung (Fenster) selbst definieren können. Er sollte sich die Menüpunkte, die er oft benötigt selbst zusammenstellen und konzentrieren können, unbenötigte Menüpunkte müssen auszublenden sein. Wichtige Datenbearbeitungsfunktionen müssen sowohl grafisch unterstützt werden, als auch als schneller, einfacher Tastaturbefehl aufzurufen sein. Der Anwender soll sich die Belegung der Tastatur oder anderer Eingabeelemente mit Funktionen selbst zusammenstellen können.

☐ Nicht nur Tastatur und Bildschirm sollten als "Mensch-Computer-Schnittstelle" dienen, sondern auch Sprachein- und -ausgabemodule, Bildeingabe etc. Damit sollen die Dateneingabe, die Bearbeitung und die Datenaus- und -weitergabe ähnlich einfach und komfortabel werden, wie konventionelle Methoden (Papier).

☐ Alle Informationen der DV müssen bei Bedarf auch auszudrucken sein. Die Ausgabe auf Papier muß eine bessere Übersicht erlauben (Druckausgabemasken müssen übersichtlich sein, die Schrift sollte nicht zu klein und gedrängt sein, Grafikausgabe muß möglich sein), und es können Notizen für die Druckausgabe gemacht werden.

☐ Die Größe der Ausgabemedien (Bildschirm) sollte gegebenenfalls auch für eine gemeinsame Nutzung durch mehrere Personen geeignet sein, alle Beteiligten sehen oder hören für ihre Abstimmung und Absprachen die notwendigen Daten und Ergebnisse des DV-Systems.

❑ Auswahl- und Eingriffsvorgänge sollten "Fehlerrobust" sein und "Konsequenz-ankündigungen", "Simulationsangebote" etc. enthalten um exploratives Arbei-ten zu unterstützen.

Folgerungen und Ergebnisse
Der Umgang mit DV-Systemen wird oft dadurch erschwert, daß eine Vielfalt von Benutzungsoberflächen eingesetzt wird. Jeder Wechsel, insbesondere bei "künst-lich" ähnlichen Systemen, fällt den Facharbeitern sehr schwer, bindet ihre Kon-zentration, ist Fehlerquelle und kann zu Mehrfacharbeit führen. Mit "künstlicher" Ähnlichkeit ist gemeint, wenn ein und dieselbe Eingabe von verschiedenen Steue-rungen unterschiedlich interpretiert wird oder wenn ein und dieselbe Maschinen-funktion mit zwar ählichen, aber doch unterschiedlichen Befehlen aufzurufen ist. Mit der alleinigen Forderung nach ergonomischen DV-Benutzungsoberflächen ist es deshalb nicht getan: Wichtiger als die Umsetzung der neuesten ergonomischen Anforderungen ist die sehr genaue Abstimmung der unterschiedlichen Teilsy-steme aufeinander, eine wirklich oder vom Anwender als solche definierte ein-heitliche Benutzungsoberfläche. Außerdem gehen die Gestaltungsanforderungen für erfahrungsförderliche Strukturen über die klassischen Anforderungen zur er-gonomischen Gestaltung von Arbeitsmitteln hinaus, weil sie die Bedeutung aller Wahrnehmungsmöglichkeiten (Sehen, Hören, Fühlen) betonen und deshalb bei der Gestaltung der Benutzungsoberflächen den ergänzenden Charakter der DV be-rücksichtigen. Die Benutzungsoberfläche kann nur unter Beachtung und in Ver-knüpfung mit weiteren originären Informationen in einer Arbeitssituation opti-miert werden. Die Notwendigkeit der Nutzerbeteiligung in der Softwareentwick-lung und die Notwendigkeit, dazu effiziente Werkzeuge und Methoden zu entwik-keln, wird auch hier wieder deutlich.

2.2.4 Datenhaltung und Datenzugriff

Entwicklungstendenzen
Die Integration von DV-Systemen meint an erster Stelle das Zusammenführen von Daten sowie die Abbildung des Betriebs und der betrieblichen Abläufe in einem Datenmodell. Die technische Umsetzung sieht dann oft eine einheitliche, unter-nehmensweite (zentrale, von der DV-Abteilung betreute) Datenbank vor. Dort sollen alle (meist von zentralen Stellen als solche bestimmte) Daten, die nach dem Urteil von (zentralen) "Experten" benötigt werden, redundanzfrei verwaltet wer-den [vgl. Scheer 1990].

Mit der zunehmenden Zentralisierung oder Zusammenführung der Datenbestände werden auch die Zugriffsrechte häufig restriktiv verteilt. Nur durch ihre (speziali-sierten) Aufgaben ausgezeichnete Personen haben Datenzugriffsrechte, insbeson-dere Datenänderungsrechte: So darf zum Beispiel nur der (zentrale) NC-Pro-grammierer auf NC-Programme zugreifen und diese ändern, nicht der Facharbei-ter. Die Datenzugriffsrechte sind zunehmend hierarchisch verteilt und meist vertikal von oben nach unten definiert (mit einem Trend zur "Bringschuld" von Steuerdaten von oben nach unten und von Rückmeldedaten von unten nach oben).

Die Abbildung von realen Daten und Informationsflüssen mit Hilfe der DV-Technik führt zu sehr restriktiven Vorgaben: Es können nur die Daten und Informationen eingegeben und verwaltet werden, die bei der Systemplanung vorgesehen waren. Damit können individuelle Datenbestände (Notizen auf einer Zeichnung, Korrekturwerte bei besonderen Gegebenheiten des Umfelds etc.) nicht (mehr) verwaltet werden. Nicht selten gehen sie verloren, weil DV-Daten mit individuellen Daten auf anderen Informationsträgern nicht verknüpft werden können (wie hier die Weiterentwicklung der Datenbank-Basistechnologien verändernd wirken könnte, muß allerdings beobachtet werden).

Für den Facharbeiter können damit viele wichtige Informationen verloren gehen, die für sein Erfahrungswissen sehr wichtig sind. Erfahrungen bilden sich nicht durch einzelne Daten (als Informationen), sondern durch ein "Geflecht" von Informationen vor einem situationsspezifischen Hintergrund, wo Zusammenhänge individuell, bewußt und unbewußt, in die Erinnerung zurückgerufen und genutzt werden. Die unbewußten Informationen können als implizites Erfahrungswissen nicht in DV-Systemen abgebildet werden.

Mit dem Umfang der Daten und der Informationsströme, die DV-gestützt und unternehmensweit verwaltet werden müssen, kann der DV-technische Aufwand steigen, zum Teil überproportional stark, insbesondere dann, wenn auch individuelles Wissen in die Technik abgebildet werden soll. Damit sind dann nicht nur höhere Technikkosten verbunden, es könnte die "Störanfälligkeit" des Gesamtsystems größer werden. Die Datensicherheit kann dann (wenn überhaupt) nur mit großem technischem und organisatorischem Aufwand gewährleistet werden. Auch aus (rechtlich vorgeschriebenen oder für das Unternehmen wichtigen) Datenschutzgründen müssen besondere, aufwendige Vorkehrungen getroffen werden.

These 9
Erfahrungsgeleitete Arbeit ist dann möglich, wenn die Datenzugriffsmöglichkeiten für Facharbeiter durch technische oder durch formelle Restriktionen nicht eingeschränkt sind. Wenn Facharbeiter die Möglichkeit haben, individuelle Daten anzulegen und zu nutzen, fördert dies erfahrungsgeleitete Arbeit.
Der Verzicht auf eine "vollständige" Abbildung von Informationen in DV-Systemen oder Datenbanken reduziert den notwendigen DV-Aufwand für die Datenhaltung. Die notwendigen Systeme sind einfacher, weniger störanfällig und flexibler.

Empirische Befunde
In den untersuchten Betrieben wurde deutlich: Die Möglichkeiten mit Hilfe des Computers, auf Daten zugreifen zu können, sind für die Facharbeiter sehr beschränkt. Sie müssen sich in vielen Fällen die für ihre Aufgaben notwendigen In-

formationen (umständlich) selbst holen, oder sie bekommen beschränkte Informationen, die ihnen nur einen kleinen (oder keinen) Entscheidungs- und Handlungsspielraum ermöglichen. In einigen Fällen legen sich die Facharbeiter eigene Daten an, oder sie erhalten die Informationen durch direkte Kommunikation mit Kollegen.

Eingeschränkte Datenzugriffsmöglichkeiten
In einigen Betrieben werden die NC-Programme durch (zentrale, spezialisierte) NC-Programmierer erstellt und direkt an die (Soll-)Maschine übertragen. Teilweise haben die Facharbeiter die Möglichkeit, diese NC-Programme zu korrigieren oder zu optimieren. Dennoch haben sie keine (kaum) Zugriffsmöglichkeiten auf die NC-Programmverwaltung. Ihre Änderungen dürfen nur durch die NC-Programmierer in das Programm übernommen werden, zum Teil werden ihre Vorschläge ignoriert oder abgelehnt. Sie ändern dann "still und heimlich", müssen dies aber bei einem Wiederholteil immer wieder tun. Damit wird der Handlungszyklus – NC-Programm korrigieren, verbessern, abspeichern, wiederverwenden – unterbrochen, die Handlungsmöglichkeiten werden eingeschränkt, der Aufbau von Erfahrungswissen behindert und die Chance, vorhandenes Erfahrungswissen in den Arbeitsprozeß einzubringen, erschwert.

> "Bei Teilen, die seit zehn Jahren schon gefertigt werden, sind seit zehn Jahren schon falsche Bemaßungen dabei, die nicht geändert werden, und dann heißt es: 'Das weiß man halt'".

Technische Informationen, die für die Korrektur oder Verbesserung der NC-Programme von Bedeutung sind, erschließen sich dem Facharbeiter über die Zeichnung. Toleranzen und Qualitätsanforderungen erhalten ihre konkrete Bedeutung durch die spätere Verwendung eines Teils. Diese kann sich der Facharbeiter über eine Zusammenbauzeichnung vergegenwärtigen. Allerdings hat er im allgemeinen keinen Zugriff auf diese Teileunterlagen. Auch hier fehlen dem Facharbeiter zur Bildung von Erfahrungen wichtige Informationen, weil er auf die notwendigen Daten aus technischen Gründen nicht zugreifen kann oder aus formellen Gründen nicht zugreifen darf.

> "Die meisten Informationen ergeben sich aus der Erfahrung. Wenn eine Zeichnung kommt, kann man sich nach 17 Jahren Betriebszugehörigkeit das Teil vorstellen".

Die Reihenfolge der Auftragsbearbeitung wird den Facharbeitern entweder durch Meister oder Arbeitsvorbereitung vorgegeben, oder sie können aus den an ihrer Maschine bereit liegenden Aufträgen einen "passenden" auswählen. Sie können dabei aber (meist) auf keine weiteren Informationen zum Werkstattauftrag (die über die Auftragspapiere hinausgehen) zurückgreifen, sie haben (meist) keine Rechte, das PPS-Terminal für eine weitergehende Auftragsvorausschau zu nutzen. Dadurch fehlen ihnen wichtige Informationen (Termine, Dringlichkeit, Verwendung), um den Feinplanungsspielraum wirklich nutzen zu können. Je geringer die Kenntnis über die Dringlichkeit von anstehenden Werkstattaufträgen bei Facharbeitern ist, desto eher sind sie geneigt, die Vorgaben resignierend hinzunehmen. Ein Aufbau oder Erweiterung von Erfahrungen in der Feinplanung werden verhindert.

> "Wir haben keinen Einblick. Möglicherweise wartet die Montage. Ein roter Punkt bedeutet, daß es eilig ist. Er wird vom Koordinator geklebt. Es ist für uns nicht immer zu erkennen, ob es wirklich eilig ist. Manchmal wird ein Auftrag eilig gemacht, und dann liegt das Teil".

Individuelle Datenbestände

In einigen Betrieben legen sich die Facharbeiter individuelle Datenbestände an ihrem Arbeitsplatz an. Sie sollen helfen, die eigene Arbeitsaufgaben besser und gezielter zu erfüllen, insbesondere bei Wiederholaufträgen will man auf frühere Informationen, auf "aufbewahrtes" Wissen zurückgreifen. Die Papiere, Skizzen, Datenblätter werden teilweise mit zusätzlichen mündlichen Hinweisen an die Kollegen weitergegeben. Dabei werden weitere, wichtige technische Informationen explizit und (teilweise) implizit transferiert. Beispiele dafür sind:

- Es werden eigene Aufspannskizzen und Einrichtedatenblätter angelegt, wo sich jeder Facharbeiter Informationen notiert, Anmerkungen macht, Skizzen festhält, auf die er bei Bedarf später wieder zurückgreifen kann, oder die er an Kollegen weitergeben kann.
- Die Facharbeiter erstellen Tabellen für technische Parameter, die bei der NC-Programmierung benötigt werden. Je nach Umfeldbedingungen (Material, Temperatur, Maschine, Werkzeugverschleiß) ändern sich die Werte und Parameter. Der Facharbeiter hält entsprechende Informationen an seinem Arbeitsplatz vor und setzt sie bei Bedarf bei der Korrektur der NC-Programme ein.
- In einem Fall haben Facharbeiter – gemeinsam mit Konstrukteuren – eine Datenbank für Biegewerte (für unterschiedliche Materialien und Werkzeuge) erstellt. Da die Facharbeiter bei Änderungen die Daten selbständig korrigieren und erweitern dürfen, können ihre Erfahrungen immer wieder mit dem "gespeicherten Erfahrungswissen" verknüpft und aktualisiert werden.

> "Da haben wir unsere speziellen Auftragsunterlagen, das heißt NC-Unterlagen, Lochstreifen, Einrichteblatt. Habe ich selber entworfen".
>
> "... die Erfahrungswerte bei welcher Temperatur sich das Teil und das Meßsystem ausdehnen, da muß man ein Mittelmaß finden. Das ist ganz schön kompliziert. Und da habe ich jetzt angefangen, mir eine Liste zu machen für gewisse Teile bei bestimmten Temperaturen".

Die Facharbeiter müssen durch ihr Handeln erzeugte Informationen an andere Stellen weitergeben, sie müssen Daten rückmelden bzw. in ein DV-System eingeben. Je kleiner der Entscheidungs- und Handlungsspielraum der Facharbeiter ist, desto öfter, umfangreicher und genauer müssen sie Daten (über den Fertigungsfortschritt) zurückmelden, damit daraus (an anderen Stellen, zum Beispiel der Arbeitsvorbereitung) neue Plan- oder Soll-Vorgaben berechnet werden können. Damit wird nicht nur die Flexibilität der direkten Kommunikation eingeschränkt, die Facharbeiter fühlen sich auch überwacht. Und es entsteht ein "Gefühl der Unsicherheit", weil dem einzelnen unklar bleibt, wohin "seine Daten" gehen, wie sie von anderen Mitarbeitern interpretiert werden und wofür sie verwendet werden. Teilweise verzichtet er deshalb auf das Festhalten der Informationen und damit auf die Ergänzung und Festigung von Erfahrungen sowie die bessere Erinnerung an frühere Erfahrungen (Hilfen für die Speicherung von Erfahrungen).

Gestaltungsanforderungen
Die Datenzugriffsrechte für den Facharbeiter dürfen nicht restriktiv bestimmt sein. Er muß die technische und formelle Möglichkeit haben, auf die Daten zugreifen zu können (lesen und ändern), die für die "optimale" Nutzung seiner Entscheidungs- und Handlungsspielräume wichtig sind. Der Datenzugriff muß von der Tätigkeit her bestimmt werden und nicht von der "Funktion" des Facharbeiters in einer "Prozeßkette". Darüber hinaus muß er eigene, individuelle Daten bzw. Informationen festhalten können und sie bei Bedarf (der von ihm selbst bestimmt wird) weitergeben und wiederverwenden können. Die Nutzung von (umfangreichen) Datenbeständen darf nicht dazu führen, daß Kommunikation oder Kooperation überflüssig erscheint. Daraus leiten sich folgende Anforderungen ab (vgl. Abbildung 2.9):

❑ Gemeinsam mit dem Facharbeiter muß entwickelt werden, auf welche zentralen oder dezentralen Daten und Informationen bzw. DV-Systeme er lesend oder ändernd zugreifen darf. Diese Datenzugriffsrechte müssen abgestimmt sein auf die für ihn notwendigen Entscheidungs- und Handlungsspielräume.
❑ Der Facharbeiter muß die Möglichkeit haben, eigene situationsspezifische Datenbestände und Informationen abzulegen, auf die (zunächst) nur er zugreifen darf (Datenautonomie). Wenn es technisch machbar und wirtschaftlich vertretbar ist und wenn der Facharbeiter dies für sinnvoll hält, kann dieses individuelle Datenmanagement DV-gestützt erfolgen (Bsp. Biegewerttabelle).
❑ Der Facharbeiter kann (zunächst) selbst bestimmen, welche der "eigenen" Daten er wann und wie an andere Kollegen weitergibt. Der Meister kann dabei eine Moderatorenrolle einnehmen. Die Weitergabe kann direkt, durch Kommunikation erfolgen oder indirekt, indem die Information in einer gemeinsam genutzten Ablage (Schrank) oder einem dezentralen DV-System abgelegt werden. Dazu kann er gezielt ausgewählte Daten oder Informationen (z.B. durch "ankreuzen") an andere Stellen oder eine andere Datenbank weitergeben. Das betrifft die spezifischen technischen Daten (Einrichteblätter, Biegewerte etc.), wie auch die Rückmeldedaten (gefertigte Stückzahl, Terminüberschreitung). Zum Beispiel kann er eigene optimierte NC-Programme so in dem DV-System abspeichern, daß sein Zugriffsrecht sichergestellt ist und das Zugriffsrecht der

zentralen Programmverwaltung nur bei Freigabe durch den Facharbeiter gegeben ist.

❏ Ein Abgleich der Datenbestände zur Konsistenzsicherung muß gemeinsam zu bestimmen und bei Bedarf änderbar sein. Bei eher seltenen/unvorhersehbaren Abstimmungen ist Bringschuld, bei eher häufigen/festlegbaren Abstimmungen ist Holschuld anzustreben (jedenfalls müssen darüber Vereinbarungen getroffen werden). Dies betrifft vor allem Rückmeldung von Daten durch den Facharbeiter an übergelagerte Bereiche (Arbeitsvorbereitung). Eine Bringschuld durch den Facharbeiter tritt dann ein, wenn er (möglicherweise) seinen Entscheidungs- und Handlungsspielraum überschreitet (z.B. einen vorgegebenen Endtermin nicht einhält).

❏ Insgesamt gilt: Alle individuellen, gruppenbezogenen und unternehmensweiten Datenbestände sind in jeweiligen gemeinsamen Prozessen zu definieren, und Zugriffsrechte müssen entsprechend verteilt werden können.

❏ Die individuellen DV-Daten der Facharbeiter müssen auf "seiner" Festplatte oder auf einem Server im Meisterbüro abgelegt sein. Der Facharbeiter muß bei Bedarf "seinen" Datenbereich abschließen können: Passwordzugriff oder ein Schlüssel am eigenen Daten-PC bzw. -Terminal.

❏ Die Zugriffsrechte auf zentrale oder dezentrale Unternehmensdaten müssen leicht änderbar sein (durch die Systembetreuung bei Absprache mit den betroffenen Personen), es können getrennt nur lesende oder lesende und schreibende Zugriffsrechte verteilt werden. Der Zugriff darf sich nicht nur auf Masken oder Datenblöcke beziehen, sondern muß für jedes Einzeldatum gelten.

❏ An in DV-Systemen verwaltete Daten müssen bei Bedarf an beliebiger Stelle Freitexte anzuhängen sein, die der Facharbeiter für Notizen, Bemerkungen verwenden kann. Hierbei sollte auch die Eingabe und Ausgabe von Skizzen, Bildern und Sprache möglich sein.

Folgerungen und Ergebnisse

Ein Mehr an Entscheidungs- und Handlungskompetenz in rechnerintegrierten Produktionsstrukturen ist nur möglich, wenn der Facharbeiter auch Zugriff auf alle dafür notwendigen Daten und Informationen erhält, um qualifizierte und für das Unternehmen vorteilhafte Entscheidungen zu treffen. Die Untersuchungen zur erfahrungsgeleiteten Arbeit haben gezeigt, daß dies allein aber nicht genügt. Der Facharbeiter braucht darüber hinaus die Möglichkeit, eigene, individuelle Datenbestände anlegen zu können, auf die auch (zunächst) nur er zugreifen kann. Dabei handelt es sich meist um sehr spezifische, arbeitsplatzbezogene technische Daten, die individuelle (explizierbare) Erfahrungen festhalten. Auch hier muß eine persönliche Zuordnung gewährleistet sein, damit sich der Facharbeiter jederzeit zurecht findet und eigene "kognitive Landkarten" anlegen kann. Deshalb sind diese Daten bislang auch meist auf konventionellen Datenträgern abgelegt (Papier, Ordner, Mappen). Nur durch die eigene Entscheidung des Facharbeiters, der nur freiwillig sein explizites Erfahrungswissen an andere Personen weitergeben kann, können diese Daten in ein allgemein zugängliches DV-System übernommen werden, wenn sich dadurch eindeutige Vorteile ergeben. Die gemeinsame Nutzung von Datenbeständen in DV-Systemen darf nicht dazu führen, daß Kommunikation zwischen Personen überflüssig wird.

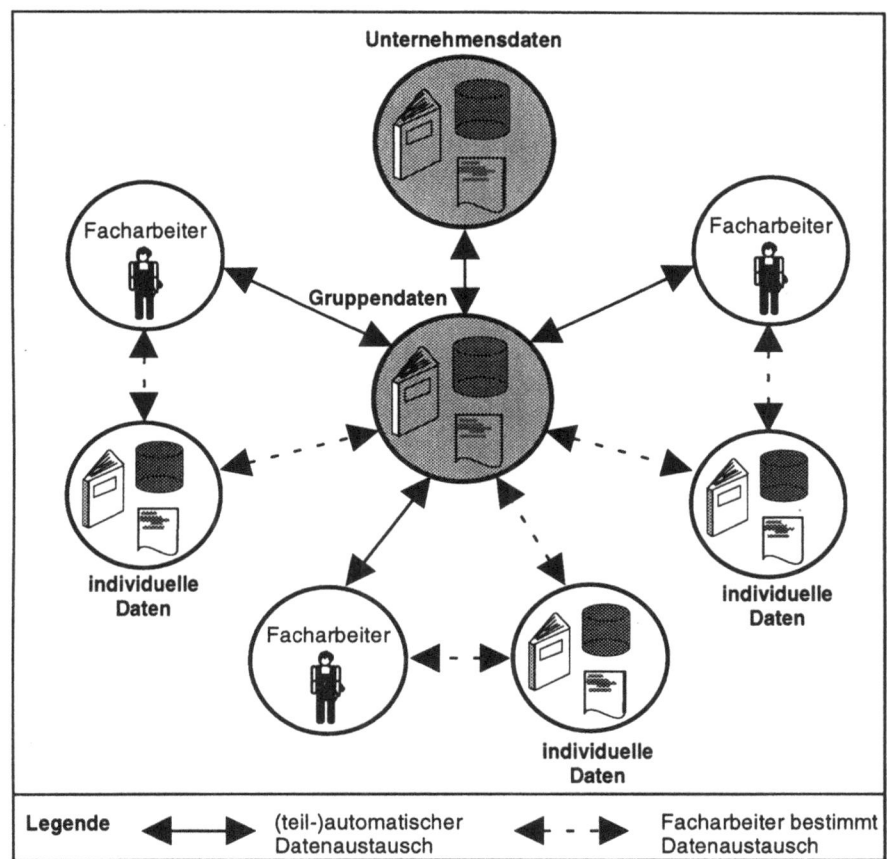

Abb. 2.9. Datenhaltung und Datenzugriff für den Facharbeiter

2.3 Prozeß zur Realisierung erfahrungsgeleiteter Arbeit als Gestaltungsdimension

Neben den Anforderungen zu den Gestaltungsdimensionen, die aus dem "Konzept Erfahrungswissen" und den Betriebsanalysen abgeleitet, ermittelt und entwickelt wurden, haben die empirischen Ergebnisse gezeigt, wie wichtig die Vorgehensweise ist, die bei der Realisierung erfahrungsförderlicher Arbeitsstrukturen gewählt wird. Es genügt nicht zu beschreiben, wie eine Organisation aussehen muß, damit Erfahrungswissen gebildet und genutzt werden kann. Die Fallanalysen haben gezeigt, welche grundsätzlichen Anforderungen an den *Prozeß* zur Umsetzung erfahrungsgeleiteter Arbeit gestellt werden müssen. Notwendige Voraussetzung ist, den Prozeß, der zu diesem Ziel führen soll, auf die Anforderungen, die sich aus den Charakteristika von Erfahrungswissen ergeben, abzustimmen.

Mit der Vorstellung, daß sich Erfahrungen erst im Laufe der Zeit bilden, daß dafür Entscheidungs- und Handlungsspielräume notwendig sind, daß jeder Mensch Erfahrungen selbst machen muß durch selbstbestimmtes Arbeiten (im Sinne der Handlungsregulation) und daß es hier um Erfahrungen in der Werkstatt an der Werkzeugmaschine (um im üblichen Bild zu bleiben: "unten") geht, können wichtige Prinzipien für die Umsetzung festgehalten werden:

Zeit
Damit sich erfahrungsförderliche Arbeitsstrukturen bilden können, braucht es vor allem Zeit. Da sich das Phänomen Erfahrungswissen einer genauen Faßbarkeit geradezu willentlich entzieht, kann im voraus nicht im Detail (wie dies bei technischen Planungen meist geschieht) spezifiziert werden, wie erfahrungsförderliche Strukturen in einem konkreten Betrieb denn nun auszusehen haben. Sie entwickeln sich in einem wechselseitigen Vorgang, bewegen sich mit der Zeit auf einen Zweck oder ein Ziel zu als Prozeß der Annäherung an einen "Idealzustand", ohne ihn im üblichen Sinn zu erreichen. Die Betroffenen "erlernen neue Kenntnisse und vergessen alte; die Struktur der Organisation ändert sich und wird wieder geändert; bestehende Probleme werden gelöst und neue tauchen auf; Schwierigkeiten und Konflikte in einzelnen Subsystemen lassen sich beseitigen, während zehn andere neu auftreten" [French/Bell 1977:67].

Es ist deshalb unmöglich innerhalb einer Planungsphase ein ausformuliertes Konzept für erfahrungsgeleitete Arbeit zu entwickeln, das dann nur noch möglichst rasch umgesetzt werden müßte. Die konkrete Anwendung der Entwürfe, das Sammeln von Praxiserfahrungen, die schrittweise Aneignung werden in der Zeit zeigen, welche konkreten Organisations- und Technikelemente sich im betrieblichen Alltag – auf evolutionäre Weise – durchsetzen. Wenn dieser Prozeß nicht unter zu engen zeitlichen Restriktionen verläuft, können sich die erfolgreichen Strukturen herausbilden.

Spielraum und Vertrauen
Die Entwicklung und Umsetzung veränderter, erfahrungsförderlicher Arbeitsstrukturen darf nicht zu sehr durch externe Bestimmungen vorgeprägt und eingeengt sein. In der Umsetzungsphase müssen mehrere Alternativen ausprobiert werden, es müssen bewußt mehrere Optionen offen gehalten werden. Es muß ausreichende Möglichkeiten zum Abwägen geben. In der Praxis kann dies dadurch erreicht werden, daß den Mitarbeitern in der Werkstatt Vertrauen entgegengebracht wird, ihre Kenntnisse, Fähigkeiten und Erfahrungen zur Zielerreichung und zur Verbesserung ihrer Arbeit einzusetzen. Dazu zählen zum Beispiel:

- Organisatorische Richtlinien dürfen nicht festschreiben, wer mit wem Absprachen und Abstimmungen zu treffen hat, weil sich durch persönliche Kontakte, durch räumliche Determinanten etc. schnellere und einfachere Kommunikationswege ergeben können; diese werden meist erst dann erkannt, wenn sie sich im informellen Raum herausgebildet haben.
- Die Größe eines Werkstattauftragspools, aus dem der Facharbeiter an der Maschine den nächsten Auftrag auswählen kann, kann nicht im voraus optimal bestimmt werden. Ziele zur Verringerung des Werkstattlagerbestands und zur Verkürzung der Durchlaufzeiten müssen immer wieder abgeglichen werden mit einem möglichst hohen Leistungsgrad der Maschinen. Jeder Facharbeiter kann hier situativ bestimmte, eigene Strategien entwickeln, um einen Ausgleich zu finden.
- Zur Erfüllung von Aufgaben können mehrere technische Unterstützungsinstrumente miteinander konkurrieren. Ob es zum Beispiel notwendig ist, daß Einrichteblätter auf einem Computer verwaltet werden oder ob sie in Mappen abgelegt sind, läßt sich aus der Sicht erfahrungsförderlicher Arbeit im voraus schwer entscheiden. Oft werden DV-technische Hilfsmittel nach ihrer Einführung nicht genutzt, weil die "alten Mappen" viel besser waren (mit den unterschiedlichsten Begründungen, die sich in keinem Software-Programm aufheben lassen). Unter Umständen werden diese dann aber auch nicht mehr weiter gepflegt, und wichtiges Werkstatt-Know-how geht verloren. Deshalb darf ein auf DV-Unterstützung basierendes Konzept die Entwicklung von Nutzungsspielregeln nicht einschränken, sondern muß hierfür Freiräume ermöglichen.

Partizipation
Die Facharbeiter müssen von Beginn an in den Organisations- und Technikentwicklungsprozeß von erfahrungsförderlichen Arbeitsstrukturen in der Werkstatt mit einbezogen werden. Denn sie sind letztlich die "Betroffenen" bzw. die Anwender, sie müssen innerhalb der so bestimmten Rahmenbedingungen immer wieder ein situatives Optimum finden. Dabei kennen sie ihre Charakteristika, die der Kollegen und der Werkstatt am besten. Sie kennen bislang nicht ausgeschöpfte Gestaltungsmöglichkeiten, und sie können ihre eigenen Anforderungen am besten formulieren. Aber auch dies ist einigen Einschränkungen unterworfen. Bei Technikentwicklungen fällt es den späteren Anwendern oft sehr schwer, ihre genauen Anforderungen zu formulieren, weil sie die prinzipiellen Möglichkeiten der Technik nicht kennen und sich diese nur schwer vorstellen können und weil sie die möglichen Verknüpfungen zwischen Technik und ihrer Aufgabe und Arbeitsumgebung nicht abbilden können. Auch aus diesen Gründen benötigt der Entwicklungsprozeß Zeit und muß mehrere Optionen offen lassen. Und deshalb müssen die Facharbeiter in den Prozeß der Organisationsentwicklung, aber gerade auch in den Prozeß der Technikentwicklung eng eingebunden werden. Sie müssen ihre Funktionen und Datenzugriffsmöglichkeiten selbst bestimmen können, einige davon können sie nur in Absprache in der Gruppe oder mit Kollegen und angrenzenden Funktionsbereichen spezifizieren. Dies führt zu einem kooperativen Entwicklungs- und Umsetzungsprozeß. Konkret bedeutet dies, daß Arbeits- und Projektgruppen gebildet werden müssen, in der die Facharbeiter und Kollegen aus

anderen Bereichen gemeinsam den Organisations- und Technikentwicklungsprozeß gestalten.

Bottom up-Ansatz
Wenn die Facharbeiter in den Organisations- und Technikentwicklungsprozeß mit
einbezogen sind, wird die Gefahr reduziert, daß losgelöst von der tatsächlichen
Problematik, in "zentralen" Planungsabteilungen Pläne für erfahrungsförderliche
Arbeit entwickelt werden, die sich in der Realität letztlich nicht durchsetzen lassen
oder an den eigentlichen Anforderungen "vorbei gehen". Denn Erfahrungswissen
beinhaltet viele Elemente, die sich der Planbarkeit entziehen. Deshalb sollen die
Lösungsansätze *nicht top down* vorgegeben, *sondern bottom up* herausgearbeitet
werden. Dieser bottom up-Gedanke muß sich sowohl in der Vorgehensweise, als
auch in den Gestaltungskonzepten für erfahrungsförderliche Arbeitsstrukturen
wiederspiegeln.

Ansätze, die in der Planungs- und Umsetzungsphase die "betroffenen" Facharbeiter miteinbeziehen und von dort der bottom up-Philosophie folgen, verringern
auch deutlich die Gefahr, daß mit der eingeräumten Zeit und dem zugestandenen
Spielraum knappe Ressourcen verschwendet werden. Diese Ressourcen werden
nur dort zur Verfügung gestellt, wo sie sinnvoll verwendet werden – im Gestaltungsfeld. Damit werden risikoreiche Planungs-Durchsetzungs-Lösungen zentraler
Planungsabteilungen durch einen kontinuierlichen Prozeß kleinerer Planungs-Um-
setzungs-Kontroll-Korrekturschleifen ersetzt.

2.4 Zusammenfassung der Möglichkeiten erfahrungsgeleite-
ter Arbeit an Werkzeugmaschinen unter verschiedenen
betrieblichen Rahmenbedingungen

Die Untersuchungen in den einzelnen Betrieben zur erfahrungsgeleiteten Arbeit
haben deutlich gemacht, daß Strukturen, die den Erhalt, den Aufbau und die Nutzung von Erfahrungswissen der Facharbeiter an Werkzeugmaschinen in einer
rechnerintegrierten Produktion ermöglichen und fördern, durch die im folgenden
skizzierte Ausgestaltung der neun zentralen Gestaltungsdimensionen gekennzeichnet sind:

(1) Aufgaben- und Arbeitsteilung
Die Verteilung der Aufgaben muß darauf ausgelegt sein

- Tätigkeitszuschnitte für die einzelnen Arbeitskräfte so zu konzipieren, daß planende, ausführende und kontrollierende Arbeitsinhalte als geschlossene Handlungszyklen entstehen und

- die geschlossenen Handlungszyklen bei den Funktionsträgern anzulagern, wo die meisten Erfahrungen vorliegen, anstatt den Versuch zu machen, die Informationsbasis an anderer Stelle aufwendig zu verbessern.

Damit müssen gängige Forderungen wie zum Beispiel das fertigungsgerechte Bemaßen in der Konstruktion neu überdacht werden.

(2) Kommunikation und Kooperation
Kommunikations- und Kooperationsbeziehungen dienen nicht nur dem aufgabenbezogenen Datenaustausch, sondern auch dem Informations- und Erfahrungsaustausch hinsichtlich Zweck und Sinn der Aufgaben. Daher ist

- persönliche Kommunikation nicht durch rechnergestützten Datenaustausch zu ersetzen,
- informelle Kommunikation und Kooperation auch in rechnerintegrierten Strukturen zu erhalten.

Darüber hinaus müssen komplexe Aufgaben als kooperative Aufgaben ausgelegt sein, sie können nur durch Zusammenarbeit verschiedener Personen aus unterschiedlichen Bereichen erfüllt werden.

(3) Zuständigkeit und Verantwortung
Bei der Gestaltung von Tätigkeitszuschnitten ist stärker als bisher üblich darauf zu achten, daß Verantwortung nur übernommen werden kann, wenn eine Zuständigkeit und damit Beeinflußbarkeit des zu verantwortenden Ergebnisses gegeben ist. Zentralisierung von Zuständigkeiten bei dezentraler Verantwortlichkeit führt zu Friktionen: Bei vorhandenem Engagement wird entgegen der formalen Regelung eine dezentrale Zuständigkeit wahrgenommen, um das Arbeitsergebnis zu verbessern, und die Erfahrungsbasis zu stärken. Bei resignativer Einstellung führt die Inkongruenz von Zuständigkeit und Verantwortung zur inneren Kündigung und zur Erosion der Erfahrungsbasis.

(4) Räumliche Aspekte
Erfahrungsförderliche Strukturen erfordern die direkte sinnliche Wahrnehmung der Konsequenzen des eigenen Handelns. Komplexe Planungsprozesse bedingen die direkte Anschaulichkeit des zu planenden Arbeitszusammenhangs, auch wenn dieser durch Lärm, Staub etc. gekennzeichnet ist. Damit entsteht ein Spannungsfeld zum Ziel der belastungs- und gefährdungsarmen Gestaltung der Arbeit.

(5) Personelle Zuordnung von Arbeitsmitteln
Individuelles Erfahrungswissen bildet sich in Bezug auf bzw. im Umgang mit den jeweils einzusetzenden Arbeitsgegenständen. Kenntnisse der Funktions- und Arbeitsweise, aber auch Leistungspotential und Tücken der Arbeitsgegenstände spielen dabei eine große Rolle. Erfahrungsbildung und Nutzung der Erfahrung zur Verbesserung des Betriebsergebnisses sind dann am besten gegeben, wenn eine individuelle und ausschließliche Zuordnung eines Arbeitsmittels zu einer Person

realisiert wird; dies gilt insbesondere dann, wenn die genutzten Arbeitsmittel komplex sind und eine Art "Fingerspitzengefühl" zu dessen optimaler Nutzung erforderlich ist. Da dieses Prinzip sowohl mit der wirtschaftlichen Nutzung teurer Betriebsmittel, wie auch mit dem für andere Aspekte erfahrungsgeleiteter Arbeit wichtigen Ansatz der Gruppenarbeit nur beschränkt vereinbar ist, sind Kompromisse zu finden.

(6) Arbeitsteilung Mensch – Maschine (Automatisierung)
Die Automatisierung dispositiver Arbeiten vernichtet längerfristig die Erfahrungsbasis, die Voraussetzung der Automatisierung war. Kontinuierliche Verbesserungen – wie in der Vergangenheit immer wieder üblich – können nicht mehr erfolgen. Darüber hinaus steht der Automatisierungsaufwand häufig in keinem angemessenen Verhältnis zum Ertrag. Automatisierung wird wirtschaftlich betrachtet zum Selbstzweck. Auch dort, wo dispositive Arbeit vordergründig nicht automatisiert, sondern nur unterstützt wird, liegt ein Problempotential: Die immer weitreichenderen Konsequenzen von Entscheidungen in vernetzten Strukturen legen wegen fehlender Transparenz die Übernahme der von der DV vorgeschlagenen Lösung nahe; damit fehlt die Möglichkeit, aus selbst gemachten Fehlern zu lernen und individuelle Erfahrungswerte zu bilden. Der Mitarbeiter nimmt die formal gegebenen dispositiven Spielräume nicht mehr wahr.

(7) DV-Funktionalitäten
Das Vorhandensein von DV-Funktionalitäten kann den Prozeß der Bildung und des Einsatzes von Erfahrungswissen unterstützen. Die DV-Funktionalitäten müssen dabei aber überschaubar und auf individuelle Anforderungen konfigurierbar sowie von den Tätigkeitsanforderungen abgeleitet sein.

(8) Benutzungsoberfläche
Neben den bisher gängigen Anforderungen an DV-Benutzungsoberflächen ist aus dem Gesichtspunkt der Erfahrungsförderlichkeit

- die Unterstützung unterschiedlicher Sinnesorgane sowie
- die Integration unterschiedlicher Funktionalitäten in eine Benutzungsoberfläche wesentlich.

(9) Datenhaltung und Datenzugriff
Unter dem Gesichtspunkt der Erfahrungsförderlichkeit ist es wesentlich, daß der Facharbeiter selbst definieren kann, welche Daten und Informationen er benötigt und dies nicht andere für ihn tun. Dies deshalb, weil die Tätigkeit nicht nur von den Aufgaben, sondern auch von deren Sinn und Zweck her definiert wird. Daher muß ihm ein Datenzugriffsrecht, beispielsweise auf konstruktive und terminplanerische Informationen, eingeräumt und nicht nur ein Ausschnitt aus diesen Datenbeständen als Vorgabe für seine Arbeit übermittelt werden. Er muß darüber hinaus die Möglichkeit haben, individuelle Datenbestände aufzubauen, die seine "eigenen" Informationen darstellen. Die Art der eingesetzten technischen Hilfsmittel zur Datenhaltung sollte ihm überlassen bleiben.

In Abbildung 2.10 sind die Gestaltungsdimensionen und ihre erfahrungsförderlichen bzw. nicht erfahrungsförderlichen Ausprägungen im Überblick aufgezeigt.

Merkmale	tendenziell erfahrungs- förderlich	tendenziell nicht erfahrungs- förderlich
Aufgaben- und Arbeitsteilung	individuell angepaßte Aufgabenintegration	zu kleine/große Auf- gabenintegration
Kommunikation und Kooperation	formal und informell über Arbeitsbereich hinaus	starr, formal, nur im Arbeitsbereich
Zuständigkeit und Verantwortung	Spielraum gewährt und gewollt übernommen	Spielraum nicht angepaßt und ungewollt übernommen
räumliche Aspekte	guter Überblick räumliche Nähe	schlechter Überblick weite Entfernungen
persönliche Zuord- nung von Arbeitsm.	individuelle Zuordnung teilweise Wechsel (Absprache)	ständige Wechsel (keine Absprache)
Arbeitsteilung Mensch-Maschine	angepaßte, teilweise auf- gehobene Automatisierung	rein funktionale Automatisierung
DV-Funktionalitäten	teilweise, überschaubar, ergänzend	viele, nicht überschaubar, ersetzend
Benutzungs- oberflächen	eindeutig, überschaubar, multimedial	unterschiedlich, nicht überschaubar
Datenhaltung/ -zugriff	individuell, angepaßte Zugriffe	vermittelt über Instanzen, keine Zugriffe

Abb. 2.10. Ausprägungen der betriebsindividuell beeinflußbaren Strukturen erfahrungs-förderlicher Arbeit

Für die Art der Ausgestaltung dieser Gestaltungsdimensionen nehmen die "Leitbilder in den Köpfen" derjenigen, die den betrieblichen Organisationsentwicklungsprozeß verantwortlich bestimmen, eine sehr wichtige Stellung ein. Für die Entwicklung erfahrungsförderlicher Arbeitsstrukturen gilt wie für die Organisationsentwicklung als solche: Es geht um das "Problembewußtsein in der Führungsspitze und die Erkenntnis, daß die Sozialwissenschaften bei der Lösung dieser Probleme [hier: zur und bei der Realisierung erfahrungsförderlicher Arbeitsstrukturen] eine wesentliche Rolle spielen" [French/Bell 1977:183]. Aber auch das Problembewußtsein der "Geführten" ist in dieser Richtung zu entwickeln.

Die Art und Weise, wie erfahrungsgeleitete Arbeit im Betrieb behindert ist oder möglich wird, hängt davon ab, welche Bedeutung die Unternehmensführung mit Blick auf ihre Strategien und Ziele der Erfahrung ihrer Mitarbeiter beimißt, ob

• Facharbeiter in sehr arbeitsteilige Strukturen mit beschränkter, sehr formalisierter Kommunikation "gepreßt" werden und nur mechanisch Verrichtungen ausführen sollen, ohne nachzudenken,

- das Erfahrungswissen der Facharbeiter bewußt weder gefördert noch behindert wird und es dem "Zufall" überlassen bleibt, ob und wie sie ihre Erfahrungen in den betrieblichen Prozeß einbringen oder
- die Bildung und Nutzung der Erfahrungen der Facharbeiter gezielt gefördert werden, so daß sich erfahrungsförderliche Arbeitsstrukturen ergeben können.

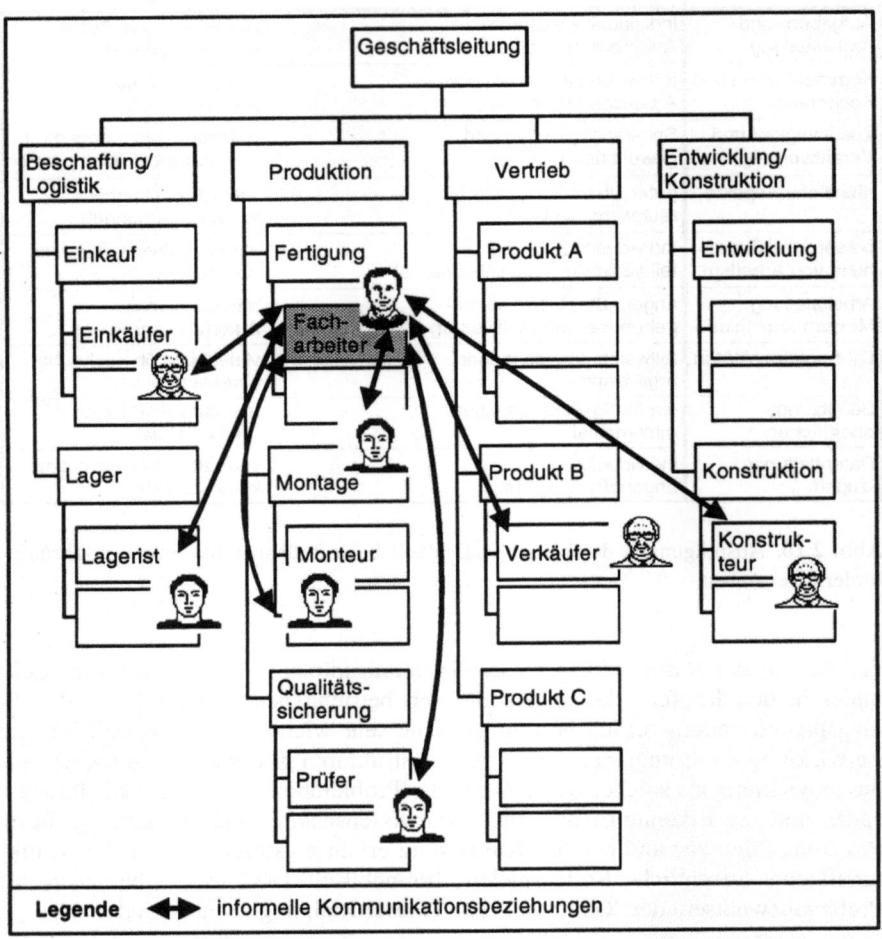

Abb. 2.11. Der Facharbeiter im Organigramm und seine Kommunikationsbeziehungen

In den untersuchten Betrieben hat sich gezeigt, daß erfahrungsgeleitete Arbeit auch in Organisationen mit hierarchisch geprägten Beziehungen möglich ist, wo der Facharbeiter in ein organisatorisches Gefüge integriert ist, das Fach- und Disziplinarvorgesetzte vorsieht. Es ist weniger entscheidend, ob die Organisationsgestaltung sich an Funktionsbereichen oder an Sparten oder Produktgruppen orientiert, obwohl sich auch hieraus Vor- und Nachteile für ein erfahrungsförderliches Organisationskonzept ergeben können. Eine sehr große Rolle spielen innerhalb dieser Bedingungen die Aufgabenverteilung, die formellen und informellen Kommunikationsbeziehungen im Organisationsgefüge, wie sie wahrgenommen, gefördert, erschwert oder behindert werden (vgl. Abbildung 2.11). Wie das Schnittstellenmanagement zwischen unterschiedlichen organisatorischen Stellen und Hierarchieebenen im Unternehmen gepflegt wird, hat wesentliche Auswirkungen darauf, wie erfahrungsförderliche Arbeitsstrukturen eingeführt und "gelebt" werden können.

Ausgangspunkt für die Gestaltung von erfahrungsförderlichen Arbeitsstrukturen ist die Übertragung von Aufgaben und Tätigkeiten an den Fachabeiter, mit und an denen er sein Erfahrungswissen bilden und wieder einsetzen kann. Durch sie werden das notwendige Maß an Zuständigkeit, Befugnissen und Verantwortung sowie die dadurch erforderlichen Kompetenzen und Qualifikationen vorbestimmt und die maßgeblichen Kommunikations- und Kooperationsstrukturen angelegt. Zu den Aufgaben und Tätigkeiten des Facharbeiters gehören bei erfahrungsförderlichen Arbeitsvollzügen (vgl. Abbildung 2.12):

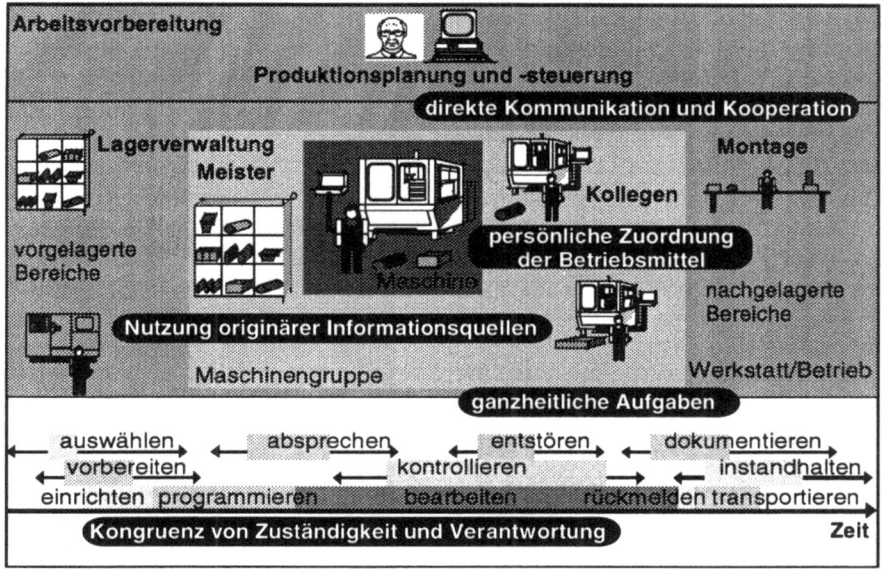

Abb. 2.12. Aufgaben und Kooperationsbeziehungen des Facharbeiters

- Auswählen eines Auftrags aus einem Auftragspool unter Beachtung sowohl terminlicher wie auch kapazitiver Gesichtspunkte (gegebenenfalls in Kooperation mit Kollegen, Meister, Disponenten),
- Vorbereiten eines Auftrags (Material holen, Betriebsmittel holen und vorbereiten),
- Erstellen eines Arbeitsplans (gegebenenfalls in Kooperation mit der Konstruktion oder Arbeitsvorbereitung),
- Programmieren der CNC-Maschine (Betriebsmittelauswahl, Erstellen oder Holen des NC-Programms, Testen, Optimieren etc.),
- Einrichten der Maschine (Werkzeuge, Aufspannvorrichtungen wechseln etc.),
- Bearbeiten des Auftrags durch Einlegen, Überwachen der automatischen Bearbeitung (bei CNC-Maschinen), Entnehmen etc.,
- Kontrollieren der Teilequalität,
- Entstören oder Entstörung veranlassen bei einem Maschinenausfall,
- Rückmelden des Fertigungsfortschritts an übergelagerte Planungsstellen,
- Transportieren der Teile zum nachfolgenden Bereich,
- Instandhalten der Maschine in regelmäßigen Abständen,
- Informieren von oder absprechen mit über-, vor-, nach- und nebengelagerten Bereichen über besondere Ereignisse und
- Dokumentieren der eigenen Arbeit (Pflege der Stammdaten, NC-Programmverwaltung etc.).

Die Tätigkeiten werden im allgemeinen nicht sukzessive oder im immer gleichen Rhythmus wahrgenommen, sondern können zum Teil parallel verlaufen, zum Teil werden sie nur bei Bedarf ausgeführt.

Die *räumliche Situation* spielt eine große Rolle, da jede Tätigkeit (im allgemeinen) mit dafür notwendigen spezifischen Arbeitsmitteln verknüpft ist, da sie wichtigen Einfluß auf die Bildung und Wahrnehmung der notwendigen Kommunikationsbeziehungen hat. Wichtige Arbeitsmittel vermitteln originäre Informationen und kognitive Erkennungsmuster nur, wenn sie nahe, im Umfeld, das sinnlich vom Facharbeiter unmittelbar wahrgenommen werden kann, angeordnet sind und wenn eine persönliche Zuordnung der Arbeitsmittel besteht. Die Entfernungen zu den wichtigen Kommunikations- und Kooperationspartnern müssen möglichst gering sein. Unter diesen Bedingungen kann der Facharbeiter zu einem kompetenten Partner im Betrieb werden (vgl. Abbildungen 2.13, 2.14, 2.15 und 2.16).

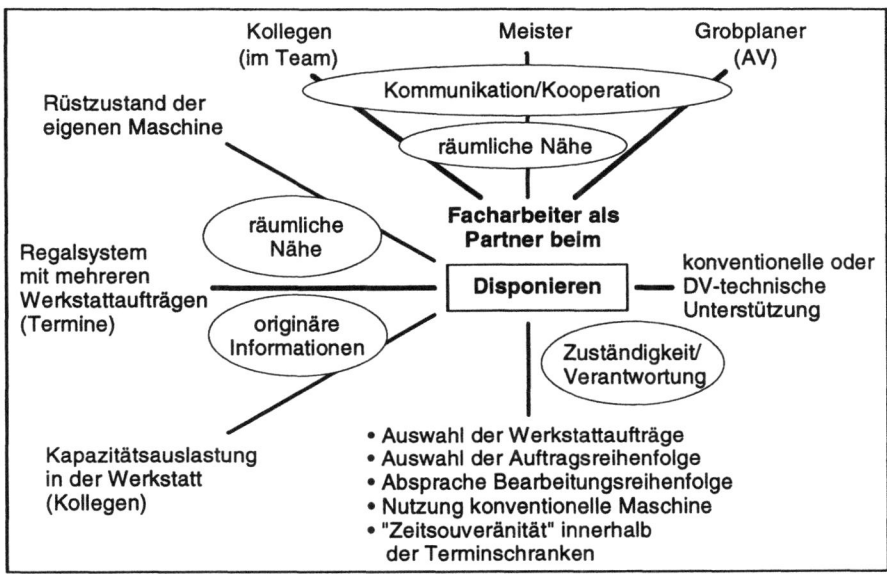

Abb. 2.13. Erfahrungsförderlicher Arbeitsplatz für Facharbeiter beim Disponieren

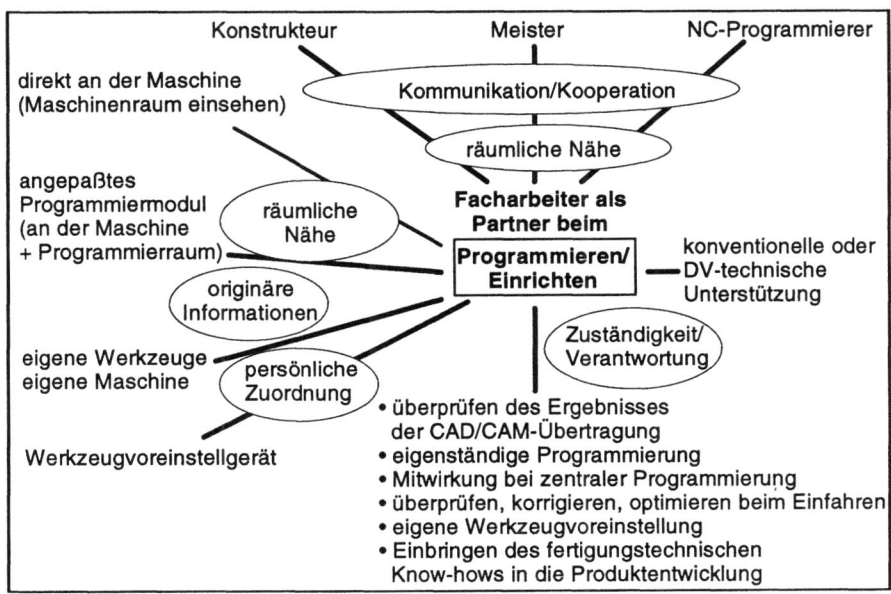

Abb. 2.14. Erfahrungsförderlicher Arbeitsplatz für Facharbeiter beim Programmieren und Einrichten

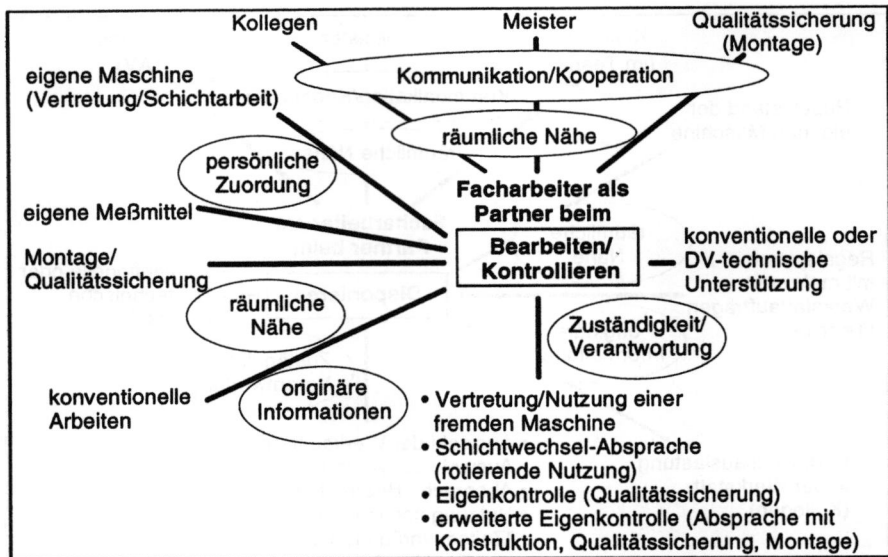

Abb. 2.15. Erfahrungsförderlicher Arbeitsplatz für Facharbeiter beim Bearbeiten und Kontrollieren

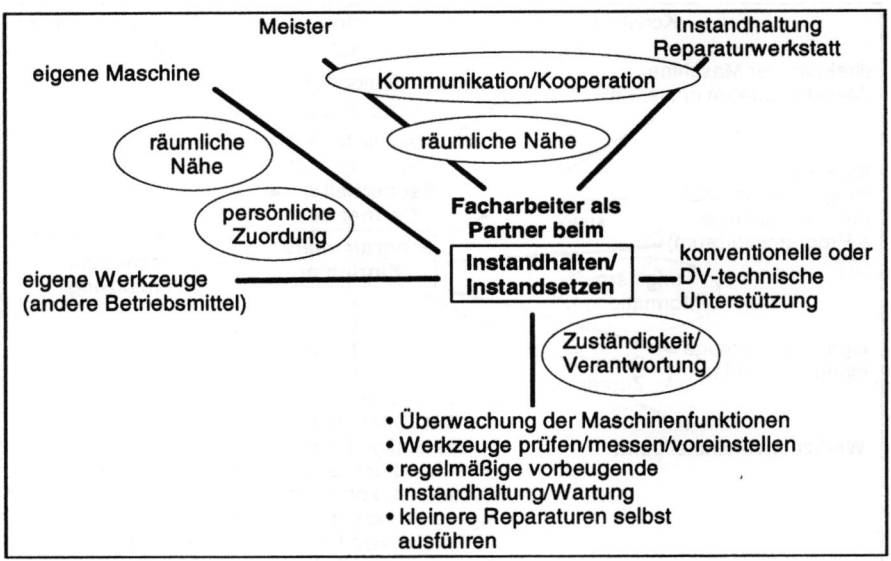

Abb. 2.16. Erfahrungsförderlicher Arbeitsplatz für Facharbeiter beim Instandhalten und Instandsetzen

Die gemeinsame Erfüllung von Aufgaben und die engen Kommunikationsbeziehungen können in erfahrungsförderlichen Arbeitsstrukturen auf unterschiedliche Art und Weise realisiert sein. Da in den untersuchten Betrieben keine eindeutigen Hinweise gefunden werden konnten, ob erfahrungsgeleitete Arbeit eher in Strukturen mit qualifizierter Einzelarbeit innerhalb einer informell kooperierenden Gruppe oder im formell installierten Team (Gruppenarbeit) möglich ist (für beides gab es Hinweise), lassen die Gestaltungsanforderungen und das Sollkonzept bewußt offen, ob sie durch qualifizierte Einzelarbeit oder durch die formale Bildung einer Gruppe umzusetzen sind. Die Bildung und der Einsatz von Erfahrungswissen ist innerhalb des dadurch aufgespannten Spektrums an organisatorischen Gestaltungsspielräumen prinzipiell möglich.

Merkmale	**+** ◄——— Stellenwert von Erfahrungswissen ———► **-**			
Erzeugnisspektrum	nach Kundenspezifikation	mit Kundenvarianten	Standard mit Varianten	Standarderzeugnisse
Erzeugnisstruktur	mehrteilige, komplexe Struktur	mehrteilige, einfache Struktur		einteilige
Auftragsauslösungsart	Einzelauftrag	Rahmenauftrag		auf Lager
Dispositionsart	kundenauftragsorientiert	überw. kundenauftragsorientiert	überw. programmorientiert	programmorientiert
Beschaffungsart	Fremdbezug unbedeutend	Fremdbezug in großem Umfang		weitestgehend Fremdbezug
Fertigungsart	Einmalfertigung	Kleinserienfertigung	Serienfertigung	Massenfertigung
Fertigungsablaufart	Werkstattfertigung	Baustellenfertigung	Insel- oder Linienfertigung	Fließ- oder Reihenfertigung
Qualifikation in der Fertigung	sehr gut	weitgehend gut	zum Teil gut	gering
Entfernungen	Sichtkontakt	gering	groß, in einem Betrieb	groß, untersch. Standorte
Maschinenausstattung	konventionelle und CNC-Masch.			nur CNC-Maschinen
	+ ◄——— Schaffung erfahrungsförderlicher Strukturen ———► **-**			

Abb. 2.17. Förderliche und hemmende betriebliche Rahmenbedingungen für erfahrungsgeleitete Arbeit

Die Untersuchungen haben auch gezeigt, daß die mögliche oder tatsächliche Umsetzung dieser prinzipiellen Anforderungen an erfahrungsförderliche Organisationsstrukturen durch viele situative betriebliche, produktspezifische und auftragsbezogene *Rahmenbedingungen* überlagert werden. Zudem spielen die Qualifikation und die extrinsische und intrinsische Motivation der Facharbeiter eine sehr große Rolle. Besser ausgebildete und/oder höher motivierte Kollegen sind (unter gleichen Voraussetzungen) eher bereit, im Prozeß zu lernen und ihre Fähigkeiten und ihr Erfahrungswissen im betrieblichen Geschehen umzusetzen. In Abbildung 2.17 sind wichtige Merkmale und ihre Ausprägungen aufgeführt, die als Rahmenbedingung der Möglichkeit für erfahrungsgeleitete Arbeit gedeutet werden können. Sie geben Hinweise, welche Faktoren oder Einflußgrößen bei der Beurteilung und Realisierbarkeit erfahrungsförderlicher Arbeitsstrukturen immer im Auge behalten werden müssen.

Indem die wichtigen Ergebnisse der Untersuchungen in den Betrieben noch einmal zusammengefaßt wurden, indem die grundlegenden Voraussetzungen, Bedingungen und Möglichkeiten für erfahrungsförderliche Arbeitsstrukturen dargestellt wurden und indem die wesentlichen Bestimmungselemente für eine adäquate Vorgehensweise aufgezeigt wurden, kann vor diesem Hintergrund im nächsten Schritt aus den empirischen Gestaltungsanforderungen ein mögliches Sollkonzept für erfahrungsgeleitete Arbeit für den Facharbeiter an der CNC-Maschine in der Werkstatt entwickelt und beschrieben werden.

3 Erfahrungsunterstützende Produktionskonzepte

Die empirischen Untersuchung, wie erfahrungsgeleitete Arbeit in den Betrieben möglich ist und wie sie behindert wird, war Grundlage für organisatorische und technische Gestaltungsanforderungen, die aus den Untersuchungsergebnissen herausgearbeitet wurden und die aufzeigen, wie Erfahrungswissen von Facharbeitern an Werkzeugmaschinen entwickelt, genutzt und gesichert werden kann. In diesem Abschnitt 3 sollen diese Gestaltungsanforderungen aufgegriffen werden, um ein *organisatorisches und technisches Sollkonzept* bzw. ein *Pflichtenheft* für erfahrungsunterstützende CIM-Komponenten in der Werkstatt zu entwickeln und zu beschreiben.

Dem Sollkonzept liegt die Annahme zugrunde, daß CIM im weiteren Sinne immer Komponenten der organisatorischen Gestaltung und der technischen Unterstützung beinhaltet. Das hier dargestellte Sollkonzept geht jedoch noch einen Schritt weiter: Konzentriert sich das CIM-Verständnis auf den Computer als technisches Unterstützungsinstrument (in vielen Fällen sogar als wesentliches organisatorisches Gestaltungselement), so hebt dieses Sollkonzept die große Bedeutung von *konventionellen Arbeitsmitteln* hervor. Erst in Ergänzung dazu werden mögliche Anforderungen an *DV-technische Unterstützungskomponenten*, die bislang nicht realisiert sind, dargestellt. Die grundlegenden Prinzipien, in die sich die Sollkonzepte für erfahrungsunterstützende CIM-Komponenten einfügen müssen, sind:

- Die Schaffung bzw. der Erhalt von erfahrungsförderlichen Arbeitsstrukturen ist *zunächst eine Aufgabe der organisatorischen Gestaltung*. Im Ausgangspunkt müssen der organisatorische Aufbau und Ablauf definiert werden. In Abschnitt 2.1 wurden dafür wichtige Anforderungen genannt: Die richtige Verteilung von Aufgaben, nicht einfach mehr Aufgaben, sondern aufeinander aufbauende Aufgaben, um Handlungen regulieren und Handlungszyklen schließen zu können; eine kooperative Auslegung der Aufgaben, wofür die Kommunikationsbeziehungen sehr intensiv sein müssen; die richtigen Zuständigkeiten, Befugnisse, Kompetenzen und Verantwortung, die den Aufgaben angemessen sind; die räumliche Gestaltung des Arbeitsumfelds, die dem Facharbeiter einen Überblick (im weitesten Sinn) erlaubt; die mögliche Identifikation mit "seinen" Arbeitsmitteln und damit mit seiner Arbeit.

- Wenn die wichtigen organisatorischen Vorstellungen und Ziele vorliegen, muß in einem kooperativen Prozeß, an dem alle "Betroffenen" beteiligt sind – also auch die Facharbeiter –, ermittelt werden, welche *technischen Hilfsmittel* die Aufgabenerfüllung unterstützen können. Es sollten auch *konventionelle Hilfsmittel* eingesetzt werden. Der Mensch ist gewohnt mit ihnen zu arbeiten, sie vermitteln oft zusätzliche originäre Informationen, und sie sind oft einfacher und kostengünstiger.

- Dennoch sollen die Vorteile rechnerintegrierter Produktionsstrukturen, die darauf ausgelegt sind, Daten und Informationen vollständig zu erfassen, schnell und einfach zu verarbeiten und weiterzugeben, ebenfalls zur Geltung kommen. Deshalb müssen *DV-technische Komponenten* entwickelt werden, die einerseits erfahrungsgeleitete Arbeit ermöglichen, andererseits in die Informationstechnikstruktur eines Unternehmens integriert werden können.

Schon in der Planung und noch mehr in der Phase der Realisierung sind diese drei Prinzipien sehr stark miteinander verschränkt, in einem holistischen Prozeß müssen sie immer wieder aufeinander abgestimmt werden. Vor diesem Hintergrund soll im folgenden ein organisatorisch-technisches Konzept für *computergestützte erfahrungsgeleitete Arbeit* mit Hilfe eines *Facharbeiter-Informations-Systems* dargestellt werden: CeAFIS.

3.1 CeAFIS-Konzept als Basis-Konzept erfahrungsgeleiteter Arbeit an Werkzeugmaschinen

Das CeAFIS-Konzept will die organisatorische Gestaltung von Aufbau- und Ablaufstrukturen mit der Entwicklung und Nutzung konventioneller und DV-technischer Hilfsmittel integrieren. Die *organisatorischen Komponenten des CeAFIS-Konzepts* knüpfen unmittelbar an die organisatorischen Gestaltungsdimensionen aus den Abschnitten 2.1, 2.3 und 2.4 an. Die Anforderungen an Aufgaben- und Arbeitsverteilung, Kommunikation und Kooperation, Zuständigkeit und Verantwortung, räumliche Aspekte und personelle Zuordnung werden im folgenden in ein Sollkonzept umgesetzt (vgl. Abbildung 2.12). Die technische Unterstützung des Facharbeiters bei der Erfüllung seiner Aufgaben schließt ausdrücklich konventionelle und DV-Instrumente ein. Deshalb beinhaltet die *technische Komponente des CeAFIS-Konzepts* zunächst konventionelle Informationsmittel (vgl. Abbildung 3.1). Diese können dann durch DV-Technik ergänzt werden. In den folgenden Abschnitten 3.1.1, 3.1.2, 3.2 und 3.3 wird versucht, auch in der Beschreibung des Sollkonzepts die enge Verschränkung zwischen organisatorischen und technischen Gestaltungsanforderungen zu verdeutlichen.

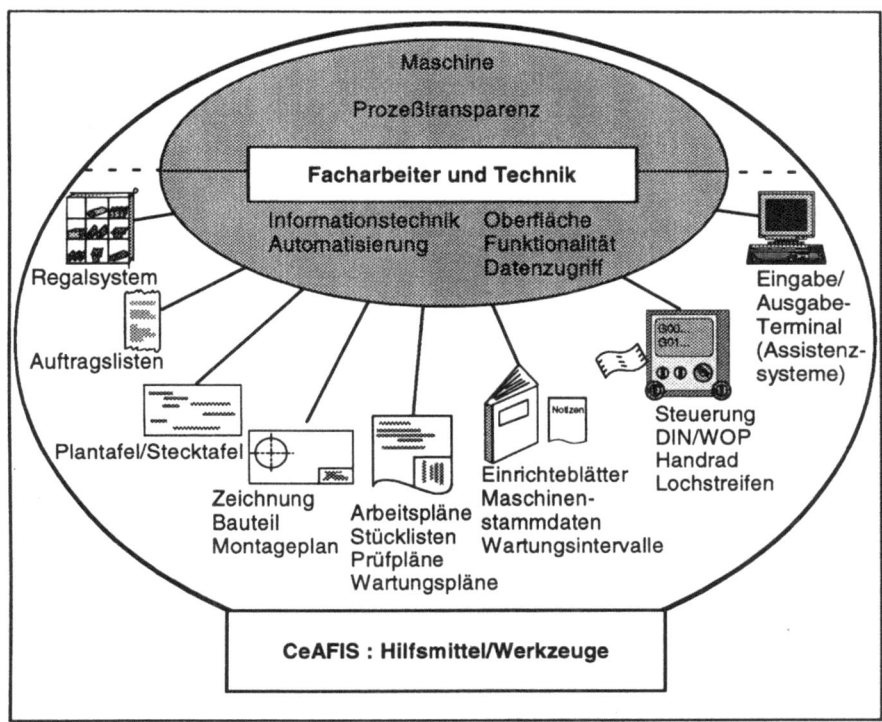

Abb. 3.1. Unterstützung des Facharbeiters durch CeAFIS

Obwohl die Bedeutung der konventionellen Informationsmittel immer wieder betont wird, nimmt die Beschreibung der DV-technischen Umsetzung von CeAFIS in den folgenden Abschnitten einen breiten Raum ein. Dies hat folgende Gründe:

- Bislang gibt es keine DV-technischen Unterstützungsinstrumente, die die hier gestellten Anforderungen erfüllen; um aber deutlich zu machen, wie diese aussehen könnten, ist eine genauere Beschreibung erforderlich; der Umgang mit konventionellen Arbeitsmitteln ist dagegen weit verbreitet und im allgemeinen bekannt.
- Klassische top down-Ansätze für rechnerintegrierte Produktionsstrukturen dringen zunehmend in den Entscheidungs- und Handlungsbereich des Facharbeiters ein; wenn dieser keine Restgröße werden soll, die nach strenger Vorgabe DV-Systeme bedient, muß ein DV-Konzept "von unten" (bottom up-Ansatz) dem entgegengestellt werden, das sich mit klassischen CIM-Bausteinen auch technisch verbinden läßt.
- Kooperatives Arbeiten ist nur möglich, wenn alle die Gruppe betreffenden Informationen allen Beteiligten im Team in gleicher Form und konsistent vorlie-

gen, es muß eine gemeinsam nutzbare Informations- und Kommunikationsbasis geben, die teilweise mit DV-Unterstützung am effektivsten zu realisieren ist.

- Im turbulenten Umfeld der Produktion kommt den Informationen und dem Informationsaustausch eine enorme Bedeutung zu. Dabei müssen räumliche und zeitliche Beschränkungen überwunden werden (bessere Kommunikationsmöglichkeiten, Vorausschaumöglichkeiten etc.); dies ist teilweise nur durch einen gezielten Einsatz der DV-Technik möglich.

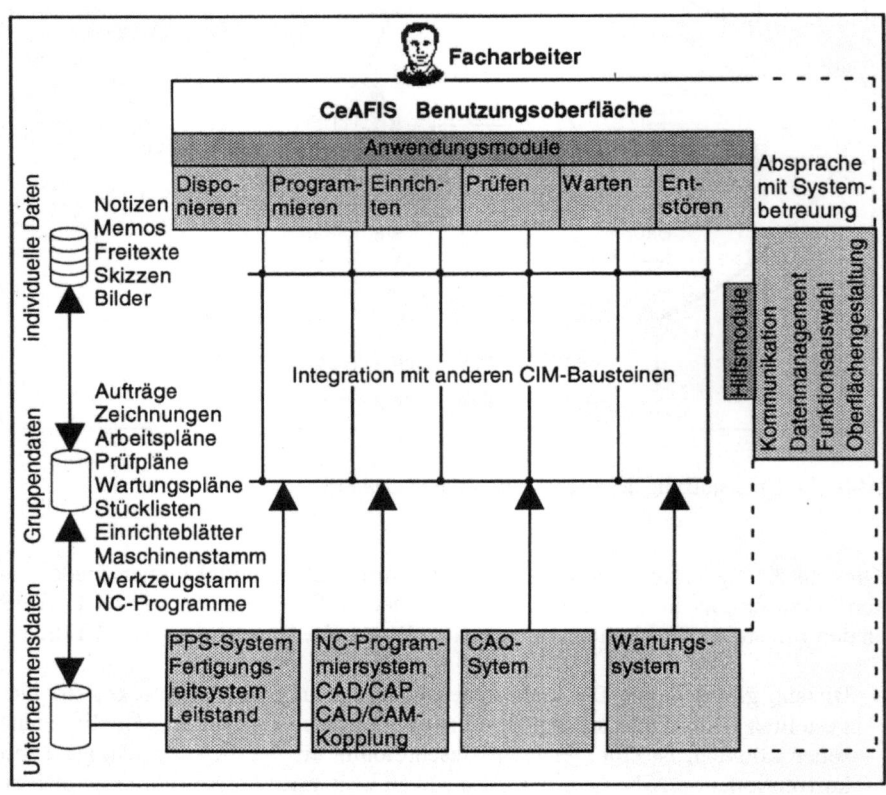

Abb. 3.2. CeAFIS bei DV-technischer Realisierung

Das CeAFIS-Konzept beinhaltet in seiner DV-technischen Ausprägung einzelne Module, die wiederum einzelne Funktionen und Funktionalitäten, sowie eine individuelle und eine gemeinsame (Gruppen-)Datenbasis beinhalten und die Möglichkeit, "klassische" CIM-Bausteine anzubinden (vgl. Abbildung 3.2). Letztlich muß der Anwender, also der Facharbeiter, selbst bestimmen (zumindest in weitem

Maße mitbestimmen), welche der folgenden Module, Funktionen und Datenzugriffsmöglichkeiten er an seinem Arbeitsplatz haben möchte:

- *Anwendungsmodule* sollen den Facharbeiter unmittelbar bei der Erfüllung der
  oben beschriebenen Aufgaben unterstützen. Sie sind handlungs- und tätigkeits-
  orientiert. Die Funktionen und Funktionalitäten, die sie beinhalten, sind auf die
  jeweiligen Aufgaben und deren Einordnung in den Gesamtbetrieb abgestimmt.
  Im einzelnen sind dies: Das Dispositionsmodul, das Programmiermodul, das
  Einrichtemodul, das Prüfmodul, das Wartungsmodul und das Instandsetzungsmodul.

- Diese Module greifen auf unterschiedliche *Datenbestände* zurück. Die meisten
  Daten werden als Gruppendaten auf dem Werkstattserver verwaltet. Dort sind
  einzelne Bereiche mit individuellen Daten dem einzelnen Facharbeiter vorbe-
  halten, worauf nur er Zugriff hat (durch Passwort etc.). Wenn er einen eigenen
  Arbeitsplatzrechner mit lokalem Speichermedium hat, kann er individuelle Daten auch dort ablegen. Sowohl die Gruppen-, als auch die individuellen Dateien
  können mit Unternehmensdateien verbunden werden. Über Schnittstellen werden die Daten nach definierten Regeln ausgetauscht.

- Sogenannte *Hilfsmodule* sollen den Facharbeiter prinzipiell bei seiner Arbeit,
  bei allen (Teil-)Aufgaben unterstützen:

  - Mit dem Kommunikationsmodul kann er beliebige Informationen (als Text,
    Wort oder Bild) an andere Stellen im Unternehmen übermitteln oder von
    dort empfangen.
  - Mit dem Datenmanagementmodul hat der Facharbeiter Zugriff auf (definier-
    te) Unternehmensdaten, und er kann Daten zwischen seinem individuellen
    und dem Gruppenbereich verschieben (kopieren, übertragen).
  - Mit dem Funktionsauswahlmodul kann er (in Absprache mit der Systembe-
    treuung) die Module und die Funktionen auswählen, die er innerhalb der
    Module anwenden möchte.
  - Entsprechend kann er sich seine CeAFIS-Oberfläche, die Menüs, die Funk-
    tionstastenbelegung, Fenster, Funktionssymbole (Icons) selbst auswählen
    und gestalten. Diese Oberfläche gilt dann bis auf weiteres für alle Module,
    Funktionen und Funktionalitäten. In Strukturen, in denen Teams oder Grup-
    pen intensiv kooperieren wird es sinnvoll sein, dieses Hilfsmodul einheitlich
    zu definieren.

- Die einzelnen Module können bei Bedarf (und wenn die Fremdsysteme die
  technischen Voraussetzungen erfüllen) mit "klassischen" CIM-Bausteinen verbunden werden. Diese *Schnittstellen*-Anbindung kann beispielsweise durch Datenaustausch erfolgen, durch die gemeinsame Nutzung einer Datenbank, aber
  auch durch Funktionsintegration (beim Facharbeiter): So kann der Facharbeiter
  zum Beispiel aus CeAFIS in ein eigenständiges NC-Programmiersystem
  "springen" und dort sein NC-Programm erstellen, das als Datei in CeAFIS

übernommen wird. Dabei hat er immer dieselbe Benutzungsoberfläche (z.B. Funktionstastenbelegung).

Im folgenden werden in den Abschnitten 3.1.1 und 3.1.2 die Anwendungsmodule beschrieben. In den Abschnitten 3.2 und 3.3 wird eine mögliche Anbindung an Fremdsysteme in der dispositiven Planungskette (CNC/PPS-Kette) und der technischen Planungskette (CNC/CAD-Kette) dargestellt.

3.1.1 Auftragsdisposition im CeAFIS-Konzept

Die Planung und Steuerung von Aufträgen stellt in einer Fertigung, die durch kleine Losgrößen und hohe Flexibilitätsanforderungen gekennzeichnet ist, eine Aufgabe mit außerordentlich hohen Kooperationsanforderungen dar. Dem Interesse des Vertriebsbereichs nach hoher Termintreue und kurzen Lieferzeiten steht das Interesse der Fertigung nach hoher und gleichmäßiger Kapazitätsnutzung gegenüber. Als Mittler zwischen diesen Interessen ist die Produktionsvorbereitung für die Koordination und den Gesamtdurchlauf der zu einem Kundenauftrag gehörigen Fertigungs- und Werkstattaufträge verantwortlich. Der Interessenausgleich erfordert die Kooperation aller an der Auftragsabwicklung Beteiligten – auch der Facharbeiter. Innerhalb des Fertigungsbereichs ergeben sich zusätzliche Kooperationsanforderungen aus der Notwendigkeit, das Auftragsvolumen auf die verfügbaren Arbeitsplätze zu verteilen und in eine Reihenfolge zu bringen, die einen möglichst reibungslosen Fertigungsablauf ergibt. Zudem ist auf die vielfältigen Störungen des Produktionsgeschehens zu reagieren, die in der Praxis mit ökonomisch vertretbarem Aufwand nicht vermeidbar sind.

Die in konventionellen Betriebsabläufen gegebene Beteiligung der Facharbeiter an dieser Dispositionsaufgabe hat eine hohe Bedeutung für eine gute Kapazitätsnutzung. Bei der Verteilung und Reihenfolgebildung der Fertigungs- bzw. Werkstattaufträge werden neben der Terminsituation vor allem Rüstzustand, Materialart und Verfügbarkeit von Betriebsmitteln berücksichtigt. Durch Werkzeug- oder Materialwechsel notwendige Umrüst- und Reinigungszeiten werden durch gezielte Verteilung ebenso reduziert wie z.B. Wartezeiten wegen fehlender oder anderweitig gebundener Materialien und Werkzeuge. Die Facharbeiter können zu diesem Optimierungsgeschehen wesentliche Informationen beitragen, die aus den bei der Arbeit an der Maschine und aus der gesamten Arbeitssituation gewonnenen Erfahrungen entstehen. Abbildung 3.3 verdeutlicht, zu welchen Aspekten der Auftragsdisposition die Facharbeiter aufgrund ihres Erfahrungswissens Informationen in die Dispositionsentscheidungen mit einbringen können.

Informationsträger Dispositionsaspekt	Bereichsdisponent 	Facharbeiter 
Terminsituation Gesamtauftrag	hoch	gering
Kapazitätsbedarf (Ressourcen) für den Fertigungsauftrag	mittel	hoch
verfügbare Kapazität (Ressourcen) im Arbeitsbereich	mittel	mittel
verfügbare Kapazität (Ressourcen) am Arbeitsplatz	mittel	hoch

Abb. 3.3. Kenntnisse und Erfahrungen verschiedener Beschäftigtengruppen in der Beurteilung von Dispositionsaspekten

In konventionellen Fertigungsstrukturen werden auch unterschiedliche Qualifikationen in einer Facharbeitergruppe bei der Verteilung der Werkstattaufträge auf die einzelnen Arbeitsplätze berücksichtigt, wobei situationsabhängig durchaus gegensätzliche Strategien angewendet werden. Bei hohem Auftragsbestand und enger Terminsituation wird ein Auftrag mit "kniffeligen Bearbeitungschritten" und hohen Qualifikationsanforderungen nach Möglichkeit von einem Facharbeiter übernommen, der die entsprechende Qualifikation in hohem Maße besitzt und möglichst schon Erfahrungen mit ähnlichen Aufträgen gesammelt hat. Damit wird Stress vermieden. In Phasen mit etwas "Luft" werden dagegen mit solchen schwierigen Aufträgen die Qualifizierungsinteressen berücksichtigt. Weniger erfahrene Kollegen können den schwierigen Auftrag erledigen, was zwar (gegebenenfalls) mehr Zeitaufwand bedeutet, aber auch gleichzeitig eine Qualifizierung im Sinne eines "learning by doing" darstellt. Beide Strategien kommen den Interessen des Betriebes nach reibungsloser und qualifizierter Arbeit ebenfalls entgegen.

Eine weitere subjektive Einflußgröße auf die Auftragsverteilung sind aktuelle Befindlichkeiten der Beschäftigten. Schwankungen und Unterschiedlichkeiten in der physischen und psychischen Leistungsfähigkeit werden in den Dispositionsentscheidungen der Facharbeiter durchaus bewußt berücksichtigt. Der positive Effekt für die Beschäftigten (Stressreduzierung) wird begleitet vom positiven Effekt für das Unternehmen (Fehlerreduktion).

Adäquate formelle Kooperationsregelungen können die für die Erfahrungsbildung und -nutzung wichtigen informellen Strukturen und Dispositionsspielräume entscheidend unterstützen. Besonders geeignet sind hier *Gruppenarbeitsstrukturen* und Fertigungsinseln. Gut entwickelte Kooperationsstrukturen sind in der Lage, ein spezifisches "Gruppenproblem" zu lösen: Es gibt aus Sicht der Beschäftigten "gute" und "schlechte" Aufträge. Gibt man einer Facharbeitergruppe "zuviel" Dispositionsspielraum, laufen sogenannte "Saure Gurken-Aufträge" Gefahr, liegen zu bleiben. Umgekehrt werden aus Auftragspools, die mehreren Beschäftigten zugeordnet sind, evtl. immer nur die "guten" Aufträge entnommen (sogenannte "Schweinebratenmentalität"). Die Unterscheidung in gute und schlechte Aufträge hängt dabei keineswegs nur von den Vorgabezeiten ab. Es gibt Werkstoffe, die bei der Verarbeitung die Maschine "verschmutzen" oder "giftig stinken", zum Beispiel bei der Kunststoffverarbeitung. Das Prinzip der Verteilung solcher Belastungen setzt sich auch ohne Einengung des Dispositionsspielraums durch, wenn diese Problematik zur Kenntnis genommen wird und wenn informelle Verteilungsspielregeln entwickelt werden, die den Freiräumen entsprechende Verantwortlichkeiten gegenüberstellen.

Die genannten Argumente und (ausgewählten) Beispiele begründen, welche Rolle die Facharbeiter bei der Disposition von Aufträgen spielen und damit die Relevanz der Beteiligung von Facharbeiter an dieser kooperativen Aufgabe Auftragsdisposition. Sie bilden die Grundlage der Anforderungen, wie die Facharbeiter in den organisatorischen Ablauf der Disposition eingebunden werden müssen und wie sie durch ein geeignetes Dispositionsinstrument unterstützt werden müssen.

Die Auftragsdisposition umfaßt als gesamtbetriebliche Aufgabe im allgemeinen *drei Planungsebenen*. In einer *ersten* Ebene der Vorausplanung erfolgt eine Abstimmung mit dem Marktbedarf. Festgelegt werden Produktmengen für die kommenden Betriebskalendermonate und Liefertermine für angefragte Aufträge. Trotz des großen Abstands zur Feinplanungsebene kann durch entsprechenden Planungsaufwand und vor allem durch ausreichende Berücksichtigung von Fertigungskapazitäten bereits hier ein erster Schritt getan werden, die in der Fertigung nötigen Dispositionsspielräume zu sichern.

In der *zweiten* Planungsebene erfolgt die Überwachung des Kundenauftrags und die Koordination der Fertigungs- bzw. Werkstattaufträge. Mit der Auflösung des Kundenauftrags bzw. der Vorlaufaufträge aus dem Produktionsprogrammplan in Bestell- und Fertigungsaufträge entstehen in Kooperation mit der Fertigung Arbeitspläne mit grober Vorabfestlegung auf bestimmte Arbeitsplatzgruppen bzw. Arbeitsbereiche (Fertigungskostenstellen), Grobtermine und Losgrößen. Ziel ist ein kurzer und dennoch reibungsloser Auftragsdurchlauf durch die gesamte Produktion (Termintreue, kurze Durchlaufzeiten, geringe Kapitalbindung). Eine Kooperation zwischen der Auftragsdisposition und den jeweiligen Fertigungsstellen erfolgt auch bei der Auftragsfreigabe, in der insbesondere die Ressourcenverfügbarkeit (Personal, Material, Betriebsmittel) berücksichtigt wird.

Die Genauigkeit der in der zweiten Planungsebene getroffenen Vorabfestlegungen beeinflußt massiv die nun noch für die *dritte* Planungsebene verfügbaren Dispositionsspielräume. In dieser dritten Ebene wird mit einem Planungshorizont von einigen Stunden bis hin zu einigen Tagen die (zunehmend) endgültige Verteilung der Aufträge und die Bearbeitungsreihenfolge in einzelnen Bereichen der Werkstatt vorgenommen. Der Widerspruch zwischen dem Ziel einer möglichst exakten Vorausplanung des Gesamtablaufs eines Auftrags in der zweiten Planungsebene und der Erfordernis von Dispositionsspielräumen "vor Ort" in der dritten Planungsebene kann durch gemeinsame Absprachen und Abstimmungen aufgelöst werden.

Um diesen Widerspruch mit Aussicht auf Erfolg situativ auflösen zu können, muß der Facharbeiter als gleichberechtigter Partner bei der Disposition anerkannt sein [vgl. Bahlow/Kleinow/Kötter 1992c:231ff.]. Darüber hinaus muß er in der Werkstatt einen ausreichenden Entscheidungs- und Handlungsspielraum haben, der nur in beschränktem Maß von außen durch ständig wechselnde Vorgaben eingeengt werden sollte ("Abschirmung" der Planungsautonomie); dies bedeutet:

- Es muß ein genügend großes Werkstattauftragspaket an die Facharbeiter weitergegeben werden, wobei keine feste Maschinenzuordnung erfolgt, sondern die Menge der Werkstattaufträge einem Maschinenpool oder der Arbeitsgruppe einer Fertigungsinsel zur Verfügung gestellt wird (je nach Durchlaufzeit und Auslastungssituation sollte das Paket einen Bestand von mehreren Tagen umfassen).

- Die Ecktermine müssen auf der ersten und zweiten Planungsebene so bestimmt sein, daß sie dem Facharbeiter einen ausreichenden Dispositionsspielraum ermöglichen. Das heißt, die Grobplanung sollte so gut sein, daß die Werkstatt neben Terminaspekten auch andere situative Gegebenheiten (Rüstzustand etc.) berücksichtigen kann. Je nach Anforderung sollte durch die Übergangszeiten eine angemessene Pufferzeit berücksichtigt werden. Die Termine können wochen- oder tagesgenau sein, aber mit angemessener Vorlaufzeit. Zusätzlich können weitere Dringlichkeitsmerkmale (Prioritäten, Kundenname) den Werkstattauftrag kennzeichnen.

Damit der Facharbeiter diese Dispositionsfreiräume adäquat nutzen kann, damit er die unterschiedlichen Fertigungsziele gegeneinander abwägen und seine situativen Interessen einbringen kann, muß er Zugriff auf unterschiedliche Informationen haben. Neben konventionellen Hilfsmitteln kann ihn bei der Informationsbeschaffung, -verarbeitung und -verwaltung auch ein DV-technisches Hilfsmittel unterstützen. Als grundsätzliche *Anforderungen an ein Konzept der DV-Unterstützung für die Disposition* ergeben sich dabei:

- Die gleichgewichtige Interessenabstimmung zwischen den Planungsebenen muß erhalten bleiben. Dies kann nur durch ein "bottom up"-DV-Konzept erreicht werden, das additiv zu einem auf "top down"-Planung ausgerichteten PPS-Konzept eingesetzt wird und das gezielt die Interessen der dritten Planungsebene (Fertigungsbereichsebene) unterstützt.

- Es ist zu berücksichtigen, daß viele für die Dispositionsentscheidung wichtige Informationen zeitlich sehr eng mit der Fertigungssituation verknüpft sind und/oder einen individuellen, an die Personen gebundenen Charakter haben. Dadurch kommen sie für eine DV-Verarbeitung in der Praxis kaum in Frage. Solche Informationen können nur dann adäquat berücksichtigt werden, wenn die Facharbeiter direkt und verantwortlich an Dispositionsentscheidungen beteiligt werden und ihnen dazu ein ausreichender Dispositionsspielraum und ausreichende Möglichkeiten zur Abstimmung mit Kollegen und dem Grobplaner (Disponenten) gegeben sind.

- Die Informationsunterstützung ist räumlich dort zur Verfügung zu stellen, wo sie im Arbeitszusammenhang gebraucht wird, also möglichst direkt an der Maschine oder bei Gruppenarbeit zusätzlich in einem Gemeinschaftsraum im Werkstattbereich.

- Die Art und der Umfang der DV-Unterstützung muß auf verfügbare alternative ("originäre") Informationsquellen abgestimmt sein. Als originäre Informationsquellen werden hier die nicht DV-technischen Gegebenheiten der unmittelbaren Arbeitsumgebung betrachtet (zum Beispiel das Regal in dem anstehende Aufträge gelagert sind), die über direkte sinnliche Wahrnehmung vermittelt handlungsrelevant sind.

- Informelle und direkte ("face-to-face") Gesprächsmöglichkeiten auf horizontaler Fertigungsebene zwischen Kollegen gleichartiger (paralleler) und im Arbeitsablauf aufeinanderfolgender Arbeitsplätze dürfen durch den Computer keinesfalls ersetzt werden. Die DV-Unterstützung sollte so konzipiert sein, daß sie solche Kontakte im Gegenteil sogar fördert.

Aus diesen grundsätzlichen Anforderungen an computergestützte erfahrungsgeleitete Arbeit soll im folgenden die *organisatorisch-technische Beschreibung des Dispositionsmoduls von CeAFIS* herausgearbeitet werden.

Der Aufruf des direkt am Maschinenarbeitsplatz verfügbaren Dispositionsmoduls zur tagesaktuellen Auftragsplanung erfolgt durch Eingabe der Maschinennummer oder der Bezeichnung des Facharbeiters (evtl. mit Passwortschutz). Ebenfalls anzustreben ist die Nutzung des Moduls in Gruppensituationen, zum Beispiel bei einer zusammen mit dem Grobplaner vorzunehmenden Verteilung des für die kommende Woche anstehenden Auftragspools einer Produktinsel. Die Größe einer von einem CeAFIS zu unterstützenden Beschäftigtengruppe wird dabei durch die Erfordernis nach intensiver direkter Kommunikations- und Kooperationsmöglichkeit begrenzt.

Gruppenfähigkeit kann dadurch realisiert werden, daß die grafischen Darstellungen auf eine "gruppenfähige Größe" zum Beispiel mit Hilfe eines Beamers oder eines LCD-Overhead-Projektors gebracht werden. Dabei können Einplanungsvorschläge mit erklärenden Handbewegungen und Zeigestock untermauert werden, so

daß die wichtige nonverbale Kommunikation nicht verloren geht. Dieses System muß in der Werkstatt in Arbeitsplatznähe installiert sein, zum Beispiel in einem Gruppenraum oder im Meisterbüro.
Wo die direkten Kommunikationsmöglichkeiten nicht mehr als Basis für eine zusätzliche DV-Informationsunterstützung gewährleistet werden können, sind die Anknüpfungspunkte an ein die "Ecktermine" vorgebendes PPS-System [vgl. Rundel/Carbon/Heisig 1992a:54] zu definieren. Die zu gestaltende DV-Unterstützung baut demnach auf einer informationalen Durchgängigkeit zwischen den Planungsebenen auf (vgl. auch Abschnitt 3.2).

Für die Nutzung von Erfahrungswissen ist die Kenntnis des Entstehungs- und Verwendungszusammenhangs von Daten wesentlich. Eine für die Erfahrungsbildung und -nutzung wichtige generelle software-ergonomische Anforderung, insbesondere bei gruppenbezogener Zuordnung von Daten, ist: Im Anwendungsfall sind von den Nutzergruppen Vereinbarungen darüber zu treffen, ob hinterlegte Informationen (für die jeweilige Gruppe) eher Muß-, Soll- oder Kann-Informationen sind. Dabei kann je nach Verwendungszusammenhang ein und dieselbe Information für unterschiedliche Zwecke (oder Nutzergruppen) durchaus unterschiedlich bewertet werden. Die DV-Funktionen müssen eine derartige Unterscheidung unterstützen. Notwendige Daten für Berechnungen können zum Beispiel zunächst mit (sinnvollen) Defaultwerten belegt werden, das System unterstützt dann die Vereinbarungen, die die Nutzer zu ihrer Verwendung getroffen haben (übernehmen, fallweise modifizieren, generell modifizieren). Die Dispositionsinformationen können um weitere "Meta-Informationen" zum Verwendungszusammenhang ergänzt werden: Dies sind Angaben zur Historie, warum und wie eine gemeinsam genutzte Datenbasis entstanden ist, wann sie letztmals überarbeitet oder geändert wurde und wer die Änderungen veranlaßte.

Im Dispositionsmodul (Teilmodul "Auftragsliste") des CeAFIS erhalten die Facharbeiter eine Liste aller Werkstattaufträge bzw. Arbeitsvorgänge (im folgenden: AVO) für ihren Arbeitsplatz (zum Beispiel Drehmaschine) oder Arbeitsbereich (zum Beispiel Produktinsel "Gehäusefertigung"), die vom Disponenten für einen gemeinsam abgestimmten Planungszeitraum freigegeben sind (vgl. Abbildung 3.4). Zusätzlich kann es durchaus sinnvoll sein, auch Informationen über in Bälde freizugebende Aufträge vorab mit anzuzeigen. Das Sortierkriterium muß frei wählbar sein. In der Liste werden die Informationen angezeigt, die die Facharbeiter – nach eigener Definition – zur schnellen Auftragsidentifikation benötigen. Als "Grundgerüst" sind Auftragskennung (Identifizierungsnummer "ID", Bezeichnung), Teil- oder Artikelkennung (ID, Bezeichnung) und Solltermin darzustellen; optional sind Informationen über Dringlichkeit, Bearbeitungszeit, Stückzahl etc. vorzusehen. Die Realisierung solcher Informationen per CeAFIS hängt vom gemeinsam definierten Bedarf nach diesen Informationen ab und davon, ob diese Informationen nicht einfacher direkt, "informell" und "face to face" ausgetauscht werden können.

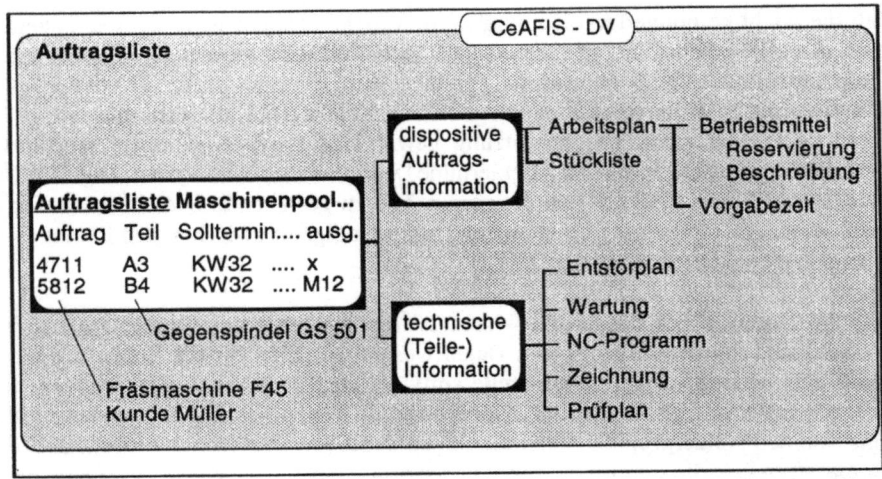

Abb. 3.4. Auftragsliste im Dispositionsmodul von CeAFIS

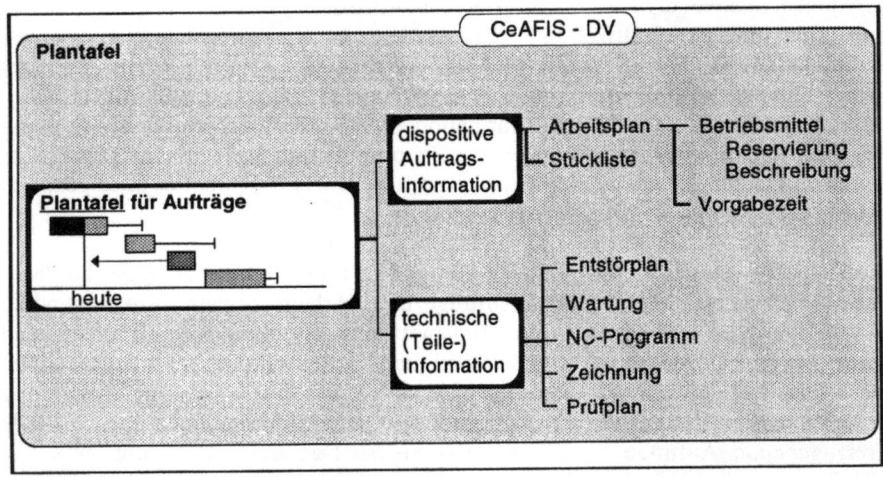

Abb. 3.5. Plantafel im Dispositionsmodul von CeAFIS

In einer besonderen Spalte wird angezeigt, welche AVO ein Kollege bereits für sich (vor-)ausgewählt hat (Maschinennummer des Kollegen). Diese Auswahl erfolgt anläßlich einer (zum Beispiel wöchentlich stattfindenden) gemeinsamen Vorabverteilung und/oder in der tagesaktuellen Planung am Maschinenarbeitsplatz. Freie AVO können (optional, als Alternative zur informellen Abstimmung) unmittelbar angekreuzt werden, was als Zeichen für die Kollegen gilt, daß man diesen AVO selbst bearbeiten möchte. Durch direkte informelle Abstimmungen sind jederzeit Änderungen der Auftragsverteilung möglich. Ob die sich daraus ergebenden Abweichungen der "in der DV abgebildeten Realität" von der "informell erzeugten Realität" in der DV zu korrigieren sind oder nicht, ist von den Betroffenen selbst gemeinsam zu entscheiden.

Die ausgewählten AVO werden in CeAFIS als Terminpunkt oder Bearbeitungszeitbalken in einer "elektronischen Plantafel" angezeigt (vgl. Abbildung 3.5). Sie können dort auf einem Zeitraster in ihrer Reihenfolge verplant werden, indem die Zeitbalken, beispielsweise mit der "Maus", verschoben werden. Der Zeitaufwand zur Bearbeitung eines Werkstattauftrags und damit die Balkenlänge wird vom Facharbeiter geschätzt oder bei externer Vorgabe, durch ihn modifiziert. Die Unterscheidung von Rüst- und Bearbeitungszeiten ist optional. Der aktuelle auf der Maschine befindliche Auftrag wird mit seinem bereits bearbeiteten Teil und der Restdurchlaufzeit angezeigt. Die Anzeige muß vom Facharbeiter jederzeit alphanumerisch oder auch grafisch durch Modifikation des Zeitbalkens geändert werden können. Für jeden AVO wird die verfügbare Pufferzeit bis zum Solltermin angezeigt. AVO, die so eingeplant sind, daß der Soll-Termin überschritten wird, werden von der DV besonders hervorgehoben. Auch bei Verspätungen markiert für jeden AVO ein Pfeil den spätesten Beginntermin, bei dem die Verspätung vermieden werden könnte. Das Zeitraster kann in verschiedenen Stufen (Tage, Stunden) eingestellt werden. Auf der horizontalen Zeitachse ist mit einer vertikalen Linie die aktuelle Uhrzeit bzw. Datumslinie abgetragen. Die von der zweiten Planungsebene zugrundegelegten Übergangszeiten (Transport-, Warte- und Liegezeit) sind, da als mögliche Zeitreserven relevant, auszuweisen. Sie müssen ebenfalls durch den Facharbeiter (in einem eigenen Feld) an situative Gegebenheiten angepaßt werden können.

Hält der Facharbeiter von ihm vorgenommene Änderungen der von der zweiten Planungsebene vorgegebenen Planungsdaten für dokumentierungswürdig oder beeinflussen die Änderungen Eckdaten, die in in der zweiten Planungsebene aktuell handlungsleitend sind, muß er sich direkt mit dem Disponenten und mit vor- und nachgelagerten Bereichen abstimmen (können). Voraussetzung ist allerdings die Kenntnis der und kooperative Mitverantwortung für die in der zweiten Planungsebene handlungsleitenden Ziele. Eine "datentechnische Durchgängigkeit", also eine DV-technische Verbindung eines CeAFIS-Systems mit einem PPS-System, ist ergänzend zu konzipieren. Zum einen kann hiermit der routinemäßige Austausch der Ecktermine und der Meilensteintermine erfolgen, zum anderen werden Rückmeldedaten der Fertigung in der zweiten Planungsebene zur Nachkalkulation der Aufträge benötigt. Ein weiteres Teilmodul kann die dafür relevanten Einzeldaten für den von CeAFIS abgedeckten Fertigungsbereich zusammenfassen und für die Verwendung in der zweiten Planungsebene aufbereiten. Voraussetzung dazu ist eine formale Festlegung, welche Verantwortung für die Einhaltung der Bearbeitungszeiten (Eckpunkt- und Meilensteintermine) dem Facharbeiter innerhalb seines Fertigungsbereichs übertragen wird.

Zur Reihenfolgeplanung stehen weiterhin folgende *Funktionen* zur Verfügung: Drucken von Vorbereitungslisten (zeigt dem Anwender, wann er aufgrund des selbst gewählten Beginntermins mit dem "Suchen" bzw. Bereitstellen des Materials, der Werkzeuge, Vorrichtungen etc. beginnen sollte). In einem optional verfügbaren Modul können einzelne oder alle nach Arbeitsplan für den AVO benötigten Betriebsmittel reserviert werden. In einer Reservierungsdatei wird eingetragen, ob, wann und von wem das Betriebsmittel für die Bearbeitung bereits vorgesehen ist. Die Entscheidung, ob und wie dieses Modul genutzt wird, muß gemeinsam erfolgen und gegen die Möglichkeit der direkten informellen Abstimmung abgewogen werden. Es sind die Erfahrungen zum Aufwand, der aus Störungen wegen nicht verfügbarer Betriebsmittel resultiert, dem absehbaren Aufwand zur Vermeidung solcher Störungen gegenüberzustellen. Es wird somit das Erstellen und Modifizieren der Informationsgrundlagen, im Rahmen gemeinsam getroffener Vereinbarungen, unterstützt. Dabei können Multimedia-DV-Werkzeuge genutzt werden, die neben Text- auch Bild-, Video- und Spracheingabe erlauben.

Zu den in der Liste und in der Plantafel gezeigten AVO können somit auch technische Informationen abgerufen werden. Insbesondere im Feinplanungsbereich sind viele für die Auftragsdisposition benötigte Informationen aus diesen Informationen abzuleiten. Die informelle bzw. per DV unterstützte Prüfung, ob alle benötigten Ressourcen wie z.B. Material und Werkzeuge zum vorgesehenen Termin verfügbar sind, setzt die aus den bauteil- und bearbeitungstechnologischen Anforderungen abzuleitende Kenntnis des entsprechenden Ressourcenbedarfs voraus. Grundlage ist in jedem Fall die technische Zeichnung des Bauteils und der mehr oder weniger detaillierte Arbeitsplan. Im Falle von Wiederholteilaufträgen kann meist auf vorhandene NC-Programme und Einrichteblätter, evtl. auch auf einen Prüfplan zurückgegriffen werden. Aus dem Dispositionsmodul ist ein direkter Zugriff auf technische Daten (NC-Programme, Einrichteblätter, Zeichnungen oder Skizzen, Prüfpläne etc.) möglich, so daß man sich eventuell vorhandene dispositionsrelevante Unterlagen ansehen kann. Diese können um eigene Informationen ergänzt werden, oder es kann auf bereits hinterlegte Informationen (Text, Sprache, Bild) zugegriffen werden.

Neben dem Zugriff auf technische Daten, kann auch direkt vom Dispositionsmodul in die jeweils anderen technischen Module (NC-Programmierung, Einrichten, Prüfplanung, Wartungsplanung und Entstörung) und zu ihren Funktionen und Daten, die als dispositionsrelevant erachtet werden, gesprungen werden. Die letztlich dabei angewandten Menüfunktionen, Datenmasken, Listen und Berichte müssen vom Nutzer frei konfigurierbar sein (Maskengenerator, Listengenerator).

Um den "bottom up"-Ansatz von CeAFIS nicht zu gefährden, sollten weitere für die Feinplanung wichtige, jedoch DV-technisch komplexe, Funktionen zunächst durch unmittelbare Abstimmung und Kommunikation der Betroffenen erfüllt werden. Für solche komplexeren Funktionen müßte noch geprüft werden, ob langfristig DV-Unterstützung sinnvoll wäre. Dazu können gehören: Splitten oder Überlappen von Aufträgen, Unterscheidungen in Auftragsart (Kundenauftrag, Lagerauftrag) bis hin zu Simulationsfunktionen mit unterschiedlichen Optimierungsalgorithmen.

3.1.2 Arbeitsplanung (Bearbeitungsplanung, NC-Programmierung, Einrichten, Qualitätssicherung, Wartung) im CeAFIS-Konzept

Erfahrungsgeleitete Arbeit an Werkzeugmaschinen beinhaltet neben der Auftragsdisposition die *technische Arbeitsplanung*. Diese setzt sich zusammen aus:

- *Bearbeitungsplanung*: Es wird eine Fertigungsstrategie gewählt, das prinzipielle Vorgehen wird geplant.
- *NC-Programmierung*: Sofern noch kein NC-Programm existiert, wird ein NC-Programm erstellt, beim Einfahren wird das Programm getestet und gegebenenfalls korrigiert und optimiert und für eine Wiederverwendung gespeichert.
- *Einrichten*: Die Maschine wird für den Folgeauftrag vorbereitet, Späne werden beseitigt, Aufspannvorrichtungen werden eingebaut, Werkzeuge bei Bedarf gewechselt, Zuatzgeräte angebracht.
- *Qualitätssicherung*: Die produzierten Teile müssen kontrolliert werden; dazu muß bestimmt werden, welche Anzahl von Teilen vermessen werden muß (Prüfumfang) und welche Maße kritisch sind.
- *Wartung* und *Entstörung*: Die Maschinen müssen in regelmäßigen Abständen gewartet werden, diese Wartungsintervalle müssen bei der Bearbeitung der Werkstattaufträge mit berücksichtigt werden. Maschinenausfälle mit einfachen Ursachen können vom Maschinenführer gegebenenfalls selbst behoben werden.

Die technische Arbeitsplanung ist mit der Auftragsdisposition am Facharbeiterarbeitsplatz, also an der Maschine, eng verknüpft. Beide Aspekte sind in der direkten operativen Umsetzung nicht voneinander zu trennen. Je größer dabei der Entscheidungs- und Handlungsspielraum durch den Facharbeiter an der Maschine ist, desto besser kann er die situativen Gegebenheiten nutzen, um die notwendigen Aufgaben optimal aufeinander abzustimmen und um schneller auf Störeinflüsse reagieren zu können. Dabei setzt der Facharbeiter neben seinem Anwendungs- und Übungswissen auch sein Erfahrungswissen ein und kann durch die ständig variierenden Bedingungen und Einflußgrößen neue Erfahrungen bilden.

Deshalb sollen die genannten Aufgaben der technischen Arbeitsplanung grundsätzlich durch den Facharbeiter erfüllt werden. Wenn dies aufgrund des Aufgabenumfangs nicht oder nur eingeschränkt möglich ist, sollte der Facharbeiter in die Aufgabenerfüllung fest integriert werden, das heißt, sie ist in kooperativer Form durch mehrere Personen gemeinsam oder nach gemeinsamer Absprache zu erfüllen. In jedem Fall ist eine technische Unterstützung möglich. Deshalb soll CeAFIS auch Module beinhalten, die den Facharbeiter bei der technischen Arbeitsplanung unterstützen und gleichzeitig erfahrungsgeleitetes Arbeiten ermöglichen. Auch die folgende Beschreibung des *organisatorisch-technischen CeAFIS-Konzepts zur technischen Arbeitsplanung* orientiert sich am Arbeitsablauf des

Facharbeiters und den dabei anfallenden Tätigkeiten sowie der möglichen technischen Unterstützung durch Module, Funktionalitäten und Funktionen von CeAFIS.

Nachdem sich der Facharbeiter im Rahmen der dispositiven Auftragsplanung für eine konkrete Reihenfolge der Werkstattaufträge entschieden hat, überlegt er sich, wie das nächste Teil technisch zu bearbeiten ist. In der Werkstattauftragsliste kann er am Status erkennen, ob der Auftrag

- komplett, mit NC-Programm und an dieser Maschine optimiert,
- komplett, mit NC-Programm und an dieser Maschine nicht optimiert,
- ohne NC-Programm, aber mit Geometrie,
- ohne NC-Programm und ohne Geometrie

vorhanden ist. In Abhängigkeit vom Status des Werkstattauftrags muß der Facharbeiter verschiedene Tätigkeiten zur technischen Auftragsplanung ausführen. Im "einfachen" Fall handelt es sich um ein *Wiederholteil*, und es existieren bereits ausreichende Informationen für die Bearbeitung: Das für diese Maschine optimierte NC-Programm ist vorhanden, es gibt ein Einrichtearbeitspapier, einen detaillierten Prüfplan etc. Auf seinem CeAFIS-Terminal an der Maschine kann der Facharbeiter für einen ausgewählten Auftrag und das damit verbundene Teil direkt erkennen, welche Informationen bereits vorliegen. Mit einer Funktionstaste kann er sich die Auftrags- und Teileinformationen unmittelbar ansehen und entscheiden, ob sie ausreichen. Es kann angezeigt werden, wer das NC-Programm oder das Einrichteblatt erstellt hat bzw. wer das Teil zuletzt und damit schon einmal gefertigt hat. Bei Unklarheiten kann der Facharbeiter (gerade wenn er neu in der Firma oder Abteilung ist) dann direkt die entsprechenden Kollegen ansprechen und sie um zusätzliche Informationen bitten, um Tips, Tricks und Hinweise. Im Anschluß an die Bearbeitungsplanung als Orientierungsphase, in der der Facharbeiter ohne langes Suchen die benötigten Informationen erhält, kann er sich das NC-Programm direkt an seine Maschine laden, die Maschine einrichten, ein gegebenenfalls noch nicht optimiertes Programm optimieren und mit dem Bearbeiten beginnen.

Wenn ein *Wiederholteil* in der Konstruktion oder Arbeitsvorbereitung *geändert* wurde, müssen diese Änderungen auf dem CeAFIS-Terminal deutlich hervorgehoben sein (durch Fettdruck oder Farbdruck), und der Facharbeiter muß abschätzen können, welche Auswirkungen auf seine technische Arbeitsplanung dies hat (NC-Programm muß korrigiert werden etc.).

Sehr viel mehr Teilaufgaben muß der Facharbeiter erfüllen, wenn es sich bei dem Werkstattauftrag um ein *neues Teil* handelt, für das die notwendigen Fertigungsinformationen noch nicht oder nicht vollständig vorhanden sind. Dann muß sich der Facharbeiter zunächst auf die Unterlagen aus der Konstruktion und Arbeitsvorbereitung stützen: Dazu zählen an erster Stelle die Teilezeichnung und der Arbeitsplan. Der Arbeitsplan sollte nicht zu detailliert sein, die einzelnen Arbeitsschritte sollten nicht so (von der zentralen Arbeitsplanung) vorbestimmt sein, daß dem Facharbeiter kein Handlungsspielraum mehr bleibt. Hilfreich kann auch eine Zusammenbauzeichnung oder ein Verwendungsnachweis sein, die Aufschluß darüber geben, wie und wo das zu produzierende Teil in der Montage in ein Produkt eingeht.

Mit Hilfe der funktionsorientierten Werkstückbeschreibung als Ergebnis der Konstruktion muß sich der Facharbeiter im Rahmen der *Bearbeitungsplanung* Klarheit darüber verschaffen, wie er bearbeitungstechnisch vorgeht, um das im Werkstattauftrag geforderte Ergebnis zu erreichen (vgl. Abbildung 3.6). CeAFIS unterstützt den Facharbeiter dabei dadurch, daß er die technische Werkstückzeichnung anschauen und bei Bedarf (auf einem Werkstattdrucker oder -plotter im Meisterbüro) auch ausdrucken kann. Die Zeichnung ist nicht nur Träger von Daten, deren Bedeutung in allgemeinen und unternehmensspezifischen Normen und Regelwerken festgelegt ist (Geometriemaße, Qualitätsprüfmaße etc.), sondern auch von Informationen, die sich aus den "genormten" Informationen und dem situativen Kontext in der Werkstatt erst ergeben (Fertigungsverfahren, Bearbeitungsrichtung etc.) (vgl. Abbildung 3.7). Mit CeAFIS besteht die Möglichkeit, daß der Konstrukteur, die Arbeitsvorbereitung, der Meister oder der Facharbeiter die Zeichnungen um "genormte" und um Kontext-Informationen ergänzen. Sie können freie Texte einfügen, einzelne Daten mit Notizen oder gesprochenen Memos oder mit Skizzen und Bildern (zum Beispiel für Oberflächengüten, komplexe Geometrien) hinterlegen. Zusätzlich kann sich der Anwender eine Zusammenbauzeichnung, den Teilverwendungsnachweis und den Arbeitsplan mit Vorgänger- und Nachfolger-Arbeitsvorgang am Terminal ansehen.

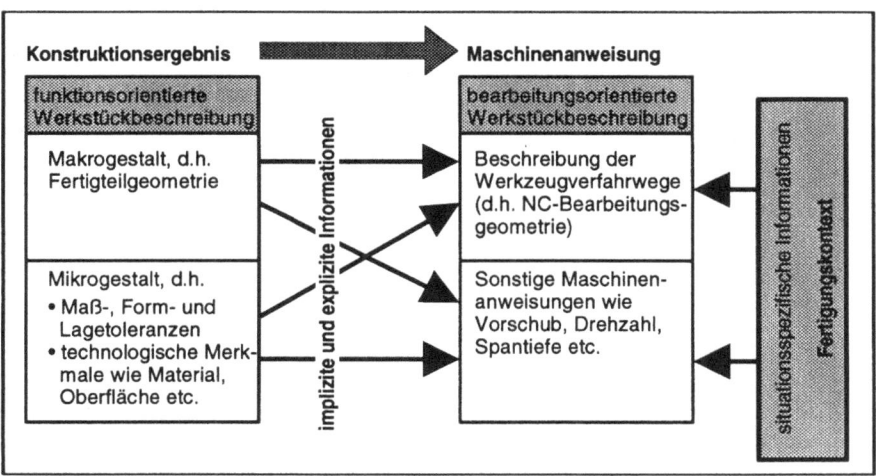

Abb. 3.6. Transformation der Produktdokumentation in Maschinenanweisungen [Quelle: Klimmer 1993:29]

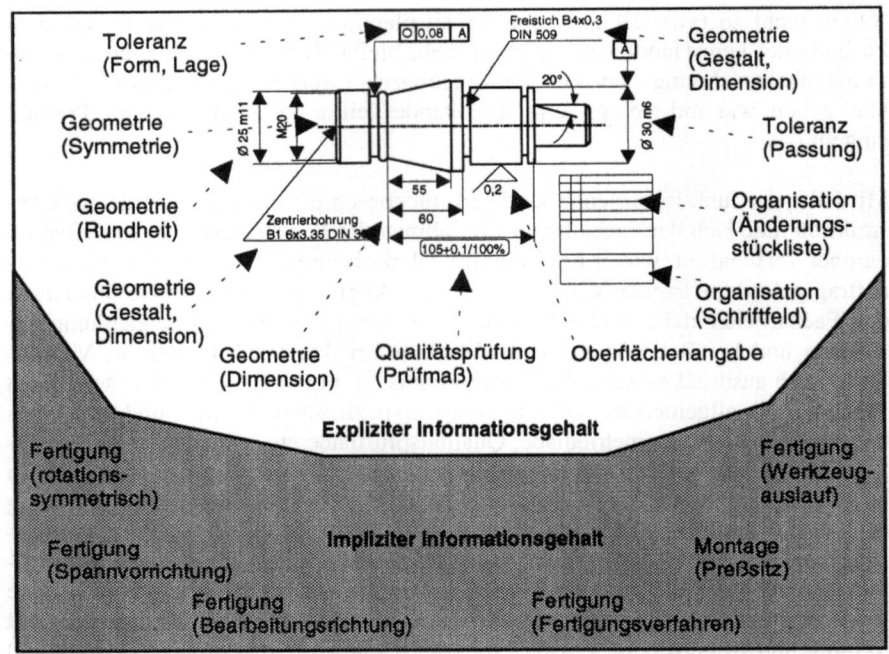

Abb. 3.7. Explizite und implizite Informationen in technischen Zeichnungen [Quelle: Trippner et al. 1991:38]

Die Facharbeiter verknüpfen alle diese Informationen mit den situationsspezifischen Informationen aus ihrem Fertigungskontext und mit ihrem impliziten und expliziten Fach- und Erfahrungswissen und entscheiden, wie sie nun weiter vorgehen. Wenn die Möglichkeit besteht, eine konventionelle Maschine alternativ für die Bearbeitung einzusetzen, kann an dieser Stelle die Entscheidung stehen, bei sehr kleinen Stückzahlen die konventionelle Maschine zu nutzen – CeAFIS kann auch im Umfeld von konventionellen Werkzeugmaschinen eingesetzt werden. An der CNC-Maschine beginnt der Facharbeiter mit der Erstellung des NC-Programms. Die Teiltätigkeiten, die dabei auszuführen sind, sind in Abbildung 3.8 dargestellt.

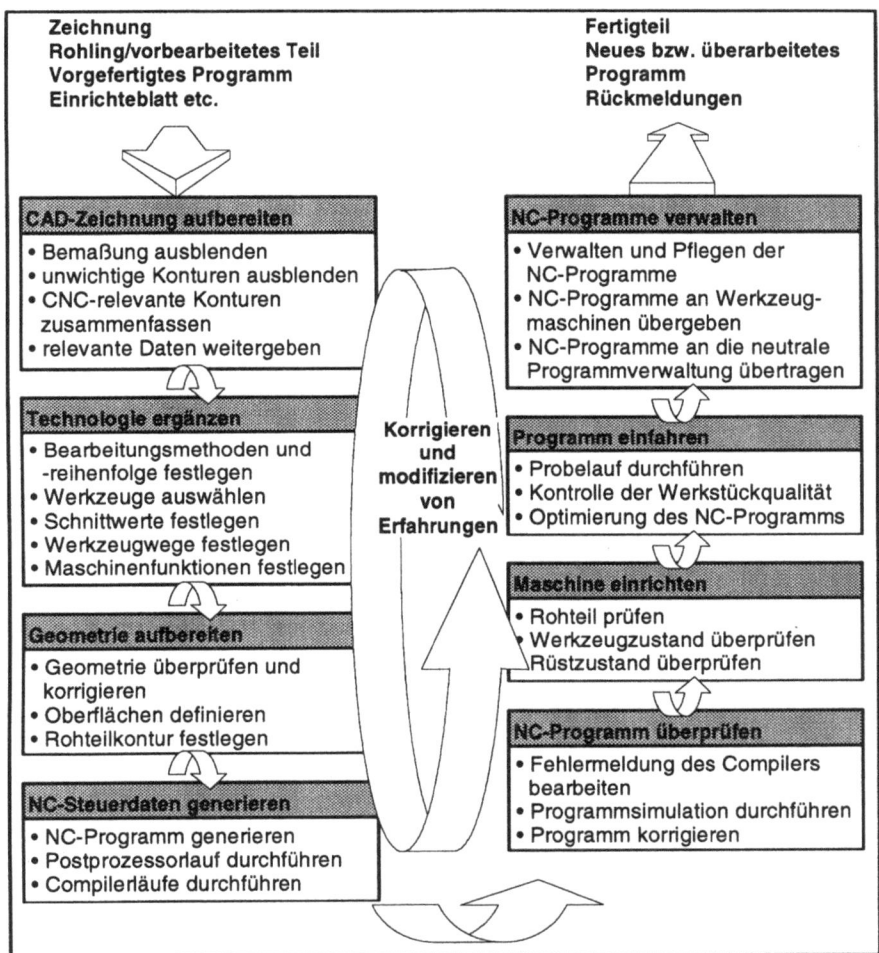

Abb. 3.8. Teiltätigkeiten bei der Übertragung von Werkstückdaten in Bearbeitungsdaten bei der CAD/NC-Vernetzung mit CeAFIS [in Anlehnung an: Beck/Hohwieler/Pothast 1990:39]

Vor der unmittelbaren Generierung des NC-Programms müssen gegebenenfalls die *Daten zur Werkstückbeschreibung* noch *aufbereitet* oder ergänzt werden. In welchem Umfang dies notwendig ist, hängt von der Art der CAD/NC-Integration ab und davon, inwieweit die Konstruktion eine "fertigungsgerechte" Werkstückbeschreibung erstellt. Die Konstruktion kann nicht alle notwendigen Informationen festlegen, die in der Fertigung benötigt werden, viele ergeben sich erst im Kontext der Werkstatt. Der Facharbeiter hat mit CeAFIS die Möglichkeit, die Informationen aus der Konstruktion für die NC-Programmierung aufzubereiten und gegebenenfalls an seine Belange anzupassen. Wenn das NC-Programm aufgrund der Zeichnungsvorgaben erstellt werden soll, sind nur einzelne Funktionen notwendig, zum Beispiel:

- Unterstützung bei der Umrechnung von Maßangaben in Koordinaten entsprechend der Bearbeitungsfolgen,
- Vervollständigen der Bemaßung in der Zeichnung, wobei der Facharbeiter definierte Zugriffsrechte auf die Zeichnungs- bzw. Werkstückdaten haben muß,
- Darstellung von zusätzlichen Ansichten oder Schnitten, 3D-Darstellungen oder
- Zoomfunktionen für das bessere Erkennen von Konturelementen (Schrupp- und Schlichtkontur).

Ist das CAD-System informationstechnisch mit dem NC-Programmiersystem verbunden (über eine CAD/CAM-Schnittstelle [vgl. Scholz 1988:127]), können weitere Funktionen in CeAFIS notwendig sein, die als automatisierte oder halbautomatisierte Funktionen den Facharbeiter von Routinetätigkeiten entlasten können. Beispiele dafür sind: Bemaßung ausblenden, unwichtige Konturen ausblenden, NC-relevante Konturen zusammenfassen etc.

Nach der Bearbeitungsplanung und der Aufbereitung der Werkstückbeschreibung folgt die *NC-Programmierung*. Grundsätzlich muß der Facharbeiter selbst ein komplettes NC-Programm an seiner Maschine mit Hilfe eines Programmiersystems und mit Hilfe von CeAFIS erstellen können. Dies schließt die erste Generierung des Programms, den Postprozessorlauf, eine Programmsimulation, Programmkorrektur, Programmoptimierung, die Programmverwaltung und die Rückübertragung des NC-Codes in ein maschinenneutrales Quellprogramm ein (vgl. Abbildung 3.8). Zusätzlich muß die Möglichkeit bestehen, daß der Facharbeiter in einem ruhigen Programmierraum seine erste Programmversion erstellt und diese dann an der Maschine korrigiert und optimiert oder daß in der zentralen Arbeitsvorbereitung (durch eine andere Person) ein NC-Rumpfprogramm erstellt wird, das der Facharbeiter dann an der Maschine ergänzen, korrigieren und optimieren kann.

Wenn das NC-Programm automatisch aus den Werkstückdaten generiert wird, kann der Automatismus nicht alle für das NC-Programm relevanten Randbedingungen aus der Werkstatt berücksichtigen. Die Facharbeiter müssen sich deshalb über die automatischen Abläufe "bewußt" sein, um bei Bedarf korrigierend eingreifen zu können. Dieses Bewußtsein als ein "Wissen um" kann dadurch erzeugt werden, daß der Facharbeiter zum Eingreifen in den automatischen Prozeß gezwungen wird. So sollte ein Technologieprozessor keine festen Programmparameter, die sehr stark vom fertigungsspezifischen Kontext abhängen, vorgeben, sondern nur Intervalle vorschlagen, und die genauen Werte müssen dann vom Facharbeiter ergänzt werden.

Im CeAFIS-Programmiermodul kann das NC-Programm nach "WOP-Logik" erstellt werden, wobei zuerst die Geometrie-Informationen und anschließend die

Technologie-Informationen eingegeben werden, aber auch nach "DIN-Logik", wobei Geometrie und Technologie gemeinsam eingegeben werden. Die Eingabe kann für den geübten Anwender sehr einfach und schnell über eine Tastatur erfolgen oder über grafisch-interaktive Elemente für den ungeübten Anwender oder für schwierige Aufgaben. Wenn keine vordefinierte Geometrie existiert, kann der Anwender auch eine eigene Kontur erstellen. Er wird dabei von einem Geometrieprozessor unterstützt. Die technologischen Daten für die Bearbeitung können parallel bereits mit eingegeben werden. Die Programmierung kann durch zwei weitere Modi unterstützt werden: Der Modus "Handbetrieb" beinhaltet die Funktionen zum Anfahren der Referenzpunkte und zum manuellen Verfahren in der Maschine. Bei "Teach-In" kann der Benutzer Bewegungen der Achsen mit bestimmten Werkzeugen eingeben und die Verfahrwege abspeichern. Darüber hinaus sollte das NC-Programmiermodul folgende Funktionen beinhalten:

- Verifizierungs-, Optimierungs- und Simulationsmöglichkeiten,
- Werkzeugauswahl (Werkstoff/Schneidstoff-Paarung, Geometrie, Oberfläche),
- Festlegung und Modifizierung der Einspannung,
- Verfahrweggenerierung (Innen-/Außenkonturen),
- Auswahl von Anfahrstrategien,
- Auswahl von Bearbeitungsstrategien,
- Berücksichtigung von Oberflächenangaben und Toleranzen,
- Eingabe von Toleranzen,
- Umrechnungsmöglichkeiten von Toleranzen,
- Schnittwerteermittlung (Vorschub, Schnittgeschwindigkeit etc.),
- Schnittaufteilung,
- Abbildung der aktuellen Rohteilgeometrie und
- Anwendung von Makros.

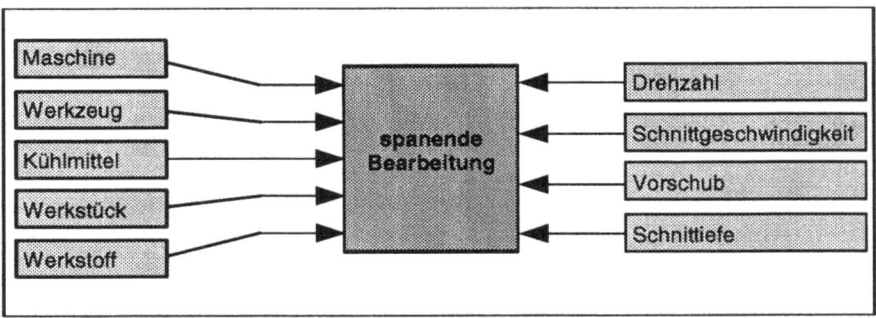

Abb. 3.9. Einflüsse auf das Spanen [Quelle: IFAO 1983:53]

Die Bestimmung der Technologiewerte (Drehzahl, Vorschub, Schnittiefe oder Schnittgeschwindigkeit) hängt von verschiedenen Einflußfaktoren ab (vgl. Abbildung 3.9). Wie diese Einflußfaktoren im konkreten Bearbeitungsprozeß zur Geltung kommen, weiß der Facharbeiter sehr oft durch seine Erfahrungen, die durch Informationen in CeAFIS ergänzt werden können: Eingabe von Korrekturwerten bei Werkzeugverschleiß, Drehzahlbegrenzungen bei bestimmten Spannvorrichtungen und Materialien, Standzeiten von Werkzeugen (zum Vergleich kann die bisherige "Zeit in Arbeit" auch automatisch mitprotokolliert werden), Orientierungshilfen beim Aufspannen, Einrichten und Überprüfen des Wegmeßsystems in Abhängigkeit vom Setzen des Werkstücknullpunkts etc.

Der Facharbeiter kann zusätzlich auf spezielle Technologietabellen oder Technologiespeicher in CeAFIS zurückgreifen, die ihm bei der Berücksichtigung der Einflußfaktoren helfen. Dabei kann es sich zum Beispiel um Verkürzungsfaktoren beim Biegen handeln, die beim Erstellen des Programms für das Stanzen beachtet werden müssen oder um spezielle Korrekturwerte für Schnittgeschwindigkeit bei besonderen Materialien oder Umfeldbedingungen (Temperatur etc.). Der Facharbeiter kann selbst bestimmen, welche Technologietabellen er anlegen will und welche Informationen in die Technologietabellen aufgenommen werden sollen, er kann das Zugriffsrecht (Lesen oder Ändern) auf sich beschränken oder die Informationen der Arbeitsgruppe zur Verfügung stellen. Einige Technologiedaten können nur gemeinsam ermittelt und angelegt werden (zum Beispiel zwischen Stanzer und Bieger oder Fräser und Qualitätsingenieur). Das in CeAFIS in Technologietabellen "geronnene" Wissen muß nicht für die Programmierung ausreichen, in schwierigen Fällen oder bei selten auftretenden Teilen müssen weitere Informationen beschafft werden. Dabei spielt die persönliche direkte Kommunikation mit Facharbeiter-Kollegen, mit dem Meister, mit der Qualitätssicherung oder mit der Konstruktion eine sehr große Rolle und sollte soweit wie möglich bei der NC-Programmierung, bei der wichtige Fertigungsmerkmale (Zeiten) und Produktmerkmale (Qualität, Güte) vorbestimmt werden, genutzt werden.

Der Facharbeiter kann beim Programmieren zu jedem Zeitpunkt aus dem Programmiermodus in andere Modi von CeAFIS wechseln, um fallweise auf spezifische Informationen zurückgreifen zu können: Die Werkstückzeichnung, der Arbeitsplan, beliebige generierte Technologietabellen, Programmier- und Benutzerhandbuch, Werkzeugdatei, Spannmitteldatei oder Einrichteblatt. Diese Informationen können in CeAFIS angelegt werden (in frei wählbarem Umfang), müssen aber nicht. Wenn klassische Informationsträger (Papier, Mappen, Ordner, Fotografien) bereits genutzt werden oder einfacher zu handhaben sind, sollten sie einer DV-technischen Erfassung vorgezogen werden.

Nachdem die NC-Steuerdaten generiert sind, muß das *Programm geprüft* werden. Wenn der Facharbeiter das NC-Programm nicht direkt an der Maschine prüft, sondern am ruhigen Programmierplatz, kann eine Simulation, die grobe Fehler deutlich macht, ihn dabei unterstützen. Bei der Simulation sollten folgende Funktionen möglich sein:

- Wahlweise Festlegung von Ansichten wie Vorderansicht, Seitenansicht und Draufsicht,
- Unterbrechen der Bearbeitungssimulation,
- interaktive Änderung der Reihenfolge von Bearbeitungssequenzen,
- Visualisierung von Schaltfunktionen (Rotation des Werkzeugs, Kühlmittel ein/ aus) und
- Plazierung von Spannmitteln bzw. Vorrichtungen, entweder kontinuierlich, durch alphanumerische Eingabe oder durch Anordnungsfunktionen.

Eine zweite Prüfung des Programms erfolgt beim Einfahren an der Maschine. Obwohl der Facharbeiter den Maschinenraum direkt einsehen kann (sofern noch keine Kühlmittelzufuhr erfolgt), sollte auch hierbei eine Simulation möglich sein, um aus Sicherheitsgründen einen prozeßnahen Vergleich zwischen Programm und Ablauf in der Maschine zu gestatten, um das DIN-Programm satzweise abfahren und gleichzeitig simulieren zu können und um die Wirkungsweise eines fremden NC-Programms einschätzen zu können. Die Simulation an der Maschine darf nicht zu lange dauern (Rechnerleistung), bei Bedarf kann der Facharbeiter sie abschalten.

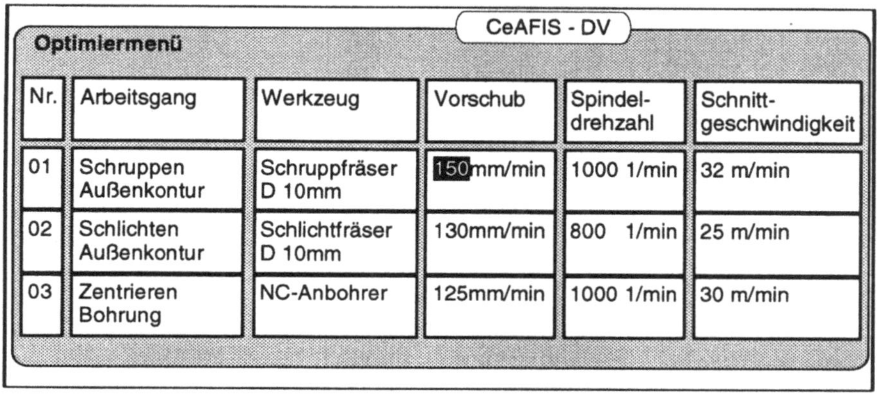

Optimiermenü		CeAFIS - DV			
Nr.	Arbeitsgang	Werkzeug	Vorschub	Spindel-drehzahl	Schnitt-geschwindigkeit
01	Schruppen Außenkontur	Schruppfräser D 10mm	150 mm/min	1000 1/min	32 m/min
02	Schlichten Außenkontur	Schlichtfräser D 10mm	130mm/min	800 1/min	25 m/min
03	Zentrieren Bohrung	NC-Anbohrer	125mm/min	1000 1/min	30 m/min

Abb. 3.10. Optimiermaske in CeAFIS

Wenn das (Rumpf-)NC-Programm in der (zentralen) Arbeitsvorbereitung oder in einem separaten Programmierraum erstellt wurde, kann es an der Maschine gegebenenfalls optimiert werden (Drehzahl, Vorschub, Schnittgeschwindigkeit oder Entnahme werden auf die Einflußfaktoren vor Ort angepaßt, um kürzere Zykluszeiten oder bessere Qualität zu erzielen). Der Facharbeiter sollte, insbesondere bei komplexen Teilen oder großen Stückzahlen, unterschiedliche Parametereinstellungen ausprobieren können. Mit einem automatischen Override-Protokoll in CeAFIS kann der manuell eingestellte und jeweils zuletzt gewünschte Wert in das Programm automatisch aufgenommen oder editiert werden (vgl. Abbildung 3.10).

Bei der Optimierung und Korrektur ist wichtig, daß das CeAFIS-Terminal so angebracht ist, daß das geschehen im Maschinenraum und das NC-Programm auf dem Bildschirm parallel betrachtet werden können.

Nachdem das NC-Programm an der Maschine seine endgültige Form bekommen hat (und nachdem gegebenenfalls der Werkstattauftrag abgeschlossen wurde), muß es für eine spätere Wiederverwendung aufbewahrt oder archiviert werden. Hierfür sollte es mehrere Möglichkeiten geben:

- Das NC-Programm wird auf dem Werkstattserver im Meisterbüro in einem NC-Programmverwaltungssystem abgelegt und kann anschließend dort schnell und einfach über frei wählbare Suchmerkmale oder Suchstrategien wieder gefunden werden. Das Programm sollte in einer maschinenneutralen Form abgelegt sein, damit die Teile später auch an anderen Maschinen (mit evtl. anderer Steuerung) gefertigt werden können, ohne ein neues Programm erstellen zu müssen. Regelmäßige Backups müssen ausreichende Datensicherheit gewährleisten. Der Facharbeiter darf nicht das Gefühl bekommen, sein NC-Programm könnte verloren gehen.
- Das NC-Programm kann ausgedruckt werden. So kann sich der Facharbeiter individuelle Notizen (für die Bearbeitung an seiner Maschine) auf dem Ausdruck anbringen, oder er kann den Ausdruck für Abstimmungen mit anderen Personen mitnehmen.
- Es kann ein Lochstreifen erstellt werden, den der Facharbeiter im Meisterbüro oder an seinem Arbeitsplatz aufbewahrt.

Bevor das NC-Programm durch Einfahren geprüft und optimiert werden kann, muß die *Maschine eingerichtet* werden. Die dabei anfallenden Tätigkeiten hängen von der Art des Vorgänger-Auftrags ab. Zum Teil müssen Späne beseitigt werden (Reinigen), zum Teil müssen Werkzeuge gewechselt werden (auch im Werkzeugmagazin), die Werkzeuge werden geprüft, die Aufspannungen müssen angebracht werden, das Rohteil wird geprüft, bei Bedarf werden Zusatzgeräte installiert (Kühlmittelschläuche, Entnahmegeräte etc.). In CeAFIS kann der Facharbeiter aus dem Arbeitsplan erkennen, welche Betriebsmittel im einzelnen benötigt werden und wo sie (wenn nicht direkt am Arbeitsplatz) zu finden sind. Eine wesentliche Hilfe für den Facharbeiter können zusätzlich Aufspannskizzen oder Einrichteblätter sein. Bei Wiederholteilen zeigt CeAFIS an, ob entsprechende Unterlagen bereits vorhanden sind und wer sie erstellt hat, so daß bei Unklarheiten gezielt nachgefragt werden kann. Im anderen Fall, bei schwierigen, komplexen Aufspannungen, kann der Facharbeiter über verschiedene Suchstrategien ähnliche Teile heraussuchen und sich für diese die Informationen anzeigen lassen, um Hinweise für sein Vorgehen zu bekommen. Nach dem Einrichten kann er selbst eine Aufspannskizze oder ein Einrichteblatt anfertigen und ablegen. Dazu können vorgegebene Datenfelder eingetragen werden, es können aber auch individuelle Notizen in freien Textfeldern (hinter jedem Datenfeld), Memos mit Spracheingabe und Bilder, die mit Fotoapparat oder Videokamera aufgenommen werden, eingebunden werden.

Nach diesen vorbereitenden Aufgaben folgt das *CNC-Bearbeiten*. Parallel dazu müssen die produzierten Teile nach den Angaben im Prüfplan, der von der *Qualitätssicherung* erstellt wird, kontrolliert werden. Der Facharbeiter mißt deshalb die (kritischen) Maße, die im Prüfplan angegeben sind und vergleicht die Teile mit der Werkstückzeichnung und der Zusammenbauzeichnung, um zu erkennen, welche Qualitätsanforderungen aus dem Verwendungszusammenhang resultieren (Abweichungen bei einer Bohrung sind zum Beispiel dann unwichtig, wenn später nur ein Kabel durchgeführt wird). Die notwendigen Informationen für die Kontrolle kann der Facharbeiter von CeAFIS bekommen: Er kann sich die Werkstückzeichnung, die Zusammenbauzeichnung und den Prüfplan (vgl. Abbildung 3.11) ansehen. Dort erkennt er auch, wie oft welche Maße kontrolliert werden müssen (Prüfumfang). Wenn er sich unsicher fühlt, ob er die Qualität mit seiner gewählten Fertigungsstrategie erreicht, kann er auch mehr Teile messen, als die im Prüfplan angegebene Stichprobe. Meßgeräte können auch an CeAFIS oder ein System für eine statistischen Prozeßkontrolle angeschlossen werden. Durch die Verknüpfung der angebotenen Informationen kann er entscheiden, ob er sich bei Qualitätsmängeln an die Qualitätssicherung, an die Konstruktion oder an die Montage wendet, bei Bedarf kann auch der Meister in den Abstimmungsprozeß einbezogen werden. Wenn sich dabei Änderungen zu den Qualitätsanforderungen ergeben, kann der Facharbeiter diese im Prüfplan (vorläufig) eingeben (dies sollte durch die verantwortliche Stelle aber immer überprüft und freigegeben werden). Auch hier hat er die Möglichkeit, Notizen, Nachrichten oder Bilder zu hinterlegen.

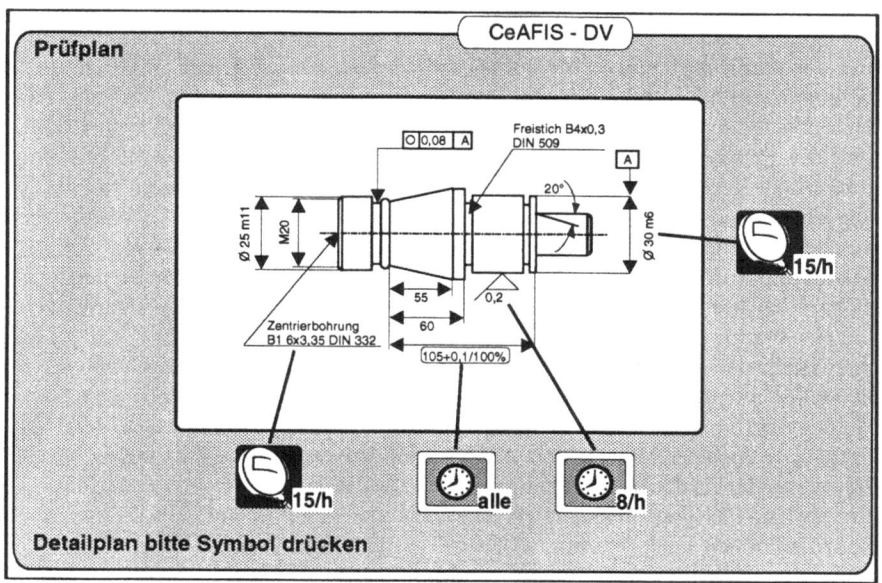

Abb. 3.11. Prüfplan in CeAFIS

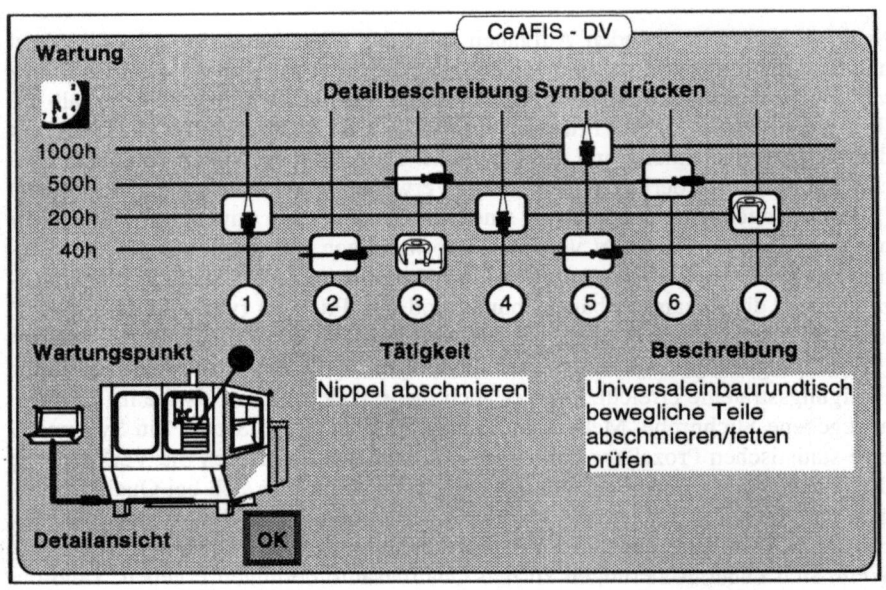

Abb. 3.12. Wartung in CeAFIS

Bei der persönlichen Zuordnung einer CNC-Maschine zum Facharbeiter kann sich eine eigene Bindung zwischen Person und Arbeitsmittel aufbauen. Diese Bindung und das damit verbundene Verantwortungsgefühl kann für eine qualifizierte *Instandhaltung* und (eingeschränkt) *Instandsetzung* genutzt werden. Deshalb sollte der Facharbeiter möglichst viele Wartungsarbeiten selbst durchführen. Dadurch wird die Einsatzbereitschaft der Maschine verbessert, der tatsächliche Nutzungsgrad erhöht, Durchlaufzeiten für Werkstattaufträge werden verringert und die Kosten für Instandsetzungen sinken. In CeAFIS kann er auf einem Zeitstrahl sehen, welche Wartungsarbeiten zu welchem nächsten Zeitpunkt auszuführen sind (vgl. Abbildung 3.12). Für Maschinen sind die Wartungsintervalle meist durch Betriebszeiten bestimmt (alle x Stunden/Tage/Wochen). Wenn der Facharbeiter einen der Wartungspunkte anwählt, zeigt ihm CeAFIS, welche Tätigkeiten an welcher Stelle der Maschine er ausführen sollte. Diese Informationen können vom Hersteller eingetragen werden, von der (zentralen) Betriebsmittelwartung, vom Meister oder von ihm selbst. Wiederum können sowohl Datenfelder, als auch freie Texte, gesprochene Nachrichten, Bilder oder Videosequenzen verwaltet werden. Erst wenn der Facharbeiter den entsprechenden Wartungsarbeitsvorgang als erledigt an CeAFIS gemeldet hat, verschwindet der Hinweis auf dem Zeitstrahl. In CeAFIS können auch Wartungsdaten für andere Betriebsmittel wie Werkzeuge, Meßgeräte, Zubehör etc. verwaltet werden. Hierfür kann aus einer Betriebsmittelliste die jeweilige Wartungsstammkarte mit Zeitstrahl und Wartungsinformationen aufgerufen werden.

Trotz aller planbaren Wartungsarbeiten kann eine Maschine aufgrund unvorhersehbarer Störeinflüsse überraschend ausfallen. Etwa 70 % aller Maschinenausfälle haben einfache Ursachen, die der Maschinenführer auch selbst beheben kann, wenn er durch einfache technische Hilfsmittel unterstützt wird. Dazu gehört, daß

- Fehlermeldung der Maschine im Klartext erscheinen und nicht in anonymen Codes,
- Hinweise auf die möglichen Ursachen des Fehlers gegeben werden und
- Hinweise gegeben werden, an welcher Stelle und wie ein (einfacher) Fehler behoben werden kann.

In CeAFIS wird deshalb eine Diagnosehilfe angeboten, es sind textliche Beschreibungen mit digitalen Situationsbildern verknüpft. Zur Bestimmung von Fehlerursachen kann ein Fehlerbaum hinterlegt werden. Dabei können Maschinenherstellerangaben eingebunden werden, Informationen aus der (zentralen) Instandhaltung, aber auch die erworbenen Kenntnisse des Meisters oder der Facharbeiter. Die Anleitungen zur Behebung der Fehler können als Text, Sprache, Bilder oder Videosequenzen hinterlegt werden. Inwieweit der Facharbeiter als Maschinenführer dann tatsächlich den Fehler selbst beheben kann, hängt von seiner Qualifikation ab. Einige Fehler darf er auch aus Gründen des Arbeitsschutzes nicht selbst beheben (Elektrik etc.). In diesen Fällen wird er vom Diagnosemodul auf den nächsten Ansprechpartner hingewiesen (zum Beispiel die Person, die diesen Fehler schon einmal behoben hat).

Die Beschreibung sollte die technische Arbeitsplanung am Maschinenarbeitsplatz des Facharbeiters darstellen, der in erfahrungsförderlichen Organisations- und Arbeitsstrukturen sehr große Entscheidungs- und Handlungsspielräume hat. Diese kann er dann kompetent ausfüllen, wenn er alle notwendigen Arbeitsmittel und Informationen (am Arbeitsplatz) zur Verfügung hat, wenn er sich gezielt mit Kollegen aus vor-, nach-, neben- und übergelagerten Bereichen abstimmen kann und wenn ihn informationstechnische Arbeitsmittel mit angepaßten Funktionen, wie CeAFIS, unterstützen. Diese können die direkte Kommunikation oder originäre Informationsmöglichkeiten aber nicht ersetzen; und im Einzelfall sind die "klassischen" Informationsträger Papier, Mappen, Ordner einfacher zu handhaben und wirtschaftlicher. Sie sollten dann den Vorzug erhalten.

3.2 CeAFIS-Konzept und die gesamtbetriebliche Auftragsdisposition

3.2.1 Organisatorische und technische Vernetzung unterschiedlicher Ebenen der Auftragsplanung (vertikale Integration)

Das im vorigen Abschnitt beschriebene organisatorische und technische Basis-Konzept für erfahrungsgeleitete Arbeit an Werkzeugmaschinen muß in die betriebliche Planungs- bzw. Dispositionskette (CNC/PPS-Kette) eingebunden werden, um das Zusammenspiel der einzelnen Funktionsbereiche so sicherzustellen, daß Planungsentscheidungen in übergeordneten Funktionsbereichen den Entscheidungs- und Handlungsspielraum der Facharbeiter nicht einschränken und damit die Möglichkeiten für erfahrungsgeleitete Arbeit behindern. Dabei lassen sich aus dem organisatorischen Sollkonzept Anforderungen an die technischen Unterstützungsinstrumente ableiten.

In dispositiv vor- bzw. übergelagerten Bereichen (Vertrieb, Arbeitsvorbereitung, Disposition) werden die Aufträge als Programmaufträge oder Kundenaufträge erfaßt und von einem (zentralen) Disponenten grob nach Materialverfügbarkeit, Kapazität und Termin geplant (erste und zweite Planungsebene, die in Abschnitt 3.1.1 bereits dargestellt sind). In einigen Fällen (Eilaufträge; bekannte, sehr hohe Belastung der Fertigung) kann der Disponent bereits zu diesem Zeitpunkt direkte Rücksprache über die Machbarkeit seiner beabsichtigten Planung mit den Facharbeitern oder Vertretern der Arbeitsgruppe halten. Das Ergebnis der Grob- und Mittelfristplanung ist ein Paket von Werkstattaufträgen, das in der Fertigung im Rahmen der ermittelten Ecktermine bearbeitet werden muß. Dabei prüft der Disponent die grundsätzliche Verfügbarkeit von notwendigen Ressourcen (Personal, Material, Arbeitsmittel), bevor er die Auftragsinformationen an die Werkstatt freigibt und die Bereitstellung des Materials im Auftragsregal veranlaßt (vgl. Abbildung 3.13).

Die Facharbeiter prüfen die Vorgaben und beziehen sie auf ihre Kenntnis der Situation in der Fertigung. Dabei ziehen sie eine Vielzahl von vorliegenden Informationen heran (vgl. Abbildung 3.14), die sie in ihrem jeweiligen situativen Kontext interpretieren. Das heißt, sie nutzen zum Beispiel originäre Informationen aus einem Auftragsregal oder sehen die Belastung der Kollegen. Zusätzlich können sie sich notwendige Informationen und Kenntnisse über das CeAFIS-Dispositionsmodul einholen.

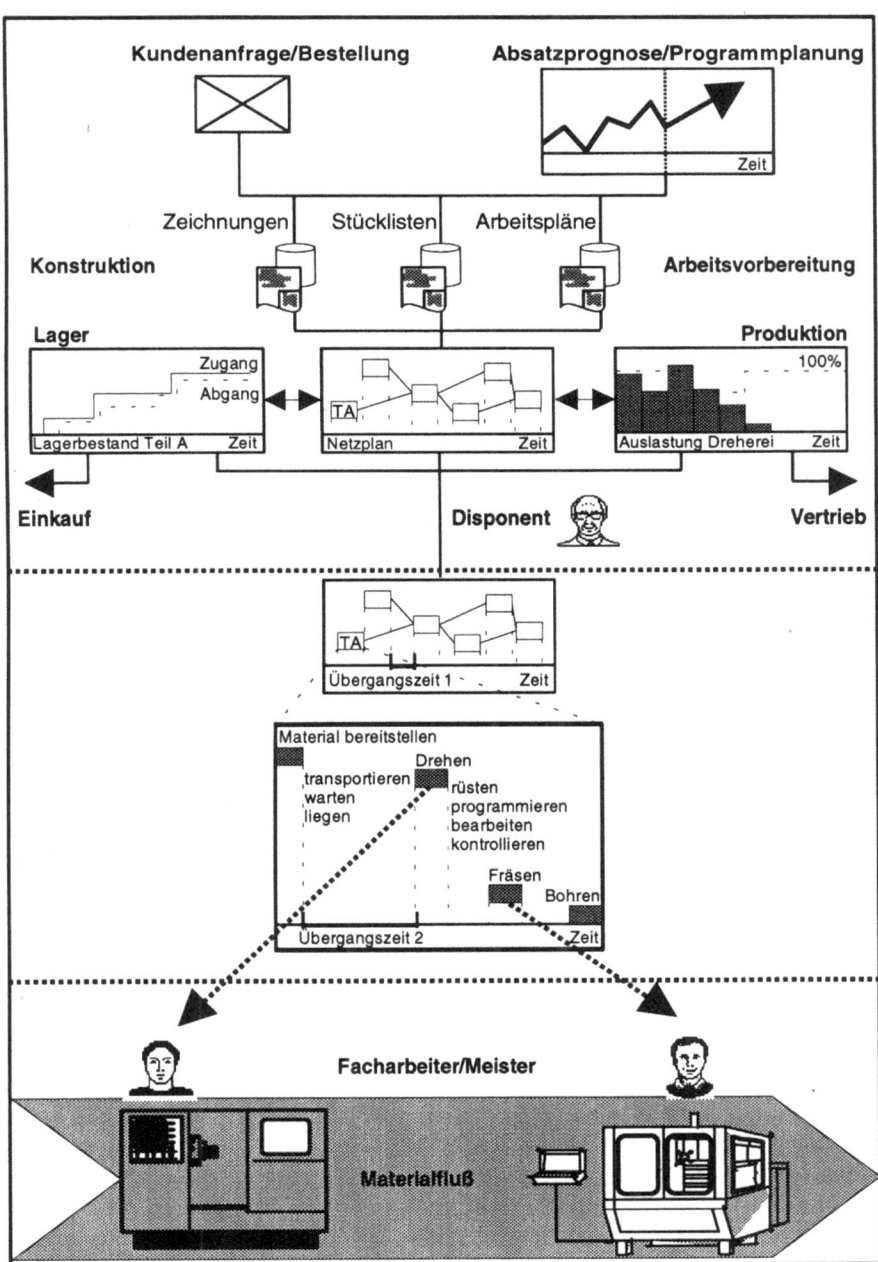

Abb. 3.13. Vorgelagerte Planungsstufen und Übertragung der Aufträge

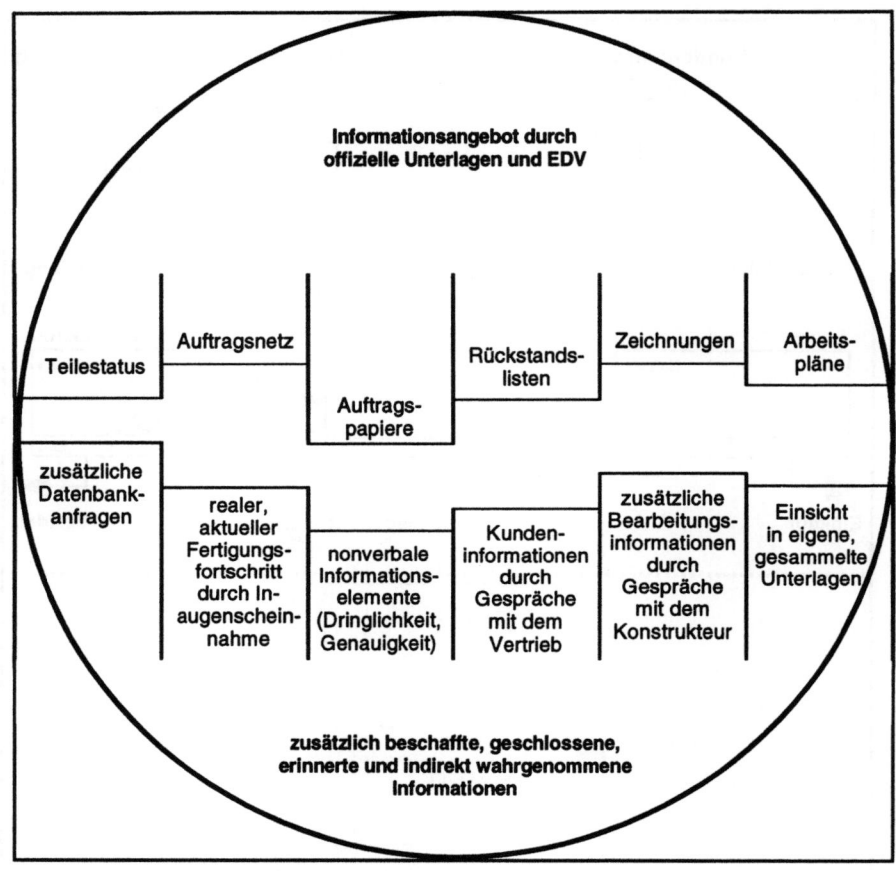

Abb. 3.14. Gesamtumfang der in der Werkstatt genutzten Informationen [Quelle: Mertins et al. 1993]

Wenn sich abzeichnet, daß das vorgegebene Werkstattauftragspaket im Rahmen der Ecktermine nicht machbar ist, muß eine Abstimmung zwischen Meister und Disponent einerseits und Facharbeitern oder Vertretern der Arbeitsgruppe andererseits erfolgen. Die einen bringen dabei eher den Gesamtüberblick, die anderen ihr fertigungstechnisches Detailwissen ein [Mertins et al. 1993]. Auch andere Bereiche (Verkauf, Konstruktion) können mit hinzugezogen werden, um einen übergreifenden Interessenausgleich zu ermöglichen (vgl. Abbildung 3.15). Ergebnis sollte sein, daß das Werkstattauftragspaket und die zugehörigen Ecktermine als machbar von den Facharbeitern angenommen werden. Wenn die dafür notwendige Kommunikation direkt ("face-to-face") erfolgt, können wichtige Einflußfaktoren für die notwendige Konsensfindung, wie emotionale Komponenten und Offenheit hinsichtlich Inhalt und Umfang der Informationen [Schmager/Wirth 1991], zum tragen kommen. Für diese vertikale Koordination und die daraus abgeleiteten hierarchischen Kommunikationsbeziehungen sollten drei Prinzipien gelten [Horváth 1990]:

- Erweiterung der Entscheidungskapazität einer Einheit, damit sie für nachgeordnete Einheiten stärker strukturierte Entscheidungsvektoren vorgeben kann.
- Einräumung von Entscheidungs- und Informationsautonomie, das heißt Angabe eines Entscheidungsspielraums an nachgeordnete Einheiten.
- Anwendung koordinationsbezogener Entscheidungsverfahren.

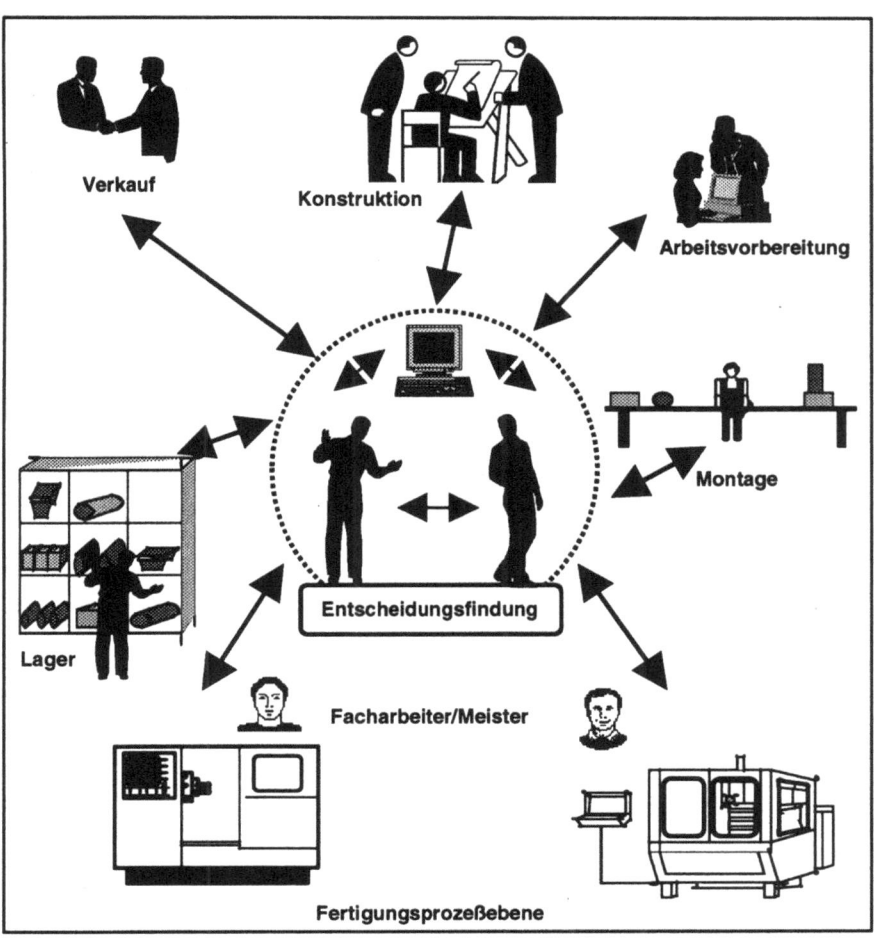

Abb. 3.15. Informationspartner der Werkstatt bei der Entscheidungsfindung

Zunächst erfolgt eine selbständige Kontrolle der eigenen Planung und Ausführung durch die Facharbeiter bzw. die Arbeitsgruppe, weil damit der ganzheitliche Planungs- und Ausführungszyklus vervollständigt wird [Mertins et al. 1993]. Es kann dabei auch zu Störungen kommen, die die Einhaltung der Ecktermine gefährden: Planungsfehler, Maschinenausfall, Krankheit von Mitarbeitern etc. Deshalb ist eine *Rückmeldung* der Werkstatt an den (zentralen) Disponenten notwendig, wenn die geplanten und akzeptierten Vorgaben nicht eingehalten werden können. Während der Abarbeitung der Aufträge sind von den Facharbeitern Informationen über den Fertigungsfortschritt bei Erreichen von gemeinsam definierten Meilensteinen im Auftragsdurchlauf bereichsintern zurückzumelden. Dafür kann auch ein BDE-System eingesetzt werden. Übergelagerte Bereiche sollten aber nur Zugriff auf aggregierte Daten erhalten, um eine personenbezogene Überwachung der Fertigung ausschließen zu können und um die Autonomie der Facharbeiter in ihrer Arbeitshandlung und damit die Motivation zur Einbringung des Erfahrungswissens nicht zu behindern. Beide Bereiche müssen aushandeln, wann für Rückmeldungen eine Bringschuld und wann eine Holschuld vorliegt.

Die organisatorische Vernetzung der unterschiedlichen Ebenen der Auftragsplanung für die Aspekte Werkstattauftragsübergabe, Abstimmung und Rückmeldung kann durch technische Vernetzungslinien ergänzt werden. Dabei muß die technische Komponente von CeAFIS mit übergeordneten Systemen verbunden werden. Das kann zum Beispiel im Rahmen eines dreistufigen Auftragssteuerungskonzepts erfolgen, wo CeAFIS in ein DV-System eingebunden wird, das aus einem übergeordneten Produktionsplanungs- und -steuerungssystem (PPS-System) und einem zentralen, bereichsübergreifenden Fertigungsleitsystem (FLS) oder einem Netzplansystem besteht (vgl. Abbildung 3.16). Das PPS-System übernimmt dabei die Funktionen von Kundenauftrags- oder Programmplanung, Materialwirtschaft, Beschaffungswesen und Versand, das Fertigungsleitsystem oder Netzplansystem die Funktionen der Kapazitäts- und Zeitwirtschaft. Dort werden die Werkstattaufträge mit ihren Eckterminen im Rahmen der Kapazitätsauslastung grob geplant und als Werkstattauftragspaket den dezentralen Werkstatt-Leitständen übermittelt. Die Freigabe erfolgt rollierend, sie kann sich an der Belastungssituation in der Werkstatt orientieren oder an einem Freigabehorizont. In jedem Fall müssen auch einzelne Aufträge manuell freigegeben werden können. Der Freigabehorizont muß zwischen Werkstattbereich, Facharbeitern und Disponenten gemeinsam ausgehandelt werden.

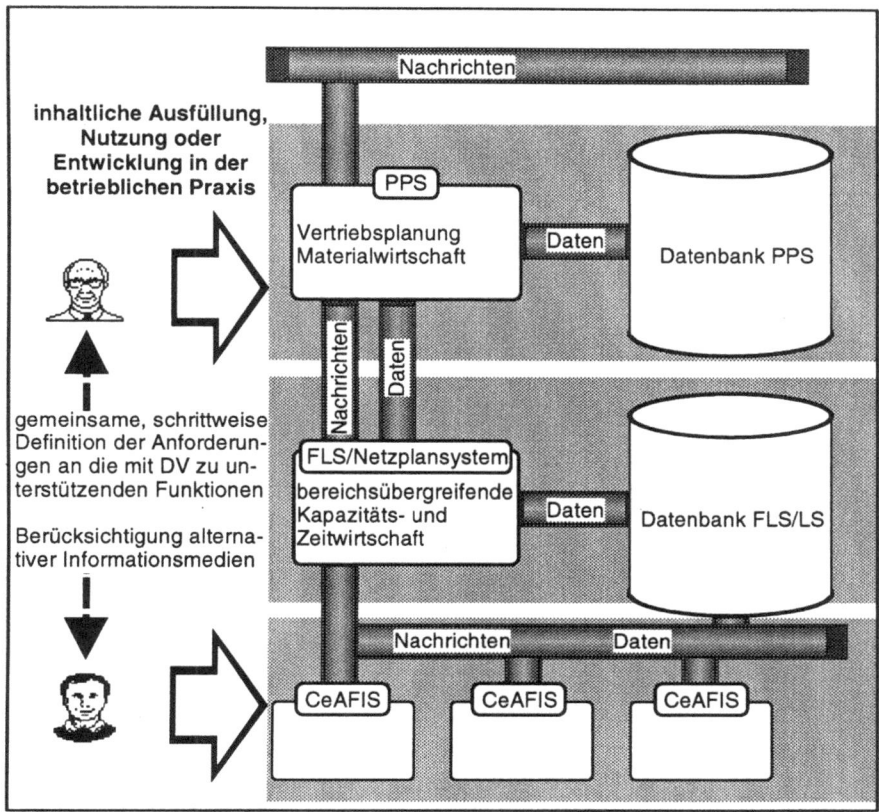

Abb. 3.16. Dreistufiges Auftragssteuerungskonzept

Die Kopplung der unterschiedlichen DV-Systeme (über Schnittstellen) kann über formatierte Dateien erfolgen (in Abbildung 3.16 zwischen PPS und FLS), durch den direkten Zugriff auf die Datenbank des jeweils anderen Systems oder durch die Nutzung einer gemeinsamen Datenbank (in Abbildung 3.16 zwischen FLS und LS). Dabei müssen die unterschiedlichen Anwendergruppen (Disponent, Meister, Facharbeiter oder Arbeitsgruppe) gemeinsam bestimmen, welche Daten ausgetauscht werden sollen oder dürfen oder auf welche ein Zugriff erfolgen darf (vgl. Abbildung 3.17).

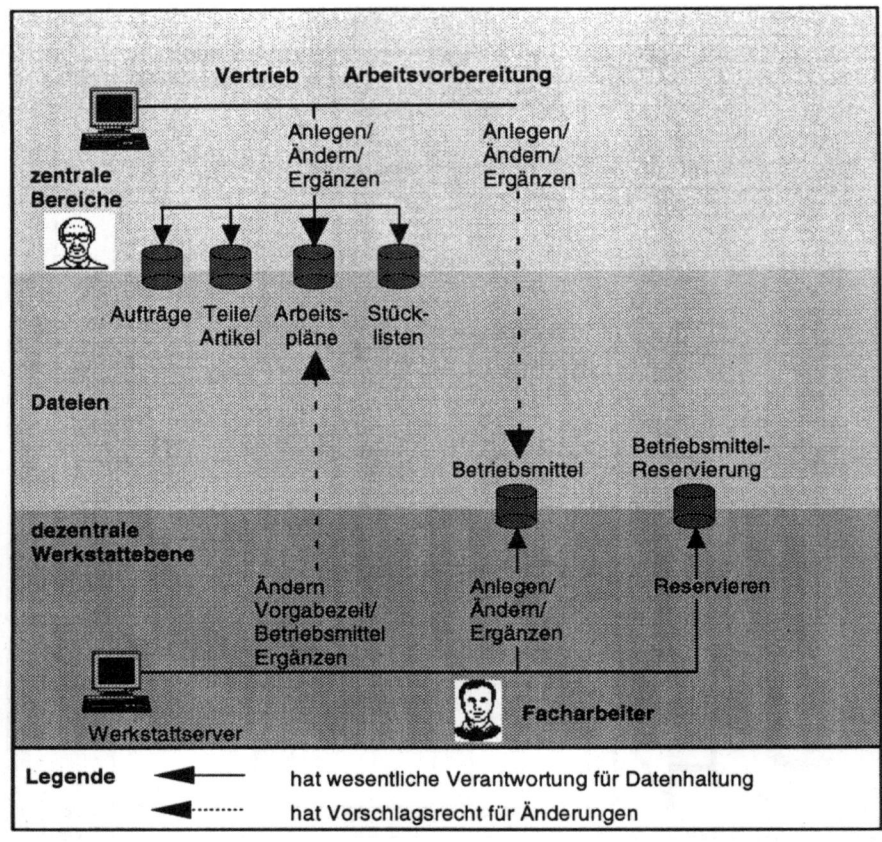

Abb. 3.17. Datenstruktur und Zugriffsrechte

CeAFIS, das an jedem Facharbeiterarbeitsplatz vorhanden sein sollte, kann den Werkstattleitstand als Server benutzen, auf dem die Informationen und Daten des Werkstattbereichs verwaltet werden, die von den Facharbeitern bzw. der Arbeitsgruppe gemeinsam (nach selbst entwickelten Spielregeln) genutzt werden. Dazu gehört insbesondere das aktuelle, noch nicht bearbeitete Auftragspaket für den Fertigungsbereich (Drehen und Fräsen oder Stanzen und Biegen etc.) oder die Arbeitsgruppe der Fertigungsinsel. Es muß aber auch "private" Bereiche innerhalb der dezentralen Datenbank oder auf einem eigenen Arbeitsplatz-PC geben, auf die nur ein Nutzer (mit ausreichendem Schutz) Zugriff hat und den er "gesichert weiß". Gleichzeitig können dafür konventionelle Instrumente genutzt werden (Schränke, Ordner, Mappen, Zettel). Dort kann er individuelle Informationen ablegen, wie technische Hinweise, Bearbeitungsstrategien, Hinweise zu Aufträgen etc. Diese Informationen kann er bei Bedarf an Kollegen oder an den Meister für deren Zwecke weitergeben. Der Meister kann dabei die Rolle eines Koordinators

einnehmen. Um solche "Tips und Tricks" (als explizites Erfahrungswissen) weitergeben zu können, muß der Facharbeiter definierte Zugriffsrechte auf die Grund-
und Auftragsdatenverwaltung auch im PPS-System und im zentralen Fertigungsleitsystem haben (Arbeitspläne, Zeichnungen, Prüfpläne etc.). Einige Daten
(Einrichteblätter, Betriebsmitteldaten) sollten in seinem Zugriffs- und Verantwortungsbereich liegen. Abbildung 3.17 zeigt eine mögliche Zuordnung der Datenzugriffsrechte für Facharbeiter und übergeordneter Bereiche [vgl. Herterich/Zell
1989] und die entsprechende Datenhaltung auf zentraler PPS- bzw. FLS-Ebene
oder dezentraler Werkstattebene.

Für die gemeinsame Abstimmung der Werkstattauftragspakete und der Ecktermine zwischen Facharbeitern, Meistern und Disponenten, sind auch DV-technische
sche Kommunikationsmodule zur Unterstützung denkbar [vgl. Mertins/Schallock/
Carbon 1993:96ff.]. Wenn die Mitarbeiter aus räumlichen (sehr weite Entfernungen) oder zeitlichen (versetzte Arbeitszeiten, Mitarbeiter nicht am Arbeitsplatz)
Gründen nicht (oft) zusammenkommen können, können über das DV-Informati-
onssystem Notizen, Nachrichten (mails) etc. durch Text-, Sprach- oder Bildeingabe übermittelt und gespeichert werden. Die direkte Kommunikation sollte aber
in jedem Fall vorgezogen werden. Sie kann durch das Telefon ergänzt werden.

Daß ein DV-System zur Auftragsplanung und -verteilung gruppenfähig sein muß,
wird beim Auftreten von Konflikten besonders deutlich. Zunächst sollte im Kreis
der Facharbeiter oder Gruppenmitglieder eine Lösung gesucht werden, wozu eine
technische Unterstützung notwendig sein kann. Dabei können auch der Meister als
Moderator oder der Bereichsdisponent in den Abstimmungsprozeß mit einbezogen
werden.

Eine ausgewogene, die Entscheidungs- und Handlungsspielräume der Facharbeiter
sichernde Grob-, mittelfristige und Feinplanung ist nur möglich, wenn Rückmel-
deinformationen zur Planung herangezogen werden können (und den Regelkreis
damit schließen). Ein BDE-System kann diese Rückmeldedaten liefern. Die CeA-
FIS-Terminals der Facharbeiter können mit entsprechenden Funktionen ausgestat-
tet sein (z.B. Barcode-Lesestift). Wichtig dabei ist, daß dem Benutzer angezeigt
wird, welche Daten rückgemeldet werden. Er muß bei einigen Daten selbst entscheiden können, wann er sie rückmeldet, im allgemeinen sollte die Rückmeldung
von gemeinsam bestimmten Meilensteinen des Auftragsdurchlaufs ausreichen. So
muß nicht jede von ihm veranlaßte Terminverschiebung eines Werkstattauftrags
an den Disponenten gemeldet werden, sondern nur die Überschreitung eines Ecktermins oder wenn durch Störeinflüsse (Maschinenausfall) die Einhaltung des
Ecktermins unsicher wird. Aber selbst dann kann er sich eventuell mit nachfolgenden Bereichen zunächst noch informell darüber absprechen, daß dort die
"verlorene Zeit wieder gut gemacht" wird. Bei der gemeinsamen Festlegung, welche Daten vom Facharbeiter-Arbeitsplatz an übergeordnete Systeme rückgemeldet
werden, sollte auch beachtet werden, daß die Daten für eine Nachkalkulation der
Aufträge und zur Datenpflege benötigt werden.

3.2.2 Organisatorische und technische Vernetzung zwischen verschiedenen Fertigungsbereichen (horizontale Integration)

Eine vertikale Vernetzung der Informations- und Kommunikationsbeziehungen reicht auch mit technischer Unterstützung für die hohen Anforderungen an Flexibilität in der Planung und Produktion nicht aus. Im Rahmen der gesamtbetrieblichen Auftragsdisposition sind auch die *horizontalen Integrationspfade* von großer Bedeutung. Die Kommunikationsbeziehungen und die Informationsflüsse sollen sich verstärkt von der vertikalen Richtung in eine horizontale Richtung verschieben. Die bislang oft nur "geduldete" spontane Kooperation zwischen Mitarbeitern unterschiedlicher Bereiche, zwischen denen ansonsten Informationen weitgehend durch Anweisung und Rückmeldung über zentrale Disponenten oder Vorgesetzte weitergegeben werden müssen (vgl. Abbildung 3.18), muß formell abgesichert werden. Dadurch bildet sich auf allen Ebenen des Betriebs ein kooperatives Arbeiten (cooperative work) heraus, das mit technischer Unterstützung zu *Computer Supported Cooperative Work* (CSCW) wird (vgl. Abbildung 3.19) [vgl. Mertins/Schallock/Carbon 1993:96ff.]. In Verbindung mit den vertikalen Informationskanälen kann sich dann ein flexibles *Informationsnetzwerk* bilden [vgl. French/Bell 1977:224]. Erst in einem solchen Netzwerk, das auch horizontale Verbindungen vorsieht, kann sich der Facharbeiter flexibel und direkt die Informationen beschaffen (bzw. selbst Informationen weitergeben), die er für seine Entscheidungen und Handlungen benötigt und mit deren Hilfe er Erfahrungswissen und Zusammenhänge aus dem Fertigungskontext verknüpfen kann.

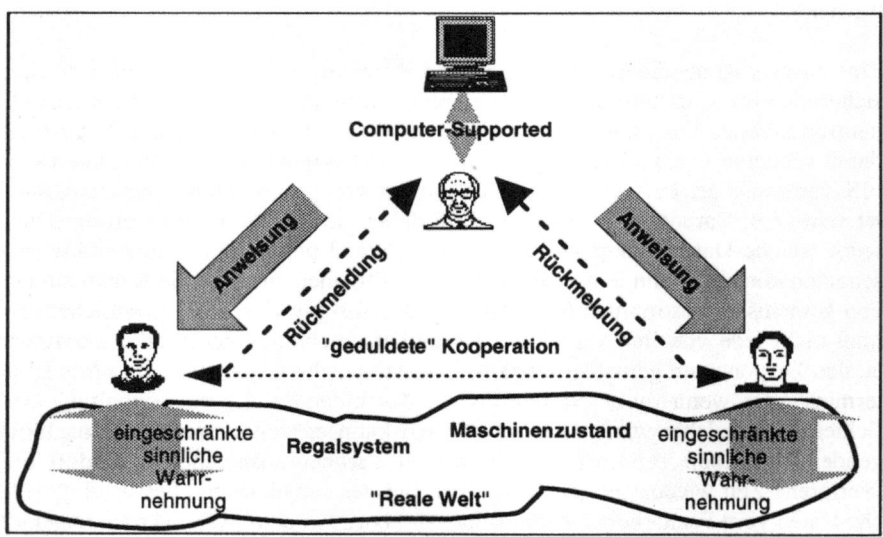

Abb. 3.18. Klassisches Organisationskonzept

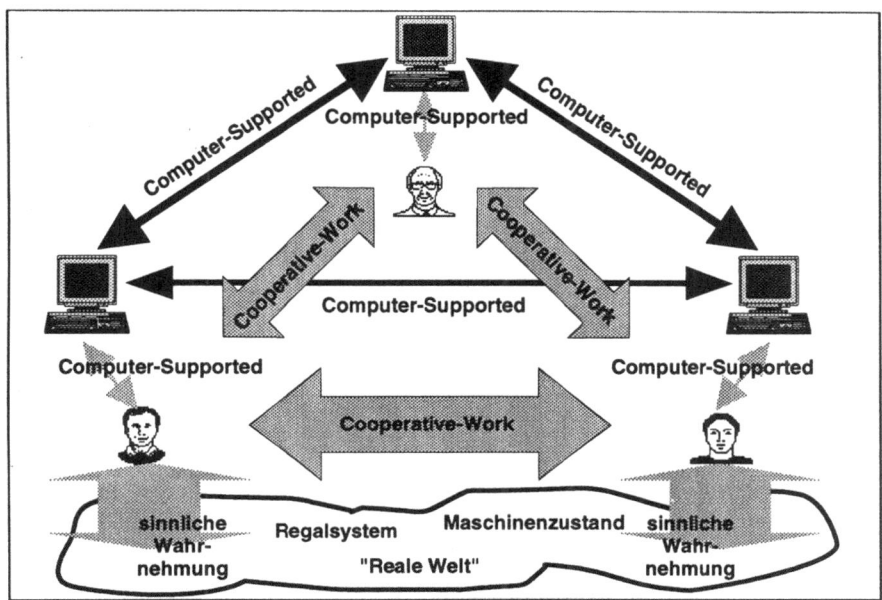

Abb. 3.19. Kooperatives Organisationskonzept

Die direkten horizontalen Kommunikationsbeziehungen bilden sich zwischen dem Facharbeiter und seinen Kollegen im direkten räumlichen Umfeld aus, die an gleichartigen Maschinen arbeiten oder zu seiner Arbeitsgruppe gehören (CeAFIS-Bereich). Darüber hinaus müssen auch vor-, neben- und nachgelagerte Fertigungsbereiche mit anderen funktionellen Aufgabenbereichen verbunden und aufeinander abgestimmt werden. Das betrifft zum Beispiel das Materiallager oder vorgelagerte Fertigungsstufen (Drehen und Fräsen oder Stanzen und Biegen) oder die nachgelagerte Montage. In der Auftragsdisposition müssen alle vom gesamten Auftragsdurchlauf betroffenen Bereiche aufeinander abgestimmt werden, um einen möglichst reibungslosen Durchlauf des Gesamtauftrags zu erreichen (vgl. Abbildung 3.20).

Diese Abstimmung erfolgt zunächst auf der (zentralen) Disponentenebene oder zwischen Meistern. Im Rahmen der Grobplanung sprechen sich die Disponenten und/oder Meister über den möglichen Auftragsdurchlauf ab und koordinieren die Ecktermine und die Übergangszeiten bzw. Vorlaufzeiten zwischen unterschiedlichen Fertigungsbereichen. Wenn ein vorgelagerter Dispositionsbereich Termine in die Zukunft verschiebt, sind die nachgelagerten Bereiche meist direkt davon betroffen. Da diese Bereiche ebenfalls versuchen, die an sie gestellten Anforderungen und ihre eigenen Interessen im Rahmen ihrer Möglichkeiten miteinander auszugleichen, kann ihr Handlungsspielraum durch die Planung der vorgelagerten Produktionsstufe eingeschränkt werden. Deshalb ist es in hohem Maße notwendig, daß die Disponenten die Grobplanung der Termine kooperativ und konsensorientiert "aushandeln". Schon in der Grob- und mittelfristigen Planung können durch vorgelagerte Bereiche Werkstattaufträge aus technischen Gründen (längere Maschinenausfälle) oder kapazitiven Gründen (hohe Belastung der Werkstatt) zeitlich in die Zukunft verschoben werden. Damit wird der Arbeitsanfall in nachgelagerten Bereichen ebenfalls verschoben und muß mit dem Kapazitätsangebot neu abgeglichen werden. Die Möglichkeiten zum Kapazitätsabgleich können durch Urlaub, Wartungen oder andere Aufträge bereits eingeschränkt sein. Am Ende sollte eine auch für die Werkstatt akzeptable Planungsvorgabe ermittelt sein. Akzeptabel heißt dabei, daß der Entscheidungs- und Handlungsspielraum in der Werkstatt, für die Facharbeiter, möglichst groß bleibt.

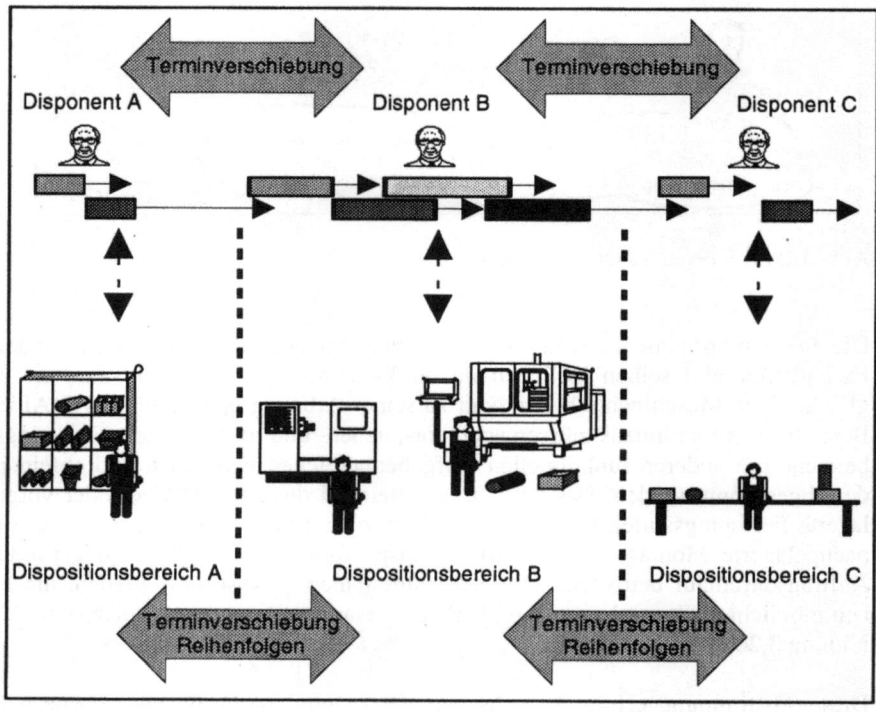

Abb. 3.20. Horizontale Informations- und Kommunikations-Beziehungen

Eine Möglichkeit für die Facharbeiter, diesen Entscheidungs- und Handlungsspielraum zu nutzen und gegebenenfalls noch auszuweiten, besteht darin, sich eigenverantwortlich direkt mit den vor- und nachgelagerten Bereichen abzustimmen. So hat der Facharbeiter zum Beispiel die Möglichkeit, einen Werkstattauftrag in die Zukunft zu verschieben, wenn er sich (informell) mit der Montage abspricht, ob der Bereitstellungszeitpunkt für den Einbau in ein Produkt etwas verzögert werden kann. Oder er kann den nachgelagerten Fertigungsbereich dazu veranlassen, die "verlorene" Zeit wieder aufzuholen, indem der entsprechende Auftrag dort vorgezogen wird. Umgekehrt kann der Facharbeiter selbst einen Werkstattauftrag vorziehen, wenn er erkennt, daß er im nachgelagerten Bereich zu einem früheren Zeitpunkt "passen" würde. Neben der Absprache über zeitliche Terminverschiebungen kann auch eine Absprache über den Tausch von Bearbeitungsschritten erfolgen. So können sich Kollegen darüber abstimmen, daß zum Beispiel ein Dreh- und Fräsvorgang aus kapazitiven oder technischen Gründen miteinander vertauscht werden.

Auch die horizontale Vernetzung kann durch technische (DV-)Komponenten unterstützt werden. Auf der Dispositionsebene kann ein Fertigungsleitsystem, für das die Daten aller Dispositionsbereiche (Arbeitspläne, Stücklisten) in einer Datenbank vorliegen, in dem Netzplan-Funktionen für die Gesamtauftragsplanung integriert sind und das dadurch in der Lage ist, mehrere Werkstattbereiche zu koordinieren, die Disponenten bei ihrer Aufgabe der Grobplanung unterstützen. Eine grafische Plantafel kann allen Betroffenen unmittelbar anzeigen, welche Konsequenzen eine Verschiebung von Aufträgen in vorgelagerten Bereichen auf den jeweils eigenen Bereich hat. Diese Koordination kann auch auf der dezentralen Leitstandebene in der Werkstatt erfolgen. Durch den Zugriff auf eine gemeinsame Datenbank mit dem Fertigungsleitsystem (vgl. Abbildung 3.16), werden auch Terminänderungen auf Werkstattebene für nachfolgende Bereiche transparent. Dabei muß der Rahmen, innerhalb dessen auf Werkstattebene Aufträge über Ecktermine hinaus verschoben werden, gemeinsam ausgehandelt und festgelegt werden. Bei Störfällen in einem Bereich kann es zu einer ungewollten Verschiebung von Werkstattaufträgen kommen. Die nachgelagerten Bereiche sollten dies frühzeitig an ihrem Leitstand erkennen.

Einige technische Komponenten und DV-Module, die für die vertikale Vernetzung eingesetzt werden, können auch die kooperative Arbeit (CSCW) auf horizontaler Ebene unterstützen. Dazu zählen:

- Kommunikationsmodule, um Kollegen in vor- und nachgelagerten Bereichen individuelle Informationen (Nachrichten, Notizen) zukommen zu lassen,
- Telefon, wenn die räumlichen Entfernungen zu groß sind, um sich oft direkt zu treffen,
- gleiche Zugriffsrechte auf eine gemeinsame Datenbasis, zum Beispiel auf Auftrags- oder Betriebsmittelinformationen (Werkzeuge, Meßwerkzeuge).

Das Facharbeiter-Informations-System CeAFIS unterstützt den einzelnen Mitarbeiter dabei zusätzlich dadurch, daß es Informationen bereitstellt, die eine gezielte Ansprache (wen, mit welchem Problem) ermöglichen. Um zum Beispiel zu wissen, welcher nachgelagerte Bereich in welcher Form von eigenen Entscheidungen betroffen ist, muß ein Zugriff auf Arbeitspläne, Stücklisten und Zusammenbauzeichnungen möglich sein. Auch für die horizontale Vernetzung gilt, daß persönliche Absprachen und direkte Kommunikation, wenn möglich, vorzuziehen sind.

3.3 CeAFIS-Konzept und die Prozeßkette Produktdefinition – Teilebearbeitung (Anbindung an CAD/CAP/CAQ)

Die Aufgaben, die der Facharbeiter im Rahmen der *technischen Arbeitsplanung* übernimmt, kann er (teilweise) nur in Kooperation mit anderen Bereichen erfüllen. Diese *Kooperation* reicht von der "einfachen" Übergabe von Daten bzw. von Informationen bis zur engen, gemeinsamen Ausführung von Tätigkeiten (zum Beispiel mit dem NC-Programmierer gemeinsam ein NC-Programm an der Maschine optimieren). Eine Kooperation macht eine organisatorische und technische Integration des Facharbeiters in die technische Ablaufplanung (CNC/CAD/CAP/ CAQ-Kette) erforderlich. Auf organisatorischer Ebene müssen (Teil-)Aufgaben, Zuständigkeit und Verantwortung den einzelnen Funktionsbereichen und dem Kooperationsteam gemeinsam zugeordnet werden, auf technischer Ebene müssen die jeweiligen Unterstützungswerkzeuge – wie CeAFIS – integriert werden.

Im Mittelpunkt der technischen Auftragsplanung steht der Prozeß, der das *Werkstückmodell* aus der funktionsorientierten Sichtweise der Konstruktion in ein *Bearbeitungsmodell* mit der fertigungsorientierten Sichtweise der Werkstatt transformiert (vgl. Abbildung 3.21). Im folgenden wird dieser Prozeß – nach dem bottom up-Konzept – zunächst aus Sicht der Werkstatt und anschließend aus Sicht der Konstruktion dargestellt.

3.3.1 Wiederholteilfertigung, Bauteiländerungen: flexible Produktion

Obwohl die folgende Beschreibung der Integration von CeAFIS zu angrenzenden DV-Systemen bzw. CIM-Bausteinen eher technisch orientiert ist, liegt ihr das organisatorische Konzept zugrunde, das in den vorigen Abschnitten dargestellt ist. Das CeAFIS Konzept beinhaltet die vorherige Zuordnung von Aufgaben, Zuständigkeit und Verantwortung, sowie die Nutzung von konventionellen Informationsmedien explizit. Diese werden in der technischen Kette der Arbeitsplanung um sehr viele Abstimmungsprozesse und eine weitreichende kooperative Aufgabenerfüllung ergänzt, wobei gerade auch der Meister eine wichtige Mittlerposition einnehmen kann. In diesem Sinne dient die Informationstechnik nur der Unterstützung, sie soll keineswegs eine "manuelle" Aufgabenerfüllung verdrängen oder formelle und informelle persönliche Gespräche ersetzen.

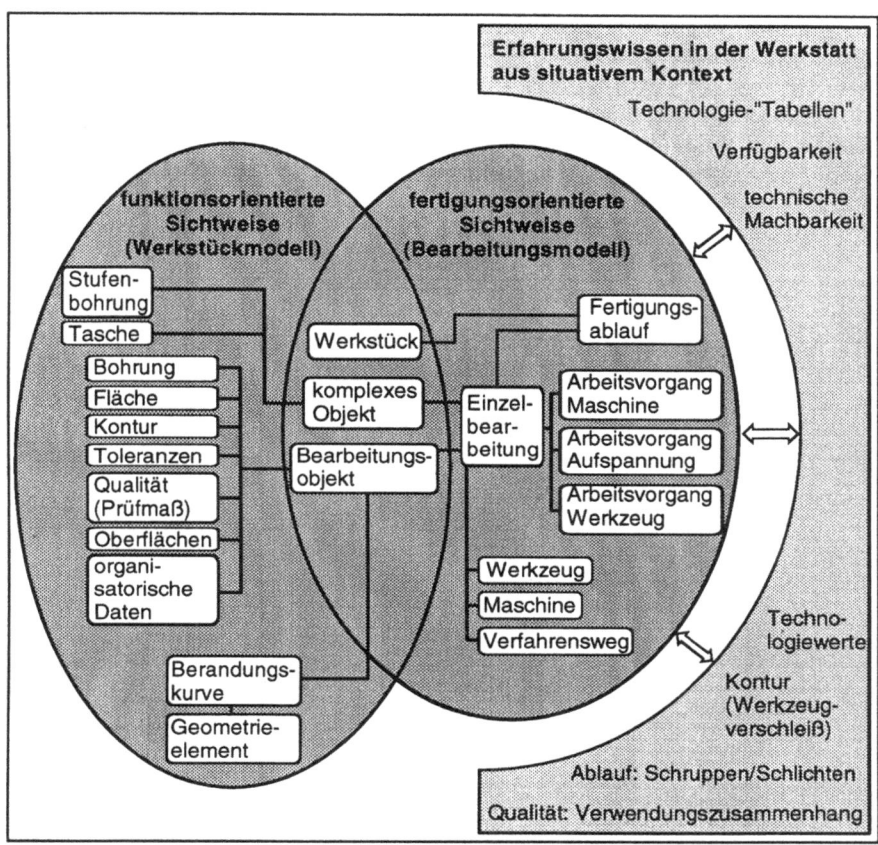

Abb. 3.21. Funktionsorientiertes und fertigungsorientiertes Werkstück- und Bearbeitungsmodell

Aus Sicht der Produktion bzw. der Werkstatt beginnt die technische Arbeitsplanung mit der Abgabe der *Werkstück-Zeichnung* (und gegebenenfalls ergänzenden Informationen) aus der Konstruktion. Diese Informationen müssen so transformiert werden, daß konkrete Arbeitsanweisungen für die Maschine (als NC-Programm) und für den Menschen (Maße prüfen, Oberflächen begutachten) vorliegen. Für diesen Prozeß sind teilweise weitere Informationen notwendig, die in der Konstruktion nicht oder nur sehr ungenau bekannt sind. Sie ergeben sich während der einzelnen Phasen der technischen Arbeitsplanung und aus dem unmittelbaren *situativen Kontext* auf der jeweiligen Stufe der technischen Arbeitsplanung. Von besonderer Bedeutung ist dabei der Kontext in der Werkstatt bzw. an der Maschine, an der das Werkstück bearbeitet werden soll. Diese *Kontextinformationen* kann der Facharbeiter – mit Hilfe seines Erfahrungswissens und mit Hilfe von CeAFIS – so einbringen, daß aus den Werkstückinformationen für den Facharbeiter und "seine" Maschine eine passende oder optimale Folge von Arbeitsanweisungen ermittelt wird.

Da die Ausgangssituation und die Rahmenbedingungen in den Betrieben sehr unterschiedlich sind, muß das CeAFIS-Konzept und seine technische Integration in CAD-, CAP- oder CAQ-Systeme mehrere Alternativen zulassen (vgl. Abbildung 3.22).

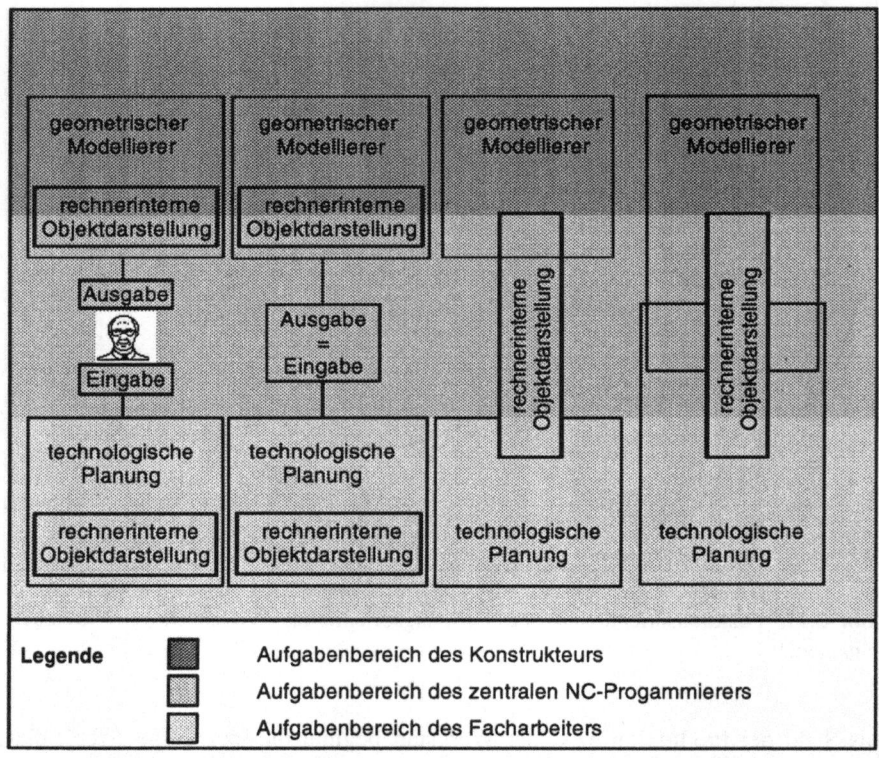

Abb. 3.22. Verbindungsmöglichkeiten zwischen Werkstückdaten und Bearbeitungsdaten [nach: Scholz 1988:121]

Im einen Fall erhält der Facharbeiter die Konstruktionsunterlagen als Ausdruck (Zeichnung und gegebenenfalls mündliche oder schriftliche Zusatzinformationen) direkt an seinen Arbeitsplatz an die Maschine. Dort muß er dann die Werkstückdaten komplett in Arbeitsanweisungen umsetzen. Dabei wird er von CeAFIS unterstützt, wie es in Abschnitt 3.1.2 beschrieben ist. In diesem Fall ist keine technische Verbindung zwischen CeAFIS und "übergeordneten" DV-Systemen (CAD/CAP/CAQ) vorhanden. Die Integration erfolgt über die Weitergabe von

Zeichnungsausdrucken, Mappen etc. und über die direkte Kommunikation des Facharbeiters mit den entsprechenden vorgelagerten Planungsbereichen:

- Mit der *Konstruktion* können fertigungstechnische Schwierigkeiten, die sich aus besonderen konstruktiven Anforderungen ergeben, abgesprochen werden. Anforderungen, die technisch nicht oder nur schwer machbar sind, können verändert werden. Tatsächliche oder mögliche Konstruktionsfehler werden zwischen Facharbeiter und Konstrukteur besprochen und gegebenenfalls in der Zeichnung geändert.
- Mit dem *Meister* können Probleme bei der NC-Programmierung geklärt werden. Die Bearbeitung komplexer Teile kann in einem Arbeitschritt erfolgen oder in mehreren mit Aufspannungswechsel. Es ergeben sich geschickte Bearbeitungsstrategien zur Zeiteinsparung oder um Engpässe zu umgehen (verfügbare Arbeitsmittel).
- Mit der *Qualitätssicherung* oder der *Montage* können Qualitätsanforderungen abgesprochen werden. Diese Abstimmungen erlauben gegebenenfalls größere Toleranzen bei Bohrungen (weil nur ein Kabel durchgeführt wird) oder Oberflächen und damit einfachere Arbeitsanweisungen.

Grundsätzlich sollte die direkte (face-to-face) Kommunikation immer vorgezogen werden. Diese direkten Abstimmungsprozesse können mittelbar auch durch CeAFIS unterstützt werden. Kommunikationsfunktionen in CeAFIS und anderen DV-Systemen ermöglichen den direkten Austausch von Notizen oder Nachrichten (als gesprochenes Wort), wenn der Kommunikationspartner weit entfernt oder nicht an seinem Arbeitsplatz ist. Der Facharbeiter kann sich aus CeAFIS die Daten ausgeben lassen, mit deren Hilfe er gezielter in Abstimmungsgespräche gehen kann: Er kann sich die Zeichnung oder das NC-Programmlisting ausdrucken lassen, er sieht aus der Zusammenbauzeichnung die Verwendung des Werkstücks, er sieht, wer Zeichnungen oder Prüfpläne erstellt hat und kann diese Personen direkt ansprechen.

CeAFIS kann aber auch DV-technisch mit anderen Computer-Systemen verbunden werden, ohne daß damit die direkte NC-Programmierung an der Maschine oder die konventionelle Bearbeitung überflüssig werden. Sie muß in jedem Fall erhalten bleiben. Die Verbindung der DV-Systeme kann zum Beispiel über eine Dateischnittstelle oder über gemeinsame Zugriffe auf eine Datenbank erfolgen. Bei der Kopplung von CeAFIS mit anderen DV-Systemen muß der Facharbeiter eigene Zugriffsrechte auf deren Funktionalitäten und Daten haben. Im einzelnen sind folgende Verbindungen möglich (vgl. Abbildung 3.23 und Abbildung 3.24):

- CAD-CeAFIS-Kopplung für den Zugriff auf Werkstückinformationen, Konstruktionsstücklisten, Zusammenbauzeichnungen und NC-Programme aus einem in das CAD-System integrierten NC-Programm-Modul,
- NC-Programmiersystem-CeAFIS-Kopplung für den Zugriff auf NC-Programme und zur Verwaltung von NC-Programmen,

- CAP-CeAFIS-Kopplung für den Zugriff auf Arbeitspläne und Fertigungsstück-listen,
- CAQ-CeAFIS-Koplung für den Zugriff auf Prüfpläne und
- Wartungssystem-CeAFIS-Kopplung für den Zugriff auf Betriebsmitteldaten, Wartungsdaten, Wartungsintervalle etc.

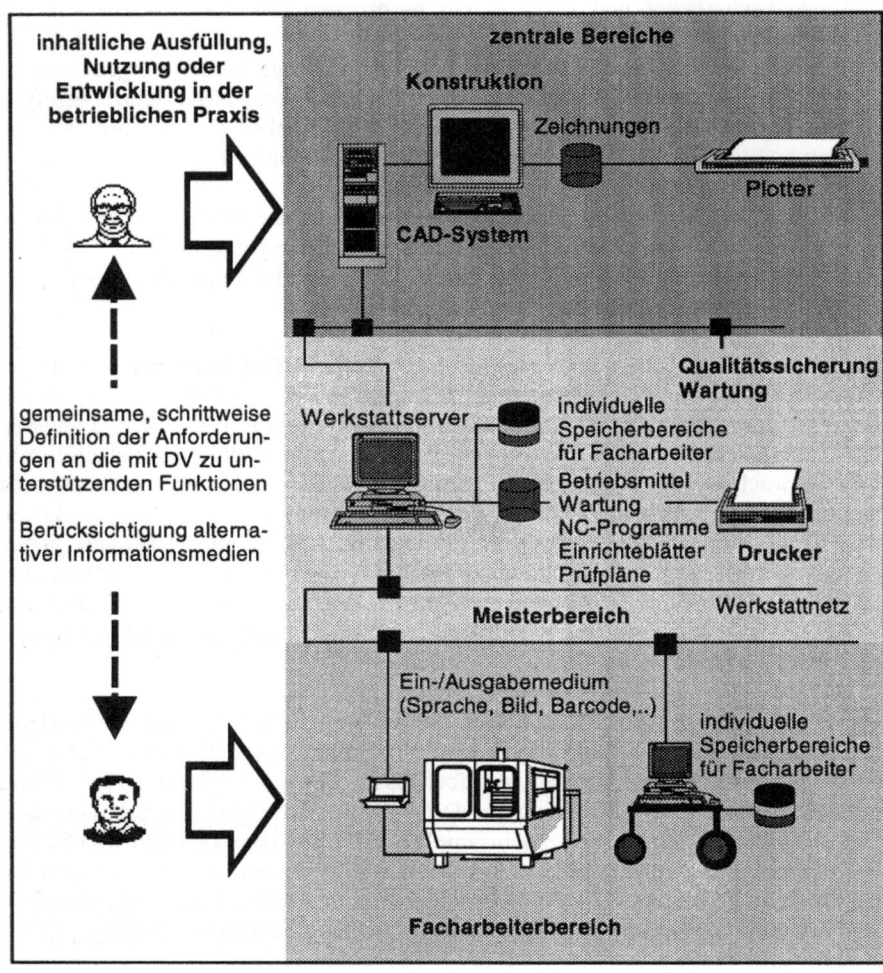

Abb. 3.23. Technische Integration von CeAFIS mit anderen CAD/CAM-Systemen

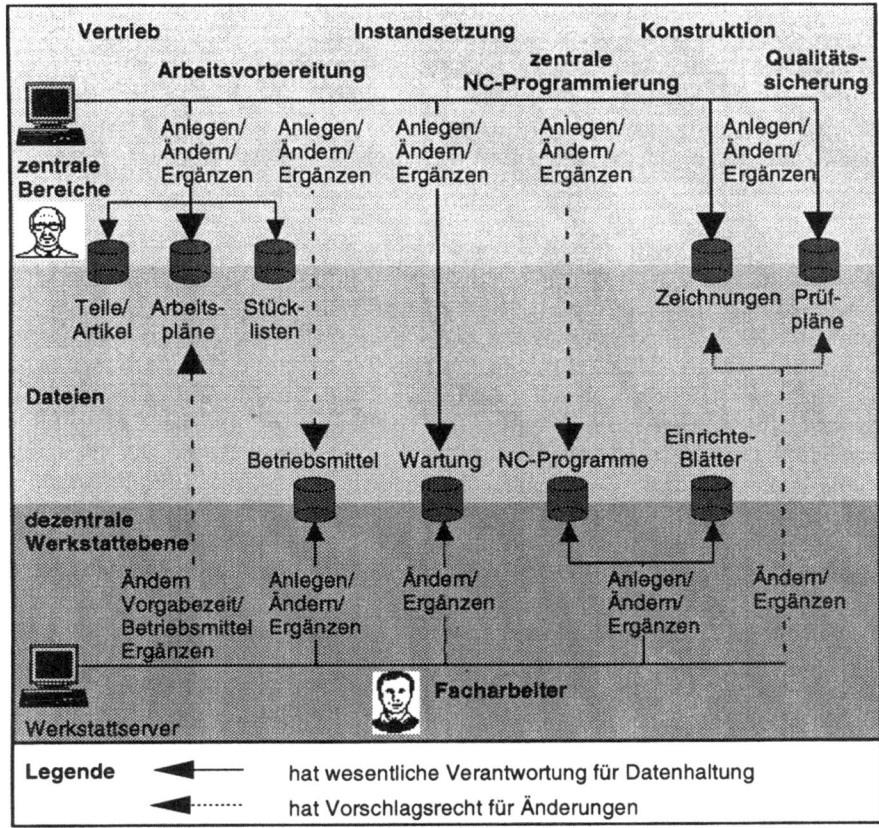

Abb. 3.24. Datenstruktur CeAFIS und CAD/CAM-Systeme und Zugriffsrechte für den Facharbeiter

Der Facharbeiter kann über die Schnittstelle von CeAFIS zum *CAD-System* auf Werkstückdaten (zunächst nur lesend) zugreifen. So kann er sich beispielsweise eine Werkstückzeichnung oder eine Zusammenbauzeichnung und die darin enthaltenen, direkt angegebenen Werkstückinformationen an seinem Maschinenterminal ansehen. Durch den Zugriff auf die Konstruktionsstückliste kann er den Verwendungszusammenhang des Teils erkennen, das er fertigen soll. Durch diese CAD-Daten kann er die angegebenen Informationen interpretieren, mit seinem Fertigungskontext vergleichen und sich so weitere Informationen selbst erschließen: Fertigungsverfahren, Spannvorrichtungen, technologische Informationen etc. Diese Informationen unterstützen ihn beim Ergänzen, Korrigieren und beim Optimieren seiner Arbeitsanweisungen (NC-Programm etc.). Die Verknüpfung mit der Umfeldsituation in der Werkstatt kann dazu führen, daß sich Werkstückdaten aus der Konstruktion als falsch oder nicht fertigungsgerecht erweisen.

Der Facharbeiter kann dann Vorschläge zur Korrektur anbringen, indem er sie den Datenfeldern hinterlegt. Diese werden im CAQ-System hervorgehoben, so daß sie in der Qualitätssicherung bei der nächsten Datenpflege überarbeitet oder eingearbeitet werden können. Übernommen werden diese Korrekturen aber nur, wenn der zuständige Konstrukteur oder Arbeitsplaner zustimmt und die Verantwortung übernimmt. Dazu sind gegebenenfalls Abstimmungen (durch direkte Kommunikation) erforderlich.

Wenn im CAD-System ein NC-Programm-Modul integriert ist, das die NC-Programme aus den Werkstückdaten "automatisch" generiert, kann das entsprechende NC-Programm direkt an die Maschine geladen werden. Der Facharbeiter hat Zugriff auf das NC-Programm-Modul des CAD-Systems. Er kann das Programm überprüfen und bei Bedarf ergänzen, korrigieren und optimieren. Dazu muß er das Programm im DIN-Satz komplett editieren können. CeAFIS stellt ihm zusätzlich grafische Werkzeuge zur Verfügung. Das NC-Programm-Modul soll dabei "Routinefunktionen" automatisch ausführen, wie zum Beispiel Bereinigen unsauberer CAD-Datenstrukturen, Bemaßungen ausblenden, unwichtige Konturen ausblenden etc.

Andere Funktionen sollten nur "semi-automatisiert" sein. Der Facharbeiter sollte "gezwungen" werden insbesondere die technologischen Daten zu überprüfen, indem Automatismen unterbrochen werden. Der Technologieprozessor im CAD-System sollte (definierte) Größen, die Schwankungen durch das Fertigungsumfeld unterliegen, nur als Intervall anbieten. Die genaue Fixierung des Wertes kann nur in der Werkstatt unter Beachtung des Umfelds erfolgen. Auch Geometriedaten müssen gegebenenfalls überprüft und korrigiert werden. Dies spielt vor allem beim Stanzen und anschließenden Biegen mit materialabhängigen Biegewerten eine große Rolle. Auch hierbei können die genauen Werte erst in der Werkstatt, teilweise aus dort vorhandenen Technologietabellen ermittelt werden. Dieselbe Vorgehensweise soll grundsätzlich auch dann gelten, wenn ein eigenständiges *NC-Programmiersystem* eingesetzt wird.

Auch eine zentrale Instanz (Arbeitsvorbereitung) kann die erste NC-Programmerstellung übernehmen. Sie hat teilweise größere Freiräume, um komplexe (verschachtelte, mehrere Aufspannungen) Programme zu entwickeln, sie kann "länger nachdenken", um beispielsweise bei geometrisch komplexen Werkstücken und Aufspannungen nicht zwei, sondern ein integriertes NC-Programm für einen Bearbeitungsschritt zu entwickeln. Je komplexer ein Werkstück in seiner Geometrie ist, desto sinnvoller sind eine technische CAD/NC-Kopplung und eine zentrale "Rumpf"-NC-Programmierung, desto wichtiger sind aber auch die Ergänzung, Korrektur und Optimierung durch den Facharbeiter an der Maschine. Deshalb kann ein spezialisierter NC-Programmierer zunächst ein "Rumpf"-NC-Programm erstellen, das er dann an die von den Facharbeitern gemeinsam bestimmte Maschine weitergibt. Der Facharbeiter kann dieses Programm ergänzen, korrigieren und optimieren. Er hat nach der Übergabe alle Änderungsrechte für das komplette NC-Programm. Der NC-Programmierer kann sich bereits bei der erstmaligen Erstellung eines NC-Programms direkt an die Facharbeiter wenden, um vorab Informationen und Kenntnisse über eine geschickte Programmierung zu erhalten, die sich an den Bedürfnissen der Fertigung orientiert. Sinnvoll ist es, wenn Facharbeiter mit festen Programmierern zusammenarbeiten, um deren Programmierstil zu kennen und um sich schnell in neue Programme einlesen zu können.

In beiden Fällen muß eine werkstattnahe NC-Programmverwaltung realisiert sein. Der Facharbeiter muß von seiner Maschine aus auf jedes NC-Programm über CeAFIS frei zugreifen können. Dies gilt auch für NC-Programme für Wiederholteile, die zunächst für eine andere Maschine bzw. Steuerung programmiert wurden. Im NC-Programmverwaltungssystem müssen die NC-Programme deshalb maschinen- und steuerungsneutral, als Quellprogramm abgelegt sein. Ein NC-Programm, das der Facharbeiter an oder für seine Maschine erstellt, korrigiert oder optimiert hat, muß sich (bei Bedarf, den der Facharbeiter bestimmt) in maschinen- und steuerungsneutraler Form an das NC-Programmverwaltungssystem rückübertragen lassen, wobei Optimierungen nicht verloren gehen dürfen, neutrale Programme aber auch nicht überschrieben werden dürfen (hierfür müssen geeignete Postprozessoren eingesetzt werden). Über das NC-Programmverwaltungssystem werden die NC-Programme gesichert und archiviert. Der Facharbeiter kann in CeAFIS in einem eigenen Datenbankbereich "sein", das heißt nach seiner Erfahrung und auf seine Maschine abgestimmtes NC-Programm selbst verwalten und erst nach eigener Entscheidung für Kollegen zur Verfügung stellen. Dazu kann er sich das zunächst maschinenneutrale NC-Programm an seine Maschine kopieren, so daß das neutrale NC-Programm allgemein verfügbar bleibt.

Der Facharbeiter hat aus CeAFIS Zugriff auf Arbeitspläne und Fertigungsstücklisten über eine Schnittstelle zu einem *CAP-System*. Die dort abgelegten Informationen können ihn bei der technischen Arbeitsplanung unterstützen: Er erkennt aus dem Arbeitsplan zum Beispiel, welche Betriebsmittel genutzt werden können, welche Vorgabezeiten geplant sind, welches Material verwendet werden soll, welcher Arbeitsvorgang voran ging bzw. nachfolgt etc. Aus der Fertigungsstückliste kann er den Verwendungszusammenhang des von ihm bearbeiteten Teils erkennen und welches der vorgelagerte und der nachfolgende betroffene Funktionsbereich ist. Der Facharbeiter kann auch für Arbeitspläne Korrekturvorschläge anbringen, das heißt einem Datenfeld als Information hinterlegen, zum Beispiel andere Vorgabezeiten, Anmerkungen zu Betriebsmitteln oder alternative Materialien etc.

Über die Schnittstelle zwischen CeAFIS und einem *CAQ-System* hat der Facharbeiter Zugriff auf Prüfpläne und definierte Lese- und und Vorschlagsrechte für Änderungen. Die Prüfpläne können mit der Werkstückzeichnung verbunden sein, in der die Prüfmaße eingetragen sind. Auch für die Prüfpläne kann der Facharbeiter Änderungen vorschlagen, die wiederum nach Abstimmung von der Qualitätssicherung übernommen werden können.

Schließlich kann auch eine Schnittstelle zwischen CeAFIS und einem eigenständigen *Wartungsmodul* für Betriebsmittel (Maschinen, Werkzeuge, Vorrichtungen etc.) realisiert werden. Dann kann das Wartungsmodul von CeAFIS auf die Betriebsmitteldatei und die Wartungspläne des Wartungssystems zugreifen und dem Facharbeiter an der Maschine zur Verfügung stellen.

Der Facharbeiter kann bei Bedarf einzelne Zeichnungen, Arbeitspläne, Prüfpläne oder Wartungsdaten in CeAFIS kopieren, Varianten anlegen und ausdrucken und um eigene Informationen, Notizen, Skizzen oder gesprochene Memos ergänzen. Diese kann er an Kollegen auf Wunsch weitergeben, speichert sie aber im allgemeinen in seinem individuellen Datenbereich.

3.3.2 Prototypenfertigung, Nullserien: Produktentwicklung

Der Prozeß der Produktentwicklung – von der Produktplanung bis zur Fertigung eines Prototyps bzw. eines Musters – kann durch die frühzeitige Einbindung der Facharbeiter in diesen Prozeß verbessert werden. Die Facharbeiter können ihr explizites und implizites Erfahrungswissen schon in der Produktentwicklungsphase und in der Phase der Übertragung der Produkt- bzw. Werkstückinformationen in Produktionsinformationen mit einbringen, so daß in der Fertigung teilweise beträchtliche Kosten eingespart und Probleme reduziert werden können. Gleichzeitig können die Facharbeiter Erfahrungswissen bilden, weil sie ihr eigenes Arbeitshandeln in weiteren Zusammenhängen erkennen können. In der Abstimmung wird der Blick für die Interessen und Probleme anderer Funktionsbereiche geöffnet, und teilweise kann das eigene Handeln darauf ausgerichtet werden.

Aus der Sicht der Konstruktion und der (möglichen zentralen) NC-Programmierung, die die Werkstückdaten teilweise in Fertigungsdaten umsetzen soll, bedeutet dies:

- Es muß ein enger Bezug der eigenen Konstruktionstätigkeit zur Fertigung, die die konstruktiven Vorgaben später umsetzen soll, geschaffen werden. Die Konstrukteure sollten sich formell oder informell direkt an die Facharbeiter wenden, um fertigungstechnische Spezifika kennenzulernen, die schon in der Konstruktionsphase beachtet werden sollen, um Probleme in der Fertigung zu vermeiden. Sie sollten dazu in die Werkstatt gehen, mit den Facharbeitern direkt sprechen, erkennen, was technisch machbar ist, welche Besonderheiten zu beachten sind etc. Dabei können auch grundsätzliche Probleme zwischen Facharbeitern und Konstrukteuren erörtert werden, wie zum Beispiel Entfernen von unwichtigen Konturen, Verwendung standardisierter Zeichnungsmaße und Passungen in der Konstruktion, eindeutige Zuordnung von Verbindungskabeln, keine Änderungen von Konstruktionszeichnung nach Fertigungsfreigabe etc.

- Schon während der Konstruktion eines Werkstücks werden Informationen definiert, die sinnvoll erst in der Fertigung festgelegt werden können, weil sich der genaue Wert erst im situativen Kontext der Werkstatt ergibt. Deshalb sollten einige, bislang sehr oft in der Konstruktion definierten Merkmale nicht vorab festgelegt werden. Die Facharbeiter müssen diese Informationen selbständig aus ihrem Erfahrungswissen, verknüpft mit dem aktuellen situativen Umfeld, bestimmen und ergänzen. Dabei kann es sich zum Beispiel um die Festlegung von Geometrien oder von Biegewerten für unterschiedliche Werkzeuge handeln.

- Bei der zentralen NC-Programmierung werden fertigungstechnologische Parameter spezifiziert, die in der Werkstatt nicht umzusetzen sind, wie beispielsweise Schnittgeschwindigkeiten, Vorschub, Aufspannungen etc. Erst in der Fertigung können diese Werte genau ermittelt werden, weil dort bekannt ist, welches Material von welchem Lieferanten zur Verfügung steht, welchen Zustand die Werkzeuge haben etc. Deshalb sollte eine eventuell vorhandene zentrale NC-Programmierung nur ein "Rumpf"-NC-Programm erstellen, das dann in der Fertigung durch den Facharbeiter ergänzt werden muß.

Letztlich ist durch diese drei Punkte die Frage berührt: Inwieweit kann die Konstruktion fertigungsgerecht konstruieren und die zentrale NC-Programmierung fertigungsgerecht programmieren? Hier ergeben sich folgende Schwierigkeiten, aus denen eine mögliche Unterstützung durch CeAFIS abgeleitet werden kann:

- Wenn auf die produktbezogenen rechnerinternen Daten zurückgegriffen wird, dann stellt sich das Problem der Selektion und Gruppierung der relevanten Geometrien, welche die Basis zur Programmierung der Fertigungsabläufe bilden. Dieser Auswahlprozeß ist sehr zeitaufwendig und ist zudem eine Art von Tätigkeit, die durch Monotonie geprägt ist, die keinerlei Spielraum für Kreativität und das Einbringen von Erfahrungswissen zuläßt. Deshalb sollte bei der Erstellung der Konstruktionszeichnung mit Layern gearbeitet werden, die Facharbeiter bzw. NC-Programmierer müssen sich mit den Konstrukteuren darüber abstimmen, wie Zeichnungen (als Ausdruck oder Dateiformat) vorliegen sollten.

- Die unzureichenden Möglichkeiten der Übertragung technologischer Informationen, wie beispielsweise Maße, Toleranzen und Oberflächenangaben von der Konstruktion an die NC-Programmierung bzw. Fertigung sind eine Schwachstelle. Deshalb soll mit CeAFIS die Möglichkeit bestehen, sowohl an Zeichnungen als auch an Arbeitspläne und NC-Programme Texte in freier Form, Notizen, Skizzen, Bilder oder (gesprochene) Nachrichten anzuhängen.

- Die aus konstruktiver Sicht zum Teil funktionsorientierte Bemaßung und Tolerierung, die als Mikro- oder Derivationsgeometrie der rechnerinternen Bauteilrepräsentation zugeordnet sind, sind nicht direkt in Koordinaten zur Fertigung und Programmierung umsetzbar. Im Umsetzungsprozeß kommt dem Erfahrungswissen der Facharbeiter eine große Bedeutung zu. Deshalb sollte dieser Prozeß nicht vollständig automatisiert werden. Der Facharbeiter sollte in der Lage sein, am Umrechnungsprozeß aktiv mitzuwirken, diesen zu steuern und zu kontrollieren. Dafür muß CeAFIS geeignete Funktionen zur Ergänzung und Korrektur dieser Daten im Übertragungsprozeß anbieten. Technologische Angaben, wie Oberflächengüten oder Toleranzen, können der Geometriebeschreibung nicht verarbeitungsorientiert zugefügt werden, so daß Bearbeitungsaufmaße und Mittenmaßtoleranzen nicht automatisch zu berechnen sind. Der Facharbeiter muß dies mit Hilfe von CeAFIS selbst durchführen.

Diese Beispiele machen deutlich, daß die Aufgabenverteilung und die daraus abgeleitete Zuordnung von Zuständigkeit und Verantwortung zwischen Konstrukteur, (gegebenenfalls zentralem) NC-Programmierer und Facharbeiter sich daran orientieren muß, wer welche Informationen zur Aufgabenerfüllung sinnvoll beitragen kann, weil sie aus dem eigenen Arbeitsumfeld zu entnehmen sind. Die Umwandlung der Werkstückdaten in Bearbeitungsanweisungen erfährt im Prozeß der Konstruktion − "Rumpf"-NC-Programmerstellung − Ergänzung/Korrektur/ Optimierung an der Maschine eine zunehmende Konkretisierung durch zusätzliche Informationen. Tendenziell werden Konstruktion und (zentrale) NC-Programmierung von der Anforderung, fertigungsgerecht zu konstruieren bzw. zu programmieren, entlastet, der Facharbeiter muß selbst Werte ergänzen. Dabei muß er durch CeAFIS unterstützt werden.

Der nächste Schritt kann zur Bildung von bereichsübergreifenden Teams, *Produktteams*, führen. Durch eine regelmäßige Zusammenarbeit und durch eine personelle Kontinuität bei Kooperation und Kommunikation bilden sich bereichsübergreifende "Inseln" aus Personen, die für den gesamten Prozeß Konstruktion − Planung − Fertigung − Montage (etc.) gemeinsam verantwortlich zeichnen. Auch hier kann der Facharbeiter unmittelbar in den Prozeß der Produktgestaltung und -planung mit einbezogen werden [vgl. Kötter 1992:102ff.].

4 Praxisbeispiele zur Realisierung erfahrungsgeleiteter Arbeit in der rechnerintegrierten Produktion

Nach der Analyse, welche Bestimmungsfaktoren erfahrungsgeleitetes Arbeiten möglich machen und welche Gestaltungsanforderungen daraus abgeleitet werden können sowie nach der Entwicklung eines organisatorisch-technischen Sollkonzepts sollten die theoretisch fundierten und empirisch abgeleiteten Anforderungen praktisch umgesetzt und überprüft werden. Dazu wurden in drei Modellunternehmen wichtige Elemente zur Schaffung erfahrungsförderlicher Arbeitsstrukturen diskutiert, erprobt, teilweise realisiert und im Hinblick auf ihre Wirkungen evaluiert.

Diese drei Realisierungsansätze aus der Praxis werden in diesem Abschnitt 4 dargestellt. Dabei wird zunächst die Ausgangssituation und die Problemlage aufgezeigt, die als Voraussetzung und Rahmenbedingung das Gestaltungsfeld für erfahrungsgeleitete Arbeit markieren. Im zweiten Schritt wird die Umsetzung der Gestaltungsanforderungen und einzelner Elemente des Sollkonzepts in der betrieblichen Realität beschrieben. Dabei spielen auch die Vorgehensweise und die prozessualen Aspekte eine sehr wichtige Rolle. Schließlich wird im dritten Schritt geprüft und bewertet, ob die Gestaltungsanforderungen und die (ausgewählten) Elemente des Sollkonzepts tatsächlich zur Schaffung von erfahrungsförderlichen Arbeitsstrukturen geeignet sind; das heißt, es wird evaluiert, ob sich Verbesserungen zur Bildung und zur Nutzung von Erfahrungswissen im betrieblichen Alltag eingestellt haben. Dabei wird auch der Frage nachgegangen, ob die Bildung und Nutzung von Erfahrungswissen (wie vermutet) zu positiven betriebswirtschaftlichen Effekten (Verbesserung der Wirtschaftlichkeit für das Unternehmen) führen.

Bei der Darstellung der Praxisbeipiele muß in Betracht gezogen werden, daß in den Modellunternehmen nicht alle Gestaltungsanforderungen bzw. Elemente des Sollkonzepts umgesetzt werden konnten. Dies hat mehrere Gründe:

- Zum einen sind die Rahmenbedingungen und die betrieblichen Voraussetzungen zur Realisierung (zum Beispiel Marktposition, Technikeinsatz, Qualifikation der "betroffenen" Mitarbeiter) sehr unterschiedlich. Die Umsetzung kann aber nur an Gegebenheiten anknüpfen, so daß nicht alle Elemente gleichrangig und selbstverständlich zum Zuge kommen können. Vielmehr ist das Soll-konzept als "maximales Szenario" angelegt, das soviele Elemente wie möglich beschreibt, ohne zunächst auf die betrieblichen Voraussetzungen im Einzelfall einzugehen. Erst mit Beginn der Modellprojekte kann sich in den Betrieben zeigen, in welchem Umfang und in welcher Form einzelne Gestaltungsanfor-derungen zur Anwendung kommen können.

• Zum zweiten sind viele technische Elemente des Sollkonzepts (zum Beispiel CeAFIS in seiner DV-technischen Ausprägung) bislang nicht in anwendungs-reifer Form realisiert. Unternehmen können technische Komponenten aller-dings erst für den "Alltagsbetrieb" einsetzen, wenn die notwendige technische Funktionsfähigkeit (zumindest in den wesentlichen Komponenten) gewähr-leistet ist.

• Zum dritten ist die Realisierung von erfahrungsförderlichen Arbeitsstrukturen ein Prozeß, der sehr viel Zeit benötigt und der ein dauerhaftes Element in sich trägt. Das bedeutet, daß dieser Prozeß zeitlich nicht befristet sein sollte. Die Umsetzung des Sollkonzepts ist nicht nur durch das Erreichen eines Anforde-rungsniveaus bestimmt, sondern ist (vielleicht weitaus mehr) durch den pro-zessualen Aspekt, das heißt durch das fortwährende Arbeiten an erfahrungsför-derlichen Strukturen charakterisiert. Insofern spiegelt die Darstellung der Pra-xisbeispiele nur eine "Momentaufnahme" wider, die keinen Anspruch auf Voll-ständigkeit oder Abgeschlossenheit erheben kann.

• Schließlich sind die Möglichkeiten der Modellunternehmen, (teilweise) neue Wege der Arbeitsorganisation zu gehen, sehr beschränkt. Neben der Tatsache, daß "nebenbei" auch das Alltagsgeschäft erfüllt werden muß und daß in sozia-len Gebilden "bewährte" Abläufe so leicht nicht zu ändern sind, spielt auch eine Rolle, daß die finanziellen Möglichkeiten zur umfassenden Umsetzung neuer Arbeitsformen beschränkt sind.

4.1 Spanende Fertigung (Drehen/Fräsen) eines Röntgengeräteherstellers

4.1.1 Ausgangssituation und Problemanalyse

Modellbetrieb I ist als Familienunternehmen ein weltweit führender Hersteller von Röntgengeräten und -anlagen zur zerstörungsfreien Materialuntersuchung. Er ge-hört zur Branche Elektrotechnik innerhalb des Produzierenden Gewerbes. Das Un-ternehmen beschäftigt in seinem Stammwerk etwa 270 Mitarbeiter und zählt damit zur Kategorie der mittelständischen Betriebe. Die Organisationsstruktur orientiert sich weitgehend an einer funktionalen Gliederung mit der Unterneh-

mensleitung, einem technischen und einem kaufmännischen Bereich (Geschäftsleitung):

- Der *technische Bereich* umfaßt die Entwicklung, die Konstruktion, die Arbeitsvorbereitung, die Fertigung mit Betriebsleitung und zwei (nach Produktgruppen gegliederte) Prüffelder (Montage und Endkontrolle) für Grob- und
Feinstrukturanlagen.
- Der *kaufmännische Bereich* umfaßt den (nach Regionen gegliederten) Vertrieb
für In- und Ausland, die Planung, den Einkauf, das Personalwesen, die Buch-
haltung und den Versand.

Ein weiterer Funktionsbereich "Technischer Vertrieb" untersteht sowohl der
technischen wie auch der kaufmännischen Geschäftsleitung. Im Rahmen des
Modellprojekts bilden die *Bereiche Drehen und Fräsen* das Gestaltungsfeld zur
Realisierung und Erprobung von Gestaltungsanforderungen und Elementen des
Sollkonzepts. Diese Bereiche sind Teil des Meisterbereichs Feinwerktechnik, der
neben der Mechanischen Fertigung, der Tischlerei, der Fertigungskontrolle, der
Endmontage und einer Ausbildungswerkstatt den Funktionsbereich Fertigung
bildet, der der Betriebsleitung unterstellt ist.

Das *Produktspektrum* unterteilt sich in Fein- und Grobstrukturanlagen, diese Ge-
rätetypen können jeweils nach Sonder- und Serienanlagen unterschieden werden.
Die Feinstrukturanlagen dienen zur Gefüge-, Beschichtungs- und Spannungsana-
lyse von Bauteilen, die Grobstrukturanlagen eignen sich zur zerstörungsfreien
Prüfung von Bauteilen auf Innenlunker und verdeckte Strukturen z.B. bei Gußtei-
len, Schweißnähten oder Leiterplatten. Sonderanlagen werden ausschließlich nach
Kundenspezifikation (Einmal- bzw. Einzelfertigung) gefertigt, Serienanlagen sind
typisierte Erzeugnisse mit kundenspezifischen Varianten, sie bilden das
"Vertriebsprogramm nach Katalog". In beiden Fällen handelt es sich um mehr-
teilige Erzeugnisse mit komplexer Struktur. Die Produktion erfolgt auf Kunden-
bestellung und wird vom Vertrieb ausgelöst, teilweise werden Serienanlagen, von
der Planungsleitung ausgelöst, kundenneutral vorgefertigt, und auch Standard-
bauteile werden kundenneutral auf Lager gefertigt.

Im Bereich Drehen und Fräsen sind jeweils sechs *Mitarbeiter* beschäftigt, die alle
eine Ausbildung in einem metallverarbeitenden Beruf haben (Dreher, Fräser, Fein-
mechaniker, Maschinenschlosser, Werkzeugmacher) und zum Teil weitergehende
Zusatzqualifikationen erworben haben. Die Facharbeiter beziehen einen Zeitlohn
mit Zulagen nach einer Punktbewertung, die durch den Meister und den
Betriebsleiter erfolgt. Es wird im Einschichtbetrieb mit Gleitzeitregelung gearbeitet.

Zur *produktionstechnischen Ausstattung* zählen sechs konventionelle Drehmaschi-
nen, zwei CNC-Drehmaschinen, zwei konventionelle Fräsmaschinen und vier
CNC-Fräsmaschinen mit teilweise unterschiedlichen Steuerungen (für CNC-
Fräsmaschinen). In Regalen, die sehr nahe bei den Maschinen stehen, wird der

Fertigungsauftrag mit allen erforderlichen Unterlagen (Laufkarte, Zeichnung, Stückliste) und dem Material für die Bearbeitung bereit gestellt. Für die dispositive Auftragsplanung befindet sich im Meisterbüro ein Terminal, das an das Produktionsplanungs- und -steuerungssystem angeschlossen ist. Die NC-Programme für die numerisch gesteuerten Maschinen werden überwiegend an der Maschine erstellt, nur die Programmverwaltung erfolgt an einem separaten Programmierplatz im Meisterbüro. Dieser Programmierplatz besteht hardwareseitig aus einem Personal-Computer mit einer Tastatur für eine der eingesetzten Steuerungstypen. Die Programmierung erfolgt für das Drehen und für das Fräsen mit Hilfe einer steuerungsidentischen Software. Durch den Einsatz der steuerungsidentischen Software kann auf Postprozessoren verzichtet werden. Schnittstellen zu Stücklisten- oder Werkzeugdateien sind nicht vorhanden.

Merkmale	Stellenwert von Erfahrungswissen +◄─────────────────────────────► -			
Erzeugnisspektrum	nach Kunden-spezifikation	mit Kunden-varianten	Standard mit Varianten	Standard-erzeugnisse
Erzeugnisstruktur	mehrteilige, komplexe Struktur	mehrteilige, einfache Struktur		einteilige
Auftrags-auslösungsart	Einzelauftrag	Rahmenauftrag		auf Lager
Dispositionsart	kundenauftrags-orientiert	überw. kunden-auftragsorientiert	überw. pro-grammorientiert	programm-orientiert
Beschaffungsart	Fremdbezug unbedeutend	Fremdbezug in großem Umfang		weitestgehend Fremdbezug
Fertigungsart	Einmalfertigung	Kleinserien-fertigung	Serienfertigung	Massenfertigung
Fertigungs-ablaufart	Werkstatt-fertigung	Baustellen-fertigung	Insel- oder Linienfertigung	Fließ- oder Reihenfertigung
Qualifikation in der Fertigung	sehr gut	weitgehend gut	zum Teil gut	gering
Entfernungen	Sichtkontakt	gering	groß, in einem Betrieb	groß, untersch. Standorte
Maschinenaus-stattung	konventionelle und CNC-Masch.			nur CNC-Maschinen
+◄─────────────────────────────► - Schaffung erfahrungsförderlicher Strukturen				
Legend ▓▓▓ Profil des Modellbetriebs I				

Abb. 4.1. Betriebstypologische Merkmale und ihre Ausprägung als Rahmenbedingungen in Modellbetrieb I

Abbildung 4.1 zeigt die wesentlichen betrieblichen Rahmenbedingungen noch einmal im Überblick. Dabei wird deutlich, daß unter den gegebenen Rahmenbedingungen das Erfahrungswissen der Facharbeiter (wie auch anderer Mitarbeiter)

eine hohe Bedeutung für den Betrieb haben dürfte. Gleichzeitig sind die Rahmenbedingungen für die Schaffung erfahrungsförderlicher Strukturen relativ gut geeignet. Das spiegelt sich auch in der Darstellung der Ausgangssituation bezüglich der neun Gestaltungsdimensionen für erfahrungsgeleitete Arbeit wider (vgl. Abbildung 4.2). In vielen Dimensionen zeigen die Merkmalausprägungen, daß erfahrungsgeleitetes Arbeiten bereits zu Beginn des Modellprojekts möglich war. Die wesentlichen "Schwächen" lagen im Bereich der Aufgaben- und Arbeitsteilung sowie der DV-Funktionalitäten und Benutzungsoberflächen. Deshalb war das Ziel für Modellbetrieb I, die bestehenden erfahrungsförderlichen Strukturen bei einem zukünftigen Ausbau der rechnerintegrierten Produktion zu sichern und die (wenigen) bestehenden Mängel bezüglich erfahrungsgeleiteter Arbeit zu beheben. Ausgehend von den Rahmenbedingungen und der Ausgangssituation sollen im folgenden die Problembereiche innerhalb der dispositiven Planungskette (CNC/PPS-Kette) und der technischen Planungskette (CNC/CAD-Kette) mit Bezug auf die Gestaltungsdimensionen für erfahrungsgeleitete Arbeit dargestellt werden.

Merkmale	tendenziell erfahrungs- förderlich ◄──────────►	tendenziell nicht erfahrungs- förderlich
Aufgaben- und Arbeitsteilung	individuell angepaßte Aufgabenintegration	zu kleine/große Aufgabenintegration
Kommunikation und Kooperation	formal und informell über Arbeitsbereich hinaus	starr, formal, nur im Arbeitsbereich
Zuständigkeit und Verantwortung	Spielraum gewährt und gewollt übernommen	Spielraum nicht angepaßt und ungewollt übernommen
räumliche Aspekte	guter Überblick räumliche Nähe	schlechter Überblick weite Entfernungen
persönliche Zuordnung von Arbeitsm.	individuelle Zuordnung teilweise Wechsel (Absprache)	ständige Wechsel (keine Absprache)
Arbeitsteilung Mensch-Maschine	angepaßte, teilweise aufgehobene Automatisierung	rein funktionale Automatisierung
DV-Funktionalitäten	teilweise, überschaubar, ergänzend	viele, nicht überschaubar, ersetzend
Benutzungs- oberflächen	eindeutig, überschaubar, multimedial	unterschiedlich, nicht überschaubar
Datenhaltung/ -zugriff	individuell angepaßte Zugriffe	vermittelt über Instanzen, keine Zugriffe
Legende ▓	Profil des Modellbetriebs I	

Abb. 4.2. Ausgangssituation als Ausprägung der Gestaltungsdimensionen bei Modellbetrieb I

Die *dispositive und technische Planungskette* beginnt mit dem Kundenauftrag aus dem Vertrieb, der in der Planungsabteilung mit dem kundenneutralen Produktionsprogramm und den Beständen an Bauteilen im Lager abgeglichen wird. Sonderanlagen gehen als Konstruktionsauftrag zunächst an die Konstruktionsabteilung, in der Zeichnungen für die neuen Bauteile oder für eine komplett neue Anlage (mit CAD-Systemen) erstellt werden; die Zeichnungen werden dann an die zentrale Arbeitsvorbereitung gegeben, wo die entsprechenden neuen Arbeitspläne angelegt werden. Serienanlagen werden sofort als Fertigungsauftrag an die zentrale Arbeitsvorbereitung weitergegeben. Dort erfolgt die Stücklistenauflösung, der Lagerabgleich, und es werden daraus Bestellaufträge und Werkstattaufträge ermittelt. Die Aufträge werden vom Liefertermin für Kundenaufträge oder vom Fertigungstermin für kundenneutrale Aufträge, der von der Planungsabteilung vorgegeben wird, rückwärts terminiert und sieben Tage vor spätestem Beginntermin in die Werkstatt eingesteuert. Das bedeutet, die Auftragsunterlagen (Zeichnungen, Arbeitspläne, Auftragspapiere) gehen an das Materiallager bzw. die Sägerei, wo das Material zugeschnitten und in das Auftragsregal der Bereiche Drehen und Fräsen geliefert wird (Bringschuld). Dort liegen die Werkstattaufträge für die Bearbeitung bereit.

Die Reihenfolgeplanung der Werkstattaufträge ergibt sich aus der Dringlichkeit der zugehörigen Kunden- oder kundenneutralen Fertigungsaufträge. Betriebsleitung, Planungsleitung, Arbeitsvorbereitung und Meister ermitteln gemeinsam die Prioritäten für die Auftragsbearbeitung. Die Werkstattaufträge werden entsprechend mit farblich unterschiedlichen Aufklebern für die drei Prioritätsstufen Muß, Soll und Kann (rot/blau, gelb, grün/farblos) gekennzeichnet. Der Facharbeiter muß dann die Werkstattaufträge mit der jeweils höchsten Priorität als nächstes bearbeiten, wobei er innerhalb einer Prioritätsstufe (relativ) frei wählen kann.

Dabei ergeben sich in der dispositiven Planung einige grundlegende Probleme, die dazu führen, daß die Produktions- und Reihenfolgeplanung sehr aufwendig sind, daß Planungsergebnisse immer wieder verändert werden müssen und daß der Dispositionsspielraum in der Werkstatt, beim Facharbeiter relativ gering ist (vgl. Abbildung 4.3):

- Das PPS-System, das für die grobe Kapazitäts- und Zeitplanung in der Planungsabteilung und in der Arbeitsvorbereitung eingesetzt wird, erlaubt keinen Kapazitätsabgleich. Die Termine für die Werkstattaufträge werden ohne Rücksicht auf die Auslastungssituation in den Bereichen Drehen und Fräsen bestimmt. Die geplante Auslastung steigt dann auf teilweise mehrere hundert Prozent, so daß Termine nicht eingehalten werden können.
- Die Arbeitsvorbereitung gibt für die Werkstattaufträge eine feste Sollmaschine und Planbearbeitungszeiten vor. Dabei nutzt sie nicht alle möglichen technischen und organisatorischen Flexibilitäten, die in der Fertigung möglich wären, und die Planzeiten werden meist als zu lang eingeschätzt.
- Bei Sonderanlagen wird ein großer Teil der gesamten Durchlaufzeit von der Konstruktion in Anspruch genommen (ca. 1/3). Dadurch geraten nachfolgende Bereiche wie die Fertigung oft in Terminnot. Zudem erhält die Arbeitsvorberei-

tung auch nach der Auftragsfreigabe noch Änderungen aus der Konstruktion, die (teilweise) weitreichende Auswirkungen in der Fertigung haben.

- Die Prüffeldleiter greifen in die Reihenfolgeplanung mit ein, indem sie die dringenden Werkstattaufträge für Anlagen, die sich bereits im Prüffeld, also kurz vor der Auslieferung befinden, über den Meister des Bereichs Drehen und Fräsen nach terminlich vorne ziehen lassen.

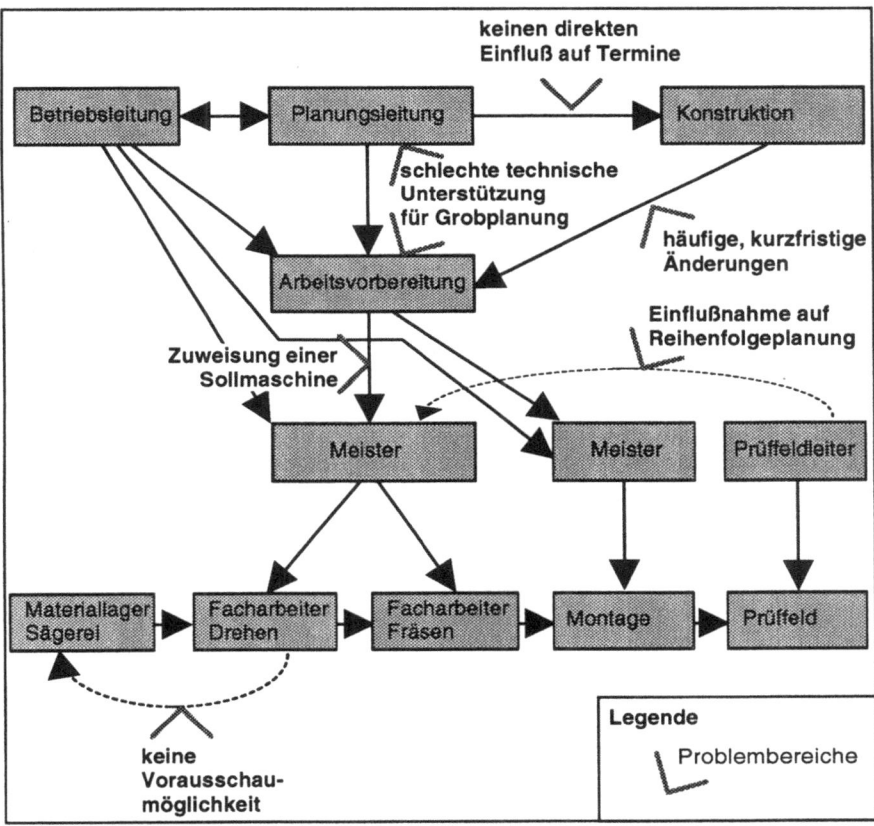

Abb. 4.3. Kooperations- und Kommunikationsbeziehungen bei der dispositiven Arbeitsplanung und Problembereiche

Diese Probleme führten dazu, daß sehr viele Eilaufträge mit höchster Priorität (rot) entstehen. Obwohl formell die Möglichkeit besteht, daß die Facharbeiter aus dem Auftragsregal selbständig aufgrund der Rüstsituation an der Maschine etc. passende Aufträge aussuchen, wird dies durch sehr viele, notwendige Eingriffe durch den Meister eingeschränkt. Dieser schreibt den Facharbeitern aufgrund der engen Terminvorgaben (durch unterschiedliche Stellen) und der vielen Eilaufträge immer wieder vor, welcher Werkstattauftrag als nächstes bearbeitet werden muß, weil die Facharbeiter keinen Überblick über die Solltermine haben.

Durch diese Einschränkungen des Entscheidungs- und Handlungsspielraums sind die Mitwirkungsmöglichkeiten der Facharbeiter bei der dispositiven Auftragsplanung beschränkt. Die meisten Entscheidungen trifft der Meister in Abstimmung mit nachgelagerten Bereichen, wie Montage und Prüffeld, oder mit übergelagerten Bereichen, wie Arbeitsvorbereitung, Planungsleitung und Betriebsleitung. Dementsprechend ist die Zuständigkeit der Facharbeiter für diese Aufgabe beschränkt, obwohl sie letztlich für die Termineinhaltung Sorge tragen müssen. Die Kommunikation und Kooperation der Facharbeiter muß sich (fast ausschließlich) auf den Meister beschränken. Damit bleiben für die Facharbeiter viele Entscheidungen und Planungsinformationen intransparent, sie haben keinen Überblick über kommende Aufträge und können nicht verfolgen, wie sich ihre Terminvorgaben in die gesamte Terminsituation einfügen.

Teilweise gelingt es den Facharbeitern dennoch, auf informellem Weg ihre Dispositionsmöglichkeiten etwas auszudehnen und die verbleibenden Freiräume für eine eigene Feinplanung zu nutzen. Dabei ist es hilfreich, daß sie die Werkstattaufträge in einem Regalsystem in der unmittelbaren Nähe zu den Maschinen sehen können und daß sie sich mit den Facharbeiter-Kollegen über die Bearbeitung (Maschinenbelegung) direkt abstimmen können, was durch die geringe Größe des Bereichs Drehen und Fräsen und die räumliche Nähe möglich ist.

Sehr viel größer sind die Entscheidungs- und Handlungsspielräume der Facharbeiter bei der technischen Arbeitsplanung. Die Facharbeiter erhalten die Unterlagen der Konstruktion, die Teilezeichnung über die Arbeitsvorbereitung. Aus der Zeichnung entnehmen sie die Informationen für die technische Arbeitsplanung, allerdings sind diese Informationen nicht immer vollständig, ungenau oder nicht lesbar. Die Zeichnung soll Grundlage sein, um das NC-Programm selbst erstellen und verwalten zu können. Zusätzlich rüsten sie die Maschine und fahren das NC-Programm ein. Dabei können sie auf selbst erstellte und in Hängemappen im Meisterbüro abgelegte Einrichteblätter für schwierige Aufspannungen zurückgreifen. Über technische Probleme tauschen sie sich mit Kollegen oder dem Meister aus. Bei Problemen mit den Konstruktionsunterlagen wenden sie sich dann an den Meister oder informell direkt an den Konstrukteur, sofern er bekannt und erreichbar ist. Weitergehende Änderungsanträge an die Konstruktion müssen formal über die Arbeitsvorbereitung laufen.

Beim Einfahren bzw. nach der Bearbeitung kontrollieren die Facharbeiter die produzierten Teile nach den Angaben in der Zeichnung und im Arbeitsplan. Sie beschränken sich teilweise auf wenige Teile (nur das erste) und kritische Maße, da anschließend immer eine eigenständige Kontrolle in der Qualitätssicherung erfolgt. Obwohl es zu ihrer Aufgabe gehört, die bearbeiteten Teile zu prüfen, fühlen sie sich eingeschränkt für die Qualität zuständig oder verantwortlich, meist verlassen sie sich auf die gesonderte Qualitätskontrolle.

Auch bei der technischen Arbeitsplanung spielen die engen Kooperations- und Kommunikationsbeziehungen zu Kollegen eine sehr große Rolle. Durch ihr eigenes Engagement nutzen die Facharbeiter sehr viele informelle Möglichkeiten, um ihren eigenen Entscheidungs- und Handlungsspielraum für die technische Arbeitsplanung auszudehnen, soweit es die Rahmenbedingungen zulassen. Dies wird unterstützt durch die relative Nähe aller vor-, neben- und übergelagerten Bereiche, insbesondere zur Qualitätssicherung und zur Montage, und durch die Übersichtlichkeit in der Werkstatt. Für die technische Arbeitsplanung nützt den Facharbeitern neben ihrer sehr guten Qualifikation der enge Bezug zu ihrer eigenen Maschine mit der entsprechenden Steuerung. Allerdings werden bei einem Steuerungstyp nicht alle Funktionen genutzt, weil die Schulung unzureichend war bzw. weil die angebotenen Funktionen und Benutzungsoberflächen Mängel aufweisen oder nicht ausreichend sind. Die Facharbeiter können auf alle Unterlagen und Daten im Werkstattbereich frei zugreifen, wobei sie teilweise das Vorschlagsrecht für Änderungen haben (Arbeitspläne, Zeichnungen). Ein DV-gestütztes Verwaltungssystem für Einrichteblätter wird wegen der mangelhaften Funktionalitäten und Benutzungsoberfläche nicht genutzt.

Die Darstellung der Ausgangssituation in Modellbetrieb I macht ein doppeltes Bild deutlich: Zum einen sind es die Probleme der umständlichen, teilweise unklaren und wenig effizienten dispositiven Auftragsplanung, die dadurch verursachten häufigen Terminüberschreitungen und langen Durchlaufzeiten (insbesondere für Sonderanlagen), die gelöst werden müssen. Zum anderen ist es das hoch qualifizierte, motivierte, engagierte und erfahrene Potential an Facharbeitern, das sich in eine angemessene Lösungsfindung einbeziehen ließe. Ein "klassischer Lösungsweg" ist die Integration der dispositiven und technischen Planungskette durch den Einsatz von CIM-Komponenten: Ein Fertigungsleitstand für die Werkstattauftragsplanung und eine CAD/NC-Kopplung für die Erstellung der NC-Programme. Bisherige Erfahrungen mit entsprechenden CIM-Lösungen machten aber skeptisch; es war zu befürchten, daß mit ihrem Einsatz ein Großteil des vorhandenen Flexibilitätspotentials verloren ginge, daß sich die Erfahrungen der Facharbeiter nicht nutzen ließen und daß die Probleme damit nur bedingt zu lösen wären.

4.1.2 Realisierung erfahrungsgeleiteter Arbeit

Als Alternative zum "klassischen Lösungsweg" sollten *organisatorisch-technische Lösungen* im Modellbetrieb I entwickelt, realisiert und erprobt werden, die das große Facharbeiterpotential und in besonderer Weise deren Erfahrungswissen nutzen. Grundlage dazu sollten die Gestaltungsanforderungen und das Sollkonzept für erfahrungsgeleitete Arbeit sein, die geeignet sind, zu Erhalt, Bildung und Nutzung von Erfahrungswissen beizutragen. Ziele des Modellprojekts waren:

- das organisatorische Zusammenspiel unterschiedlicher Bereiche in der dispositiven Planungskette (PPS/CNC-Kette) zu verbessern, um kürzere Gesamtdurchlaufzeiten, höhere Terminsicherheit und geringeren Planungsaufwand zu erreichen;
- die große Flexibilität zu erhalten und durch engere Zusammenarbeit zwischen Konstruktion und Werkstatt zu verbessern; und
- die Facharbeiter und ihren großen Erfahrungsschatz direkt an der Entwicklung von Lösungen zu beteiligen (Partizipation) und ihnen in der veränderten organisatorischen Struktur wichtige Entscheidungs- und Handlungsspielräume zu belassen, um den Planungsaufwand an zentraler und produktionsferner Stelle zu verringern.

Dazu wurden zwei Arbeitsgruppen für die CNC/PPS-Kette und für die CNC/CAD-Kette und ein Projektlenkungsteam gebildet, die im Verlauf des Modellprojekts aufgrund der vielen Überschneidungen zusammengeführt wurden. Ständige Mitglieder in diesem Team waren der Planungsleiter (Projektleiter), der Betriebsleiter, der Leiter der Arbeitsvorbereitung, der Meister und alle Facharbeiter. Je nach Fragestellung wurden auch immer wieder andere Personen mit hinzugezogen: aus der Qualitätssicherung, aus der Montage und aus der Konstruktion. Aufgabe des Projektteams war es, Vorschläge für Maßnahmen zu entwickeln, zu bewerten und geeignete Maßnahmen umzusetzen, die erfahrungsförderliches Arbeiten ermöglichen und betriebliche Abläufe in der dispositiven und technischen Planungskette verbessern. Im Laufe von mehr als zwei Jahren wurden folgende Maßnahmen entwickelt, realisiert und erprobt:

Verbesserung der Grobplanung durch die alleinige und eindeutige Zuordnung der Planungszuständigkeit zur Planungsleitung
Die Planungsleitung wurde als alleinige Stelle für die grobe Kapazitäts- und Terminplanung der kundenspezifischen- und kundenneutralen Fertigungsaufträge bestimmt. Die Einflußnahmen unterschiedlichster Stellen auf die Festlegung der Grobplanungstermine kann nur noch über die Planungsleitung erfolgen. Die Planungsabteilung erstellt in Absprache mit dem Vertrieb und der Produktion ein Termingerüst, in dem die Ecktermine für Werkstattaufträge festgehalten sind. Die Arbeitsvorbereitung bricht diese Grobplanung der Kundenaufträge dann in eine Grobplanung der Fertigungsaufträge herunter. Die Werkstatt muß nur noch diese Terminvorgaben akzeptieren, wobei sie über die Meisterrunde auch Mitspracherechte wahrnehmen kann. Sie hat damit einen eindeutigen Ansprechpartner für die vorgegebenen Termine. Damit verbessern sich die Transparenz und die Planungssicherheit für Meister und Facharbeiter. Bei Terminverschiebungen haben die einzelnen Funktionsbereiche gegenüber dem Planungsleiter eine Bringschuld. In diesen Fällen koordiniert er die Abstimmung mit anderen Bereichen.

Verbesserung der Rückmeldeorganisation durch online-Schnittstelle zwischen PPS- und BDE-System
Die Planung und Abstimmung der Grobplanungstermine, die auch einen Dispositionsspielraum für die Feinplanung in der Werkstatt belassen will und die die

Zahl der nicht vorhergesehenen Eilaufträge reduzieren will, setzen eine aktuelle Übersicht über den Fertigungsfortschritt in der Werkstatt voraus. In vielen Fällen genügt die tagesgenaue Rückmeldung über beendete Werkstattaufträge nicht. Deshalb soll die Übertragung der Rückmeldedaten vom BDE- an das PPS-System im online-Betrieb (über eine DV-technische Schnittstelle) erfolgen. Jede Rückmeldung wird dann sofort verarbeitet und an das PPS-System weitergeleitet. Diese Informationen stehen dem Meister, der Arbeitsvorbereitung und dem Planungsleiter aktuell für eine Vorausschau auf die nächste Zukunft, für Aufgaben der Terminplanung und zur Fertigungsfortschrittskontrolle zur Verfügung.

Verbesserung der Feinplanung durch Einsatz eines Leitstands bzw. eines maschinennahen Informationssystems
Zur Unterstützung der Feinplanung in der Werkstatt besteht die Möglichkeit, ein "klassisches Leitstandssystem" einzusetzen. Diese Alternative wurde geprüft. Ein solches DV-System sollte im wesentlichen die Facharbeiter (und teilweise den Meister) unterstützen. Es sollten die Möglichkeiten bestehen, Konstruktionszeichnungen anzusehen, einen Auftragsvorrat mit unterschiedlichen Prioritäten und Terminen darzustellen und einfache Reihenfolgeplanungen durchzuführen. Entscheidend ist, daß das Leitstandssystem einfach zu benutzen und transparent in der Anwendung ist.

Eine genauere Analyse auf dem Markt verfügbarer Leitstände ergab aber, daß die Flexibilität und die Einbeziehung der Facharbeiter in die Feinplanung durch Leitstände eingeschränkt wird. Die Leitstände können die komplexen und kontextgebundenen Situationen in der Werkstatt in ihrer Planungssystematik nur unzureichend berücksichtigen. Als Informationsinstrument sind sie viel zu umständlich zu bedienen und zu teuer. Die Projektgruppe entschied sich deshalb gegen einen Leitstand. Statt dessen sollte ein Informationssystem genügen, das den Facharbeiter an der Maschine bei der dispositiven Auftragsplanung, der Fein- bzw. Reihenfolgeplanung unterstützt. Ein solches System ist auf dem Markt derzeit aber nicht verfügbar. Deshalb wurde kein entsprechendes Feinplanungsinstrument angeschafft.

Verbesserung der Feinplanung durch Nutzung von Auftragslisten
Da eine DV-technische Unterstützung der Facharbeiter bei der Feinplanung als nicht sinnvoll bzw. nicht möglich angesehen wurde, sollten die konventionellen Planungsmittel verbessert und verstärkt auch von den Facharbeitern genutzt werden. Zunächst sollten der Entscheidungs- und Handlungsspielraum der Facharbeiter erweitert werden, indem sie die Auftragslisten für die Feinplanung unmittelbar zur Verfügung gestellt bekommen. Sie sollen damit in die kooperative Feinplanung – zwischen Betriebsleitung, Planungsleitung, Arbeitsvorbereitung und Meistern – mit eingebunden werden.

Mit Hilfe der Auftragslisten (vgl. Abbildung 4.4) erhalten die Facharbeiter frühzeitig einen Überblick über die Prioritäten (durch die Listenfarbe rot, blau, gelb oder grün) und vorgegebenen Endtermine der dringlichen, anstehenden oder kommenden Werkstattaufträge. Gleichzeitig können sie den Fertigungsfortschritt dieser Teile und Baugruppen durch die gesamte Produktion verfolgen, und sie können durch die Stücklistenstruktur der Auftragslisten die Verwendung der von ihnen hergestellten Teile in den einzelnen Baugruppen und Anlagen erkennen.

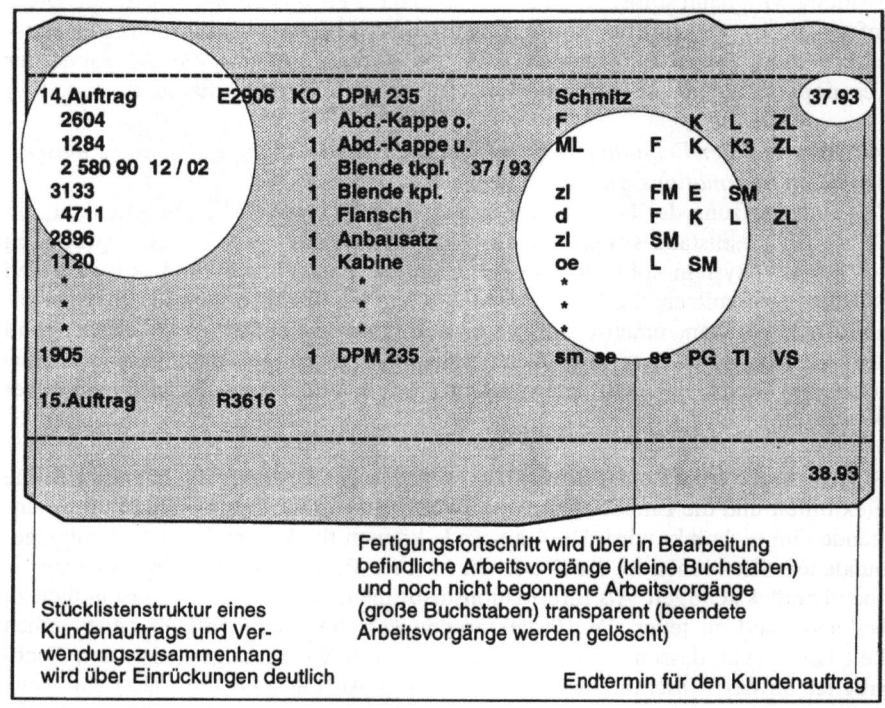

Abb. 4.4. Auftragsliste für die kooperative Feinplanung

Verbesserung der Maschinenauslastung durch Auftragspool und Belegungsplanung

Um die zusätzlichen Planungsinformationen, die die Facharbeiter mit den Auftragslisten zur Verfügung gestellt bekommen, auch nutzen zu können, muß ein ausreichend großer Auftragsvorrat bzw. Auftragspool "physisch" zur Bearbeitung bereit stehen, und die Facharbeiter müssen die Kompetenz haben, selbständig die Maschine und die genaue Reihenfolge der Abarbeitung zu bestimmen. Beides ist in Modellbetrieb I realisiert:

- Die Arbeitsvorbereitung gibt für Neuaufträge keine Soll-Maschine mehr vor.
- In einem Auftragsregal sehen die Facharbeiter die anstehenden Aufträge, die zugehörigen Auftragspapiere und die Zeichnungen unmittelbar.

Die Facharbeiter können aus der Rohteilgeometrie die Teilegröße abschätzen und die geeignete Maschine auswählen. Sie erkennen die Materialart und können geschickte Reihenfolgen bilden, um die Rüstzeiten zu verringern. Sie können aus der Zeichnung die Qualitätsanforderungen ersehen. Sie können sich "am Auftragsregal" mit Kollegen absprechen und abstimmen. So entwickelt sich ein "Bild" von den notwendigen Bearbeitungsschritten und einer "optimalen" Vorgehensweise, bei der Termin- und Qualitätsvorgaben eingehalten werden.

Verbesserung der Flexibilität durch ein Vertretungsmodell
Um die Flexibilität in der Werkstatt zu erhöhen und um die Bildung und Nutzung von maschinenübergreifendem Erfahrungswissen der Facharbeiter auszudehnen, sollte zwischen den Facharbeitern in den Bereichen Drehen und Fräsen rollierend gewechselt werden. Es zeigte sich aber, daß die Bindung der Facharbeiter an "ihre" Maschine sehr groß ist. Dies enge Bindung resultiert insbesondere aus dem Einsatz unterschiedlicher Steuerungen der CNC-Maschinen; für die Facharbeiter bedeutet es ein umständliches und ungewolltes Umdenken beim Wechsel der Steuerungen. Deshalb wird eine Vertretung von Kollegen nur in sehr kleinem Rahmen praktiziert; jeweils zwei Werker vertreten sich gegenseitig an ihren Maschinen. Dabei tauschen Facharbeiter spezifische Kenntnisse über technisch sehr ähnliche Maschinen aus, indem sie sich fallweise in der Handhabung gegenseitig unterweisen, so daß der Kollege die Maschine bei Bedarf, bei Urlaub oder Krankheit eines Kollegen, bedienen kann.

Verbesserung der Vorgaben der Konstruktion durch verstärkte Kooperation der Fertigung mit der Konstruktion.
Wiederholte konstruktive Änderungen nach der Einsteuerung von Aufträgen in die Fertigung sowie die mangelnde Berücksichtigung fertigungstechnischer Aspekte bei Konstruktion und/oder bei der Zeichnung von Werkstücken hatten zur Folge, daß die Facharbeiter in der Fertigung terminlich unter Druck gerieten und daß immer wieder technische Unstimmigkeiten und Unklarheiten auftauchten. Deshalb sollten Maßnahmen zur Verbesserung der Zusammenarbeit zwischen Konstruktion und Fertigung ergriffen werden. Im einzelnen spielten in der Diskussion innerhalb der Fertigung, zwischen Facharbeitern, Meister, Arbeitsvorbereitung und Betriebsleitung und zwischen Fertigung und Konstruktion folgende Punkte eine wichtige Rolle:

- Bei Neuentwicklung bzw. -konstruktion von Anlagen sollten Fertigung und Montage rechtzeitig und intensiver eingebunden werden als bisher. Ein *besserer Erfahrungsaustausch zwischen Fertigung und Konstruktion sowie innerhalb des Konstruktionsbereichs* (innerhalb der mechanischen Konstruktion wie auch zwischen Mechanik- und Elektrokonstruktion) kann das spätere Nachfragen der Fertigung im Konstruktionsbereich und gegebenenfalls konstruktive Änderungen reduzieren. Entwicklungsentwürfe sollten als Mappe komplett in der Fertigung verfügbar sein, um sich dort ein besseres Bild des Auftrags machen zu können. Bei der Terminplanung sollten Zeiten für Versuche und gegebenenfalls Nacharbeiten stärker berücksichtigt werden als bisher.

Eine Vorabinformation der Arbeitsvorbereitung durch die Konstruktion im Hinblick auf Struktur oder Stücklisten anstehender Fertigungsaufträge würde helfen, die Arbeitsplanung zu verbessern.

- Die Zusammenarbeit der beiden Funktionsbereiche Fertigung und Konstruktion könnte durch einvernehmliche und *verbindliche Absprachen* bzw. *Regelungen* zu folgenden Punkten verbessert werden: Verwendung standardisierter Zeichnungsmaße und Passungen in der Konstruktion, fertigungs- bzw. NC-gerechte Konstruktion und Zeichnung, eindeutige Zuordnung von Verbindungskabeln durch die Elektrokonstruktion und keine Änderungen von Konstruktion bzw. Zeichnung nach Fertigungsfreigabe.

- *Reduzierung der Teilevielfalt*: Bei Entwicklung und Konstruktion sowohl von Sonder- als auch Serienanlagen sollte verstärkt auf eine Standardisierung und auf die Wiederverwendung von Baugruppen, Werkstücken, verwendeten Materialien, Zukaufteilen etc. geachtet werden.

- *Intensivere Kommunikation und Zusammenarbeit* zwischen Konstruktion, Arbeitsvorbereitung und Fertigung über die laufende Arbeit: Je nach Bedarf sollen sich Meister und Gruppenleiter der Konstruktionsabteilung zusammensetzen und generelle oder einzelne Probleme besprechen und klären; dabei könnten gegebenenfalls auch Facharbeiter mit einbezogen werden. Im Konstruktionsbereich sollte ein Ansprechpartner für alte Zeichnungen benannt werden. Der Aktualität der Fertigungsmappe für Seriengeräte sollte mehr Beachtung geschenkt werden. Im Fall fehlerhafter Zeichnungen sollte von Seiten der Konstruktion auf Änderungsanträge verzichtet und unbürokratisch eine fehlerfreie Zeichnung erstellt werden.

Da der Fertigung besonders an der Verbindlichkeit von Absprachen und an der gemeinsamen Bestimmung von Rahmenbedingungen und Regeln zur Zusammenarbeit gelegen war, sollten auch die Kommunikationsbeziehungen formell geregelt werden. Zunächst sollten die genannten Verbesserungen deshalb ausschließlich über den Meister und die Konstruktionsleitung umgesetzt werden. Die Facharbeiter sollten bei ihren Nachfragen oder Änderungswünschen und -empfehlungen diesen formalen Kommunikationspfad zwischen Meister und Konstruktionsleitung einhalten. Sehr schnell stellte sich heraus, daß damit die Fexibilität der direkten und informellen Absprachen, die zuvor zwischen Facharbeiter und Konstrukteur bestand, verloren ging. Deshalb wurde dieser informelle Kommunikationsweg wieder geöffnet. Damit wurde deutlich, daß Wirksamkeit bzw. Erfolg solcher Absprachen bzw. Regeln nicht allein durch deren Aushandlung und schriftliche Formulierung zu erreichen sind. Als entscheidend wurden vielmehr deren konsequentes Einhalten im betrieblichen Alltag und die Ergänzung durch persönliche Beziehungen und direkten Kontakte zwischen Facharbeiter und Konstrukteur erachtet.

Verbesserungen im Prozeß der NC-Programmerstellung durch CAD-Terminal und CAD/NC-Integration
Zur Unterstützung der NC-Programmierung wurde die Möglichkeit einer Geometriedatenübernahme aus dem CAD-System diskutiert. Hierbei wurden folgende Alternativen in Betracht gezogen:

• CAD-Terminal in der Werkstatt mit integriertem CAM-Modul: Das CAD-System enthält hierfür ein spezielles NC-Modul, mit dem NC-Programme komplett erstellt werden können.
• Programmiersystem mit integriertem Kopplungsmodul: Die im CAD erstellten Konstruktionsdaten der kompletten Fertigteilgeometrie werden unter Zuhilfenahme einer Datenschnittstelle an das nachfolgende Programmiersystem übergeben. Dort werden die CAD-Daten NC-gerecht aufbereitet und mit Hilfe einer Schnittstelle in die Datenstruktur des Programmiersystems umgewandelt.

Beide Lösungen sollten nicht eine zentrale NC-Programmierung ermöglichen, sondern die Programmerstellung in der Werkstatt durch die Facharbeiter unterstützten. Das DV-Sysem sollte für die Facharbeiter die Möglichkeiten verbessern, Zeichnungsinformationen gezielt auszuwählen oder zu ergänzen und Programmabläufe zu simulieren. Die Benutzung des Programmiersystems sollte möglichst einfach sein.

Eine technische CAD/NC-Integration zur Unterstützung der werkstattorientierten NC-Programmierung durch die Facharbeiter wurden von der Projektgruppe wieder verworfen. Der Nutzen hätte die notwendigen Aufwendungen nicht überwogen. Nur eine sehr geringe Teileanzahl ist so komplex, daß nennenswerte Zeiteinsparungen zu erwarten gewesen wären; und gerade bei komplexen Teilen nutzen die Facharbeiter ihre Erfahrungen bei der Erstellung der NC-Programme direkt an der Maschine sehr intensiv, was durch eine technische Lösung nicht ausreichend abzudecken wäre.

Verringerung der Belastung der Werkstatt durch Einsatz von zusätzlichen konventionellen Maschinen
In der spanenden Fertigung, Drehen und Fräsen, werden sowohl CNC-Maschinen wie auch konventionelle Maschinen eingesetzt. Diese Mischstruktur hat sich in der Vergangenheit als sehr vorteilhaft erwiesen. Die Facharbeiter können im allgemeinen mit beiden Maschinenarten umgehen und spezifische Erfahrungen nutzen. Sie können damit auch die unterschiedlichen Aufwände für konventionelle oder CNC-Bearbeitung für einen Werkstattauftrag einschätzen und verteilen die Aufträge entsprechend. Einige Teile werden auch gemischt gefertigt.

Im Projekt wurde in diesem Zusammenhang die Frage diskutiert, welche Maschinenart bei der nächsten Ersatzinvestition (die Betriebsleitung geht davon aus, daß eine der ersten CNC-Fräsmaschinen mittel- bis langfristig ersetzt werden muß) präferiert werden soll. Die Entwicklung des Werkstückspektrums, der Losgrößen etc. legt nahe, daß keine weitere CNC-Maschine eingesetzt werden soll. Es gilt die technische Entwicklungen der Werkzeugmaschinen abzuwarten, insbesondere die Entwicklungen einer Hybridmaschine, die die Vorteile der konventionellen Technik mit denen der CNC-Technik verknüpfen soll. In jedem Fall sollen Erfahrungen der Facharbeiter mit konventionellen Bearbeitungstechniken bewahrt werden.

Verbesserung des Rüstvorgangs durch DV-gestützte Verwaltung von Einrichteblättern
Die Facharbeiter erstellen und verwalten neben den NC-Programmen auch die Einrichteblätter. Diese Aufgabe erfolgt eigenständig oder in Zusammenarbeit mit dem Meister und/oder mit Kollegen. Wichtige Anforderungen dabei sind, daß Einrichteblätter nicht nur für gleiche, sondern auch für ähnliche Teile wiedergefunden werden und daß die anderen Kollegen mit den Einrichteblättern selbst arbeiten können und die entscheidenden Kniffe nachvollziehbar sind.

Für diese Aufgabe hatten die Facharbeiter bereits ein DV-System, um Einrichteblätter anzulegen und zu verwalten; es wurde aber bislang nicht ernsthaft genutzt, da das System nicht die richtigen Eingabefelder besitzt und in der Benutzung sehr umständlich ist. Statt dessen wurden Mappen angelegt mit Einrichteformularen und eigenen Skizzen zu Aufspannungen. Mit Hilfe einer Testversion des Einrichtemoduls von CeAFIS sollte geprüft werden, ob sich die spezifischen Vorteile der DV-technischen und der konventionellen Unterstützung miteinander verbinden lassen, wenn für den Modellbetrieb I spezifisch angepaßte Einrichteblatt-Masken und -Ausdrucke zur Verfügung stehen und wenn neue Multimedia-Funktionalitäten eingesetzt werden. So war es möglich, komplexe und wiederbenötigte Aufspannsituationen mit der Videokamera aufzunehmen und abzuspeichern. Zusätzlich konnten Informationen in gesprochener Form einzelnen Datenfeldern hinterlegt werden. Dieses DV-System konnte als Prototyp realisiert werden, es sollten Erfahrungen gesammelt werden, wie Facharbeiter ein an ihre spezifischen Belange angepaßtes DV-System in Maschinennähe nutzen.

Verbesserung der Qualität durch Ausweitung der Aufgaben für den Facharbeiter im Bereich Qualitätssicherung
Die Facharbeiter wurden stärker und mit mehr Zuständigkeit und Verantwortung in den Prozeß der Qualitätssicherung eingebunden werden. Dadurch sollten "einfache" Fehler rechtzeitig und schneller entdeckt werden, und die Durchlaufzeiten sollten gesenkt werden, indem nicht nach jedem Arbeitsschritt die Qualitätsabteilung die Teile kontrollieren muß. Deshalb wurden folgende Maßnahmen umgesetzt:

- "Kontrolle" als Arbeitsgang bzw. Tätigkeit der Qualitätssicherung ist aus den entsprechenden Arbeitsplänen gestrichen worden. Statt dessen sind die Facharbeiter aufgefordert, ihre "Bearbeitungsergebnisse" selbst zu überprüfen.
- Dabei sollen die Facharbeiter auf Mitarbeiter aus der Qualitätsabteilung zurückgreifen können, die sie bei komplexen Teilen (mit entsprechend hoher Wertschöpfung) unterstützen. Schätzungsweise dürfte eine Zwischenkontrolle

nach Fertigstellung des ersten Werkstücks durch Facharbeiter und Qualitätsabteilung für ca. 10 % aller Werkstücke sinnvoll sein.

- Die Endkontrolle bevor ein komplettes Los den Bereich Drehen und Fräsen verläßt, soll nach wie vor in der Qualitätsabteilung erfolgen.

Art der Kontrolle / Art des Werkstücks	Zwischenkontrolle nach dem ersten Teil	Endkontrolle nach komplettem Los
Werkstück mit hoher Wertschöpfung	Facharbeiter/Qualitätskontrolleur an der Werkzeugmaschine an speziellem Meßplatz	Qualitätskontrolleur an speziellem Meßplatz
Werkstück mit geringer Wertschöpfung	Facharbeiter	Qualitätskontrolleur an speziellem Meßplatz

Abb. 4.5. Arbeitsorganisatorische Alternativen der Qualitätskontrolle

Abbildung 4.5 zeigt die Alternativen der Qualitätskontrolle und den Zuständigkeits- und Verantwortungsbereich der Facharbeiter in der Übersicht.

4.1.3 Ergebnisse (Bewertung)

Der "organisatorische Wandel" zur Sicherung und Verbesserung erfahrungsförderlicher Arbeitsstrukturen im Modellbetrieb I findet seit mehr als zwei Jahren statt. Die Maßnahmen sind dabei von Beginn an so angelegt, daß ihr prozessualer Charakter im Vordergrund steht. Das heißt, sie zielen nicht auf einen zu erreichenden Endzustand, sondern auf ein ständiges Bemühen organisatorische und technische Lösungen und ihre Realisierung laufend zu sichern und zu verbessern (etwa im Sinne eines kontinuierlichen Verbesserungsprozesses). Deshalb kann eine Bewertung aus arbeitswissenschaftlicher und aus betriebswirtschaftlicher Sicht nur vorläufig sein.

Vergleicht man den Ausgangszustand mit dem bisher Erreichten und legt man als Bewertungsmaßstab die Anforderungen zu den organisatorischen und technischen Gestaltungsdimensionen an (vgl. Abschnitt 2), zeigen sich folgende *Ergebnisse in Bezug auf die Bildung, die Nutzung und den Erhalt von Erfahrungswissen* bei den Facharbeitern:

- Die *Arbeitsteilung* im Bereich der Disposition wurde insofern (teilweise) aufgehoben, als die Feinplanung der Werkstattaufträge nun kooperativ, unter Einbindung der Facharbeiter erfolgt. Durch die verbesserte Grobplanung konnten Dispositionsspielräume in der Werkstatt für die Feinplanung geschaffen werden, die an die Facharbeiter übertragen wurden. Im gemeinsam genutzten Regalsystem sehen sie einen ausreichenden Werkstattauftragsbestand, aus dem sie geeignete Aufträge aussuchen können, sie sprechen sich dabei ab oder arrangieren sich stillschweigend. Mußte der Meister früher bei etwa zehn Werkstattaufträgen pro Tag Vorgaben zur Reihenfolge machen, so ist es heute nur noch einer. Dabei beziehen die Facharbeiter auch Termine in ihr Kalkül mit ein. Über die Auftragslisten an ihrem Arbeitsplatz erkennen sie die Dringlichkeit und die Endtermine. Letztlich liegt die Einhaltung der Endtermine in der *Zuständigkeit und Verantwortung* der Facharbeiter und des Meisters.

• Zudem übernehmen die Facharbeiter eigene Kontrollaufgaben. Zwischenprüfungen (zwischen Drehen und Fräsen) in der Qualitätsabteilung können dadurch entfallen. Für die Facharbeiter bedeutet dies eine sofortige Rückkopplung ihres Arbeitsergebnisses zu ihrer eigenen technischen Arbeitsplanung. Gerade bei komplexen Teilen (mit hoher Wertschöpfung) prüfen sie genauer und öfter, die Ergebnisse fließen zum Teil unmittelbar in den Arbeitsprozeß ein (NC-Programm wird korrigiert, Zeichnung wird beim nächsten Mal genauer gelesen). Bei Qualitätsmängeln suchen die Facharbeiter (teilweise in Abstimmung mit Meister und Qualitätsabteilung) nach Verwendungsmöglichkeiten. In der Montage stellt sich heraus, daß die Teile noch zu verwenden sind, weil teilweise die Qualitätsanforderungen aus der Konstruktion zu hoch waren. Auch dies ist ein Beispiel für Aufgabenintegration und für mehr Zuständigkeit und Verantwortung beim Facharbeiter und für mehr Möglichkeiten, Erfahrungen zu entwickeln und umzusetzen.

• Die *Kommunikationsbeziehungen* der Facharbeiter zu den Konstrukteuren werden verstärkt genutzt. Bei fehlenden Maßen, fehlerhaften Zeichnungen oder fertigungstechnischen Schwierigkeiten sprechen sich die Facharbeiter direkt mit dem Konstrukteur ab. Dabei werden die Probleme schneller und einvernehmlich gelöst, was auf formalem Weg über Meister und Konstruktionsleiter nicht immer möglich war. Zusätzlich nutzen die Facharbeiter Kommunikationsmöglichkeiten mit der Qualitätskontrolle und mit der Montage, um sich über Qualitätsanforderungen der Produkte zu informieren und abzustimmen. Auch hierbei nutzen die Facharbeiter ihren Handlungsspielraum, suchen nach akzeptablen Lösungen und bringen neben ihren Erfahrungen ihre Kreativität ein. In sogenannten "Freitagsgesprächen" diskutieren die Facharbeiter (teilweise) unter Hinzuziehung von Kollegen aus anderen Bereichen, Meister oder Betriebsleitung aktuelle Probleme und Verbesserungsmöglichkeiten.

• Die *persönliche Zuordnung* der Werkzeugmaschine spielt für die Facharbeiter eine große Rolle. Sehr viel technisches Know-how und Erfahrungen haben sich gerade im Umgang mit der "eigenen" Maschine und der installierten Steuerung, mit ihren Besonderheiten und "Macken" entwickelt. Dieses objektbezogene Erfahrungswissen wird darüber hinaus um transformatorische Elemente ergänzt, indem sich Facharbeiter fallweise und selektiv durch Kollegen mit den "fremden" Maschinen vertraut machen lassen.

- Auf eine *Automatisierung* von (Teil-)Aufgaben in der Werkstatt wurde bewußt verzichtet, es wird für die dispositive Planung kein Leitstand und für die technische Arbeitsplanung keine CAD/NC-Kopplung eingesetzt. Statt dessen nutzen die Facharbeiter originäre Informationsmöglichkeiten: Das Regalsystem und die Fertigungslisten für die Werkstattaufträge, die Zeichnungen für die NC-Programmierung an der Maschine. Die originären Informationsmöglichkeiten werden durch direkte Kommunikation zwischen Facharbeitern und Kollegen in anderen Abteilungen ergänzt. Dadurch ist es möglich, die Aufgaben bei den Facharbeitern und unmittelbar an oder in der Nähe der Maschinen zu belassen. Dies verschafft ihnen genauere Kenntnisse sowohl der dispositiven als auch der technischen Prozesse, schwierige Situationen werden unmittelbar und schneller überblickt, da sich die vielfältigen Informationen mit der jeweiligen, spezifischen Umfeldsituation leichter verknüpfen läßt.

- Der probeweise Einsatz des Einrichtemoduls von CeAFIS hat gezeigt, daß die Facharbeiter bei guter Unterstützung durch *angepaßte Funktionen, Funktionalitäten und ansprechende Benutzungsoberflächen* DV-technische Hilfsmittel in ihre Arbeit einbeziehen und nutzen. In kürzester Zeit waren die Facharbeiter sehr motiviert im Umgang mit dem Einrichtemodul, obwohl im Prototyp nicht alle Anforderungen abgedeckt werden konnten. Noch immer war die Möglichkeit zum Ausdrucken der Einrichteblätter sehr wichtig, in der kurzen Erprobungsphase konnte nicht festgestellt werden, daß konventionelle, bekannte Informationsmedien durch neue elektronische Medien vollständig ersetzt werden. Allerdings hat sich gezeigt, daß sich beide sehr wohl sinnvoll ergänzen können.

Insgesamt ist die Motivation der Facharbeiter und die Identifikation mit der Arbeit in der bisherigen Projektlaufzeit sehr gestiegen. Dazu haben auch die regelmäßigen Projektsitzungen, in die alle Facharbeiter direkt und dauerhaft einbezogen waren, einen erheblichen Beitrag geleistet. Durch die offenen Gespräche, auch mit Personen aus anderen Funktionsbereichen, haben die Facharbeiter die Zusammenhänge, in die ihr eigenes Arbeitshandeln eingebunden ist, bewußt als arbeitsrelevante Information kennengelernt (z.B. den Einfluß ihrer Arbeit auf die Kalkulation von Teilen, die Bedeutung von Terminen, Liegezeiten etc.). Die Facharbeiter können inzwischen weitaus mehr Informationen in ihre Entscheidungen einbeziehen, sie können ihren zusätzlichen Spielraum aktiv ausfüllen und gewinnen dadurch an Kompetenz in schwierigen, komplexen und neuartigen Situationen, um auch als Partner für andere Bereiche wie Konstruktion, Qualitätssicherung oder Montage anerkannt zu sein. Die *Partizipation* der Facharbeiter an übergreifenden Fragestellungen und betrieblichen Entscheidungen hat einen ganz wesentlichen Beitrag zur Förderung erfahrungsgleiteter Arbeit geliefert.

| | Modellmaßnahmen | | | | | | | | | | |
| | CNC/PPS-Kette | | | | | | CNC/CAD-Kette | | | | |
	klare Zuordnung der Auftragsplanung	verbesserte Rückmeldung	Einsatz Leitstand/ Informationssystem	Nutzung von Auftragslisten	Auftragspool und Belegungsplanung	Vertretungsmodell	Kooperation Fertigung/ Konstruktion	Prozeß der NC-Programmerstellung	konventionelle Maschine	Einrichteblatt-verwaltung	Qualitätskontrolle
veränderte Gestaltungs-dimensionen	Beitrag zur Realisierung erfahrungsgeleiteter Arbeit										
Aufgaben- und Arbeitsteilung	●	●	●	●	●						
Kommunikation und Kooperation			●	●			●	●			●
persönliche Zuordnung von Arbeitsmitteln						●					
DV-Funktionalitäten Benutzungs-oberflächen								●	●	●	
Legende ● Beitrag zur Gestaltungsdimension ◑ teilweise Beitrag zur Gestaltungsdimension	— wirkt negativ auf die Gestaltungsdimension										

Abb. 4.6. Zusammenhang zwischen den Modellmaßnahmen und den Gestaltungsdimensionen

Dies hat auch wichtige Auswirkungen auf die *betriebswirtschaftlichen Erfolgsfaktoren des gesamten Unternehmens*. Durch die Übernahme von dispositiven Tätigkeiten durch die Facharbeiter ist der Meister im Bereich Drehen und Fräsen erheblich entlastet; er kümmert sich nun verstärkt um technische Probleme, insbesondere werden mit der Konstruktion Regeln entwickelt, die für Neuentwicklungen fertigungstechnische Probleme oder höhere (zeitliche) Aufwendungen bereits im konstruktiven Vorfeld verhindern sollen: zum Beispiel durch die Nutzung von Standardteilen oder angepaßte Qualitätsanforderungen. Hier besteht ein erhebliches Kosteneinsparpotential, und die Gesamtdurchlaufzeit kann reduziert werden. Die Facharbeiter nutzen die Dispositionsspielräume zur Rüstoptimierung bei Einhaltung der Termine.

| | Modellmaßnahmen | | | | | | | | | | |
| | CNC/PPS-Kette | | | | | | CNC/CAD-Kette | | | | |
	klare Zuordnung der Auftragsplanung	verbesserte Rückmeldung	Einsatz Leitstand/ Informationssystem	Nutzung von Auftragslisten	Auftragspool und Belegungsplanung	Vertretungsmodell	Kooperation Fertigung/ Konstruktion	Prozeß der NC-Programmerstellung	konventionelle Maschine	Einrichteblatt-verwaltung	Qualitätskontrolle
wirtschaftliche Ziele	Beitrag zur Erreichung wirtschaftlicher Ziele										
Erhalt der technischen Flexibilität			◐	●	◐		◐		◐		
Lieferung von Seriengeräten ab Lager	●										
Ertragskraft stärken			—	—	◐		●				◐
Verkürzung der Lieferzeiten (Termintreue)	●	◐	●	●	◐		●				●
Qualitätsverbesserung und -nachweis										◐	●

Legende
● Beitrag zur Zielerreichung   — wirkt negativ auf Zielerreichung (Kosten für DV!)
◐ teilweise Beitrag zur Zielerreichung

Abb. 4.7. Auswirkungen der Modellmaßnahmen zur Erreichung wirtschaftlicher Ziele

Eine wesentliche Verbesserung der Planungssicherheit ergab sich durch die Auftragslisten, mit denen der Meister und die Facharbeiter ihre dispositive Planung durchführen. Im Gegensatz zu den Informationen aus DV-Systemen sind die Informationen auf den Listen sehr verläßlich, drohende Terminüberschreitungen werden meist rechtzeitig erkannt, und es bleibt Zeit, um Gegenmaßnahmen in Abstimmung mit den Facharbeitern und Meistern einzuleiten. So hat sich die Termintreue deutlich verbessert. Zudem ist die mittlere Gesamtdurchlaufzeit (von Kundenauftragsannahme bis zur Auslieferung) um fast 30 % verkürzt worden, die Durchlaufzeit im Bereich Drehen und Fräsen sogar um fast 50 %. Obwohl immer mehr Änderungswünsche durch Kunden und Vertrieb nach der Festlegung der Planungsdaten auftreten, konnte die Flexibilität, mit der auf technische oder Terminänderungen reagiert werden kann, verbessert werden.

Durch die verstärkte Qualitätskontrolle der Facharbeiter und die engere Zusammenarbeit mit der Qualitätsabteilung werden Mängel früher erkannt (nach dem ersten Teil, nicht erst nach Fertigung eines ganzen Loses); die Qualitätsabteilung (zeitweilig ein Engpaß bei aufwendigen Prüfungen durch sehr qualifizierte Fachkräfte) wird entlastet; Zwischenprüfungen in der Qualitätssicherung sind nicht mehr notwendig, so daß Warte- und Liegezeiten vor der Qualitätssicherung entfallen, die Durchlaufzeit wird dadurch erheblich verkürzt. Mit dem Meister und der Montage wird geprüft, inwieweit Mängel ein Teil tatsächlich nicht verwendbar machen: Es stellte sich heraus, daß nur 1 % der fehlerhaften Teile verschrottet werden mußte, 24 % konnten direkt in der Montage weiterverwendet werden, 75 % konnten nach einer Nachbearbeitung verwendet werden.

Die Nutzung konventioneller, einfacher Hilfsmittel für die dispositive und technische Arbeitsplanung unter Einbezug von originären Informationen hat dem Modellbetrieb erhebliche Aufwendungen (Investitionen in DV-Technik) erspart. Es wurden keine zusätzlichen fixen Kostenblöcke geschaffen, so daß sich keine (erwarteten) negativen Einflüsse auf die Ertragskraft ergaben. Statt dessen zeigte sich, daß die Facharbeiter mit den konventionellen Arbeitsmitteln Regalsystem, NC-Programmieren an der Maschine und Nutzung konventioneller Werkzeugmaschinen erheblich flexibler in "turbulenten" Situationen reagieren konnten.

Abbildung 4.6 zeigt die wesentlichen Effekte des Modellprojekts I aus Sicht erfahrungsförderlicher Arbeit und Abbildung 4.7 aus betriebswirtschaftlicher Sicht noch einmal auf.

4.2 Mechanische Fertigung (Drehen/Fräsen) eines Werkzeugmaschinenherstellers

4.2.1 Ausgangssituation und Problemanalyse

Modellbetrieb II gehört als ein weltweit führender Hersteller von Zahnradschleifmaschinen zur Branche des Maschinenbaus im Sektor Produzierendes Gewerbe. Das Unternehmen beschäftigt nach einem sehr weitgehenden Restrukturierungsprozeß noch etwa 400 Mitarbeiter mit einem sehr hohen Facharbeiteranteil (fast 60 %). Das Unternehmen ist in einzelne Geschäftsbereiche aufgeteilt. Im Bereich Produktion sind die Arbeitsvorbereitung, die mechanische Fertigung und die Montage zusammengefaßt. Zum Bereich mechanische Fertigung gehört unter anderem der Bereich Kleinmechanik (Teilefertigung) mit den Bearbeitungsstufen Drehen und Fräsen als Gestaltungsfeld des Modellbetriebs. Daneben spielen die Bereiche Logistik, zentrale Steuerung, Auftragsleitung, Technologie und Qualitätswesen als angrenzende Bereiche eine wichtige Rolle für die Gestaltung der dispositiven und technischen Ablaufketten.

Das Modellunternehmen fertigt als Hauptprodukt Zahnradschleifmaschinen (ZSTZ) in drei Grundvarianten mit konventioneller Steuerung und in fünf Grundvarianten mit CNC-Steuerung. Die Maschinen werden zu etwa 10 % nach Spezifikation der Kunden gefertigt, zu 90 % werden die Grundvarianten in Kleinserien gefertigt. Sie bestehen aus etwa 8000 Teilen, von denen im Mittel 3200 selbst hergestellt werden. Die Disposition erfolgt überwiegend kundenauftragsorientiert. Die Zahnradschleifmaschinen haben insbesondere im Bereich großer Zahnraddurchmesser eine marktführende Position, sie werden in über 40 Ländern eingesetzt und im Laufe von 50 Jahren wurden mit 5000 ausgelieferten Maschinen umfangreiche Erfahrungen gesammelt. Diese Stammproduktion wird um ein neues Erzeugnis, die Profilschleifmaschinen (ZP), ergänzt. Da der eigene Maschinenpark nicht vollständig ausgelastet ist, gleichzeitig aber ein sehr hohes technisches Niveau aufweist, werden Aufträge in Lohnfertigung übernommen.

Merkmale	Stellenwert von Erfahrungswissen + ←————————————————————→ -			
Erzeugnisspektrum	nach Kunden-spezifikation	mit Kunden-varianten	Standard mit Varianten	Standard-erzeugnisse
Erzeugnisstruktur	mehrteilige, komplexe Struktur	mehrteilige, einfache Struktur		einteilige
Auftrags-auslösungsart	Einzelauftrag	Rahmenauftrag		auf Lager
Dispositionsart	kundenauftrags-orientiert	überw. kunden-auftragsorientiert	überw. pro-grammorientiert	programm-orientiert
Beschaffungsart	Fremdbezug unbedeutend	Fremdbezug in großem Umfang		weitestgehend Fremdbezug
Fertigungsart	Einmalfertigung	Kleinserien-fertigung	Serienfertigung	Massenfertigung
Fertigungs-ablaufart	Werkstatt-fertigung	Baustellen-fertigung	Insel- oder Linienfertigung	Fließ- oder Reihenfertigung
Qualifikation in der Fertigung	sehr gut	weitgehend gut	zum Teil gut	gering
Entfernungen	Sichtkontakt	gering	groß, in einem Betrieb	groß, untersch. Standorte
Maschinenaus-stattung	konventionelle und CNC-Masch.			nur CNC-Maschinen
+ ←———— Schaffung erfahrungsförderlicher Strukturen ————→ -				
Legende ▨ Profil des Modellbetriebs II				

Abb. 4.8. Betriebstypologische Merkmale und ihre Ausprägungen als Rahmenbedingungen in Modellbetrieb II

Im Bereich Kleinmechanik (Teilefertigung), Drehen und Fräsen sind 22 Mitarbeiter (21 Facharbeiter und ein Meister) beschäftigt. Alle haben eine Ausbildung in einem metallverarbeitenden Beruf, viele Kollegen zeichnen sich zudem durch ihre langjährige Betriebszugehörigkeit aus, in der sie sehr umfangreiche und wertvolle Erfahrungen sammeln konnten. In jüngster Zeit haben aber einige Mitarbeiter das Unternehmen verlassen, mit denen auch ihr spezifisches Know-how abgewandert ist. Die Mitarbeiter werden im Zeitlohn bezahlt, und es wird in zwei Schichten gearbeitet.

Merkmale	tendenziell erfahrungs- förderlich ◄──────►	tendenziell nicht erfahrungs- förderlich
Aufgaben- und Arbeitsteilung	individuell angepaßte Aufgabenintegration	zu kleine/große Aufgabenintegration
Kommunikation und Kooperation	formal und informell über Arbeitsbereich hinaus	starr, formal, nur im Arbeitsbereich
Zuständigkeit und Verantwortung	Spielraum gewährt und gewollt übernommen	Spielraum nicht angepaßt und ungewollt übernommen
räumliche Aspekte	guter Überblick räumliche Nähe	schlechter Überblick weite Entfernungen
persönliche Zuordnung von Arbeitsm.	individuelle Zuordnung teilweise Wechsel (Absprache)	ständige Wechsel (keine Absprache)
Arbeitsteilung Mensch-Maschine	angepaßte, teilweise aufgehobene Automatisierung	rein funktionale Automatisierung
DV-Funktionalitäten	teilweise, überschaubar, ergänzend	viele, nicht überschaubar, ersetzend
Benutzungs- oberflächen	eindeutig, überschaubar, multimedial	unterschiedlich, nicht überschaubar
Datenhaltung/ -zugriff	individuell, angepaßte Zugriffe	vermittelt über Instanzen, keine Zugriffe
Legende	▨ Profil des Modellbetriebs II	

Abb. 4.9. Ausgangssituation als Ausprägung der Gestaltungsdimensionen bei Modellbetrieb II

In der Kleinmechanik sind zwei Spitzen- und Futterdrehmaschinen, eine Koordinatenbohrwerk, ein Bearbeitungszentrum, ein Bohr- und Fräsbearbeitungszentrum und eine Zahnradschleifmaschine, alle Maschinen mit CNC-Steuerung, eingesetzt. Zusätzlich stehen zwei Koordinatenmeßmaschinen zur Verfügung. Schließlich befinden sich zusätzliche Arbeitsgeräte in der Werkstatt (und im Zugriffsbereich der Facharbeiter), wie zum Beispiel Ständerbohrmaschinen, Werkzeugwechsler oder Kran. Der Materialdurchlauf wird von einem selbst entwickelten System gesteuert, das gleichzeitig für die Steuerung und für die Ein- und Auslagerung aus einem mit der Werkstatt verbundenen Hochregallagersystem zuständig ist. Die NC-Programme werden auf einem zentralen NC-Programmierrechner (von Robotron) erstellt, und die etwa 10.000 NC-Programme für Drehen und Fräsen werden dort rechentechnisch verwaltet.

Abbildung 4.8 zeigt die Rahmenbedingungen in Modellbetrieb II noch einmal im Überblick. Sie sind weitgehend vergleichbar mit den Rahmenbedingungen aus Modellbetrieb I, das heißt, sowohl die Merkmale zur Bedeutung als auch zu den Möglichkeiten erfahrungsgeleiteter Arbeit sind positiv ausgeprägt. Ganz anders stellt sich die Situation bezüglich der Gestaltungsdimensionen dar (vgl. Abbildung 4.9): Die Betriebsstrukturen erschweren in besonderem Maße die Möglichkeiten für erfahrungsgeleitetes Arbeiten, und fast alle Gestaltungsdimensionen sind davon betroffen. Das spiegelt sich auch in der Problembeschreibung innerhalb der Ausgangssituation wider und ist deshalb Ausgangspunkt für die Maßnahmen zur Gestaltung erfahrungsförderlicher Arbeitsstrukturen und für ihre Bewertung. Ziel ist, durch grundsätzliche organisatorische, technische und personelle Veränderungen erfahrungsförderliche Strukturen zu schaffen, und die Rahmenbedingungen stellen kein grundsätzliches Hindernis dar.

Der Auftragsdurchlauf beginnt mit der Festlegung des Produktionsprogramms. In einem Hauptfristenplan werden die Serien, Seriengrößen und Sonderaufträge festgelegt. Für die einzelnen Abteilungen werden Abteilungsfristenpläne nach den Kundenspezifikationen aufgestellt. Nach der Auflösung der in der Konstruktion generierten Stücklisten werden in der Arbeitsvorbereitung Teilfristenpläne erstellt. Bei der im PPS-System laufenden Durchlaufplanung werden Verfahren, Maschine, Transport- und Liegezeiten festgelegt. Der Großrechner terminiert dann den Beginn und das Ende der Arbeitsvorgänge. Die zentrale Lenkung übernimmt die Arbeitsunterlagen, bildet die Losgrößen, veranlaßt die Materialbereitstellung, vergibt die Arbeitskarten, gibt damit die einzelnen Werkstattaufträge frei, kontrolliert den Ausschuß, die Bestände und den Nachzug und überwacht die Einhaltung der Termine. In der Kleinmechanik, auf dezentraler Werkstattebene, veranlaßt der Prozeßsteuerer die Einschleusung des bereitgestellten Materials in ein spezielles Hochregallager, das über einen eigenen Prozeßrechner gesteuert wird. Der Prozeßsteuerer disponiert die Werkstattaufträge nach spätestem Endtermin und nach der Gesamtdurchlaufzeit. Der Prozeßrechner vergibt daraufhin automatisch noch eine Priorität. Er übernimmt zusätzlich die Funktionen für die Rückmeldung und die Überwachung des Fertigungsfortschritts, und er veranlaßt die Bereitstellung von Werkstattaufträgen an den einzelnen Maschinen zur Bearbeitung, wobei die Meister gemeinsam mit dem Prozeßsteuerer mit Hilfe sogenannter Fehlteillisten die Verteilung der Aufträge auf die Arbeitsplätze vornehmen. Dabei wird aber das Lagersystem durch "Tricks" immer wieder umgangen.

Diese starre, sehr detailliert festgelegte und auf unterschiedliche Bereiche zugeordnete Auftragsplanung deutet bereits an, daß die Ausgangssituation in Modellbetrieb II durch eine sehr weitgehende Arbeitsteilung und durch eine starke Trennung von planenden und ausführenden Tätigkeiten mit entsprechender Zuordnung der Zuständigkeit und Verantwortung gekennzeichnet ist. Die einzelnen Bereiche werden mehr durch Anweisung und Rückmeldung koordiniert, als durch Kooperation und Kommunikation. Im einzelnen zeigen sich folgende spezifische Probleme gemessen an den Anforderungen zur Gestaltung erfahrungsförderlicher Arbeitsstrukturen und den Unternehmenszielen für den Bereich Kleinmechanik:

- Die Facharbeiter haben keine bzw. nur sehr beschränkte Möglichkeiten, bei der dispositiven Auftragsplanung, zum Beispiel bei der Reihenfolgeplanung, mitzuwirken. Der zunächst vorhandene Auftragspool an der Maschine von bis zu 6 Aufträgen wurde auf 2 Aufträge beschränkt, da die Facharbeiter sich immer nur die "passenden" Aufträge ausgesucht haben (sogenannte "Schweinebratenmentalität").

- Eine der Ursachen dafür war, daß den Facharbeitern die Dringlichkeit der Werkstattaufträge bzw. die Prioritäten aus der Montage nicht bekannt waren. Darüber hinaus war ihnen der Gesamtzusammenhang eines Auftrags nicht bewußt. Dieser Überblick wird auch nicht durch die Möglichkeit geboten, auf dem Monitor im Meisterbüro die Auftragslisten für die kommenden Werkstattaufträge des nächsten Monats anzusehen, dafür sind die Informationen im System nicht ausreichend.

- Die Situation wurde darüber hinaus dadurch verschärft, daß viele Eilaufträge kurzfristig in die Werkstatt eingesteuert wurden (etwa 20 %). Dabei spielte auch die große Zahl an Lohnaufträgen eine Rolle. Diese wurden von unterschiedlichen Stellen im Unternehmen (grob) geplant, ohne daß die Aufträge (Mengen und Termine) aufeinander abgestimmt wurden.

- Trotz dieser sehr eingeschränkten Entscheidungs- und Handlungsspielräume nutzen die Facharbeiter den "kleinen Rest", um die Eigenheiten "ihrer" Maschinen (Genauigkeitsanforderungen, Größe) ihre persönliche Verfassung und die Aufspannsituation bei der Auftragsreihenfolgebildung zu berücksichtigen. Teilweise nutzen die Facharbeiter dabei auch informelle Möglichkeiten aus.

- Das Hochregallagersystem zeichnete sich durch einen sehr hohen Grad an Automation der dispositiven und logistischen Prozesse auf Werkstattebene aus. Dies führte dazu, daß fast jeglicher Überblick über die Auftragssituation in der Werkstatt verloren ging. Viele betriebliche Anforderungen konnten durch die sehr eingeschränkte Flexibilität des Systems nicht erfüllt werden, so daß fast die Hälfte der Werkstattaufträge am Hochregallager vorbei geschleust wurde. Dort werden dann statt dessen leere Kisten eingegeben. Auch die automatische Prioritätenvergabe wird von den Meistern "künstlich" umgangen, wobei die Kriterien für die "manuelle" Prioritätenvergabe nicht festgelegt sind. Die Folge ist, daß für sehr viele Aufträge die höchste Prioritätsstufe vergeben wird.

- Die wirtschaftliche Entwicklung der letzten Jahre zwang den Betrieb dazu, sich vom reinen Produkt- zum teilweisen Lohnfertiger zu entwickeln, um die bestehenden Kapazitäten zumindest teilweise auszulasten. Trotzdem fand im selben Zeitraum ein umfassender Personalabbau statt.

Der hohe Grad an Arbeitsteilung zeigt sich auch innerhalb der technischen Planungskette. Die NC-Programmierung, die Qualitätskontrolle und auch die Werkzeugvoreinstellung sind zentral angeordnet bzw. werden in eigenständigen Abteilungen ausgeführt. Die daraus resultierenden Probleme für die Facharbeiter in Bezug auf die Bildung und Nutzung von Erfahrungswissen und für das Unternehmen in Bezug auf die wirtschaftliche Leistungsfähigkeit sind:

- Die zentrale Erstellung von NC-Programmen führte nicht nur dazu, daß diese in einigen Fällen nicht termingerecht verfügbar waren, sondern auch dazu, daß Maschinen, Werkzeuge und spezifische technologische Parameter falsch gewählt waren, die in der Werkstatt sehr viel besser bestimmt werden können. So sind zum Beispiel Vorschub- bzw. Schnittgeschwindigkeit nicht an die Werkzeugstandzeiten angepaßt.
- Die Kooperation zwischen den zentralen NC-Programmierern und den Facharbeitern wird dabei dadurch beschränkt, daß die räumliche Entfernungen der beiden Abteilungen sehr groß sind. Auch die Entfernung zur Betriebsmittelkonstruktion (mit der Absprachen über benötigte Betriebsmittel, zum Beispiel Aufspannmittel etc. erfolgen) ist sehr groß und hinderlich.
- Die Facharbeiter können einzelne Parameter in den NC-Programmen auch nur sehr umständlich ändern. Zum einen sind ihre DV-Funktionen zur Programmoptimierung beschränkt (im Fräsbereich sind sie gar nicht vorhanden), zum anderen sind die formalen Hürden des Änderungsdienstes sehr hoch (es sind schriftliche Vermerke auf dem Programmblatt notwendig). Aber auch die funktionalen Möglichkeiten und die NC-Programmverwaltung in der zentralen NC-Programmierung sind mangelhaft. Die eingesetzten Programmiersysteme sind veraltet.
- Die Werkzeugvoreinstellung für die NC-Fräsmaschinen wurde ausschließlich zentral vorgenommen. Da für die Fertigung bestimmter Teile die Werkzeugvoreinstellung während der Bearbeitung eines Auftrags wiederholt werden muß, entstehen beträchtliche Wege- und Wartezeiten.
- Die Qualität der Teile ist teilweise dadurch schlecht, daß die Facharbeiter wenig Einflußmöglichkeiten auf qualitätsmitbestimmende Tätigkeiten (wie zum Beispiel die NC-Programmierung) haben, daß sie nicht zuständig sind für die Qualitätskontrolle und daß sich einige Kollegen dadurch nicht verantwortlich fühlen für die von ihnen produzierte Qualität. Andere Kollegen wenden sich informell an die Qualitätskontrolle, um sich über die Qualität "ihrer" Teile zu informieren.
- Darüber hinaus sind die notwendigen Meß- bzw. Prüfmittel in der Werkstatt nicht vorhanden, weder in der Zuordnung zu einer noch zu mehreren Personen, die räumlich nahe beieinander sind.

Viele dieser Probleme werden teilweise dadurch kompensiert, daß einige Facharbeiter nicht eindeutig geklärte Kommunikations- und Kooperationsstrukturen zur Konstruktion, Qualitätssicherung, Montage und Feinstbearbeitung informell dazu ausnutzen, um die gestellten Anforderungen der dispositiven und technischen Auftragsplanung wenigstens halbwegs zu erfüllen. Andere Kollegen haben die starren Strukturen dagegen teilweise schon resignativ hingenommen. Trotzdem ist das Potential, nicht zuletzt das durch die informellen Strukturen vorhandene Potential, durchaus geeignet, erfahrungsförderliche Arbeitsstrukturen zu entwickeln.

4.2.2 Realisierung erfahrungsgeleiteter Arbeit

Obwohl im Rahmen der Analyse der Ausgangssituation erhebliche Defizite in Bezug auf Erhalt, Bildung und Nutzung von Erfahrungswissen auf formeller Ebene festgestellt werden konnten, zeigten sich einige Faktoren, die für die Entwicklung erfahrungsförderlicher Arbeitsstrukturen sehr vorteilhaft sein können. Dazu gehören:

- ein allgemein hohes Interesse an Entwicklungsperspektiven und -strategien des Unternehmens,
- ein hohes Maß an Ernsthaftigkeit und persönlichem Engagement in der Suche nach Lösungsmöglichkeiten der anstehenden Probleme,
- langjährige Betriebszugehörigkeit und Betriebsverbundenheit,
- ausgeprägte, langjährig herausgebildete, auf persönlichen Kontakten beruhende informmelle Kommunikations- und Kooperationsbeziehungen,
- gut funktionierende Organisationsstrukturen in "selbstregulierenden Einheiten" (zum Beispiel in der Feinstbearbeitung, im Feinmeßraum und im Werkzeugbau) und
- die Akzeptanz und große Bereitschaft zur Beteiligung und Unterstützung der Arbeiten im Projekt der Restrukturierung der Kleinmechanik.

Vor diesem Hintergrund war es das Ziel des Modellprojekts II, durch eine sehr weitgehende Änderung der Arbeitsstrukturen in der Werkstatt, durch die Entwicklung von zwei Fertigungsinseln mit zwei Arbeitsgruppen und durch eine entsprechende Gestaltung der dispositiven und technischen Auftragsplanung die Grundlagen für den Erhalt, die Bildung und Nutzung von Erfahrungswissen zu schaffen und gleichzeitig einen Beitrag zur Erreichung der Wirtschaftlichkeitsziele des Unternehmens zu leisten. Dazu gehören neben der Reduzierung der Durchlaufzeit, der Verbesserung der Termintreue, der Erhöhung der Produktivität und der Verbesserung der Qualität auch die Ziele: Reduzierung der Entscheidungsebenen, Erhalt des Know-hows für komplexe Teile, Erhalt der Flexibilität und Reaktionsfähigkeit sowie höhere Planungs- und Dispositionssicherheit. Zu den Zielen der Mitarbeiter gehören: Interessante und abwechslungsreiche Arbeit, bessere Qualifikationsmöglichkeiten, Arbeiten im Team und eigene Arbeitsvorgang- und Ablaufplanung.

Um diese Ziele zu erreichen, wurde eine Projektgruppe eingerichtet, die sich zusammensetzt aus: dem Leiter der Arbeitsvorbereitung (Projektleitung), Mitarbeiterinnen und Mitarbeitern aus den Abteilungen Grundsatzfragen, Konstruktion, Arbeitsvorbereitung, Investitionsplanung und Instandhaltung, Meistern und Facharbeitern aus den Bereichen Drehen und Fräsen sowie einem Vertreter des Betriebsrats. Aufgabe der Projektgruppe bzw. der im Laufe des Projekts gebildeten Arbeitsgruppen zu einzelnen Themen, war es, nach einer Analyse der bestehenden Arbeitsstrukturen Verbesserungen und Gestaltungsoptionen herauszuarbeiten, zu bewerten, umzusetzen und zu erproben, die erfahrungsförderliches Arbeiten ermöglichen. Im einzelnen wurden dazu folgende Modellmaßnahmen umgesetzt:

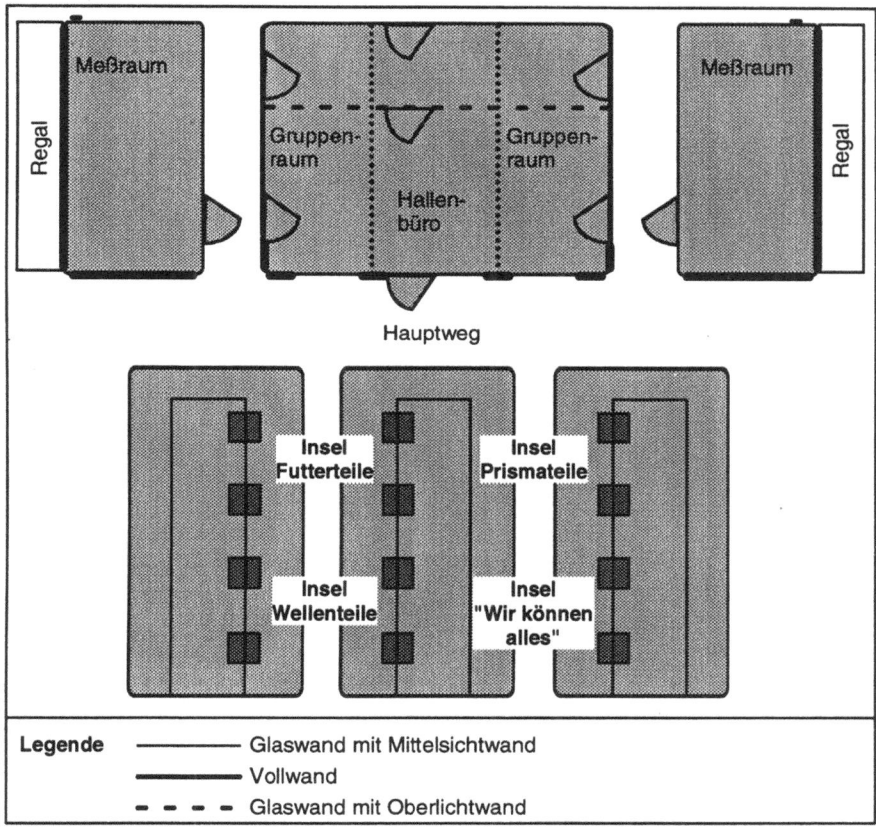

Abb. 4.10. Planung des Hallenlayouts im Bereich der Fertigungsinseln

Verbesserung der Zusammenarbeit durch Veränderung des Werkstattlayouts
Es wurden mehrere Gestaltungsalternativen herausgearbeitet, in welcher Form das Konzept "Fertigungsinsel und (teil-)autonome Arbeitsgruppen" realisiert werden kann. Die Projektgruppe hat sich nach langen Diskussionen für die Bildung von zwei Fertigungsinseln im Bereich Kleinmechanik entschieden: Eine Fertigungsinsel für rotationssymmetrische Teile und eine für prismatische Teile. Die konkrete Umsetzung der Fertigungsinseln machte eine Veränderung des Hallenlayouts notwendig. Die Maschinen wurden so neu angeordnet, daß die Transportwege für Material und Teile möglichst kurz sind. Ein Teil des Hochregallagers, der zwischen den beiden Fertigungsinseln stand, wurde abgerissen (incl. der dadurch not-

wendigen baulichen Maßnahmen), die anderen zwei Bereiche des Hochregallagers befinden sich jeweils neben den Fertigungsinseln. Für jede Insel gibt es drei Regalentnahmestellen, und große Teile werden über eine Kopfstation eingeschleust.

Zwischen den Inseln und den Maschinen wurden ausreichend Flächen vorgesehen für die Lagerung von Teilen und für den Transport. Dadurch sollte auch genügend Platz sein, um zusätzliche Tätigkeiten in die Fertigungsinseln integrieren zu können. Die Büroräume der Meister, der Arbeitsvorbereitung (Disposition und NC-Programmierung) wurden in die Werkstatt verlagert (am Rand der Werkstatthalle, "Kopfbau"). Dabei wurde auch ein Gruppenraum für die Inselmitarbeiter eingerichtet. Direkt nebenan befinden sich zwei Meßräume für die Qualitätskontrolle (vgl. Abbildung 4.10).

Verbesserung der Aufgabenverteilung durch eine Veränderung der Aufbauorganisation
In der Projektgruppe und einzelnen Arbeitsgruppen wurden mehrere Gestaltungsoptionen für die Aufbauorganisation erarbeitet. Durch Abstimmung in der Projektgruppe wurde die Option ausgewählt, die in Abbildung 4.11 mit ihren drei Ebenen und den zugeordneten Aufgaben dargestellt ist. Die Arbeitsgruppe "Auftragskoordination", die Arbeitsgruppe "werkstattnahe Planung und Beratung" und das Team "Werkstattkoordination" bilden die drei Ebenen. Ihnen wurden spezifische Aufgaben bzw. Zuständigkeiten und Verantwortungen zugeordnet, die sie als Team erfüllen müssen. Ein Teil der Aufgaben wird gemeinsam, in den Überschneidungsbereichen zwischen jeweils zwei Gruppen, erfüllt, wobei auch die Zuständigkeit und Verantwortung gemeinsam getragen werden. Die Mitarbeiter der Fertigungsinsel wählen als Koordinator ihrer Aufgaben und als Organisator der Gruppenaktivitäten bzw. -gespräche einen "Inselsprecher". Er fungiert zudem als Vertreter der Inselmitarbeiter zu angrenzenden Stellen und Bereichen, insbesondere zum Meister, gegenüber denen er die Interessen der Kollegen vertritt (z.B. Abstimmung des Wochen-Auftragspakets, Einplanung von Eilaufträgen, Qualifizierung und Urlaubsplanung).

Verbesserung der Grob- und Feinplanung durch Veränderung der dispositiven Ablauforganisation
In der Fertigungsinsel sollten die Facharbeiter weitreichendere Entscheidungs- und Handlungsspielräume für die dispositive Ablaufplanung erhalten. Deshalb wird das Hochregallagersystem bzw. der damit verbundene Prozeßrechner nicht mehr als Steuerungsinstrument eingesetzt. Statt dessen erhält jede Insel-Arbeitsgruppe einen Auftragspool für eine Woche, den sie für die genaue Reihenfolgeplanung untereinander kooperativ aufteilt. Die Feinplanung der Werkstattaufträge erfolgt in gemeinsamer Entscheidung und Verantwortung; dafür werden selbst Spielregeln, Kriterien oder Richtlinien entwickelt. Die Abstimmung wird von einem (wechselnden) Moderator geleitet.

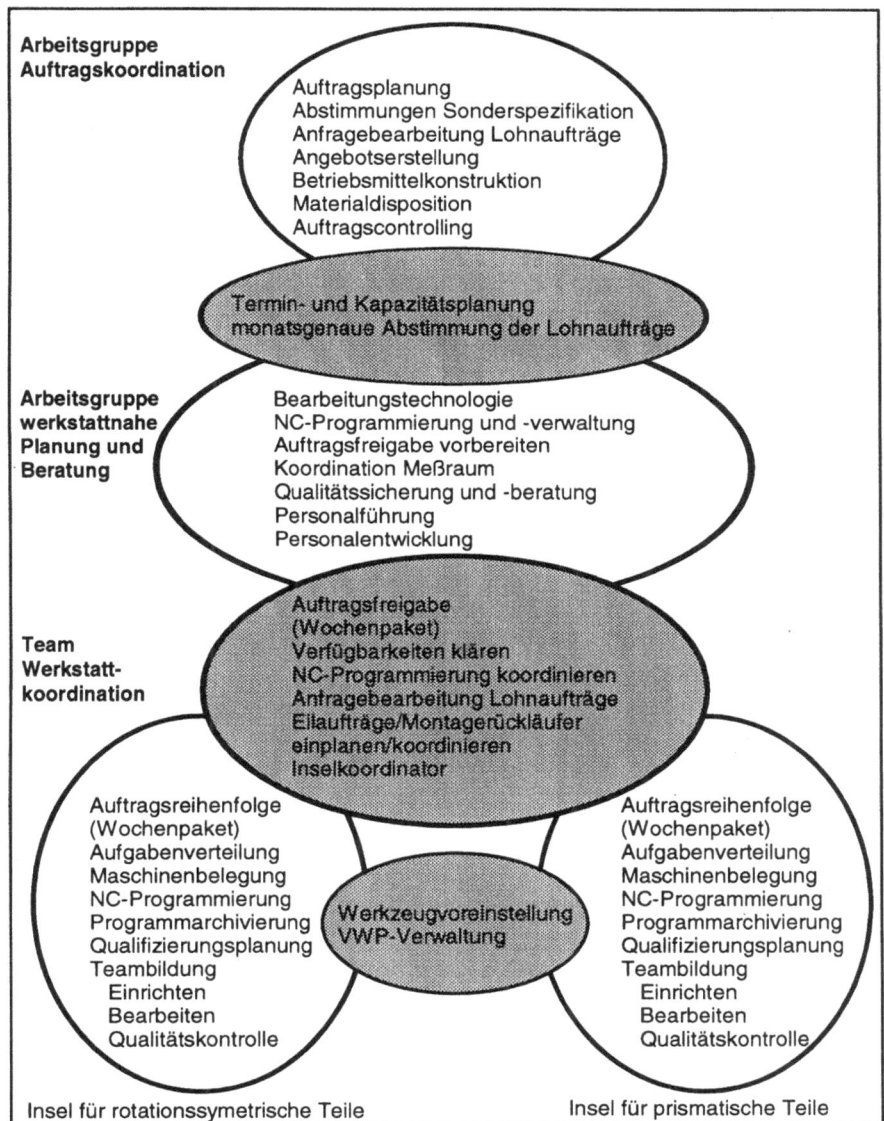

Abb. 4.11. Planung der Aufbauorganisation – Planungsebenen und Aufgabenverteilung

Über ihren Inselsprecher und die Meister können die Facharbeiter auch Einfluß nehmen auf die Zusammensetzung des Wochenpakets und damit auf die Grob- und mittelfristige Planung in den übergelagerten Bereichen. Dabei kann auch eine Abstimmung über Planzeiten und Endtermine, sowie über die maximale Anzahl von Eilaufträgen erfolgen. Darüber hinaus verzichten die übergelagerten Bereiche auf operative Eingriffe in die Autonomie der Fertigungsinsel zur Feinplanung, ein Eingriff erfolgt gegebenenfalls nur auf ausdrücklichen Wunsch der Insel oder bei Problemen oder akuten Engpässen. Um den Dispositionsspielraum auch bei der kurzfristigen Einsteuerung von Eilaufträgen nicht vollständig einzuschränken, werden geplante Aufträge nur im Umfang von 80 % der Leistung der verfügbaren Kapazitäten für jeweils eine Woche freigegeben.

Verbesserungen der technischen Arbeitsplanung durch Veränderung der technischen Ablauforganisation
Die Erstellung der NC-Programme und ihre Verwaltung soll weiterhin durch spezialisierte Technologen in der Arbeitsvorbereitung erfolgen. Allerdings sollen auch die Facharbeiter zusätzlich die Möglichkeit erhalten, kleine Programme selbst zu erstellen, insbesondere wenn ein Auftrag gestartet werden kann oder muß und nur das NC-Programm noch fehlt. Entscheidend ist aber, daß die Facharbeiter an der Maschine die erstellten NC-Programme korrigieren und optimieren können und die so geänderten NC-Programme für die zentrale Verwaltung an die Technologen zurückgespielt werden. Dabei kann auch die Zusammenarbeit zwischen Facharbeiter und Technologen sehr wichtig sein; deshalb erhalten die NC-Programmierer ihre Programmierräume direkt in der Werkstatt, so daß die Wege sehr kurz sind, wenn es um Problemabstimmungen geht. Das NC-Programmiersystem, das zukünftig eingesetzt werden soll, muß die (technischen) Möglichkeiten zur Programmerstellung, -korrektur und -optimierung an der Maschine als Voraussetzung bieten.

Schließlich werden weitgehende Tätigkeiten der Qualitätskontrolle an die Facharbeiter übertragen. Dafür müssen sie entsprechende Meß- und Prüfmittel am Arbeitsplatz zur Verfügung haben. Die Projektgruppe erarbeitet selbst, welche Kontrolltätigkeiten schrittweise an die Maschinen verlagert werden und welche Investitionen in (neue oder zusätzliche) Prüfmittel dafür notwendig sind und getätigt werden sollen. Darüber hinaus werden im unmittelbaren Werkstattbereich zwei Meßräume für die beiden Fertigungsinseln eingerichtet. In der Werkstatt werden auch spezialisierte Qualitätskontrolleure angesiedelt, an die sich die Facharbeiter bei Problemen wenden können.

Verbesserung der Transparenz durch neue Planungssysteme
Zeitgleich mit der Realisierung und Erprobung neuer Arbeitsstrukturen werden in einem parallelen, aber formell unabhängigen Projekt ein PPS-System und ein Fertigungsleitsystem ausgewählt und eingeführt, wovon der betrachtete Bereich ebenfalls betroffen ist. Ziel ist, die Auswahl des PPS-Systems und des Fertigungsleitsystems auf die spezifischen Anforderungen zur erfahrungsförderlichen Arbeit auszurichten. Die verbesserte dispositive Planung mit beiden DV-technischen Hilfsmitteln soll auch zu einer verbesserten Transparenz für die Insel-Mitarbeiter und damit zu mehr Entscheidungs- und Handlungsspielraum führen. Das Fertigungsleitsystem soll zudem als Planungsinstrumentarium für die Inselmitarbeiter dienen.

Verbesserung der Flexibilität und Arbeitssituation durch Qualifikation
Die sehr weitreichenden Maßnahmen zur Schaffung neuer Arbeitsstrukturen und
zur Restrukturierung und "Neuverteilung" unterschiedlicher Aufgaben machen es
erforderlich, daß die Facharbeiter entsprechend qualifiziert werden. Deshalb wird
ein gestufter, teilweise von den Facharbeitern selbst entwickelter Qualifikations-
plan für alle Kollegen schrittweise umgesetzt. Die Qualifikation betrifft vor allem
die Sozialkompetenz zum Arbeiten in der Gruppe, aber auch die Fachkompetenz
zur dispositiven Planung (Lernen der Bedeutung der Termine), zur NC-Programmierung und zur Qualitätssicherung.

4.2.3 Ergebnisse (Bewertung)

Durch die besondere wirtschaftliche Lage des Modellbetriebs II und die dadurch
verbundenen sehr weitgehenden organisatorischen, technischen und personellen
Umstrukturierungen kann die Bewertung der Maßnahmen zur Schaffung erfahrungsförderlicher Arbeitsstrukturen nur vor diesem Hintergrund erfolgen. Die Modellmaßnahmen zur Sicherung, Bildung und Nutzung von Erfahrungswissen der
Facharbeiter im CIM-Umfeld stehen insbesondere mit dem parallelen Projekt zur
Einführung eines PPS-Systems und der Planung eines Fertigungsleitsystems (das
bislang noch nicht abgeschlossen ist) in engem Zusammenhang. Deshalb müssen
die Bewertung, wie die jetzige Form der Gruppenarbeit in den beiden
Fertigungsinseln dem Erfahrungswissen der Facharbeiter förderlich ist, und die
Wirtschaftlichkeitsbewertung die Maßnahmen zur Einführung von "CIM-Syste-
men" mit einbeziehen.

Vor diesem Hintergrund ergeben sich folgende Ergebnisse, wenn die organisatorischen und technischen Gestaltungsdimensionen für erfahrungsförderliche Arbeitsstrukturen als Maßstab angelegt werden:

- Die kooperative dispositive Planung der Werkstattaufträge mit der zentralen
  Planungs- und Beratungsgruppe und die Feinplanung in der Fertigungsinsel-
  gruppe haben die Entscheidungs- und Handlungsspielräume der Facharbeiter
  erheblich ausgeweitet. Die Facharbeiter können die Verteilung eines Auf-
  tragspakets auf die Arbeitsstationen und die genaue Reihenfolge der Abarbeitung an ihren Maschinen selbst bestimmen. Dadurch können sie auch höhere
  Anforderungen durch Terminvorgaben und Eilaufträge bewältigen, indem sie
  die neuen Gestaltungsspielräume vor dem Hintergrund ihres Erfahrungswissens
  ausnutzen. Neben die Bearbeitung von Teilen tritt die dispositive Planung der
  Werkstattaufträge, so daß die Facharbeiter ihr Handeln besser aufeinander abstimmen und regulieren können. Das PPS-System und das Fertigungsleitsystem
  sollen dabei diese Planungsautonomie der Inselgruppe nicht einschränken;
  inwieweit dies durch die ausgewählten Systeme auch gelingt, kann derzeit noch
  nicht abgeschätzt werden. Sie können zum einen die Planungsfreiräume
  vergrößern, wenn durch sie bereits im Rahmen der Grobplanung die
  Anforderungen (Termine und Mengen) besser aufeinander abgestimmt werden,

zum anderen können sie den Informationsstand der Facharbeiter verbessern, wenn diese einen einfachen Zugriff auf die System-Daten haben.

- Die Ausweitung der Zuständigkeit und Verantwortung im Rahmen der NC-Programmierung trägt dazu bei, Erfahrungswissen um technische Aspekte zu sichern, zu bilden und zu nutzen. Die Facharbeiter werden in den Prozeß der technischen Arbeitsplanung einbezogen, indem sie NC-Programme selbst erstellen können und (auch zentral erstellte) korrigieren und optimieren können. Zudem können sie ihre Programme teilweise selbst verwalten bzw. archivieren. Diese formalen Kompetenzen sind faktisch durch die beschränkten technischen Programmiersysteme an der Maschine allerdings noch eingeschränkt. Die Facharbeiter haben Mühe die jeweiligen Möglichkeiten sinnvoll zu nutzen, so daß ihre technischen Gestaltungsmöglichkeiten doch relativ beschränkt bleiben.

- Der Handlungszyklus Planen – Ausführen – Kontrollieren wird durch die Ausweitung der Tätigkeiten im Bereich der Qualitätssicherung geschlossen. Die Facharbeiter kontrollieren die Ergebnisse ihrer Arbeit (und ihrer Planung) zunehmend selbst, wobei sie die geeigneten Meßinstrumente am Arbeitsplatz verfügbar haben oder sich mit der (nahen) Qualitätssicherung rückkoppeln können. Damit werden Informationen, Kenntnisse über Prozesse, über Materialverhalten etc. direkt an die Facharbeiter zurück vermittelt. Die Zuständigkeit und Verantwortung und die Kompetenz der Facharbeiter, diese auch zu übernehmen, werden ausgeweitet.

- Die Transparenz und Übersichtlichkeit in der Werkstatt haben sich durch den Rückbau des Hochregallagersystems verbessert. Die anstehenden Werkstattaufträge können in ihren Auftragskisten nun unmittelbar wahrgenommen werden, indem sie an der Maschine bzw. in den nun verfügbaren Freiflächen bereit stehen. Damit können über die direkte sinnliche Wahrnehmung mehr Informationen, die für das eigene Arbeitshandeln der Facharbeiter benötigt werden, in besserer Qualität und einfacher vermittelt und verarbeitet werden (als über ein kompliziertes DV-System).

- Ein sehr wichtiger Schritt zur Verbesserung der Arbeitsstrukturen im Sinne der Erfahrungsförderlichkeit war die räumliche Zusammenführung von Planungs- und Beratungsgruppe, Meistern, NC-Programmierern und Qualitätssicherung in unmittelbarer Nähe der Werkstatt und damit der Facharbeiter (vgl. Abbildung 4.10). Dadurch haben sich die Wege zur Beschaffung von zusätzlichen Informationen bei den entsprechenden Personen für die Facharbeiter erheblich verringert (durch die Glaswände kann auch leicht erkannt werden, ob sich der gesuchte Kollege gerade an seinem Arbeitsplatz befindet). So können viele Aufgaben kooperativ und in gemeinsamer Abstimmung gelöst werden: dispositive Planung erfolgt mit der Planungs- und Beratungsgruppe und den Meistern, technische Planung und NC-Programmierung erfolgt mit Meistern und NC-Programmierern (die selbst leichter an den Maschinenarbeitsplatz ge-

hen können), Qualitätskontrolle geschieht in Kooperation mit den Qualitäts-
kontrolleuren. Schließlich hat sich dadurch nicht nur die formelle sondern auch
die informelle Kommunikation und damit der Erfahrungsaustausch verbessert.

Die einzelnen Modellmaßnahmen haben die Motivation und die Identifikation der
Facharbeiter mit ihren Aufgaben deutlich verbessert. Durch die Zuordnung von
neuen und teilweise gemeinsamen Aufgaben der Planung und Kontrolle an den
Maschinenarbeitsplatz können Handlungszyklen durch den Facharbeiter selbst geschlossen werden. Da viele Facharbeiter außerdem während der gesamten Projektlaufzeit an den Diskussions- und Entscheidungsprozessen beteiligt waren, hat sich
auch darüber die Identifikation mit den neuen Arbeitsstrukturen verbessert, viele
können sich nun besser und verstärkt in den Arbeitsprozeß kreativ einbringen.
Wenn auch die Hierarchien in der Aufbauorganisation des Modellbetriebs nicht
entscheidend verringert wurden, hat sich durch die Einführung der Gruppenarbeit
und der Fertigungsinsel die vertikale (zu übergelagerten Stellen) und die horizontale (zu nebengelagerten Stellen) Vernetzung qualitativ doch deutlich geändert.
Der Ablauf ist sehr viel weniger durch Anordnen und Rückmelden als durch
kooperatives Abstimmen und gemeinschaftliche Konsensfindung charakterisiert.

Dennoch bleiben auch Probleme: Diese liegen insbesondere im DV-technischen
Bereich begründet. Die Auswirkungen des geplanten PPS-Systems und des Fertigungsleitsystems auf die Erfahrungsförderlichkeit können bis Projektende nicht
eindeutig beurteilt werden. Die noch nicht vollständig und überall verfügbare
technische Unterstützung für die Erstellung, Korrektur und Optimierung von NC-
Programmen an der Maschine behindert die faktische Umsetzung dieser Kompetenzen durch die Facharbeiter. Die Möglichkeiten der zentralen NC-Programmierung sind hier weitaus besser. Auch hier sollte es zu einer verbesserten technischen Unterstützung kommen oder auch zum verstärkten Einsatz konventioneller
Werkzeugmaschinen. Die Werkzeugvoreinstellung geschieht noch immer durch
eine eigenständige Stelle und gehört nicht zum Tätigkeitsbereich des Facharbeiters. Es können schließlich (noch) keine Aussagen zu den technischen Gestaltungsmöglichkeiten bezüglich DV-Funktionalitäten, DV-Oberfläche und Datenhaltung und Datenzugriff gemacht werden. Hier ist die Implementation der geplanten Systeme noch nicht weit genug fortgeschritten.

Die Auswirkungen der Modellmaßnahmen auf die betriebswirtschaftlichen Ziele
wurden in Modellbetrieb II über eine Kosten-Nutzenanalyse und eine darauf aufbauende Amortisationsrechnung erfaßt und dargestellt. Die Rechnung ist in Abbildung 4.12 dargestellt. Dabei wurden die Modellmaßnahmen in ihrer Gesamtheit
betrachtet. Es wurde versucht, zum einen möglichst alle kostenwirksamen Maßnahmen quantitativ-monetär zu erfassen, zum anderen möglichst alle Nutzeneffekte zu bestimmen und in monetären Größen auszudrücken, um sie einander
gegenüberstellen zu können. Einige der zugrunde liegenden Daten wurden durch
eine Zeitaufschreibung der betroffenen Mitarbeiter ermittelt, die anschließend in
einer "Expertenrunde" vor dem Hintergrund der betrieblichen Ziele diskutiert
wurde. Ziel war dabei, die möglichen Einsparpotentiale und Nutzeneffekte durch

die Modellmaßnahmen zu identifizieren und – soweit möglich – zu monetarisieren. Diese Ergebnisse müssen allerdings als Schätzwerte mit Vorsicht beurteilt werden. Prinzipiell sind Aussagen über die zukünftige Kosten- und Nutzenentwicklung sehr schwierig, insbesondere sind die Produkt- und Umsatzchancen am Markt und die damit verknüpften Annahmen von großen Unsicherheiten geprägt. Deshalb werden die Ergebnisse während der Projektlaufzeit immer wieder kritisch reflektiert und den gegebenenfalls veränderten Bedingungen angepaßt. Derzeit ergibt sich folgendes Bild:

Der Kapitalbedarf ergibt sich aus der Schaffung der Fertigungsinsel, den baulichen Maßnahmen, dem Kauf von DV-Systemen (PPS-System und Fertigungsleitsystem), neuen Technologiearbeitsplätzen (NC-Programmiersysteme an den Maschinen) und der notwendigen Schulung. Den damit verbundenen Kosten stehen folgende Nutzeneffekte gegenüber:

- Einsparpotentiale im indirekten Geschäftsbereich: Durch die kooperative Auftragskoordination können Zeiten für Einzelabstimmungen verringert werden, Aufgaben können im Team integriert werden, so daß Schnittstellen entfallen. Mit Hilfe des PPS-Systems und der in der Ablaufkette aufeinander abgestimmten Teilaufgaben verringert sich der Zeitbedarf für diese Funktionen. Die Verlagerung von Teilaufgaben der dispositiven Planung und der NC-Programmierung an die Inselmitarbeiter reduziert die entsprechenden Zeitaufwände in den indirekten, übergelagerten (zentralen) Bereichen und verringert Maschinenstillstandszeiten. Dies führt zur Einsparung von Personalkosten in den indirekten Bereichen, die durch die erwarteten Auftrags- und Umsatzsteigerungen aber nicht zu Freisetzungen führen.

- Einsparpotentiale durch Verringerung der Verlustzeiten in der Fertigung: Die Verlustzeiten durch fehlende Betriebsmittel, durch unnötige Rüstvorgänge und aufwendige NC-Programm-Tests, durch Nacharbeit, durch fehlende Arbeit, durch fehlendes Personal etc. können durch die bessere Koordination zwischen den Inselmitarbeitern vor Ort erheblich verringert werden (zwischen 20 % und 60 %). Diese Verlustzeiteinsparungen können auch auf die Maschinenzeiten angerechnet werden.

- Einsparpotentiale aus einer Durchlaufzeitverkürzung: Mit der Einführung von Beratungsteams und dem dadurch verringerten Aufwand für Koordination und Abstimmungen, sowie einer besseren Datengrundlage (im PPS-System und im Fertigungsleitsystem) kann die Durchlaufzeit in der Produktion um etwa 30 % verringert werden.

- Einsparpotentiale durch Qualitätsverbesserungen: Durch die Modellmaßnahmen und mit Einführung der DV-technischen Unterstützungsisntrumente können die Aufwendungen für Ausschuß und Nacharbeit um bis zu 10 % verringert werden.

Kapitaleinsatz	Kostenersparnis	
2.287 TDM	Personalkostenersparnis indirekter Bereiche (15% Zeiteinsparung)	245,1 TDM/Jahr
(Kapitaleinsatz mit Schulung und abzüglich eingespartem Umlaufvermögen)	Personalkostenersparnis Fertigung	23,4 TDM/Jahr
	Maschinenkosteneinsparung	66,5 TDM/Jahr
	Zinseinsparung	6,3 TDM/Jahr
	Einsparung an Ausschuß-/ Nacharbeitskosten	13,9 TDM/Jahr
	Kostenersparnis gesamt	355,2 TDM/Jahr

$$\text{Rentabilität} = \frac{\text{Kostenersparnis gesamt}}{\text{durchschnittlicher Kapitaleinsatz}} = \frac{355,2 \text{ TDM/Jahr}}{2.287 \text{ TDM} / 2} = \boxed{31\%/\text{Jahr}}$$

Abschreibungen (bei durchschnittlicher Nutzungsdauer von 10 Jahren, bezogen auf Kapitaleinsatz ohne Schulung und mit eingespartem Umlaufvermögen)   232,7 TDM/Jahr

$$\text{Amortisationsdauer} = \frac{\text{Kapitaleinsatz}}{\text{Cash-flow}}$$

$$= \frac{\text{Kapitaleinsatz}}{\text{Kostenersparnis gesamt} + \text{Abschreibungen}}$$

$$= \frac{2.287 \text{ TDM}}{587,9 \text{ TDM/Jahr}} = \boxed{3,9 \text{ Jahre}}$$

Außerdem ist bei der Gesamtbewertung zu berücksichtigen, daß noch zusätzlicher Nutzen eintritt, der aber zum gegenwärtigen Zeitpunkt nur qualitativ angegeben werden kann. Dazu gehören:

- Gewinnzuwachs aus zusätzlicher Produktion und schnellerem Reagieren auf Kundenanforderungen
- Kostenersparnis durch geringere Umstellkosten in der Fertigung
- Kostenersparnis aus verbesserten Arbeitsbedingungen
- Kostenersparnis durch Optimierung der technologischen Abläufe
- sozialer Nutzen

Abb. 4.12. Gesamtbetrachtung der Wirtschaftlichkeit in Modellbetrieb II

Die zusätzlichen Nutzeneffekte, die sich durch die Modellmaßnahmen auf der Output-Seite ergeben und auf einen (erhöhten) Umsatz bzw. Gewinn nieder-schlagen, können nicht quantifiziert werden. Die verbesserte Qualität, bessere Termintreue, besserer Lieferservice durch kürzere Durchlaufzeiten etc. können dazu führen, daß die Umsätze und Gewinne über höhere (relative oder absolute) Marktanteile steigen werden, sofern diese am Markt realisierbar sind.

Abbildung 4.12 zeigt den Kapitaleinsatz und die angeführten Einsparpotentiale, sowie die daraus resultierende Amortisationszeit und Rentabilität der Modellmaßnahmen noch einmal tabellarisch auf.

4.3 Fertigungszentrum (Blechbearbeitung: Trennen/Biegen) eines Herstellers von Büromaschinen und Medizintechnischen Geräten

4.3.1 Ausgangssituation und Problemanalyse

Modellbetrieb III gehört innerhalb des Sektors Produzierendes Gewerbe zur Branche der Hersteller von Büromaschinen, ADV-Geräten und -Einrichtungen. Er ist als Großbetrieb mit über 4000 Mitarbeitern ein Unternehmen eines weltweit operierenden Konzerns. Das Unternehmen gliedert sich in vier Geschäftsbereiche: drei Bereiche (Produktbereiche, lines of business) sind für jeweils eigene Produktsparten als Profitcenter verantwortlich, ein vierter Bereich, die Feinwerktechnik, liegt "quer" als eigener Profitcenter dazu und ist Zulieferer für die drei anderen Bereiche. Jeder der drei Produktbereiche gliedert sich funktional in Vertrieb, Marketing, Konstruktion, Produktionsprogrammplanung, Disposition und Montage. Der vierte Bereich Feinwerktechnik beinhaltet die Funktionen Planung, Disposition, Fertigungssteuerung, NC-Programmierung, Fertigung und Qualitätskontrolle (für die Teile).

Zum Bereich Feinwerktechnik gehören die vier Zentren: Drehen/Fräsen, Leiterplattenfertigung, Kunststoffzentrum und Blechzentrum. Ein organisatorischer Teil des Blechzentrums ist die im Unternehmen so genannte "CNC-Fertigungsinsel" für Stanzen und Biegen, die das Gestaltungsfeld des Modellbetriebs III ausmacht. Für den Bereich Feinwerktechnik ist problematisch, daß er durch die strenge Trennung des Unternehmens in Geschäftsbereiche nur wenig Einfluß auf die Produktprogrammplanung (Vertrieb und Marketing) und die Konstruktion hat.

In den drei Produktbereichen werden die Produktarten Kopier- und Drucksysteme, Geräte und Anlagen für die Präsentationstechnik und Medizintechnische Geräte hergestellt. Die Produktion erfolgt für größere Geräte oder Anlagen in kleinen Serien nach Kundenauftrag, ein Teil der Produkte wird aber auch nach einem Programmplan des Vertriebs und des Marketings in größeren Serien für den anonymen Markt gefertigt. Der Bereich Feinwerktechnik liefert die von den Produktbereichen benötigten Teile und Baugruppen. Das Blechzentrum ist dabei für die Blechteilefertigung verantwortlich. Es wird nach einem vorgegebenen Produktionsprogrammplan der Disposition der Produktbereiche produziert, wobei die

Stückzahlen und Termine auch sehr kurzfristig geändert werden können. Zusätzlich müssen sogenannte Musteraufträge für Neuentwicklungen aus der Konstruktion der Produktbereiche in kürzester Zeit gefertigt werden.

Merkmale	**+** ◄───── Stellenwert von Erfahrungswissen ─────► **-**			
Erzeugnisspektrum	nach Kunden-spezifikation	mit Kunden-varianten	Standard mit Varianten	Standard-erzeugnisse
Erzeugnisstruktur	mehrteilige, kom-plexe Struktur	mehrteilige, ein-fache Struktur		einteilige
Auftrags-auslösungsart	Einzelauftrag	Rahmenauftrag		auf Lager
Dispositionsart	kundenauftrags-orientiert	überw. kunden-auftragsorientiert	überw. pro-grammorientiert	programm-orientiert
Beschaffungsart	Fremdbezug unbedeutend	Fremdbezug in großem Umfang		weitestgehend Fremdbezug
Fertigungsart	Einmalfertigung	Kleinserien-fertigung	Serienfertigung	Massenfertigung
Fertigungs-ablaufart	Werkstatt-fertigung	Baustellen-fertigung	Insel- oder Linienfertigung	Fließ- oder Reihenfertigung
Qualifikation in der Fertigung	sehr gut	weitgehend gut	zum Teil gut	gering
Entfernungen	Sichtkontakt	gering	groß, in einem Betrieb	groß, untersch. Standorte
Maschinenaus-stattung	konventionelle und CNC-Masch.			nur CNC-Maschinen
	+ ◄───── Schaffung erfahrungsförderlicher Strukturen ─────► **-**			
Legend	▨ Profil des Modellbetriebs III			

Abb. 4.13. Betriebstypologische Merkmale und ihre Ausprägungen als Rahmenbedingungen in Modellbetrieb III

Die Belegschaft der "CNC-Fertigungsinsel" besteht aus 16 Mitarbeitern, 14 Kollegen mit Facharbeiterbrief und 2 angelernte Kollegen. Die Mitarbeiter arbeiten im Zwei-Schichtbetrieb und werden im Zeitlohn bezahlt. Zusätzlich arbeiten im Werkstattbereich der "CNC-Fertigungsinsel" ein Werkstatthelfer, eine Werkstattschreiberin, ein Werkstattlenker und ein Meister.

Die technische Ausstattung der "CNC-Fertigungsinsel" besteht aus einer CNC-Stanz/Nibbelmaschine, einer CNC-Stanz/Lasermaschine, zwei CNC-Biegemaschinen, einer Richtmaschine, einer Entgratmaschine, einer Bohrmaschine und zwei PEM-Serter-Maschinen. Für die dispositive Auftragsplanung stehen im zentralen Planungsbereich ein PPS-System und in der Werkstatt ein elektronischer Leitstand zur Verfügung. Die Stanz- und Lasermaschinen arbeiten im DNC-Betrieb, das heißt in einer zentralen NC-Programmierabteilung werden mit Hilfe eines NC-Programmiersystems die Stanz- bzw. Schachtelprogramme erstellt sowie Grunddaten für die Erstellung eines Biegeprogramms in der Werkstatt geliefert und auf einem DNC-Rechner für die Werkstatt bereit gestellt. Die Werkstückzeichnungen, die in den Produktbereichen mit einem CAD-System erstellt wurden, können über eine CAD/CAM-Schnittstelle direkt in das NC-Programmiersystem zur Programmierung übernommen werden.

Merkmale	tendenziell erfahrungs- förderlich	tendenziell nicht erfahrungs- förderlich
Aufgaben- und Arbeitsteilung	individuell angepaßte Aufgabenintegration	zu kleine/große Auf- gabenintegration
Kommunikation und Kooperation	formal und informell über Arbeitsbereich hinaus	starr, formal, nur im Arbeitsbereich
Zuständigkeit und Verantwortung	Spielraum gewährt und gewollt übernommen	Spielraum nicht angepaßt und ungewollt übernommen
räumliche Aspekte	guter Überblick räumliche Nähe	schlechter Überblick, weite Entfernungen
persönliche Zuord- nung von Arbeitsm.	individuelle Zuordnung teilweise Wechsel (Absprache)	ständige Wechsel (keine Absprache)
Arbeitsteilung Mensch-Maschine	angepaßte, teilweise auf- gehobene Automatisierung	rein funktionale Automatisierung
DV-Funktionalitäten	teilweise, überschaubar, ergänzend	viele, nicht überschaubar, ersetzend
Benutzungs- oberflächen	eindeutig, überschaubar, multimedial	unterschiedlich, nicht überschaubar
Datenhaltung/ -zugriff	individuell, angepaßte Zugriffe	vermittelt über Instanzen, keine Zugriffe
Legende	▓ Profil des Modellbetriebs III	

Abb. 4.14. Ausgangssituation als Ausprägung der Gestaltungsdimensionen bei Modellbetrieb III

Die wichtigsten betrieblichen Rahmenbedingungen sind in Abbildung 4.13 noch einmal aufgeführt. Abbildung 4.14 zeigt die Ausgangssituation in Modellbetrieb III bezüglich der Gestaltungsdimensionen erfahrungsgeleiteter Arbeit. Die Abbildungen machen deutlich, daß die Rahmenbedingungen für den Modellbetrieb III etwas schlechter sind als die für die beiden ersten Modellbetriebe. Einige Merkmalausprägungen zeigen den geringeren Stellenwert erfahrungsgeleiteter Arbeit und die etwas schlechteren Möglichkeiten zur Schaffung erfahrungsförderlicher Strukturen. Dennoch ist die Ausgangssituation bezüglich der Gestaltungsdimensionen deutlich besser als in Modellbetrieb II. Das heißt, trotz schlechterer Rahmenbedinungen hatte der Modellbetrieb III eine "bessere" Ausprägung seiner erfahrungsförderlichen Strukturen, auch wenn die Defizite ebenso deutlich sind. Auch für Modellbetrieb III werden im folgenden die wesentlichen Problembereiche innerhalb der dispositiven Planungskette (CNC/PPS-Kette) und der technischen Planungskette (CNC/CAD/CAP/CAQ-Kette) mit bezug auf die Gestaltungsdimensionen für erfahrungsgeleitetes Arbeiten aufgeführt.

In den drei Produktbereichen wird jede Woche ein aktualisierter Produktplan berechnet und in Teile und Baugruppen über die Stückliste aufgelöst. Der Bereich Feinwerktechnik erhält dann ebenfalls wöchentlich die aktuelle Bedarfs- bzw. Abrufliste für die Blechteile. Teilweise kann der zentrale Disponent der Feinwerktechnik mit den Produktgeschäftsbereichen über die Abrufvorgaben (Termine, Mengen) noch verhandeln. Schließlich erstellt der zentrale Disponent einen "Vorschlag" für die Einlastung von Aufträgen in die "CNC-Fertigungsinsel". Ziel dabei ist, die Stanzmaschinen möglichst optimal auszulasten, da sie den Engpaß im Blechzentrum darstellen. Im Werkstattlenkungsteam, das aus dem zentralen Disponenten, dem Meister, dem Werkstattlenker und zwei Facharbeitern besteht, wird der Vorschlag diskutiert und eine Abstimmung erzielt. Das so ermittelte Wochenprogramm wird dann von den Mitgliedern der "CNC-Fertigungsinsel" tagesgenau verplant. Dabei sollen die Stanz- und die Biegearbeitsvorgangfolgen und die gegebenenfalls dazwischen anfallenden Entgrat- oder Richtarbeitsvorgänge so aufeinander abgestimmt werden, daß alle Kapazitäten gleichmäßig ausgelastet sind, die Termine eingehalten werden und die Durchlaufzeiten möglichst kurz sind, wobei die Verfügbarkeit aller benötigten Arbeitsmittel (zum Beispiel Werkzeuge) und der Mitarbeiter gewährleistet sein muß. Neben diesen geplanten Fertigungsaufträgen werden vom zentralen Disponenten immer wieder Eilaufträge eingeschleust (das sind teilweise bis zu 40 % aller Fertigungsaufträge). Es handelt sich meist um Muster- bzw. Entwicklungsaufträge aus der Konstruktion der Produktbereiche, die möglichst schnell die "CNC-Fertigungsinsel" neben den Serien- bzw. Planaufträgen durchlaufen sollen.

Können die Facharbeiter in der "CNC-Fertigungsinsel" als Gruppenmitglieder, und über ihre Vertreter auch im Werkstattlenkungsteam, ihre Interessen bei der dispositiven Auftragsplanung in großem Maß einbringen, sind diese Möglichkeiten bei der technischen Ablaufplanung beschränkt. Die NC-Programmierung für die Startmaschine erfolgt ausschließlich an zentraler Stelle. Dabei werden die Werkstückdaten von einer Zeichnung manuell in ein NC-Programm umgesetzt, oder es werden die CAD-Daten über eine Schnittstelle übertragen und ein NC-Programm generiert. Dieser Vorgang muß aber meist genau geprüft werden (vom zentralen NC-Programmierer), weil die Konstrukteure ihre Werkstückdaten nicht NC-gerecht im CAD-System ablegen. Die NC-Programme werden dann auf einen DNC-Rechner überspielt und bei Bedarf an die CNC-Stanz- und CNC-Lasermaschine geladen. Die Facharbeiter haben, teilweise aus technischen Gründen, nur sehr bedingt die Möglichkeit, die NC-Programme zu ändern oder zu korrigieren, dies gehört formell nicht zu ihren Aufgaben mit Ausnahme der Anpassung der Teileentsorgung.

Im Rahmen der dispositiven und technischen Ablaufplanung sind seit Mitte der achtziger Jahre mehrere Problemfelder entstanden:

- Die Einführung der CNC-Technologie führte zu einer größeren Fertigunstiefe, die bewältigt werden mußte.
- Die Zahl der zu bearbeitenden Teile stieg, und gleichzeitig sank die durchschnittliche Losgröße der Fertigungsaufträge.
- Neben den Serienaufträgen mußten auch Neuteile (Muster) in schnellst möglicher Zeit durch die Fertigung geschleust werden.
- Die technischen Hilfsmittel, wie PPS-System, elektronischer Leitstand oder NC-Programmiersystem, waren den gestiegenen Anforderungen nicht mehr gewachsen.
- Mit den sehr arbeitsteiligen Organisationsstrukturen (vor Einführung der "CNC-Fertigungsinsel") konnten die gestiegenen Anforderungen an Flexibilität nicht mehr erfüllt werden.

Die Feinplanung der Aufträge in der Werkstatt bzw. in der "CNC-Fertigungsinsel" wurde immer wieder gestört durch Eilaufträge (insbesondere Musteraufträge und Zusatzbedarfe der anderen drei Geschäftsbereiche, die ohne Vorinformationen eingebracht wurden), deren Einplanung nicht in den Sitzungen des Werkstattlenkungsteams abgestimmt wurde, sondern die vom zentralen Disponenten als Vorgabe eingebracht wurden. Zusätzlich wurde die Feinplanung von Serienaufträgen durch eine ungenaue Grobplanung in der zentralen Disposition erschwert. Die Vorgaben der Produktbereiche, die (teilweise) falsche Datenbasis und nicht angepaßte Fuktionen im PPS-System führten dazu, daß Fertigungsaufträge falsch terminiert wurden, so daß unterschiedliche Terminvorgaben für denselben Auftrag in der Planung und der Fertigung existierten und sich dann immer wieder kurzfristige Änderungen ergaben.

Probleme ergaben sich auch innerhalb der technischen Ablaufplanung. Durch die zentrale NC-Programmierung waren NC-Programme unvollständig. In der Werkstatt zeigte sich, daß zum Beispiel beim Stanzen das automatische Auswerfen über eine Rutsche nicht so funktionierte wie geplant. Ein wesentliches Problem ergab sich aus den Besonderheiten des Biegeprozesses. Hier stellten sich extreme Qualitätsmängel ein, weil Verkürzungen, die beim Biegevorgang auftreten, bei der NC-Programmierung nicht ausreichend genau berücksichtigt wurden. Die Verkürzungsfaktoren sind unter anderem materialabhängig, abhängig von der Reihenfolge der Biegevorgänge und von der Walzrichtung der Tafeln. Diese Einflüsse konnten bei der zentralen Erstellung eines NC-Programms in der Startphase ungenügend berücksichtigt werden, da die Datenbasis ungenau war.

Die Folge dieser Probleme war, daß wichtige unternehmerische Ziele nicht mehr zufriedenstellend erfüllt werden konnten: Die Produktionsflexibilität war nicht mehr ausreichend, Termine konnten meist nicht eingehalten werden, Durchlaufzeiten waren zu lang und die Produktivität war zu gering. Über diese betriebswirtschaftlichen Probleme hinaus zeigten sich in Bezug auf die Gestaltungsdimen-

sionen ebenfalls Defizite in der Sicherung, Bildung und Nutzung von Erfahrungswissen der Facharbeiter:

- Sowohl im gesamten Fertigungsbereich Blechbearbeitung (mit Oberflächenbe-
  handlung), als auch in der "CNC-Fertigungsinsel" gab es immer noch eine
  weitgehende Aufgabenspezialisierung in der Bearbeitung. Es gab eine Arbeitsteilung zwischen Stanzern, Biegern oder Entgratern, die jeweils nur ein oder
  zwei Arbeitsvorgänge ausführten. Von einer Geschlossenheit von Handlungs-
  vollzügen konnte nicht gesprochen werden.
- Der größte Teil der Facharbeiter nahm nicht ständig an Projektgruppensitzun-
  gen teil, durch die das partizipative Element für weitergehende organisatorische
  Gestaltungsaufgaben umgesetzt werden sollte. Sie wurden teilweise durch die
  Entscheidungen ihrer zwei Kollegen, die Mitglied in der Projektgruppe waren,
  überrascht und waren enttäuscht.
- Statt der notwendigen Kooperation gab es zwischen den zwei Schichtgruppe
  sehr häufig Spannungen und ein ausgeprägtes Konkurrenzverhalten. Es kam
  nur zu sehr wenigen Abstimmungen, und es gab kaum ein kommunikatives
  Problemlösungsverhalten.
- Durch das häufige Eingreifen der zentralen Disposition in die Planungsautonomie der "CNC-Fertigungsinsel" durch Eilaufträge sank dort die Motivation,
  selbständig situativ optimale Fertigungsauftragsreihenfolgen zu bilden. Die formelle Zuständigkeit und Verantwortung wurde durch den realen Alltag ständig
  unterlaufen.
- Durch die sehr starre Trennung der zentralen NC-Programmierung von der Fertigung konnten die Facharbeiter ihr Erfahrungswissen über technische Prozesse
  vor Ort (zum Beispiel Verkürzungsfaktoren beim Biegen) nicht oder kaum einbringen. Für die technische Planung waren sie weder zuständig noch verantwortlich. Eine Rückkopplung erfolgte deshalb oft auf informellem Weg.
- Ein großes Hindernis für die enge Kooperation und Kommunikation sind auch
  die organisatorische Trennung und die großen räumlichen Entfernungen zwischen der Konstruktion in den Produktbereichen, der dispositiven und technischen Planung und der Fertigung im Bereich Feinwerktechnik.

4.3.2 Realisierung erfahrungsgeleiteter Arbeit

Im Rahmen des Modellprojekts III sollten durch geeignete organisatorisch-technische Maßnahmen zum einen die betriebswirtschaftlichen Probleme gelöst werden,
das heißt die Wettbewerbsfähigkeit des Unternehmens bzw. des Bereichs
Feinwerktechnik gesichert und verbessert werden (nicht zuletzt, um damit auch
die Arbeitsplätze zu sichern); zum anderen sollten die Interessen der Mitarbeiter
berücksichtigt werden, es sollte eine hohe Arbeitszufriedenheit herrschen durch
Arbeitserweiterung, Arbeitsbereicherung, Arbeitsplatzwechsel und verstärkte
Qualifikation, und es sollten Mischarbeitsplätze geschaffen werden mit planerischen, ausführenden, entscheidenden und kontrollierenden Elementen für jeden
Mitarbeiter. Die Verknüpfung beider Zielsetzungen sollte durch die Schaffung

von erfahrungsförderlichen Arbeitsstrukturen in der Blechteilefertigung erreicht werden.

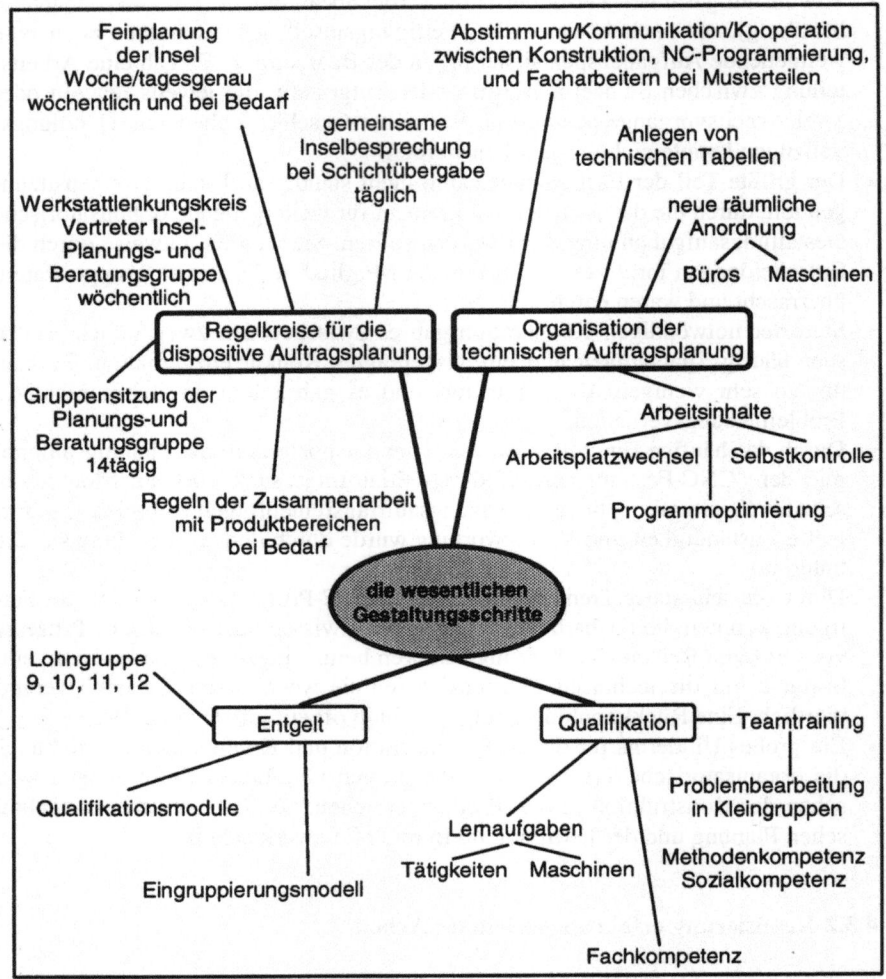

Abb. 4.15. Die wesentlichen Gestaltungsschritte im Modellbetrieb III

Deshalb sollten auch in diesem Modellbetrieb wichtige Anforderungen zu den Gestaltungsdimensionen und Elemente des Sollkonzepts zu erfahrungsgeleiteter Arbeit umgesetzt und erprobt werden. Ausgangspunkt waren dabei die bisherigen Maßnahmen zur Realisierung einer "CNC-Fertigungsinsel" und zur Umsetzung von Gruppenarbeit in der Werkstatt. Die dafür gebildete Projektgruppe sollte ihre

Aufgaben auf die Schaffung erfahrungsförderlicher Arbeitsstrukturen ausdehnen. Mitglieder der Projektgruppe waren Facharbeiter (Einrichter) und Meister aus der Fertigung, sowie Planer, Disponent und NC-Programmierer aus der zentralen Auftragsplanung. Die Betriebsleitung übernahm die Rolle der Projektleitung, und ein Moderator förderte und steuerte die Gruppendiskussionen. Zusätzlich wurden fallweise der Betriebsrat und weitere Mitarbeiter aus anderen Bereichen für spezifische Fragestellungen mit einbezogen. Die Projeklaufzeit betrug dreieinhalb Jahre, doch sollten die Bemühungen mit dem offiziellen Abschluß nicht beendet sein. Die Projektgruppe hatte zur Aufgabe, Organisationsstrukturen zu entwickeln, die mehr Verantwortung und Spielraum für die Mitarbeiter bedeuten, die die Attraktivität der Arbeitsplätze erhöhen, die die Qualität der Produkte verbessern helfen und die zu einer Verringerung der Kosten beitragen können. Dazu wurden folgende Maßnahmen umgesetzt (vgl. Abbildung 4.15):

Verbesserung der dispositiven Auftragsplanung durch Bildung von kurzen Regelkreisen mit intensiver Kommunikation und Abstimmung im Team

- Um die Zahl der Eilaufträge einzuschränken und dennoch Musteraufträge möglichst schnell zu fertigen, wurden die Abstimmungsprozesse mit der Planung und Disposition in den drei Produktbereichen intensiviert. Dadurch sollten Termine innerhalb der Grobplanung "planbarer" werden, so daß sich in der Feinplanung in der Fertigungsinsel keine sehr kurzfristigen oder gravierenden Verschiebungen mehr ergeben.
- Auch innerhalb der Planungs- und Beratungsgruppe mit den Disponenten sollten die Termine besser aufeinander abgestimmt werden, und im Werkstattlenkungskreis sollten die Termine der Grobplanung mit der Feinplanung der "CNC-Fertigungsinsel" besser abgeglichen werden. Dadurch sollte der Spielraum für die tagesgenaue Feinplanung durch die Facharbeiter erhöht werden. Die Abstimmungsregelkreise zwischen den Gruppen wurden deshalb sehr klein gestaltet, unter anderem dadurch, daß sich die Beteiligten mit der zunehmenden Aktualität der Planung zunehmend oft trafen. Um diese direkte, enge Rückkopplung und die damit verbundene Flexibilität nicht einzuschränken, wurde auf eine technische Unterstützung weitgehend verzichtet (auf dem Markt verfügbare Systeme sind nicht dazu geeignet solche Prozesse zu unterstützen).
- Der eingesetzte elektronische Leitstand dient nur der Übernahme der Fertigungsaufträge aus dem PPS-System, dem Ausdruck der Fertigungspapiere und der Eingabe der Rückmeldedaten. Die Einplanung in der "CNC-Fertigungsinsel" erfolgt durch persönliche Absprache nach verfügbarer Maschinenkapazität (für Stanzen und Biegen), nach Termin, nach der Verfügbarkeit der zusätzlich benötigten Ressourcen, nach Rüstzustand der Maschinen und nach Materialart.
- Durch die Gewährung zeitlicher Freiräume sollten sich die Gruppen bei Schichtübergabe besser abstimmen und Problemfälle diskutieren können. Dadurch sollte sich auch das interpersonelle Verhältnis zwischen beiden Gruppen verbessern. Bei diesen Absprachen werden allgemeine Themen behandelt wie die Aufgabenverteilung auf die Mitarbeiter, Schulung, Urlaub, ungeplante

Ausfälle, technische Probleme, oder es erfolgt ein prinzipieller Erfahrungsaustausch, aber auch arbeitsplatzbezogene Themen wie die Übergabe der Maschinen (Einstellungen, Rüstzustand etc.) oder die Feinplanung für die Früh- bzw. Spätschicht werden besprochen.

Verbesserung der Organisation der technischen Ablaufplanung durch intensive Kommunikation und veränderte Aufgabenzuordnung
- Die Möglichkeiten zur Kommunikation, zur Abstimmung und zur Kooperation bei der Konstruktion und Fertigung von Musterteilen sollten verbessert werden. Die Facharbeiter konnten sich enger mit den Konstrukteuren (aus den Produktbereichen) und den NC-Programmierern abstimmen. Dabei wurden auch Konstruktionsrichtlinien entworfen: Werkzeugkatalog, Materialliste, Sachmerkmalleiste.
- In der Planungs- und Beratungsgruppe wurden auf zentraler Ebene verschiedene Funktionseinheiten räumlich zusammengelegt. Die Fertigungsplanung, Fertigungssteuerung und die NC-Programmierung wurden zusammengelegt. In der "CNC-Fertigungsinsel" wurden die Maschinen in räumlicher Nähe zueinander aufgestellt und Prüfplätze und Prüfmittel wurden integriert.
- Die Aufgaben, die Zuständigkeit und die Verantwortung der Facharbeiter wurden ausgeweitet. Neben der Mitarbeit an der dispositiven Planung sollten sie ihre Arbeitsplätze an den unterschiedlichen Maschinen wechseln, die Bearbeitungsaufgaben werden nun rollierend übernommen, bei Krankheit, Urlaub, Schichtfreizeit oder Weiterbildung übernehmen teilweise Kollegen die Vertretung an der Maschine.
- Die Facharbeiter sollten eine Möglichkeit zur Korrektur und Optimierung der NC-Programme erhalten, an den CNC-Stanz/Lasermaschinen betrifft dies die Teileentsorgung und die Rüstzeit, an der CNC-Stanz/Nibbelmaschine können einfache Teile zusätzlich selbst programmiert werden, an den CNC-Biegemaschinen wurden zusätzlich Anschlag- und Einlegehilfen für eine universelle Anwendung der Maschinen geschaffen.
- Für die NC-Programmerstellung sind Technologiewerte und Verkürzungsfaktoren in sehr aufwendigen Versuchsreihen mit Hilfe der Facharbeiter bestimmt worden. In einem DV-System wurden die entsprechenden Erfahrungswerte abgelegt und verwaltet.
- Schließlich sollten die Facharbeiter Kontrolltätigkeiten für die Qualitätssicherung übernehmen. Dazu gehören: Prozeßüberwachung während der Fertigung, Meßdatenerfassung nach SPC-Prüfplan und Ausfüllen der Regelkarten.

Verbesserung der Flexibilität durch Qualifikation der Mitarbeiter
- Um die Spezialisierung auf einzelne Bearbeitungsvorgänge aufzubrechen, wurden die Facharbeiter mit einem sehr umfangreichen Qualifizierungsplan für das Arbeiten an anderen Maschinen und die Übernahme weiterer Tätigkeiten (Disposition, NC-Programmoptimierung und Qualitätskontrolle) geschult. Dieses neu erworbene Fachwissen sollten sie durch Arbeitsplatzwechsel in der Praxis immer wieder aktualisieren. Dabei "trainieren" sich die Mitarbeiter der "CNC-Fertigungsinsel" auch gegenseitig.

- Die Arbeit in Gruppen macht auch eine Qualifizierung in Methoden- und Sozialkompetenz notwendig. Die Fähigkeit, konsensorientiert arbeiten zu können, diskutieren zu können und sich abstimmen zu können, wurde trainiert. Dies zielte vor allem auf die bessere Abstimmung zwischen den Schichtgruppen und auf die Mitarbeit im Werkstattlenkungsteam und in der Projektgruppe. Entscheidungen sollten besser akzeptiert werden können. Es geht darüber hinaus um die menschliche Akzeptanz des Einzelnen, um vermehrte Kommunikation, um einen ständigen Informationsautausch, um gegenseitiges Vertrauen, gegenseitige Hilfsbereitschaft und eine gemeinsame Zielorientierung.

Verbesserung der Motivation durch verändertes Eingruppierungsmodell
- Mit der verbesserten Qualifikation und der zusätzlichen Übernahme von Aufgaben, Zuständigkeiten und Verantwortung, sowohl im individuellen Handlungsbereich wie auch in der Gruppe, muß auch eine Anpassung der Einstufung in Lohngruppen erfolgen. Die Facharbeiter wurden mit jedem Erreichen eines bestimmten Qualifikationsniveaus höher eingestuft.
- Dafür wurde ein eigenes Eingruppierungsmodell entworfen.

4.3.3 Ergebnisse (Bewertung)

Die Darstellung der Ergebnisse des Modellprojekts III und die damit zusammenhängende Bewertung der umgesetzten und erprobten Maßnahmen muß sich zum einen an den Zielsetzungen des Projektes zur Bildung einer "CNC-Fertigungsinsel" und zur Einführung von Gruppenarbeit und zum anderen an den Gestaltungsanforderungen für erfahrungsförderliches Arbeiten orientieren. Gleichberechtigt waren die Verbesserung der Arbeitsverhältnisse und der Wettbewerbsfähigkeit das Anliegen. Hier muß beurteilt werden, ob die Wege, die dafür beschritten wurden, auch zu erfahrungsförderlichen Arbeitsstrukturen führen. Insgesamt zeigt sich:

- Die Facharbeiter in der "CNC-Fertigungsinsel" haben zusätzliche Aufgaben übernommen: Die Dispositionsaufgabe durch die (teilweise) Teilnahme am Werkstattlenkungsteam und durch eigenverantwortliche, tagesgenaue Feinplanung in der Gruppe (als sogenannte Kernaufgabe) wurde den Facharbeitern zugeordnet. Sie haben dadurch wesentlich mehr Entscheidungs- und Handlungsspielraum für die dispositive Planung, sie können ihre eigenen Interessen auf die Terminvorgaben der zentralen Disposition und der Produktbereiche und auf die Interessen der Kollegen abstimmen. So können schwierige Situationen, wie zum Beispiel die kurzfristige Einlastung von Musteraufträgen, schnell und zufriedenstellend gelöst werden.

- Weiterhin beschränkt sind die Möglichkeiten der Facharbeiter im Rahmen der technischen Arbeitsplanung, insbesondere der NC-Programmierung. Hier wurden nur wenige Ansätze versucht, die Facharbeiter in den Prozeß der NC-Programmierung mit einzubeziehen, woran auch die mangelhaften technischen

Möglichkeiten der maschinennahen Programmierung bei Modellbetrieb III ihre Schuld haben. Diese beschränken sich auf die gelegentliche Optimierung der NC-Programme an der Maschine und auf das Einbringen spezifischer Erfahrungen bei komplexen Neuteilen in einer gemeinsamen, direkten Abstimmung zwischen Facharbeiter und zentralem NC-Programmierer, in einem Fall auf das Anlegen einer Biegewertetabelle (Technologiedaten).

- Dagegen wurden die Aufgaben für die Qualitätssicherung in großem Maße an die Facharbeiter delegiert. Sie sind für die Kontrolle und die Erfassung der Meßwerte über ein DV-System für die statistische Prozeßkontrolle (SPC) verantwortlich. Dabei können sich Konflikte in Bezug auf die zugehörige Zuständigkeit und Verantwortung ergeben, da eine entsprechende Aufgabenausweitung zur NC-Programmierung nicht erfolgte. Das Beispiel der Biegewerte und der erheblichen Qualitätsprobleme, die damit verbunden waren, zeigte dies deutlich.

- Die Kommunikations- und Kooperationsbeziehungen der Facharbeiter untereinander, aber auch zu anderen betroffenen Bereichen hat sich verbessert. Durch die formelle Schaffung von Freiräumen für eine direkte Absprache hat sich die Abstimmung zwischen den beiden Schichtgruppen teilweise verbessert. Allerdings ist das Arbeitsklima zwischen beiden Gruppen noch immer nicht zufriedenstellend. Nur innerhalb der Schichtgruppe, im Fertigungsinselteam, haben mehr Absprachen, die den gemeinsamen Informations- und Kenntnisstand ausweiten und zur Weitergabe von Erfahrungen geeignet sind, auch das Arbeitsklima verbessert. Mit der zentralen Planungs- und Beratungsgruppe wird über den Werkstattlenkungskreis regelmäßig und intensiv kommuniziert, um die anstehenden Fertigungsaufträge dispositiv zu verplanen. Mit der NC-Programmierung im Bereich Feinwerktechnik, aber auch mit den Konstrukteuren der eigenständigen Produktbereich werden technische Probleme diskutiert. Diese Diskussionen haben dazu beigetragen, technische Probleme für Musterteile durch gemeinsame Abstimmungen, Absprachen und durch Informationsaustausch zu reduzieren. Denn die Facharbeiter können sich ein Gesamtbild über die Bedeutung und den Verwendungszusammenhang eines Teils machen, und gleichzeitig können sie ihre Erfahrungen über fertigungstechnische Probleme einbringen.

- Allerdings finden diese Absprachen nur in begrenztem Umfang statt. Ursache dafür ist die nach wie vor problematische räumliche Trennung der unterschiedlichen Bereiche voneinander. Noch immer sind die Blechteilefertigung einerseits, sowie die NC-Programmierung und die zentrale Disposition als planende Bereiche andererseits weit voneinander entfernt, das heißt die Wege sind so weit, daß sie für den Einzelnen ein Hindernis darstellen. Auch die Konstruktion, die den Produktbereichen angehört, ist weit entfernt.

- Die Gruppenarbeit mit dem (teilweise) rollierenden Wechsel der Arbeitsplätze und das Zweischichtsystem haben dazu geführt, das die Maschinen nicht einzelnen Facharbeitern zugeordnet sind, sondern von mehreren Personen genutzt werden. Daraus ergeben sich spezifische Nachteile bezüglich der Identifikation des Einzelnen mit seinem Arbeitsmittel: Der Überblick über die Betriebsmittelzustände geht teilweise verloren, spezifisches Erfahrungswissen über oder mit dem Gegenstand geht durch die Auflösung der Spezialisierung verloren. Diese Mängel können zu einem gewissen Teil durch die intensive Kommunikation und Kooperation und durch die ausgedehnte Qualifizierung wieder ausgeglichen werden. In der Praxis wird die rollierende Aufgabenwahrnehmung deshalb nicht in dem Maße betrieben, wie ursprünglich geplant. Noch immer bleibt eine Spezialisierung und ein engerer Bezug der Facharbeiter zu ihrer "gewohnten" Maschine.

- Die Übertragung der Konstruktions- bzw. Werkstückdaten in ein NC-Programm und die damit verbundenen Probleme zeigen, daß eine Automatisierung dazu führen könnte, daß neue (Routine-)Tätigkeiten entstehen, die die Möglichkeiten für die Bildung und Nutzung von Erfahrungswissen einschränken (wobei die Facharbeiter davon nicht betroffen sind, da sie kaum programmieren). Die NC-Programmierer müssen die generierten NC-Programme immer noch einmal kontrollieren, weil die Konstrukteure nicht immer nach den Konstruktionsrichtlinien bzw. technischen Regeln konstruieren: So liegen Konturlinien übereinander, oder sie sind nicht geschlossen etc.

- Der für die dispositive Feinplanung in der "CNC-Fertigungsinsel" eingesetzte Leitstand kann für die Terminplanung auf dieser Ebene nicht eingestzt werden. Ursachen dafür sind: Viele notwendige Funktionen für die Feinplanung (die teilweise aus der spezifischen Blechteilefertigung abgeleitet sind) fehlen ihm, er kann die Informationen nicht in der gewünschten Form bereit stellen, und es handelt sich bei diesem Leitstand um einen klassischen PC mit entsprechend kleinem Bildschirm, den die Gruppenmitglieder bei einer gemeinsamen Sitzung nicht nutzen können.

- Die Facharbeiter haben formell sehr weitgehende Möglichkeiten, auf Informationen und Werkstattauftragsdaten zuzugreifen. Aber bei der NC-Programmierung erlauben die technischen Möglichkeiten am Maschinenarbeitsplatz nur, daß die Programme in komprimierter Form an die Maschine kommen, so daß der Facharbeiter aufgrund der zur Verfügung stehenden Funktionen und Funktionalitäten und der schlechten Benutzungsoberfläche Programme nur schwer oder in geringem Umfang korrigieren oder optimieren kann. Formell kann er sich die Programme für den jeweils folgenden Auftrag vom DNC-Rechner an die Maschine laden und nach Abarbeitung mit seinen Korrekturen wieder zurückladen.

Diese Bewertung wird auch durch zwei Umfragen, die in einem halbjährlichen Abstand unter den Mitarbeitern der "CNC-Fertigungsinsel" und den Mitgliedern der Planungs- und Beratungsgruppe durchgeführt wurden, gestützt. Danach hat sich der Handlungsspielraum, insbesondere bei der Ausführung der Aufträge für Musterteile, ausgeweitet. Die Kommunikation und Kooperation bei der aufgabenbezogenen Abstimmung und gemeinsamen Planung hat deutlich zugenommen und ist qualitativ besser geworden durch die engere Zusammenarbeit, auch über den Bereich Feinwerktechnik hinweg. Gleichzeitig sind aus der subjektiven Sicht der betroffenen Mitarbeiter die organisationsbedingten Belastungen zurückgegangen. Geblieben sind allerdings die Belastungen durch unzureichende Arbeitsmittel für die NC-Programmierung an der Maschine und durch den eingesetzten elektronischen Leitstand.

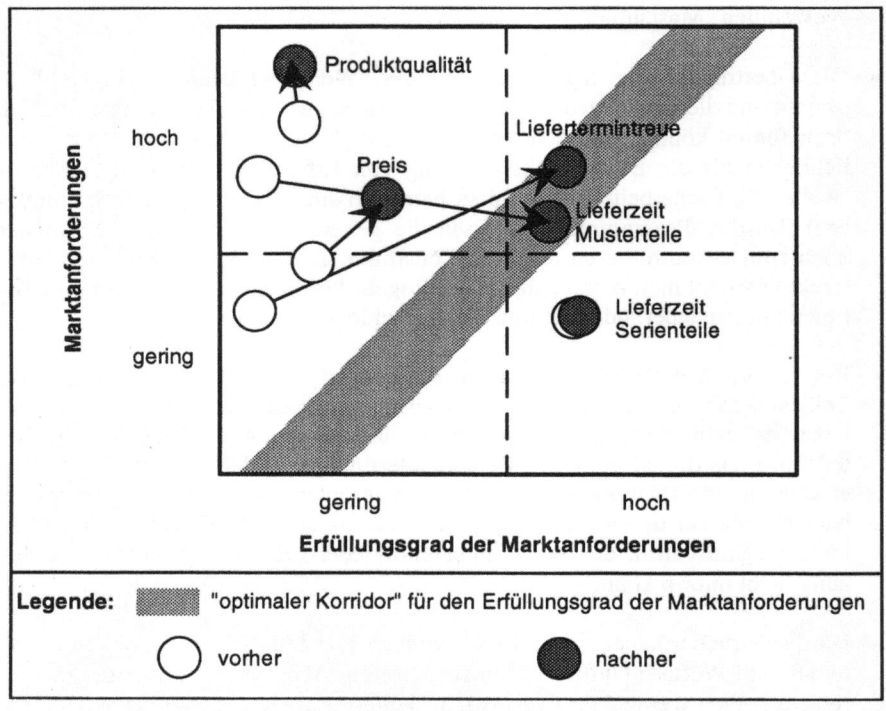

Abb. 4.16. Veränderungen der Marktanforderungen und ihrer Erfüllung im Projektverlauf

Im einzelnen zeigten sich folgende Ergebnisse aus den Mitarbeiter-Befragungen, die auch für die Bildung und Nutzung von Erfahrungswissen von Bedeutung sind: Der Informationsstand zu Regeln und Abläufen in der Fertigung und im Zusammenspiel mit anderen Bereichen hat sich verbessert. Die Informationen über die Auftragssituation sind sehr viel besser geworden. Die Mitspracherechte wurden erheblich ausgeweitet. Die Arbeitsaufgaben sind sehr viel abwechslungsreicher und vielseitiger geworden. Das Arbeitsklima und die Zusammenarbeit innerhalb einer Schichtgruppe und zwischen der "CNC-Fertigungsinsel" und der zentralen Planungs- und Beratungsgruppe hat sich verbessert. Die Qualifikationen der Facharbeiter haben sich verbessert. Allerdings zeigen sich noch immer bzw. wieder neue Probleme: Der Streß hat für die Betroffenen teilweise zugenommen (was auch durch die Umstellungsphase bedingt ist). Das Arbeitsklima zwischen den Schichtgruppen ist noch immer nicht zufriedenstellend. Die räumliche Trennung zwischen planenden und ausführenden Bereichen wird von der (ausführenden) "CNC-Fertigungsinsel" als sehr negativ empfunden. Die effektive Nutzung der technischen Hilfsmittel ist für die "CNC-Fertigungsinsel" nur sehr bedingt möglich.

Die betriebswirtschaftliche Bewertung ergibt vor dem Hintergrund der Unternehmensziele vor Projektbeginn für die Gesamtheit der durchgeführten Maßnahmen folgendes Bild (vgl. Abbildung 4.16):

- In besonderer Weise wurde die Produkt- und Produktionsflexibilität verbessert. Die häufigen und wechselnden technischen und terminlichen Änderungen durch die drei eigenständigen Produktbereiche konnten in der Fertigung umgesetzt werden.
- Die Termintreue hat sich ebenfalls erheblich verbessert. Die gemeinsame Abstimmungen, um realistische, das heißt machbare Termine zu finden und die verstärkte Verantwortung der Mitarbeiter der Fertigungsinsel für die Zusagen haben hier ihren Beitrag geleistet. Der Anteil der termingerecht abgelieferten Fertigungsaufträge ist in einem Jahr von 35 % auf 97 % gestiegen (vgl. Abbildung 4.17).
- Dies war nur möglich, weil die Durchlaufzeit der Musterteile deutlich gesenkt werden konnte. Für Neuproduktentwicklungen spielt die Entwicklungszeit eine erhebliche Rolle (time to market), so daß ein Durchlauf von Musterteilen durch die "CNC-Fertigungsinsel" von wenigen Tagen bereits Vorteile bringen kann.
- Die für die Produktbereiche wichtige Beratung zu fertigungstechnischen Fragen im Vorfeld der Entwicklung und Konstruktion, um spätere Fertigungskosten zu reduzieren, konnte ebenfalls verbessert werden.
- Obwohl die Auslastung der Betriebsmittel während der Projektlaufzeit sehr hoch war (es gab zeitweise eine sehr große Zahl von Neuentwicklungen, die auch die Belastung erheblich erhöhten, und es war eine Verbesserung der Maschinennutzung von 80 % auf 110 % nach Plan möglich), sind die Erfolge zur Produktivitätsverbesserung noch nicht ausreichend. Externe Unternehmen, die in Konkurrenz zum Bereich Feinwerktechnik den Produktbereichen zuliefern können, sind über den Preis noch immer günstiger. Allerdings stand das Ziel der Produktivitätsverbesserung auch zu Projektbeginn nicht im Fokus der organisatorisch-technischen Maßnahmen zur Schaffung erfahrungsförderlicher Arbeitsstrukturen.
- Einige Defizite gibt es noch im Bereich der Qualität. Die hierbei durchgeführten Maßnahmen, wie die Biegewertetabelle oder die statistische Prozeßkontrolle und die damit verbundenen Schulungen, wurden erst zum Ende des Projekts umgesetzt. Die positiven Resultate zeigen sich erst einige Zeit später und spiegeln sich auch in den Kennzahlen erst mit Verzögerung wider. Allerdings

zeichnen sich inzwischen auch zu diesem Ziel Erfolge ab (1993 stieg die Qualitätskennzahl von 91 auf 95).

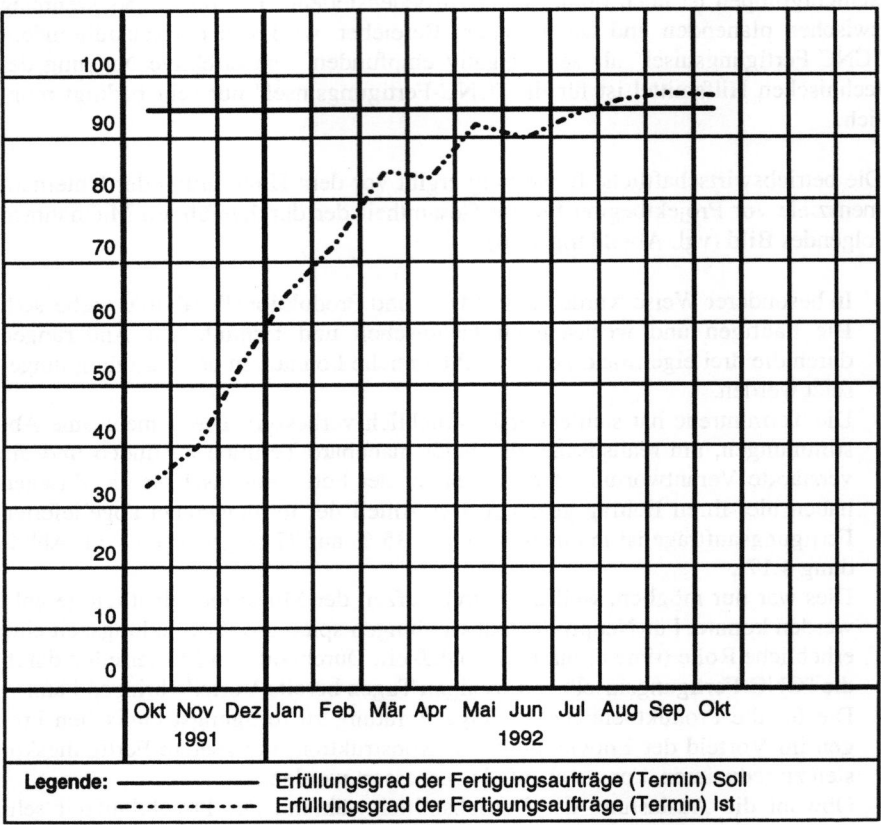

Abb. 4.17. Verbesserung der Termintreue als Anteil der termingerecht gelieferten Fertigungsaufträge

Dabei haben sich auch die Marktanforderungen geändert (vgl. Abbildung 4.16, vertikale Achse). Die Kunden sind insbesondere in Bezug auf die Liefertermintreue, die Produktqualität und den Preis anspruchsvoller geworden. Während der Projektlaufzeit mußten diese Veränderungen immer wieder beachtet werden.

5 Zusammenfassung und Ausblick

Das Konzept *erfahrungsgeleitete Arbeit* in rechnerintegrierten Produktionsstrukturen hat ein breites Feld aufgezeigt, in dem das Erfahrungswissen der Mitarbeiter gefördert und genutzt wird – oder aber brach liegt. In diesem Abschnitt 5 werden die wesentlichen Punkte des Konzepts noch einmal genannt und zusammengefaßt:

- Worauf kommt es bei Erfahrungswissen und erfahrungsgeleiteter Arbeit an? Wie ist das Zusammenspiel von rechnerintegrierter Produktion (CIM) und erfahrungsgeleiteter Arbeit?
- In welchen Formen zeigen sich die Bildung und die Nutzung von Erfahrungswissen?
- Welche Konsequenzen ergeben sich für Unternehmen, die (computergestützte) Produktionstechnik entwickeln oder einsetzen?
- Was können Unternehmen praktisch und realistisch tun, um das Erfahrungswissen ihrer Mitarbeiter zu fördern und zu nutzen?
- Was sind die wesentlichen Erkenntnisse der Forschungen und praktischen Erprobungen zu erfahrungsgeleiteter Arbeit?

Daneben soll mit der Beantwortung der Frage: Welche Rolle kann erfahrungsgeleitete Arbeit im Rahmen erprobter Produktions- und Organisationskonzepte (CIM, Gruppenarbeit) aber auch neuer Konzepte wie zum Beispiel "Lean Production" oder "Fraktaler Fabrik" spielen? deutlich werden, in welcher Beziehung das Konzept erfahrungsgeleitete Arbeit mit anderen Konzepten modernen Produktionsmanagements steht.

Abschließend wird aus den genannten Konzepten eine Vision für den Produktionsbetrieb der Zukunft skizziert. Ausgangspunkt hierfür sind Überlegungen, wie das "Humankapital" der Produktionserfahrung mit dem technikbetonten Produktionskonzept CIM und dem markt- und organisationsbetonten Konzept Lean Production verknüpft werden könnte. Eine Synthese der Komponenten Technik, Organisation, Mensch und Markt berücksichtigt die wesentlichen Faktoren, die zur innovativen und ständigen Verbesserung sowohl der Effizienz als auch der Effektivität (im Sinne der Zielangemessenheit) eines Produktionssystems zu betrachten sind.

5.1 Wesentliche Erkenntnisse zum Konzept erfahrungsgeleiteter Arbeit

In fast jedem Unternehmen wird bestätigt, daß Erfahrungen von Mitarbeitern für die Ausübung ihrer Tätigkeiten von sehr hoher Bedeutung sind. Fragt man danach, was diese Erfahrungen sind, kann sie im einzelnen kaum jemand benennen. *Erfahrung* oder *Erfahrungswissen* werden weitgehend nur im konkreten Handeln aktualisiert, was auf den hier zentralen Begriff der *erfahrungsgeleiteten Arbeit* verweist.

Aus der arbeitspsychologischen Handlungstheorie und aus tätigkeitsorientierten arbeitspsychologischen Konzepten kann letztlich abgeleitet werden: *Erfahrungsgeleitete Arbeit beruht sowohl auf rational als auch intuitiv genutzten Wissensinhalten und umfaßt das "Sich-selbst-Erleben" in der Arbeitssituation.* Bei erfahrungsgeleiteter Arbeit ist wichtig, daß durch einen ausreichend großen Handlungsspielraum explorativ-dialogisches Handeln gefördert wird und durch feed back-Schleifen

- operative Aufgaben dadurch beherrscht werden, daß Personen sich intuitiv (und teilweise rational) an frühere, ähnliche Situationen erinnern und gleichzeitig "Symptommuster" erkennen, die sie miteinander assoziativ verknüpfen (Zusammenhangswahrnehmung),
- Personen den Zweck ihrer Handlungen an sich langsam verändernde Rahmenbedingungen anpassen und an unterschiedliche Verwendungen ausrichten können und
- Personen den für die intrinsische Motivation wichtigen Sinn der Arbeit erkennen können.

Diese Zusammenhänge müssen zur Gestaltung organisatorischer Abläufe, technischer Instrumente und personaler Entwicklungsmaßnahmen genutzt werden. Als wesentliche Bestimmungsfaktoren für das Ausmaß, in dem erfahrungsgeleitete Arbeit möglich ist, haben sich herausgestellt:

- Die Art der *Arbeitsteilung* zwischen den Mitarbeitern in der Werkstatt und in planenden oder vorbereitenden Funktionsbereichen, die Zuordnung von Aufgaben;
- Die Art und der Umfang der *Kommunikation und Kooperation* zwischen Mitarbeitern bzw. Mitarbeitergruppen;
- Die Entsprechung von *Zuständigkeit und Verantwortung* bei den Beschäftigten und das Verhältnis zur jeweiligen Aufgabe;
- Die *räumliche Gestaltung* des Arbeitsplatzes, der Werkstatt und der indirekten Bereiche in ihrer Beziehung zur Fertigung;
- Die *persönliche Zuordnung* von Arbeitsmitteln zu einzelnen Mitarbeitern und ihr Verhältnis zu diesen Arbeitsmitteln;

- Die Art und der Umfang der *Automatisierung* von Abläufen, die Möglichkeiten Automatismen zu beeinflussen oder in ihren Wirkungen zu bewerten;
- Die Unterstützung der Mitarbeiter durch bewußt in Konkurrenz zu den Wahrnehmungsqualitäten konventioneller Technik gestaltete DV-Instrumente bzw. *DV-Funktionalitäten*, die Nutzung und Verarbeitung von technisch vermittelten Informationen;
- Die Art der Darstellung von technisch vermittelten Informationen, die Möglichkeiten der Informationsinterpretation und der Handhabung der DV-Instrumente durch eine angemessene *DV-Benutzungsoberfläche*;
- Die grundsätzlichen Möglichkeiten des einzelnen Mitarbeiters, neben der direkten Absprache mit anderen Mitarbeitern auf Informationen zugreifen zu können, die technischen oder organisatorischen Bedingungen der *Datenhaltung und des Datenzugriffs*.

In der Ausgestaltung dieser Komponenten bzw. Dimensionen läßt sich erfahrungsgeleitete Arbeit beeinflussen. Gleichzeitig sind diese Dimensionen mehr oder weniger stark von den Strategien der Unternehmen geprägt, wie sie eine computergestützte, integrierte Produktion umsetzen. Sehr oft ist damit die Einführung DV-technischer Komponenten bzw. Integrationsmodule gemeint. Obwohl CIM als Konzept immer wieder die Bedeutung organisatorischer Aspekte neben technischen Aspekten hervorhebt und einfordert, bleiben die Bemühungen und Umsetzungen in der Praxis oft auf die technischen Lösungen beschränkt (allenfalls folgen den technischen Lösungen organisatorische Anpassungen). Aber gerade der immer stärkere Einsatz technischer Komponenten von CIM kann die konkrete Ausprägung der genannten Gestaltungsdimensionen und damit die Möglichkeiten erfahrungsgeleiteter Arbeit – oft negativ – beeinflussen.

Aus diesem Grund wurde in zwölf Unternehmen eingehend untersucht, wie erfahrungsgeleitete Arbeit in der Praxis konkret aussieht, unter welchen Bedingungen sie möglich ist – oder aber behindert und eingeschränkt wird und welche Rolle einzelne (DV-)technische CIM-Komponenten haben. Diese Untersuchungen in den einzelnen Betrieben haben deutlich gemacht, daß Organisationsstrukturen, die den Erhalt, den Aufbau und die Nutzung von Erfahrungswissen – am Beispiel der Facharbeiter an Werkzeugmaschinen – in einer rechnerintegrierten Produktion ermöglichen und fördern, gekennzeichnet sind durch:

- *ganzheitliche Aufgaben* bzw. eine Mischstruktur vielfältiger, unterschiedlicher Tätigkeiten (Disponieren, technische Arbeitsplanung, Ausführen, Kontrollieren), bei denen insbesondere der Handlungszyklus (Planen, Ausführen und Kontrollieren des Arbeitsergebnisses) bei einer Person geschlossen sein muß;
- konstruktive, reziproke und flexible *Kommunikations- und Kooperationsstrukturen* (möglichst face-to-face-Kommunikation), weil viele Aufgaben aufgrund ihrer Komplexität und ihres Umfangs nur noch gemeinsam erfüllt und damit "ganzheitlich" gestaltet werden können, weil dadurch ein Austausch über Ziele und Interessen über Bereichsgrenzen hinweg erfolgen kann und weil damit

vielfältige formelle und (mindestens genauso wichtig) informelle "Netze und Kanäle" für einen Erfahrungsaustausch entwickelt und gepflegt werden;

- ausreichenden *Entscheidungs- und Handlungsspielraum* (Zuständigkeit, Befugnis, Verantwortung) mit möglichst zeitnaher und verknüpfbarer Rückkopplung der Ergebnisse und Konsequenzen, um sie direkt mit den Handlungsstrategien und -plänen abgleichen zu können;
- hohe *Prozeß- und Umfeldtransparenz* mit der Möglichkeit unmittelbarer sinnlicher Wahrnehmung realer Abläufe (Aufbau kognitiver Abbilder, Nutzung unterschiedlicher Informationsquellen und -kanäle), die durch räumliche Nähe und gute Übersicht unterstützt werden;
- eine enge *persönliche Bindung der Mitarbeiter an "ihre" Arbeitsmittel*, die fallweise durch eine Übertragung von Erfahrungen von anderen und auf andere "fremde" Arbeitsmittel ergänzt werden können;
- *gezielte Automatisierung*, die Einblicke und Eingriffsmöglichkeiten in die automatischen Prozesse für den verantwortlichen Mitarbeiter. gewährleistet und die Handlungsstruktur des Menschen berücksichtigt;
- ausreichende, eindeutige, transparente und klare Informationsvermittlung durch an Tätigkeiten, nicht nur an Aufgaben *angepaßte DV-Funktionen, -Benutzungsoberflächen und -Datenhaltungs- bzw. -zugriffsmöglichkeiten*, die individuell – auch durch die Förderung direkter Kommunikation – ergänzt werden können.

Die Untersuchungen haben auch gezeigt, daß die mögliche oder tatsächliche Umsetzung dieser (an dieser Stelle sehr allgemeinen, prinzipiellen) Anforderungen an Organisationsstrukturen von vielen situativen betrieblichen, produkttypologischen und auftragsbezogenen Rahmenbedingungen abhängt. Zudem spielen die Qualifikation und die extrinsische und intrinsische Motivation der Beschäftigten eine sehr große Rolle. Gut ausgebildete und/oder hoch motivierte Kollegen sind eher in der Lage, den Zweck und den Sinn ihrer Arbeit zu beurteilen, und dadurch bereit, im Prozeß zu lernen und ihre Fähigkeiten und ihr Erfahrungswissen im betrieblichen Geschehen umzusetzen. Einige *Prinzipien für die Gestaltung erfahrungsförderlicher Arbeitsstrukturen* erweisen sich vor diesem Hintergrund als sehr entscheidend:

- Der Weg zu erfahrungsgeleiteter Arbeit benötigt *Zeit*. Die Mitarbeiter und der Betrieb als Ganzes müssen lernen, reflektieren, "alte" Strukturen überwinden und neue Strukturen experimentell entwickeln.
- Dafür braucht es ausreichenden *Spielraum*, um auch "unkonventionelle" Lösungen auf ihre Tauglichkeit hin zu prüfen.
- Dies wiederum setzt ein großes Maß an *Vertrauen* voraus, das sich die Mitarbeiter gegenseitig geben müssen und das die Mitarbeiter in der Werkstatt gerade von ihren Vorgesetzten benötigen; diesem Vertrauen muß eine intrinsisch motivierte Verantwortungsbereitschaft gegenüberstehen.
- Denn angepaßte Lösungen zur Gestaltung erfahrungsgeleiteter Arbeit müssen, um die Ressource Erfahrung optimal zu nutzen, *"von unten"* kommen bzw. dezentral entwickelt werden (Bottom up); vor Ort in der Werkstatt können die

"betroffenen" Mitarbeiter aus ihrer Arbeitssituation heraus erfahrungsförderliche Strukturen entwickeln und leben.

- Das bedeutet, die *Beteiligung* (Partizipation) der Werkstattmitarbeiter an der Gestaltung ihrer Arbeit und ihrer Einordnung in den organisatorischen Gesamtzusammenhang ist entscheidend wichtig, sie muß aber auch in der Werkstatt selbst erfolgen, die Betroffenen müssen zu Beteiligten eines Prozesses werden, der die eigene Arbeit umgestaltet und deshalb auch "vor Ort" stattfinden muß.

Diese Prinzipien sind auch in anderen Zusammenhängen beschrieben worden. Entscheidend ist aber, daß sich im Einzelfall bei erfahrungsgeleiteter Arbeit doch andere Gestaltungsanforderungen daraus ableiten können (zum Beispiel bei den Aspekten fertigungsgerechtes Bemaßen oder Ort der NC-Programmerstellung) und daß bekannte Forderungen neue Begründungszusammenhänge erhalten, die gerade auch die wirtschaftlichen Vorteile entsprechender Gestaltungslösungen deutlich machen.

Aus den betrieblichen Analysen zur erfahrungsgeleiteten Arbeit hat sich eine Vielzahl von *Gestaltungsanforderungen* ergeben, die zu einem *organisatorisch-technischem Sollkonzept* ausgearbeitet wurden: Computergestützte erfahrungsgeleitete Arbeit mit Hilfe eines Facharbeiter-Informations-Systems (CeAFIS). Damit wurde auch ein organisatorisch-technisches Szenario für erfahrungsförderliche Facharbeit beschrieben, das Impulse liefern soll für die erfahrungsförderliche Organisations- und Technikgestaltung durch Industrieunternehmen und Technikentwickler. Das Sollkonzept ist gekennzeichnet durch:

- die *Tätigkeitsorientierung*, das heißt, die konsequente Ausrichtung am erfahrungsförderlichen Arbeitsablauf beim Facharbeiter (Planen, Ausführen, Kontrollieren, Zweckerneuern);
- das *Primat der Organisation*, zunächst gilt es die organisatorischen Komponenten zu gestalten, dann können technische Komponenten dafür Unterstützung bieten;
- die *Einfachheit*, leicht verstehbare und nutzbare und dadurch einfache Lösungen für organisatorische und technische Komponenten sollen immer den Vorzug erhalten;
- hohe Bedeutung der *Kommunikation und Kooperation*, Informationen sind für die Arbeit eine ganz wesentliche Ressource, die einfach, effektiv und effizient durch (persönliche) Absprachen und gemeinsames Arbeiten ausgetauscht werden; sowie
- *technische Unterstützungsmodule*, wobei der Anwender die einzelnen, von ihm benötigten Funktionen, die Benutzungsoberfläche in allen Elementen und die Datenhaltungs- und -zugriffsmöglichkeiten selbst individuell festlegen kann und mit deren Hilfe er sich nicht nur die für seine Aufgaben notwendigen, sondern auch zur Einordnung seiner Arbeit in den übergeordneten betrieblichen Zusammenhang (zusätzlich) benötigten Informationen beschaffen kann. Zur Unterstützung der Zusammenhangswahrnehmung werden neueste anwendungsreife Basistechnologien (z.B. Multimedia) berücksichtigt.

Elemente dieses Sollkonzepts bzw. Szenarios wurde in drei *Modellbetrieben* praktisch erprobt. In den drei Betrieben war die Ausgangssituation sehr unterschiedlich, es gab jeweils andere Rahmenbedingungen (Größe, Produkt, Produktionsstruktur, Mitarbeiter etc.) und einen unterschiedlichen Grad an Erfahrungsförderlichkeit der Arbeit. Deshalb wurden aus dem idealtypischen Sollkonzept einzelne Gestaltungslösungen herausgenommen, an den Betrieb angepaßt und dort – im Rahmen der Möglichkeiten – praktisch erprobt. Entscheidend war, daß die Prinzipien für die Gestaltung erfahrungsgeleiteter Arbeit und die übergeordneten Kennzeichen des Sollkonzepts zum Tragen kamen. Es zeigte sich insbesondere, daß unterschiedliche Wege zu erfahrungsgeleiteter Arbeit möglich sind und daß erfahrungsförderliche Lösungen einen wesentlichen Beitrag zur Verbesserung der Wirtschaftlichkeit eines Betriebs leisten können.

5.2 Erfahrungsgeleitete Arbeit und andere Konzepte neuer Produktions- und Organisationsformen

Die Darstellung der wesentlichen Erkenntnisse zum Konzept erfahrungsgeleiteter Arbeit haben gezeigt, daß der Mensch als Träger von Erfahrungen die entscheidende Größe in der Produktion ist. Der Mitarbeiter spielt auch in anderen modernen Produktionskonzepten eine große Rolle. Seit Ende der 80er Jahre hat das Konzept der *schlanken Produktion* (Lean Production) – zunächst in der Diskussion, auf Veranstaltungen und in Publikationen, inzwischen auch teilweise in der praktischen Umsetzung – eine sehr große Resonanz gefunden. Auslöser dafür war eine Studie, die die Überlegenheit japanischer Unternehmen gegenüber ihren amerikanischen und europäischen Konkurrenten aufzeigen wollte und die Erklärung in den unterschiedlichen Produktions- und Organisationsformen fand [Womack/Jones/Roos 1992]. Die Diskussion um die Überlegenheit und Übertragbarkeit des dort beschriebenen Produktionskonzepts führte in Deutschland unter anderem zum Konzept der *Fraktalen Fabrik* [Warnecke 1992], die einerseits über das japanische Konzept hinausgehen und andererseits spezifische Merkmale der in diesem Kulturkreis gewachsenen Strukturen aufgreifen will. Im einzelnen weisen beide Konzepte aber sehr viele Parallelen auf.

Beide Konzepte setzen sich aus einer Vielzahl von allgemeinen Prinzipien und konkreten, meist organisatorischen Gestaltungskomponenten zusammen[13]. Sie sollen letztlich dazu dienen, die Wettbewerbsfähigkeit eines Unternehmens entscheidend und nachhaltig zu verbessern. Ziel ist, herausragende Leistungen bei den drei Erfolgsfaktoren Qualität, Zeit und Kosten zu erzielen. Im einzelnen sind die Gestaltungskomponenten oft nicht neu, entscheidend ist aber, daß sie ihre wesentlichen Wirkungen im Zusammenspiel und der Außenorientierung gewinnen. Das bedeutet: "Lean production ist (...) eine umfassende Reorganisation aller Unternehmensfunktionen in der Prozeßkette von Vertrieb, Produktentwicklung, Fertigungsvorbereitung, Beschaffung, Fertigung, Personalwesen, Verwaltung einschließlich der gesamten Organisationsstrukturen" [Roth 1992:5].

Zu den wichtigen *Prinzipien* dieses Produktionskonzepts zählen: Komplexitätsreduktion, stark ausgeprägte interne und externe Kundenorientierung, Konzentration auf die Wertkette, Kommunikation und Transparenz, der Mensch als zentrale Ressource, integrierte Betrachtung von Produkt und Produktionsverfahren, Vorausdenken und Vorausplanen sowie kontinuierliche Verbesserungen. An ihnen sollen sich die einzelnen betrieblichen Gestaltungslösungen orientieren.

Im einzelnen bezieht sich die Reorganisation der Unternehmensbereiche und -funktionen auf die folgenden *Komponenten*:

- die Restrukturierung der Produktion nach Produkttypen in Form von Fertigungsinseln und einem gerichteten Fertigungsfluß, wobei einzelne (unrentable) Produktionsteile an Lieferanten abgegeben werden können;
- möglichst geringe Lagerhaltung durch ausschließliche auftragesbezogene Produktion und produktionssynchrone Beschaffung (Just-In-Time);
- die Integration von Aufgaben und Tätigkeiten beim Werker und einer sehr weitgehenden Dezentralisierung von Kompetenzen und Verantwortung, so daß gegebenenfalls Hierarchien wegfallen können;
- die Organisation der Arbeit in Gruppen, sowohl in der Produktion wie auch in indirekten Bereichen;
- die Einbeziehung der Know-how-Träger, auch der Werker, in Entscheidungsfindungsprozesse;
- das Fachwissen übergreifende, permanente Qualifizierung der Mitarbeiter;
- die Verbesserung der vorbeugenden Qualitätssicherung durch prozeßsynchrone Qualitätskontrolle und Problemlösungsteams;

---

[13] Die deutsche und internationale Literatur zur schlanken Produktion und zur Fraktalen Fabrik ist kaum noch überschaubar. Ausgangspunkt sind sicher die IMVP-Studie von Womack/Jones/Roos [1992] zur schlanken Produktion und das Konzept der Fraktalen Fabrik von Warnecke [1992]. In Deutschland gehört darüber hinaus Wildemann zu den wesentlichen "Verfechtern" dieser Konzepte [vgl. Wildemann 1988 und Wildemann 1993]. Stellvertretend für viele können zur Darstellung der Prinzipien genannt werden Bösenberg/Metzen [1993] und zur Umsetzung Faix/Buchwald/Wetzler [1994].

- die integrierte Produktentwicklung, in die alle betroffenen Funktionsbereiche und die wichtigen Lieferanten frühzeitig einbezogen werden; sowie
- das Bemühen, die interne Komplexität durch die Vielzahl der Produkte für die Produktion durch Standardisierung und Normung zu reduzieren.

Insbesondere das Element *Gruppenarbeit* hat hierbei eine wichtige Rolle bekommen[14]. Als eine zentrale Gestaltungslösung für das Arbeiten in der Produktion hat die Gruppenarbeit bereits eine lange Tradition. Allerdings haben sich im Laufe der Jahre unterschiedlichste Modelle herausgebildet. Die "japanische Variante" weist andere Kennzeichen auf als die europäische (insbesondere deutsche und schwedische) [vgl. Roth 1992:69]. Im allgemeinen gilt: Mit Hilfe der Gruppenarbeit soll die gemeinsame Nutzung der Ressourcen Arbeitszeit, Betriebsmittel und Material verbessert werden. Das Konzept Gruppenarbeit erhebt den Anspruch, die Produktivität und die Flexibilität in der Produktion zu verbessern und gleichzeitig menschengerechte Arbeitsplätze zu schaffen. Dazu erhält die Gruppe eine klar erkennbare, gemeinsame Aufgabe mit eigener Entscheidungskompetenz und gemeinsamer Ergebnisverantwortung. Die einzelnen Gruppenmitglieder sollen nicht alles können, aber alles kennen, was zur Gruppenaufgabe gehört. Zwischen 3 und 15 Mitarbeitern des Unternehmens, insbesondere in der Produktion, werden in Gruppen oder Teams als organisatorische Einheit zusammengefaßt. Eine Gruppe zeichnet sich dadurch aus, daß

- die Arbeitskräfte gleich hohe Qualifikation besitzen,
- hohe wechselseitige Ersetzbarkeit (Flexibilität) sichergestellt ist,
- alle Arbeitskräfte gemeinsam für einen größeren zusammenhängenden Fertigungsbereich mit direkten und indirekten Tätigkeiten verantwortlich sind,
- sie über innere Autonomie der Aufgabenverteilung und Arbeitsverteilung verfügt und
- die Eingliederung in übergeordnete Aufbau- und Ablaufbeziehungen auf der Grundlage von ausgehandelten Außen-Beziehungen erfolgt [Lutz 1988:71].

Diese Leitbilder und die damit verbundene Begriffsvielfalt scheinen es für ein Unternehmen schwer zu machen zu erkennen, welches das jeweils richtige und angemessene Konzept ist. Vergleicht man das Konzept Lean Production und das Konzept Gruppenarbeit mit dem Konzept erfahrungsgeleitete Arbeit, dann ergeben sich aber wichtige Gemeinsamkeiten:

- Die organisatorischen Elemente der Produktion sind entscheidend, die Technik tritt in den Hintergrund und hat immer nur eine Unterstützungsfunktion, statt dessen wird die Bedeutung des Menschen betont, bei Lean Production und Gruppenarbeit als flexibelste Ressource im Unternehmen, bei erfahrungsgelei-

---

[14] Auch für das Konzept Gruppenarbeit gilt, daß die Literatur kaum noch überschaubar ist. Stellvertretend sei genannt: Binkelmann/Braczyk/Seltz [1993]. Die Umsetzung der Gruppenarbeit im deutschen Maschinenbau stellt Saurwein [1994] dar.

teter Arbeit zusätzlich als Träger von Erfahrungswissen und Nutzer dieser Erfahrung und damit auch – neben den Effizienzaspekten – als Quelle ständiger zielgerichteter Innovationen.

- Kommunikation und Kooperation sind ganz wesentliche Elemente für das Funktionieren einer Produktion; die Mitarbeiter tauschen Informationen aus, lernen, ergänzen sich, helfen sich, bilden und nutzen das gemeinsame Knowhow und ihre Erfahrungen; Gruppenarbeit beinhaltet dabei durch eine Betonung formaler Kooperationsstrukturen die für erfahrungsgeleitete Arbeit wichtigen Freiräume für direkte und informelle Kooperation.
- Die Verlagerung von Aufgaben, Kompetenzen und Verantwortung in die dezentralen Bereiche der Produktion soll Prozesse vereinfachen, Entscheidungswege verkürzen, Schnittstellen abbauen und das Know-how und die Erfahrungen der Mitarbeiter nutzen; sie ermöglicht damit auch die Zusammenführung von planenden, ausführenden, kontrollierenden und innovativen Tätigkeiten.
- Interne Kundenorientierung und kontinuierliche Verbesserung setzen voraus, daß der einzelne Mitarbeiter Kenntnis erhält über die Verwendung seiner Arbeitsergebnisse und die Erreichung der Arbeitsziele; das bedeutet gleichzeitig, er erhält die Rückkopplung über Sinn, Zweck und Qualität seiner Arbeit und damit die Grundlage zur Erfahrungsnutzung für Innovationsprozesse.

Bedeutsam ist, daß die Motive, die jeweiligen Prinzipien und Gestaltungsformen zu wählen, bei den drei Konzepten jeweils andere sind: Lean Production will unmittelbar die wirtschaftlichen Leistungen der Produktion verbessern; erfahrungsgeleitete Arbeit stellt die ständige Bildung und Nutzung von Erfahrungswissen in den Mittelpunkt, zunächst mit dem Ziel, die Arbeitssituation für den einzelnen Mitarbeiter zu verbessern, dann aber auch mit dem Ziel, für das Unternehmen sowohl kurzfristigen wirtschaftlichen Nutzen als auch langfristige Prozesse der Nutzenverbesserung und -orientierung zu erreichen; Gruppenarbeit könnte bei einer entsprechenden Gestaltung (eingeschränkt) eine Art Brücke zwischen den beiden anderen Konzepten darstellen. Gleichwohl gibt es einzelne Aspekte, die nur schwer miteinander zu verknüpfen sind:

- Die geforderte Einsatzflexibilität und der Wechsel der Arbeitsmittel bei Gruppenarbeit widersprechen der Anforderung erfahrungsgeleiteter Arbeit nach einer eher engen Bindung an persönliche Arbeitsmittel.
- Geringe Lagerbestände in der Werkstatt verringern den Dispositionsspielraum bei der Auswahl geeigneter Aufträge nach den Gesichtspunkten optimaler Nutzung der Ressourcen Erfahrung und Betriebsmittel; die geforderte Flexibilität und "Schnelligkeit" der Produktion reduzieren zeitliche Polster, die für das "Experimentieren" und für die Bildung und Nutzung von Erfahrungen benötigt werden.

Damit wird deutlich, daß die Konzepte Lean Production und Gruppenarbeit in starkem Maß auf den Mitarbeiter in der Fertigung setzen, um ihre übergeordneten, wirtschaftlichen Ziel zu erreichen. Diese werden letztlich aber auf Dauer nur erreicht, wenn berücksichtigt wird, daß der Mensch sein Know-how und seine Flexibilität nur einbringen kann, wenn es im gleichzeitig gelingt, sein Erfahrungswissen zu bilden und zu nutzen. Gerade Erfahrungen von Mitarbeitern sind ganz wesentliche Grundlage für die hohe Einsatzflexibilität und die Fähigkeit, neue oder veränderliche Aufgaben effektiv und effizient zu generieren und sie zu erfüllen. Das zu zeigen, ist die Absicht dieses Buchs. Deshalb müssen nicht nur die "Lücken" des CIM-Konzepts, sondern auch die "Lücken" von Lean Production und Gruppenarbeit durch das Konzept erfahrungsgeleitete Arbeit ergänzt und ausgeglichen werden.

5.3   Eine "Vision" der Fabrik der Zukunft

Die Ergebnisse zum Konzept erfahrungsgeleitete Arbeit und ihre Einordnung in die allgemeine Diskussion und Entwicklungsrichtungen modernen Produktionsmanagements machen schließlich deutlich, welche Elemente für die Fabrik der Zukunft von Bedeutung sein können: Mit erfahrungsgleiteter Arbeit, mit rechnerintegrierter Produktion (CIM), mit schlanker Produktion, mit Gruppenarbeit oder mit Fraktaler Fabrik sind eine Vielzahl von Produktionskonzepten angesprochen, die in der Fachöffentlichkeit diskutiert werden und (noch zögerlich) in Unternehmen umgesetzt werden. Sie drücken jeweils eine Art Paradigma der Produktionsorganisation bzw. -technik aus, das für die Unternehmen handlungsleitend sein soll, um im Wettbewerb erfolgreich zu sein. Obwohl diese Konzepte im einzelnen unterschiedliche Schwerpunkte aufweisen, sich auf einzelne organisatorische oder technische Komponenten konzentrieren oder sich durch einen ganzheitlichen Ansatz auszeichnen, stehen dahinter sehr ähnliche Absichten: Es gilt, den Erfolg des Unternehmens durch bessere und schnellere Leistungen für die Kunden bei geringeren Kosten zu sichern und zu verbessern.

In der Praxis können die einzelnen Konzepte miteinander kombiniert werden, die jeweiligen Stärken können verknüpft werden, um einzelne Schwächen zu verringern oder um Risiken einzuschränken. Das Unternehmen der Zukunft wird sich die Elemente aus den einzelnen Konzepten herausgreifen, die es für erfolgversprechend hält. So kann:

- das Leitbild der schlanken Produktion Möglichkeiten der Produktivitätssteigerungen und Qualitätsverbesserungen aufzeigen;
- die Leitbilder der Fraktalen Fabrik und der Gruppenarbeit Möglichkeiten für einfache, flexible und damit "schnelle" Unternehmenseinheiten aufzeigen;
- das Leitbild erfahrungsgeleitete Arbeit aufzeigen, wie schlanke Abläufe und veränderliche Situationen mit Hilfe der Mitarbeiter und ihrer Erfahrungen beherrscht werden können; und

- das Leitbild der rechnerintegrierten Produktion (CIM) Möglichkeiten einer informationstechnischen Unterstützung einer effektiven und effizienten Produktion aufzeigen.

Entscheidend ist, daß das Unternehmen nicht die jeweils beschriebenen Elemente kopiert, sondern daß es die Prinzipien entdeckt und Möglichkeiten sieht, von der eigenen Situation ausgehend und unter den spezifischen Rahmenbedingungen seine Produktion zu verbessern. Das setzt voraus, daß die in diesem Buch dargestellten Ergebnisse zu erfahrungsgeleiteter Arbeit, soweit sie mit den Besonderheiten der Facharbeit an CNC-Werkzeugmaschinen noch zu eng verknüpft sind, auf andere Unternehmensbereiche übertragen werden können. Sicherlich lassen sich sehr ähnliche Ergebnisse, wie sie hier vorwiegend für den Facharbeitsplatz an der CNC-Werkzeugmaschine dargestellt wurden, auch für den Arbeitsplatz des Werkstattmeisters, für die Montage, für vorbereitende Bereiche in Arbeitsvorbereitung, Konstruktion, aber auch in Vertrieb und Verwaltung ermitteln. Dies ist durch die Prinzipien der erfahrungsgeleiteten Arbeit, die in allen Abschnitten immer wieder herausgestellt wurden, möglich:

- Die organisatorischen und technischen Gestaltungsdimensionen sind auf alle Arbeitsplätze und -bereiche bzw. auf jede Form der Zusammenarbeit in und über betriebliche Funktionsbereiche hinaus zu übertragen.
- Die Prinzipien für organisatorisch-technischen Veränderungsprozesse: Zeit, Spielraum, Vertrauen, Bottom up-Sichtweise und Beteiligung sind in allen Unternehmensbereichen wichtig.
- Einfache technische Unterstützungssysteme werden nicht nur in der Werkstatt, sondern auch in der Konstruktion, in der Planung und in der Verwaltung benötigt; überall sollte sich die Technik an veränderliche und einfache organisatorische Strukturen anpassen lassen.
- Die Erfahrungen der Modellbetriebe mit selbst entwickelten Gestaltungslösungen erlauben Rückschlüsse, worauf es bei Veränderungsprozessen ankommt und wie diese gestaltet werden können.
- Zudem zeigt die Breite der Ausgangssituation und der Rahmenbedingungen in den drei Modellbetrieben, daß die Ergebnisse auch auf unterschiedliche Betriebstypen oder Branchen übertragbar sind, soweit es um prinzipielle Erkenntnisse geht.

Vor diesem Hintergrund könnte die Fabrik der Zukunft das folgende Bild abgeben: Sie zeichnet sich durch eine strikte Kundenorientierung aus, Vertrieb und Marketing sind im wesentlichen damit befaßt zu ermitteln, welche Funktionen und Dienstleistungen die Kunden – über das Produkt vermittelt – haben wollen, welche Qualität gefordert ist, wie schnell geliefert werden muß und welcher Preis akzeptiert wird. Gemeinsam mit der Produktentwicklung werden Produkte definiert, die diese Vorgaben einhalten. Erst mit dem Kundenauftrag wird die Herstellung des Produkts ausgelöst. Ein Auftragsteam ist mit der administrativen Abwicklung des Kundenauftrags befaßt. In der Produktion wird der Auftrag selbständig verplant, wobei der zugesagte Liefertermin absolute Priorität hat, eine angemessene

Nutzung der Ressourcen jedoch erfahrungsvermittelt berücksichtigt wird. Durch intensive und häufige Kommunikation stimmen sich die Werkstattmitarbeiter und (gegebenenfalls) eine koordinierende Stelle über die Aufträge ab. Alle vorbereitenden Tätigkeiten (Materialdisposition, NC-Programmierung etc.) sind in die Werkstatt integriert und werden von den Werkern selbst oder in enger Kooperation mit ihnen durchgeführt; Grundlage sind die knappen, aber ausreichenden Vorgaben der Konstruktion. Ein transparenter Produktionsfluß läßt für jeden Mitarbeiter erkennen, ob er die Anforderungen an die Qualität der Teile, Baugruppen und Produkte erfüllt und ob die Terminvorgaben eingehalten werden. In der Werkstatt stimmen sich Arbeitsgruppen über die genaue Verteilung der Aufträge ab. Die Mitarbeiter können benötigte Materialien bei Bedarf selbst disponieren und beschaffen. Jede Gruppe stellt ein definiertes (internes) Produkt her, das sie an ihre betriebsinternen Kunden liefert. Die Endmontage komplettiert die Produkte. Am Ende werden die Produkte termingerecht und fehlerfrei an den Kunden des Unternehmens geliefert (vgl. Abbildung 5.1). Parallel dazu findet ein ständiger, von allen getragener Prozeß der Erneuerung der Produktion statt.

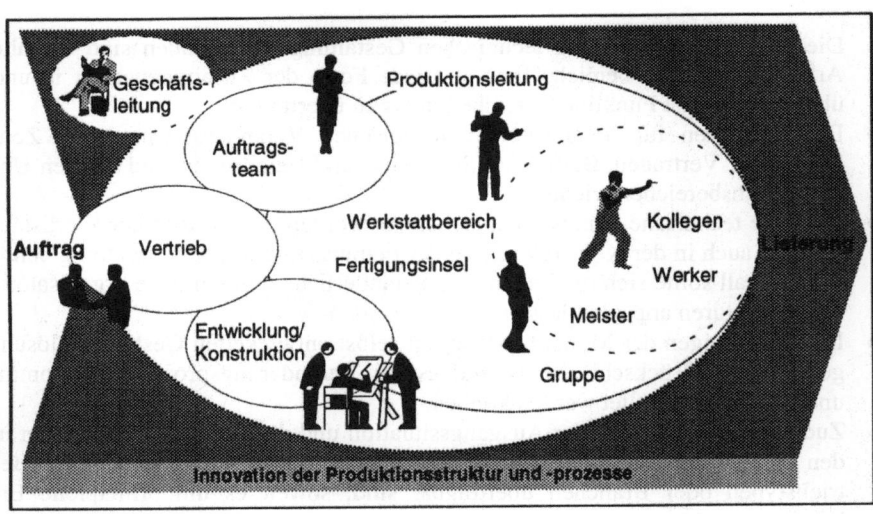

Abb. 5.1 Schlanke und erfahrungsförderliche Geschäftsprozesse in der Fabrik der Zukunft

In diesem Geschäftsprozeß sind die Mitarbeiter in der Produktion von entscheidender Bedeutung:

- Sie beteiligen sich an der Produktgestaltung und -entwicklung und nehmen Einfluß auf eine fertigungsgerechte Konstruktion der Produkte, um Fertigungskosten einzusparen, höchste Qualität produzieren zu können und Bearbeitungszeiten zu verkürzen.

- Sie kommunizieren und vermitteln alle notwendigen Informationen, die der Einzelne für die Erfüllung seiner Aufgaben braucht.
- Sie kennen und nutzen die verfügbaren technischen und personellen Ressourcen, um Kundenaufträge termingerecht durch die Fertigung und Montage zu schleusen, wobei sie mit anderen Mitarbeitern aus unterschiedlichen Bereichen kooperieren.
- Sie stellen Produkte her, wie sie der nächste Prozeß benötigt, weil sie um die Verwendung und die Anforderungen wissen.
- Sie beteiligen sich (auch bereichsübergreifend) an der kontinuierlichen Verbesserung der Qualität der Produkte, der Arbeit und der betrieblichen Abläufe.
- Sie können bei Störungen oder neuen Anforderungen flexibel reagieren und zu einem Ausgleich kooperativ beitragen.
- Sie verbessern damit nicht nur das Betriebsergebnis, sondern auch ihre Arbeitssituation und tragen zu einem positiven Betriebsklima bei.

In allen diesen Bereichen spielt das Erfahrungswissen jedes einzelnen Mitarbeiters – in der differenzierten Form, wie es in diesem Buch dargestellt wurde – eine ganz entscheidende Rolle. Es "durchzieht" alle Prozesse des Unternehmens, die darauf ausgerichtet sind, in einem turbulenten Umfeld und bei starkem Wettbewerb nachhaltig erfolgreich zu sein. Dabei ist erfahrungsgeleitete Arbeit kein Zustand, den ein Unternehmen durch die Umsetzung einzelner Maßnahmen erreicht, sondern ein Prozeß, den es im Alltag immer wieder verwirklichen und üben muß. Auch hier gilt: Der Weg ist das Ziel!

Literaturverzeichnis

AWF – Ausschuß für wirtschaftliche Fertigung e.V. Integrierter EDV-Einsatz in der Produktion: Computer Integrated Manufacturing, Begriffe, Definitionen, Funktionszuordnungen. Eschborn: RKW-Verlag, 1985.

Bahlow, J.; Kleinow, B.; Kötter, W. Sollkonzepte/Pflichtenhefte für die Blechbearbeitung. In: FhG-ISI 1992c. S. 214-246.

Beck, J.; Hohwieler, E.; Pothast, A. Stand, Probleme und Zielsetzungen einer Vernetzung zwischen CAD und einer CNC-Werkzeugmaschine. In: Behr/Köhler, 1990. S. 23-50.

Becker, C. Die sozio-ökonomischen Folgen des Computereinsatzes: Konsequenzen aus dem Ende des Technikdeterminismus. Frankfurt/Main, New York: Campus, 1992.

Behr, M. von; Köhler, C. (Hrsg.). Werkstattoffene CIM-Konzepte: Alternativen für CAD/CAM und Fertigungssteuerung. Karlsruhe: Kernforschungszentrum Karlsruhe, 1990.

Binkelmann, P.; Braczyk, H.-J.; Seltz, R. Entwicklung der Gruppenarbeit in Deutschland: Stand und Perspektiven. Frankfurt/Main, New York: Campus, 1993.

Böhle, F. Körper und Wissen: Veränderungen in der soziokulturellen Bedeutung körperlicher Arbeit. In: Soziale Welt, 40, Heft 2, 1989. S. 497-512.

Böhle, F.; Mielkau, B. Vom Handrad zum Bildschirm: Eine Untersuchung zur sinnlichen Erfahrung im Arbeitsprozeß. Frankfurt/Main, New York: Campus, 1988.

Bösenberg, D.; Metzen, H. Lean Management: Vorsprung durch schlanke Konzepte. 3. durchgesehene Auflage. Landsberg am Lech: Moderne Industrie, 1993.

Bolte, A. Planen durch Erfahrung: Arbeitsplanung und Programmerstellung als erfahrungsgeleitete Tätigkeiten von Facharbeitern mit CNC-Werkzeugmaschinen. Kassel: Institut für Arbeitswissenschaften, 1993.

Bolte, A.; Lehmann, R. (Hrsg.). Erfahrungsgeleitete Arbeit in der CNC/CAD-Funktionskette: Stand und Entwicklungsoptionen. Kassel: Institut für Arbeitswissenschaft, 1992.

Bruner, J. S. Towards a theory of instruction. Cambridge: Belknap Press of Harvard University Press, 1966.

Bullinger, H.-J. (Hrsg.). Produktionsforum '91. Produktionsmanagement: Vorgehensweise und Praxisbeispiele zum Chancenmanagement in den 90er Jahren. 10. IAO-Arbeitstagung 19.-20.02.1991. Berlin, Heidelberg, New York, London, Paris, Tokyo, Hong Kong, Barcelona: Springer, 1991.

Carus, U.; Nogala, D.; Schulze, H. Erfahrungswissen im CIM-Umfeld. In: FhG-ISI 1992b. S. 29-67.

Carus, U., Schulze, H. Leistungen und konstitutive Komponenten erfahrungsgeleiteter Arbeit. In: Martin/Rose 1994.

Dangelmaier, W.; Anderl, R. Visionen einer datengetriebenen Fabrik. In: wt – Produktion und Management, 82, Heft 2, 1992. S. 44-46.

Engelkamp, J. Das menschliche Gedächtnis. Göttingen: Hogrefe, 1990.

Faix, W. G.; Buchwald C.; Wetzler, R. Der Weg zum schlanken Unternehmen. Landsberg/ Lech: Moderne Industrie, 1994.

FhG-ISI – Fraunhofer-Institut für Systemtechnik und Innovationsforschung (Hrsg.). Erfahrungsgeleitete Arbeit mit CNC-Werkzeugmaschinen als Element rechnerintegrierter Produktionsstrukturen. Kassel: Institut für Arbeitswissenschaft, 1992a.

FhG-ISI – Fraunhofer-Institut für Systemtechnik und Innovationsforschung (Hrsg.). Zwischenbericht des Forschungsverbundes CeA. 2 Bände. Karlsruhe, 1992b/c (unveröffentlicht).

Frei, F.; Udris, I. (Hrsg.). Das Bild der Arbeit. Bern, Stuttgart, Toronto: Hans Huber, 1990.

French, W. L.; Bell, C. H. Organisationsentwicklung: Sozialwissenschaftliche Strategien zur Organisationsveränderung. Bern, Stuttgart: Haupt, 1977.

Freriks, R.; Hauptmanns, P.; Schmid, J. Rationalisierung, Kontrolle und Autonomie im Maschinenbau. In: Schmid/Widmaier 1992. S. 129-140.

Frieling, E.; Sonntag, K. Arbeitspsychologie. Bern, Stuttgart, Toronto: Hans Huber, 1987.

Fröhlich, D.; Hild, P. Erhöhen neue Informationstechnologien den Handlungsspielraum in der Arbeit? Eine empirische Analyse am Beispiel der CNC-Technik. In: Arbeit, 1, Heft 4, 1992. S. 352-367.

Gensior, S. Die mikroelektronische Modernisierung der Elektroindustrie und ihre arbeitspolitischen Implikationen. In: Pries/Schmidt/Trinczek 1989. S. 87-128.

Groß, H. Betriebszeiten in der Bundesrepublik Deutschland. In: Arbeit, 1, Heft 3, 1992. S. 263-181.

Hacker, W. Allgemeine Arbeits- und Ingenieurpsychologie. Berlin (DDR): Deutscher Verlag der Wissenschaften, 1973.

Hauptmanns, P.; Saurwein, R. G.; Dye, L. Die Diffusion rechnergestützter Technik im deutschen Maschinenbau. In: Schmid/Widmaier 1992. S. 57-73.

Herterich, R.; Zell, M. Dezentrale Fertigungssteuerung – neue Ansätze zur interaktiven Steuerung teilautonomer Bereiche bei Einzel- und Kleinserienfertigung. In: VDI-Z, 131, Heft 5, 1989. S. 19-25.

Horváth, P. Controlling. München: Vahlen, 1990.

Hoß, D.; Lay, G.; Schneider, R. CAD/NC-Integration. Verbreitung – Einsatzvarianten – Arbeitsanforderungen und -gestaltung. Köln: TÜV-Rheinland, 1991.

IFAO – Institut für Angewandte Organisationsforschung, Karlsruhe (Hrsg.). CNC-Ausbildung für die betriebliche Praxis. Teil 1: Grundlagen. München, Wien: Hanser, 1983.

Klimmer, M. Die Beurteilung der Wirtschaftlichkeit der CAD/NC-Kopplung unter organisatorischen Gesichtspunkten. Frankfurt/Main: Forschungskuratorium Maschinenbau e.V., 1993.

Kötter, W. Integrationspfad Werkstatt – Konstruktion: Im Team geht's schneller und besser. In: Bolte/Lehmann 1992. S. 97-108.

Konrad, U. Ingenieurpsychologische Untersuchungen zum diagnostischen Problemlösen in technischen Systemen. Arbeitspapier A2-3/92 des Sonderforschungsbereichs 187 der Ruhr-Universität Bochum 1992.

Lay, G.; Maisch, K.; Boffo, M.; Lemmermeier, L. Wirtschaftliche und soziale Auswirkungen des Einsatzes von integrierten CAD/CAM-Systemen. Eschborn: RKW-Verlag, 1984.

Lay, G.; Wengel, J. (u.a.). Wirkungsanalyse der indirekt-spezifischen CIM-Förderung im Programm Fertigungstechnik 1988-1992. Karlsruhe: Kernforschungszentrum Karlsruhe, 1994.

Leontjew, A. N. Tätigkeit, Bewußtsein, Persönlichkeit. Stuttgart: Klett, 1977.

Lutz, B. Qualifizierte Gruppenarbeit. Überlegungen zu einem Orientierungskonzept technisch-organisatorischer Gestaltung. In: Roth/Kohl 1988. S. 68-80.

Marks, S. Gemeinsame Gestaltung von Technik und Organisation in soziotechnischen, kybernetischen Systemen. Düsseldorf: VDI, 1991.

Martin, H.; Momberg, B.; Striepe, S.; Vollmer. T. CNC-Steuerungen im Vergleich. In: CIM-Praxis, o.J., Heft 10, 1991. S. 53-74.

Martin, H.; Rose, H. (Hrsg.). CNC-Entwicklung und -Anwendung auf der Basis erfahrungsgeleiteter Arbeit. Bremerhaven: Wirtschaftsverlag NW, 1992.

Martin, H.; Rose, H. (Hrsg.). Computergestützte erfahrungsgeleitete Arbeit – Integrierte Arbeitsgestaltung und Technikentwicklung als Innovationsstrategie. Berlin, Heidelberg, New York, London, Paris, Tokyo, Hong Kong, Barcelona: Springer, 1994 (im Erscheinen).

Mertins, K.; Schallock, B.; Carbon, M.; Heisig, P. Erfahrungswissen bei der kurzfristigen Auftragssteuerung. In: ZwF, 88, Heft 2, 1993. S. 78-80.

Mertins, K.; Schallock, B.; Carbon, M. Production Management Software Suitable for Group Work. In: Smith/Salvendy 1993. S. 96-101.

Nieder, P. Keine einseitige Ausrichtung der betrieblichen Kommunikation an technisch-rationalen Kriterien. In: Blick durch die Wirtschaft, 15.3.1994.

Ostendorf, B.; Seitz, B. Alte und neue Formen der Arbeitsorganisation und Qualifikation – ein Überblick. In: Schmid/Widmaier 1992. S. 75-89.

Pries, L.; Schmidt, R.; Trinczek, R. (Hrsg.). Trends betrieblicher Produktionsmodernisierung: Chancen und Risiken für Industriearbeit. Opladen: Westdeutscher Verlag, 1989.

Rommel, G.; Brück, F.; Diederichs, R.; Kempis, R.-D.; Kluge, J. Einfach überlegen: Das Unternehmenskonzept, das die Schlanken schlank und die Schnellen schnell macht. Stuttgart: Schäffer-Poeschel, 1993.

Roth, S. Japanisierung oder ein eigener Weg? Die Anwendung "schlanker Produktionsweisen" in der deutschen Automobilindustrie. Frankfurt/Main: IG-Metall, 1992.

Roth, S.; Kohl, H. (Hrsg.). Perspektive Gruppenarbeit. Köln: Bund, 1988.

Rundel, P.; Carbon, M.; Heisig, P. Arbeitsteilung Mensch/Maschine: Allgemeine technische Ausgangssituation und erste Gestaltungstendenzen bei der kurzfristigen Planung und Steuerung. In: FhG-ISI 1992a. S. 51-61.

Saurwein, R. G. Gruppenorientierte Organisationsstrukturen im westdeutschen Maschinenbau 1993. Arbeitspapier Z2-5/94 des Sonderforschungsbereichs 187 der Ruhr-Universität Bochum, 1994.

Scheer, A.-W. CIM – Der computergesteuerte Industriebetrieb. Berlin, Heidelberg, New York, London, Paris, Tokyo: Springer, 1987.

Scheer, A.-W. Wirtschaftsinformatik: Informationssysteme im Industriebetrieb. Berlin, Heidelberg, New York, London, Paris, Tokyo, Hong Kong, Barcelona: Springer, 1990.

Schmager, B.; Wirth, S. Informationsaustausch in der Werkstattfertigung. Bedeutung personaler Kommunikation bleibt trotz CIM hoch. In: VDI-Z, 133, Heft 9, 1991. S. 65-70.

Schmid, J.; Widmaier, U. (Hrsg.). Flexible Arbeitssysteme im Maschinenbau: Ergebnisse aus dem Betriebspanel des Sonderforschungsbereichs 187. Opladen: Leske + Budrich, 1992.

Scholz, B. CIM-Schnittstellen: Konzepte, Standards und Probleme der Verknüpfung von Systemkomponenten in der rechnerintegrierten Produktion. München, Wien: Oldenbourg, 1988.

Schulz, H.; Bölzing, D. Rechnergestützte Fabrikautomatisierung – Kosten senken, Leistungen steigern. Ziele, Anwendungsstand und Wirkungen im mittelständischen Maschinen- und Anlagenbau. Frankfurt/Main: Maschinenbau-Verlag, 1989.

Schulze, H.; Carus, U. Spezifische Merkmale erfahrungsgeleiteter Arbeit und deren technische Unterstützung anhand der Arbeit von Facharbeitern mit Werkzeugmaschinen. Abdruck des Vortrags auf dem 39. Kongreß der Deutschen Gesellschaft für Psychologie v. 26.9.94. Hamburg: Universität Hamburg, Arbeitsbereich Arbeits,- Betriebs- und Umweltpsychologie, 1994.

Seltz, R.; Hildebrandt, E. Rationalisierungsstrategien im Maschinenbau – systematische Kontrolle und betriebliche Sozialverfassung. In: Pries/Schmidt/Trinczek 1989. S. 27-83.

Smith, M. J.; Salvendy, G. Human Computer Interaction: Applications and Case Studies. Proceedings of the Fifth International Conference on Human-Computer Interaction. Orlando, August 8-13, 1993. Amsterdam, London, New York, Tokyo: Elsevier, 1993.

Strickert, G. Wohin geht die Entwicklung von PPS-Systemen? In: ZwF, 88, Heft 12, 1993. S. 562-564.

Trippner, D.; Endres, M.; Scheder, H. Wird die technische Zeichnung überflüssig? In: Konstruktion, 43, 1991. S. 37-41.

Volpert, W. Handlungsstrukturanalyse als Beitrag zur Qualifikationsforschung. Köln: Pahl Rugenstein, 1974.

Volpert, W. Beiträge zur psychologischen Handlungstheorie. Bern: Hans Huber, 1980.

Volpert, W. Welche Arbeit ist gut für den Menschen? In: Frei/Udris 1990. S. 23-40.

Volpert, W.; Oesterreich, R.; Gablenz-Kolakovic, S; Krogoll, T.; Resch, M. Verfahren zur Ermittlung von Regulationserfordernissen in der Arbeitstätigkeit (VERA). Köln: TÜV-Rheinland, 1983.

Warnecke, H.-J. Die Fraktale Fabrik: Revolution der Unternehmenskultur. Berlin, Heidelberg, New York, London, Paris, Tokyo, Hong Kong, Barcelona, Budapest: Springer, 1992.

Weißbach, H.-J.; Florian, M.; Illgen, E.-M.; Möll, G.; Poy, A.; Weißbach, B. Technikrisiken als Kulturdefizite: Die Systemsicherheit in der hochautomatisierten Produktion. Berlin: Edition Sigma, 1994.

Wildemann, H. Die modulare Fabrik: Kundennahe Produktion durch Fertigungssegmentierung. München: gfmt, 1988.

Wildemann, H. Fertigungsstrategien: Reorganisationskonzepte für eine schlanke Produktion und Zulieferung. München: Transfer-Centrum, 1993.

Willi, A. Weiterbildung als kritischer Erfolgsfaktor in High-Tech-Unternehmen. In: Bullinger 1991. S. 191-211.

Witt, H. Erfahrungsgeleitete Arbeit – Ein empirisch begründetes Handlungskonzept. Abdruck des Vortrags auf dem 39. Kongreß der Deutschen Gesellschaft für Psychologie v. 26.9.94. Hamburg: Universität Hamburg, Arbeitsbereich Arbeits,- Betriebs- und Umweltpsychologie, 1994.

Womack, J. P.; Jones, D. T.; Roos, D. Die zweite Revolution in der Autoindustrie: Konsequenzen aus der weltweiten Studie aus dem Massachusetts Institute of Technology. 6. Auflage. Frankfurt/Main, New York: Campus, 1992.

Sachverzeichnis

Absprache, 33
Absprache, verbindliche, 164
Abstimmung, 44
Abstimmungsprozeß, 33
Ahnung, 7
Aktionen, autonome, 6
Akzeptanz, 77
Anwendungsmodul, 105
Arbeitsaufgabe, Zwecksetzung, 9
Arbeitsbereich, 14
Arbeitsgestaltung, 7; 19
Arbeitsgruppe, 160; 180
Arbeitsklima, 198
Arbeitsmittel, 50
Arbeitsmittel, Anordnung, 55
Arbeitsmittel, konventionelle, 101
Arbeitsmittel, konventionelles, 134
Arbeitsmittel, persönliche, 59
Arbeitsmittel, persönliche Bindung, 58
Arbeitsmittel, persönliche Zuordnung, 16
Arbeitsmittel, räumliche Zuordnung, 15
Arbeitsmittel, Transparenz, 16
Arbeitsplan, 124; 147
Arbeitsplaner, 39
Arbeitsplanung, technische, 115; 140
Arbeitsschutzes, 127
Arbeitstätigkeit, 10
Arbeitsteilung, 4; 13; 29; 90; 155; 167;
  193
Arbeitsteilung, Mensch – Maschine, 16
Arbeitsvorbereitung, 38; 39; 156
Aufbauorganisation, 181
Aufgabe, ganzheitliche, 205

Aufgabe, kooperative, 75
Aufgabe, Zweck, 14
Aufgabenintegration, 30; 209
Aufgabenverteilung, 181
Aufgabenverteilung, rollierende, 62
Aufgabenzuordnung, 196
Aufmerksamkeit, 16
Aufspannung, 124
Auftragsdisposition, 106
Auftragsdurchlauf, 175
Auftragsinformationen, 49
Auftragsliste, 161
Auftragspool, 31; 34; 89; 108; 162
Auftragsregal, 163
Auftragssteuerungskonzept, 132; 133
Ausgabemedium, 77; 80
Ausgangssituation, 174; 190; 213
Ausgangssituation,
  Gestaltungsdimensionen, 155
Aushandlungsprozeß, 12
Automation, 176
Automatisierung, 16; 64; 92; 169; 206
Automatisierungsgrad, 68
AVO (Arbeitsvorgang), 112

BDE-System (Betriebsdatenerfassungs-
  System), 132; 160
Bearbeitungslogik, 74
Bearbeitungsmodell, 140
Bearbeitungsmodell,
  fertigungsorientiertes, 141
Bearbeitungsmodell, funktionsorientiertes,
  141
Bearbeitungsplanung, 115; 117

Bearbeitungsprozeß, 53
Bearbeitungsreihenfolge, 109
Befugnis, 44; 95; 206
Belastung, 13; 57
Belegungsplanung, 162
Bemaßen, fertigungsgerechtes, 33
Bemaßung, 34
Benutzerhandbuch, 122
Benutzerschnittstelle, 76
Benutzungsoberfläche, 17; 92; 155; 169; 206
Beteiligung, 207
Betrieb, 22
Betrieb, im gesellschaftlichen Umfeld, 15
betriebliche Realität, 151
Betriebsbereich, 52
Betriebsdaten, 5
Betriebslayout, 51
Betriebstypologie, 154; 173; 189
betriebswirtschaftliche Wirkung, 27
Bewertung, intuitive, 8
Biegen, 188
Bild, 117
Blechbearbeitung, 23
Blechzentrum, 188
bottom up, 206
bottom up-Ansatz, 90
Bringschuld, 86
Büromaschinenhersteller, 188

CAD (Computer Aided Desing), 1
CAD-Datenübergabe, 65
CAD-System, 145
CAD-Terminal, 165
CAD/CAM, 2
CAD/NC-Integration, 4; 165
CAD/NC-Kopplung, 67
CAD/NC-Schnittstelle, 35
CAM (Computer Aided Manufacturing), 2
CAP (Computer Aided Planning), 1
CAP-System, 147
CAQ (Computer Aided Quality Assurance), 2
CAQ-System, 146; 147
CeAFIS (Computergestützte erfahrungsgeleitete Arbeit –
Facharbeiter-Informations-System), 102; 207
CeAFIS bei DV-technischer Realisierung, 104
CeAFIS-Oberfläche, 105
CIM (Computer Integrated Manufacturing), 1; 3; 4; 19; 203; 213
CIM-Fördermaßnahmen, 2
CIM-Integration, 2; 22
CIM-Komponenten, erfahrungsunterstützende, 101
CIM-Trend, klassisch, 4
CNC-Bearbeiten, 125
CNC-Technik (Computer Numerical Control-Technik), 2
Computer Integrated Manufacturing, 1
Computer Supported Cooperative Work, 136
computergestützte erfahrungsgeleitete Arbeit, 102
CSCW (Computer Supported Cooperative Work), 136; 139

Dateien, individuelle, 105
Daten, individuelle, 86
Datenbank, 63; 85
Datenbestand, 85; 105
Datenbestand, individueller, 84
Datenhaltung, 5; 18; 87; 92; 135; 206
Datenmanagementmodul, 105
Datensicherheit, 82; 124
Datenstruktur, 134; 145
Datenzugriff, 18; 87; 92; 206
Datenzugriffsmöglichkeit, 83
Datenzugriffsrecht, 81; 85; 134; 135
Diagnosehilfe, 127
Dialogsystem, 76
DIN-Logik, 121
Disponent, 128
Dispositionsmodul, 76; 105; 111; 128
Dispositionsspielraum, 107; 109; 211
dispositive Ablauforganisation, 180
dispositive Auftragsplanung, 178; 195
dispositive Planungskette, 155
Drehen, 153; 172; 188
Durchlaufzeit, 31; 171

DV-Arbeitsmittel, 62
DV-Aufwand, 37
DV-Auswahl, 75
DV-Benutzungsoberfläche, 80
DV-Entwicklung, 75
DV-Funktion, 71; 169; 206
DV-Funktionalität, 155
DV-Funktionalitäten, 92; 169
DV-Information, 57
DV-Modul, 75
DV-System, dezentral, 85
DV-Technik, 56
DV-Technik am Maschinenarbeitsplatz, 80
DV-technische Komponente, 102
DV-technische
    Unterstützungskomponenten, 101
DV-Unterstützung, 73; 74
DV-Unterstützung für die Disposition, 109

Ecktermin, 109
Effizienz, 9
Eilauftrag, 34; 157; 176; 195
Einfachheit, 207
Eingabemedium, 77
Eingriffspunkt, 16
Eingruppierungsmodell, 197
Einrichteblatt, 79; 122; 124; 166
Einrichtemodul, 105
Einrichten, 115; 124
Einsparpotential, 186
Einverständnis, 15; 19
Einzelfacharbeit, 62
Elektrotechnik, 152
Elemente, systemische, 12
Empfindung, 8
empirische Befunde, 27
Entfernung, räumliche, 41
Entlohnung, 49
Entscheidungsspielraum, 31; 39; 45; 88;
    109; 115; 135; 158; 160; 176; 197; 206
Entstörung, 115
Entwicklungstendenz, 27
Erfahrung, 10; 204
Erfahrung, Übertragung, 10
Erfahrungsaufbau, 9
Erfahrungsaustausch, 37

erfahrungsgeleitete Arbeit, 6; 8; 19; 203;
    204
erfahrungsgeleitete Arbeit, Elemente, 10
erfahrungsgeleitete Arbeit,
    Gestaltungsdimensionen, 13
erfahrungsgeleitete Arbeit, Leitbild, 212
erfahrungsgeleitete Arbeit, personale
    Elemente, 11
erfahrungsgeleitete Arbeit, systemische
    Elemente, 11
erfahrungsgleitete Arbeit,
    Beeinflußbarkeit, 18
Erfahrungsnutzung, 9; 20
Erfahrungsnutzung, aktive, 10
Erfahrungsnutzung, Gefährdung, 19
Erfahrungswissen, 8; 29; 204
Erfahrungswissen, explizites, 135
Erfahrungswissen, objektspezifisches, 58
Erfahrungswissen, transformatorisches, 58
Erfahrungswissen, Übertragung, 60
Erfolgsfaktor, betriebswirtschaftlicher, 170
Ergonomie, 80
Expertensystem, 63

Fabrik der Zukunft, 212; 213; 214
face-to-face, 130; 143
face-to-face-Kommunikation, 110
Facharbeit an Werkzeugmaschinen, 21
Facharbeiter beim Bearbeiten, 98
Facharbeiter beim Disponieren, 97
Facharbeiter beim Instandhalten, 98
Facharbeiter beim Kontrollieren, 98
Facharbeiter beim Programmieren, 97
Facharbeiter-Informations-System, 207
Facharbeiter-Informations-Systems, 102
Fachwissen, 8
feed back, 13; 18; 204
feed back-Prozeß, 12
Fehlermeldung, 127
Fehlerrobustheit, 5
Feinplanung, 5; 29; 31; 43; 45; 46; 72;
    161; 180; 192; 199
fertigungsgerechtes Konstruieren, 36
Fertigungsinsel, 108; 179; 182; 188; 191;
    194; 209
Fertigungskontext, 118

Fertigungsleitsystem, 132; 183
Fertigungssteuerung, 5
Fertigungsstrategie, 33
Fertigunstiefe, 192
Flexibilität, 3; 6; 57; 72; 160; 163; 183;
    196; 210; 211
Flexibilität der Automatisierung , 17
Flexibilitätspotential, 13
Fraktale Fabrik, 203; 208; 212
Fräsen, 153; 172; 188
Freigabehorizont, 132
Funktionalität, 17; 69
Funktionsangebot, 17
Funktionsauswahlmodul, 105
Funktionsbereich, 54
Funktionsintegration, 105
Funktionsintegration, technische, 28

Gefühl, 7; 8; 10
gemeinsame Nutzung, 60
Geschäftsprozeß, 214
Gestaltungsanforderung, 27; 207
Gestaltungsdimension, 204
Gestaltungsdimension, organisatorische,
    213
Gestaltungsdimension, technische, 213
Gestaltungsfeld, 27
Gestaltungsforderung, 21
Gestaltungsforderungen, 13
Grobplanung, 109; 128; 138; 160; 180;
    192
Großbetrieb, 188
Gruppenarbeit, 63; 108; 194; 198; 203;
    209; 210
Gruppendaten, 105
Gruppenmitglied, 191

Handeln, dialogisch-explorativ, 12
Handlungs- und Entscheidungsspielraum,
    individueller, 12
Handlungsmodus, dialogisch-explorativ,
    10
Handlungsmuster, 9
Handlungsorientierung, 207
Handlungsregulation, 7; 30

Handlungsspielraum, 13; 15; 16; 17; 39;
    88; 109; 115; 135; 158; 160; 176; 197;
    204; 206
Handlungstheorie, 7; 204
Handlungszyklus, 83; 184
Hilfsmittel, konventionelle, 102
Hilfsmittel, technische, 102
Hilfsmodul, 105
Holschuld, 86
Hypothesen, 13

Information, explizite, 118
Information, implizite, 118
Information, technische, 44
Informationen der DV, 80
Informationsaustausch, 37
Informationsbeziehung, horizontale, 138
Informationsmöglichkeit, originäre, 70;
    127
Informationsnetzwerk, 136
Informationspartner der Werkstatt, 131
Informationsquelle, 6
Informationsquelle, orignäre, 110
Informationssystem, 161
Informationstechnikstruktur, 102
Innovationspotential, 14
Innovationsquelle, 10
Instandhaltung, 29; 126
Instandsetzung, 126
Instandsetzungsmodul, 105
Integration, 1
Integration von DV-Systemen, 81
Integration, technische, 144
Integrationspfad, horizontaler, 136
Intuition, 7; 10

job rotation, 63
Just-In-Time, 209

Kapselung, 6
kaufmännischer Bereich, 153
Kollege, 41
Kommunikation, 14; 17; 36; 91; 164; 193;
    195; 196; 198; 199; 205; 207; 211
Kommunikation, fern, 43
Kommunikation, informelle, 42

Kommunikationsbeziehung, 94; 131; 136; 157; 168
Kommunikationsmodul, 105; 139
Kompetenz, 44; 95; 209; 211
Konstruktion, 29; 38; 40; 140; 143; 148; 158; 163; 199
Konstruktionsunterlage, 142
Kontakt, 9
Kontextinformation, 141
kontinuierliche Verbesserung, 211
Konzept, technisch-organisatorisch, 19
Kooperation, 14; 36; 91; 140; 163; 183; 193; 198; 199; 205; 207; 211
Kooperationsbeziehung, 39; 157
Kooperationspartner, 15
kooperative Aufgabenerfüllung, 41
Koordination des Fertigungsauftrags, 108
Körperlichkeit, 7
Kosten-Nutzenanalyse, 185
Kundenorientierung, 211

Lagerbestand, 211
Lagerhaltung, 209
Lagersystem, 174; 175; 176
Langeweile, 13
Lean Production, 203; 208
Leitbild, 212
Leitstand, 65; 68; 132; 161; 192; 195
Lernprozeß, 10
Lochstreifen, 124
Lohnauftrag, 176
Lohngruppen, 197

Marktanforderung, 200
Maschine, 52
Maschinen, konventionelle, 2
Maschinenanweisung, 117
Maschinenarbeitsplatz, 53
Maschinenauslastung, 162
Maschinenbau, 172
Maschinenbauunternehmen, 2
Maschinenzuordnung, 109
Material, 56
Mehrfachnutzung, 55
Meister, 143
Meisterwerkstatt, 38

Memo, 117
Mensch-Computer-Schnittstelle, 80
Meßwerkzeug, 33
Methodenkompetenz, 197
Methodik, 21
Mitarbeiter, 214
Mittelfristplanung, 128
Modellbetrieb, 23; 213
Monotonie, 13
Montage, 56; 143
Motivation, 7; 197; 204
Motive, intrinsische, 15
Multimedia-Konzept, 77
Muster, 148

Nähe, räumliche, 51; 54
NC-Programm, 43; 44; 50; 56; 65; 83; 119; 146; 177; 182; 196
NC-Programm, Korrektur, 124
NC-Programm, Optimierung, 124
NC-Programm-Modul, 120; 146
NC-Programmerstellung, 165
NC-Programmieren an der Maschine, 32
NC-Programmiersystem, 35; 57; 146; 190; 192
NC-Programmiersystem, werkstattorientiertes, 71
NC-Programmierung, 29; 32; 34; 40; 46; 48; 75; 78; 115; 120; 148; 184; 197
Netzplansystem, 132
Neuentwicklung, 163
Neuteile, 116; 192
Nutzergruppe, 111
Nutzungsgrad, 57; 126

Optimieren, 34
Optimiermaske, 123
Organigramm, 94
Organisationsentwicklungsprozeß, 49
Organisationsgestaltung, 7; 19; 101
Organisationskonzept, 203
Organisationskonzept, klassisch, 136
Organisationskonzept, kooperativ, 137
Organisationsstruktur, 152
organisatorisch-technische Lösung, 159

organisatorische Komponente des
    CeAFIS-Konzepts, 102
organisatorische Richtlinien, 89

Partizipation, 14; 89; 207
Person und Umwelt, 7
Personelle Zuordnung von Arbeitsmitteln,
    91
persönliche Bindung, 206
persönliche Zuordnung, 126; 168
Pflichtenheft, 101
Plantafel, 112
Plantafel, elektronische, 113
Planungs- und Beratungsgruppe, 184; 195
Planungsebene, 43; 108; 111; 113; 181
Planungsstufe, 129
Planungssystem, 182
Planungszuständigkeit, 160
PPS (Produktionsplanung und -steuerung),
    2
PPS-System, 113; 132; 156; 160; 175;
    182; 183; 189; 192
PPS-Terminal, 79
Praxisanforderung, 24
Primat der Organisation, 13; 207
Prinzip, 209; 213
Prinzipien, 206
Produktdokumentation, 117
Produktentwicklung, 210
Produktentwicklungsphase, 148
Produktion, rechnerintegrierte, 1
Produktion, Regulation, 6
Produktionskonzept, 203; 208
Produktionsmanagement, 203
Produktionsorganisation, 212
Produktionsressourcen, 20
Produktionssystem, Zwecksetzung, 7; 9
Produktionstechnik, 20; 212
produktionstechnische Ausstattung, 153
Produktspektrum, 153
Produktteam, 150
Profitcenter, 188
Programmerstellung, rechnerintegrierte, 4
Programmierhandbuch, 122
Programmiermodul, 105
Programmierplatz, 53

Programmierplatz, maschinennah, 34
Programmierraum, 53
Programmiertool, 33
Programmverwaltungssystem, 124
Projektgruppe, 178; 193
Prototyp, 148
Prozeß zur Umsetzung
    erfahrungsgeleiteter Arbeit, 88
Prozeßkette, 2; 22
Prozeßkette, dispositive, 23
Prozeßkette, technologische, 23
Prozeßtransparenz, 206
Prüfmodul, 105
Prüfplan, 125

Qualifikation, 33; 49; 62; 95; 107; 183;
    196; 210
Qualifizierung, 209
Qualität, 35; 166; 177
Qualitätsanforderung, 49
Qualitätskontrolle, 29; 33; 48; 177; 182
Qualitätssicherung, 38; 56; 115; 125; 143;
    159; 166; 172; 184; 196; 198; 209
Qualitätsverantwortung, 45

Rahmenbedingung, 21; 99; 151; 154; 173;
    189; 208; 213
räumliche Aspekte, 91
räumliche Nähe, 15
räumliche Situation, 96
räumliche Trennung, 201
räumliche Zusammenführung, 184
reaktive Anpassung, 9
Realisierung erfahrungsförderlicher
    Arbeitsstrukturen, 87
Realisierungsansatz, 151
Realität, eingeschränkte, 4
rechnerintegrierte Produktion, 213
rechnerintegrierte Struktur, 20
Reduzierung der Teilevielfalt, 164
Regelkreis, 195
Regulationsaufwand, 5
Reihenfolgeplanung, 39; 65; 83; 156
Risiko, 9; 15
Routinetätigkeit, 66
Rückkopplung, 12

Rückmeldeorganisation, 160
Rückmeldung, 132
Rüstzeit, 31

Schichtgruppe, 193
Schichtübergabe, 61
schlanke Produktion, 208; 212
Schnittstelle, 105; 133; 143; 160
Simulation, 4; 70; 76
Sinngebung, 7
sinnliche Wahrnehmung, 6
Sinnzusammenhang, 12; 15
Situation, 8
Skizze, 117
Sollkonzept, 23; 151
Sollkonzept, organisatorisch-technisches, 207
Sollkonzept, organisatorisches, 101
Sollkonzept, technisches, 101
Sozialkompetenz, 197
Spannmitteldatei, 122
SPC (Statistical Process Control), 198
Spezialisierung, 29; 199
Spielraum, 88; 206
Stanzen, 188
Störungsbeseitigung, 8
Strukturen erfahrungsförderlicher Arbeit, 93
Stückliste, 147
Subjektivität, 7
Systemmodell, 11
Systemmodell, sozio-technisches, 12

Tätigkeit, 7; 28; 36; 95
Tätigkeitsspielraum, 45
Teach-In, 121
Team, 195
Technikentwickler, 20
technische Ablauforganisation, 182
technische Ablaufplanung, 192; 196
technische Arbeitsplanung, 182
technische Auftragsplanung, 178
technische Ausstattung, 189
technische Komponente, 152
technische Komponente des CeAFIS-Konzepts, 102

technische Planungskette, 155
technischer Bereich, 153
technisches Unterstützungsmodul, 207
Technologieprozessor, 68; 146
Technologietabelle, 122
Technologiewert, 121
Teiltätigkeit, 119
Termintreue, 202
Terminverantwortung, 45
Terminverschiebung, 139
Testen, 34
Transparenz, 67; 182; 184

Umfeldtransparenz, 206
Umgebung, begriffliche, 8
Unternehmensdateien, 105
Unternehmensdaten, dezentrale, 86
Unterstützungsinstrument, 89
Unterstützungssystem, 213
Untersuchungsbereich, 21

Überschaubarkeit, 17
Überwachung des Kundenauftrags, 108

Verantwortung, 15; 44; 91; 95; 150; 168; 180; 184; 196; 206; 209; 211
Verantwortungsbereitschaft, 12; 206
Verantwortungsübernahme, 9
Vernetzung, horizontale, 139
Verständnis, 15; 19
Verteilung der Aufträge, 109
Vertrauen, 88; 206
Vertretungsmodell, 163
Verwendungszusammenhang, 35; 125
Verwendungszusammenhangs, 18
Vorausplanung, 108
Voraussetzung, 88
Vorgehensweise, 21; 87

Wahrnehmung, 8
Wahrnehmungsmöglichkeit, 81
Wahrnehmungsverlust, 17
Wartung, 115; 126
Wartungsinformation, 126
Wartungsmodul, 105; 148
Wartungspunkt, 126

Werkstattauftrag, 106
Werkstattauftragsinformation, 35
Werkstattauftragsliste, 116
Werkstattauftragspool, 109
Werkstattbereich, 52
Werkstattlayout, 179
Werkstattlenkungsteam, 191; 197
Werkstattserver, 124
Werkstattsteuerung, 29
Werkstattsteuerungssystem, 65
Werkstückbeschreibung, 119
Werkstückmodell, 140
Werkstückzeichnung, 125
Werkzeugdatei, 122
Werkzeugmaschine, 2; 4; 6
Werkzeugmaschine, konventionelle, 63;
    66; 67; 165; 185
Werkzeugmaschine, numerisch gesteuerte
    (CNC-), 63; 67
Werkzeugvoreinstellung, 33; 35; 177; 185
Wiederholteil, 116
Wirtschaftlichkeit, 170; 187; 201
Wirtschaftlichkeitsaspekt, 21
Wissensquelle, 8
WOP-Logik, 120
WOP-System, 71

Y-Modell, 2

Zeichnung, 38; 83; 118; 141; 158
Zeichnungsmaß, 148
Zeit, 88; 152; 206
Zentralisierung, 4
Zerspanungsbereich, 23
Ziel, 209; 211
Ziele, wirtschaftliche, 171; 178; 185; 192;
    201
Zielerreichung, Barriere, 9
Zugriffsrecht, 86; 143
Zuordnung von Arbeitsmitteln, 53
Zusammenarbeit, 41; 164; 179; 200
Zusammenbauzeichnung, 125
Zusammenhangswahrnehmung, 8; 13; 15
Zusammentreffen, 43
Zuständigkeit, 15; 44; 91; 95; 150; 168;
    180; 184; 196; 206
Zweckbestimmung, 12; 18
Zweckerneuerung, 14; 15

MIX
Papier aus verantwortungsvollen Quellen
Paper from responsible sources
FSC® C105338

If you have any concerns about our products,
you can contact us on
ProductSafety@springernature.com

In case Publisher is established outside the EU,
the EU authorized representative is:
**Springer Nature Customer Service Center GmbH
Europaplatz 3, 69115 Heidelberg, Germany**

Printed by Libri Plureos GmbH
in Hamburg, Germany